HANS FRIEDBERT JAENICKE

Kinder mit Entwicklungsstörungen

HANS FRIEDBERT JAENICKE

Kinder mit Entwicklungsstörungen

*Möglichkeiten und Grenzen
der Integration in der Waldorfschule*

Mit einem Vorwort von Telse Kardel

VERLAG FREIES GEISTESLEBEN

Die Deutsche Bibliothek – CIP-Einheitsaufnahme

Jaenicke, Hans Friedbert:
Kinder mit Entwicklungsstörungen:
Möglichkeiten und Grenzen der
Integration in der Waldorfschule /
Hans Friedbert Jaenicke. Mit einem Vorwort
von Telse Kardel. –
Stuttgart: Verlag Freies Geistesleben, 1996
ISBN 3-7725-1617-3

Inhalt

Vorwort

Als 1919 in Stuttgart die erste Waldorfschule eröffnet wurde, war sie dem von Rudolf Steiner entwickelten Konzept nach eine Einheitsschule und ermöglichte grundsätzlich jedem Kind den Besuch dieser Schule, dessen Eltern dies wünschten – jedem Kind, ohne Unterscheidung nach Herkunft, Begabung oder Entwicklungsstand, wenn es nur irgend schulfähig war.

In den Kursen und Konferenzen mit den Lehrern zeigte Rudolf Steiner, wie eine künstlerisch gestaltete Erziehung aus anthroposophischer Menschenerkenntnis immer zugleich ein heilender Prozeß ist. Inzwischen sind die krankmachenden Einflüsse viel gravierender als noch am Jahrhundertanfang, und die Frage nach den Heilungskräften in der Erziehung werden allenthalben gestellt – nicht nur in Waldorfkreisen.

Fünf Jahre nach Begründung der Waldorfschule hielt Rudolf Steiner in Dornach den Heilpädagogischen Kurs vor Ärzten und Heilpädagogen. «Eine wirklich eindringliche Erkenntnis der Erziehungspraxis für gesunde Kinder» legte er mit den eröffnenden Sätzen jedem heilpädagogischen Handeln zugrunde.

Heute ist dieser Satz auch umgekehrt gültig: Jeder, der Kinder erziehen will, muß sich gründliche heilpädagogische Kenntnisse zu eigen machen. Es gilt mehr denn je, zwischen gesundenden und krankmachenden Wirkungen in der Erziehung zu unterscheiden.

Hans Friedbert Jaenicke war es immer ein Anliegen, Waldorfpädagogik und anthroposophische Heilpädagogik zu verbinden und miteinander in ein fruchtbares Gespräch zu bringen. Als langjähriger Klassenlehrer an der Christian-Morgenstern-Schule, einer Waldorfschule für Erziehungshilfe in Wuppertal, entwickelte er Methoden, die jedem suchenden Waldorflehrer Anregungen für therapeutisch wirkenden Unterricht geben können. Aus seiner umfangreichen Beratertätigkeit heraus kennt er aber auch die Fragen von Eltern: Wie

9

kann die Waldorfschule der speziellen Fragenstellung unseres Kindes gerecht werden? Welche Schulform innerhalb der Waldorfpädagogik ist die individuell richtige? Wo und wie können Entwicklungsrückstände am besten ausgeglichen, Defizite überwunden werden?

Vor allem für die Pflege der heute so stark attackierten Sinne gibt Hans Friedbert Jaenicke konkrete Hinwiese, wie überhaupt das ganze Buch aus der Praxis heraus für die Praxis geschrieben wurde – nicht im Sinne fertiger Rezepte und ohne Anspruch auf Vollständigkeit in allen einzelnen angesprochenen Bereichen. Es möchte vielmehr Eltern, Erziehern, Lehrern Anregungen geben für ein eigenes phantasievolles Handeln; es will zugleich Mut machen und Orientierungshilfe sein im Sinne des letzten Satzes von Rudolf Steiner im Heilpädagogischen Kurs:

«Denken Sie in einer geistigen Bewegung daran, diese geistige Bewegung für das praktische Leben fruchtbar zu machen, dann muß man diese geistige Bewegung als eine lebendige ansehen.»

Telse Kardel

Einleitung

Das vorliegende Buch gründet auf langer pädagogischer Erfahrung mit Kindern, die mit sich selbst, ihrer Umwelt und mit der Schule und ihren sozialen und stofflichen Anforderungen Schwierigkeiten hatten oder ihren Eltern, Erziehern und Lehrern erhebliche Schwierigkeiten bereiteten.

Meine Praxis als Volksschullehrer in den fünfziger Jahren mit weitgehend zwei Klassen, in denen jeweils mehr als fünfzig Kinder zu betreuen waren, zeigte mir deutlich die Grenzen der pädagogischen Hilfsmöglichkeiten für schwierige Kinder, die es wohl immer gegeben hat und künftig in zunehmendem Maße geben wird.

In den darauffolgenden fünfundzwanzig Jahren als Klassenlehrer an einer Waldorfschule für Erziehungshilfe (Christian-Morgenstern-Schule in Wuppertal) konnte ich mich – als Heilpädagoge innerhalb kleiner Klassen und auf der Grundlage der Waldorfpädagogik arbeitend – intensiver den schwierigen Kindern widmen.

Die Existenzberechtigung einer Kleinklassenschule zwischen der Waldorf-Regelschule und der Tagesbildungsstätte für Seelenpflegebedürftige Kinder (Schulen für «geistig Behinderte» gab es erst seit 1972) war in der Mitte der sechziger Jahre noch sehr umstritten, sowohl im Bund der Freien Waldorfschulen als auch bei den jeweiligen Schulbehörden der Länder.

So gab es neben meiner Tätigkeit als Klassenlehrer in der ältesten und größten Waldorfschule für Erziehungshilfe intensiven Beratungs- und Betreuungsbedarf im Bereich des «Bundes der Freien Waldorfschulen» und der damaligen Vereinigung der Heil- und Erziehungsinstitute für Seelenpflege-bedürftige Kinder (heute: Verband anthroposophischer Einrichtungen für Heilpädagogik) wie auch gegenüber den Schulbehörden, die sich schwertaten, neben den neugeschaffenen Sonderschulen auch heilpädagogische Schulen eigener pädagogischer Prägung anzuerkennen.

11

Inzwischen bestehen in Deutschland mehr als zwanzig Waldorfschulen für Erziehungshilfe und vierzig Heim- und Tagesschulen für Seelenpflege-bedürftige Kinder, an deren Gründung ich vielfach beratend und helfend mitwirken konnte.

Mit dem Wachsen der heilpädagogischen Schulbewegung trat als neue Aufgabe die Aus- und Fortbildung geeigneter Lehrer hinzu. So hatte ich Gelegenheit, in zahlreichen Seminaren, in Tagungen und Fortbildungsveranstaltungen an der Ausbildung heilpädagogischer Lehrer und an der Fortbildung von Waldorflehrern im Hinblick auf schwierige Kinder im Waldorfbereich mitzuwirken. Ein besonderer Schwerpunkt meiner Tätigkeit war die Arbeit als Dozent an den berufsbegleitenden Kursen für Heilpädagogik im Ruhrgebiet.

In meiner pädagogischen Tätigkeit verlagerte sich der Akzent in den letzten fünf Jahren mehr und mehr auf Hospitationen in Waldorfklassen, Beratung von Klassenlehrern und Eltern und auf Konferenz- und Vortragsarbeit in den sogenannten Waldorf-Regelschulen. Die Fragestellung, die mich jeweils für drei bis vier Tage an mehr als fünfzig Waldorfschulen rief, war eigentlich immer die gleiche: Was können wir mit unseren schwierigen Kindern machen? Wie können wir die Kinder richtig beurteilen, und wie können wir ihnen die Hilfen geben, die sie brauchen? Wo sind die Grenzen der Belastbarkeit von Lehrern, Klassen und einzelnen Kindern? Und was geschieht mit dem Kind, wenn alle Bemühungen gescheitert sind und es nicht bleiben kann?

Die Fragestellung aus dieser heilpädagogischen Beratertätigkeit veranlaßte mich, meine Erfahrungen mit schwierigen Kindern aufzuarbeiten und weiterzugeben.

So soll das Buch einerseits Lehrer an Waldorfschulen dazu ermuntern und befähigen, schwierige Kinder in angemessener Weise zu betreuen und nicht zu schnell zu resignieren. Andererseits wendet sich das Buch auch an Waldorfeltern – sowohl Eltern schwieriger Kinder, die sich mit großer Erwartung und vertrauensvoll an die Waldorfschule wenden, als auch an Eltern, deren Kinder nicht oder anscheinend nicht schwierig sind. Das Verständnis für die Bedeutung behinderter und entwicklungsgestörter Kinder und die Akzeptanz des Andersseins einzelner Kinder ist eine der wichtigsten sozialen Herausforderungen unserer Zeit, der sich die Waldorfschule stellen will und muß.

In den folgenden Darstellungen werden sich Waldorfpädagogik einerseits und anthroposophische Heilpädagogik andererseits begegnen und durchdringen. Der Schwerpunkt liegt allerdings auf dem Gebiet der Waldorfpädagogik, die sich als heilende Erziehung versteht, während Waldorfpädagogik in der Heilpädagogik als allgemeine und tiefgreifende Erziehung Seelenpflege-bedürftiger Kinder mehr eine helfende Funktion hat.

So soll dieses Buch einen Einblick geben in die heilenden Impulse der Waldorfpädagogik. Die Unterrichtsberichte wie auch die Fördermaßnahmen sind nicht primär als Heilpädagogik zu verstehen, sondern sie sind Beispiele für Waldorfpädagogik, die entsprechend dem Hinweis Rudolf Steiners «Alles Erziehen muß etwas vom Heilen haben ...» zeigen können, wie in den Waldorfschulen mit ihren großen Klassen und auch in den Kleinklassenschulen Stoff und Methode so umgewandelt werden können, daß sie heilsam wirken.

Bei interessierten Eltern mag das Buch ein Verständnis wecken für die besondere Art heilender Erziehung in der Waldorfschule, dem engagierten Lehrer mag es eine Hilfe und Anregung sein, den Unterricht so zu gestalten und den Stoff so aufzuarbeiten, daß sie heilend und nicht krankmachend wirken.

Erziehung wurde in alten Zeiten als ein Heilprozeß angesehen; und heute, wo unsere Kinder weitgehend von krankmachenden Einflüssen umgeben und durch sie gefährdet sind, gilt es, darauf zu achten, daß die Erziehung im Elternhaus, im Kindergarten und in der Schule ausgeht von der Grundfrage: Was ist heilsam für unsere Kinder? Wie können wir so erziehen, daß die körperliche, seelische und geistige Gesundheit unserer Kinder erhalten, gefördert und auch wiederhergestellt werden kann?

Dazu sollen die Ausführungen dieses Buches einen Beitrag leisten.

Wuppertal, Januar 1996 *Hans Friedbert Jaenicke*

Das schwierige Kind

Schwierige Kinder heute

Schwierige Kinder hat es wohl immer gegeben, sowohl solche, die
mit sich und ihrer Umwelt Schwierigkeiten haben und daher als
schwierig gelten, als auch solche, die durch ihr Verhalten anderen
Schwierigkeiten bereiten, bis hin zu solchen Kindern, die so nachhaltig stören, daß ein geordneter Unterricht nicht mehr gewährleistet
ist. Bei den ersten handelt es sich meist um sogenannte «regressive»
Kinder. Sie ziehen sich gerne ins Schneckenhaus zurück und leiden
still. Erst wenn sich seelische Probleme zeigen oder wenn ihr Leistungsvermögen nachläßt, fallen sie auf. Bei den anderen Kindern
kann man übermäßige Aktivität und zum Teil Aggressivität wahrnehmen, die einerseits ein soziales Problem innerhalb der Klasse verursachen, andererseits disziplinarische Schwierigkeiten im Lehrer-
Kind-Verhältnis beinhalten und ebenfalls zu Leistungseinbrüchen
führen, auch wenn das Kind gute intellektuelle Anlagen hat.

Darüber hinaus sprechen wir auch bei den als Behinderte bezeichneten Problemkindern von schwierigen Kindern.

Aber bevor wir auf die einzelnen Gruppen eingehen, sei die Frage gestellt: Sind die Kinder heute schwieriger, und gibt es mehr schwierige
Kinder als noch vor vierzig oder siebzig Jahren? Hier können wir Rudolf Steiner zitieren, der schon 1919 bei der Gründung der ersten Waldorfschule darauf hinwies, daß die Kinder anders seien und daß sie
anders erzogen werden müßten als noch vor Jahrzehnten.[1]

75 Jahre später kann man wohl mit Sicherheit feststellen, daß Kinder heute schwieriger sind, als sie es noch zu den Anfängen der Waldorfpädagogik waren. Und selbst wenn sie konstitutionell nicht
schwieriger wären als damals, so sind doch die sozio-kulturellen Einflüsse so nachhaltig zum Negativen verändert, daß die Entwicklungsmöglichkeiten der Kinder als in vielfacher Weise erschwert und
behindert zu beurteilen sind.

Man könnte wohl mit Stolz feststellen, daß es in keiner Zeit so hervorragende wissenschaftliche und zivilisatorische Fortschritte gegeben hat wie in diesem Jahrhundert. Gleichzeitig wird uns aber auch bewußt, daß dieses Zeitalter des technischen und wirtschaftlichen Fortschritts absolut kinderfeindlich ist. Schon im Mutterleib beginnt die Gefährdung durch Alkohol-, Nikotin- oder Drogenkonsum, durch Medikamentenmißbrauch wie auch durch übermäßige Streßsituationen während der Schwangerschaft. Vorgeburtliche Störungen und Behinderungen in der Entwicklung des Kindes können die Folge sein.

Die Kindersterblichkeit im Zusammenhang mit der Geburt hat dank des Fortschritts in der Medizin erheblich abgenommen, statt dessen gibt es immer mehr Entwicklungsstörungen, die unmittelbar auf Eingriffe in den natürlichen Ablauf der Geburt zurückzuführen sind (Beschleunigung oder Verzögerung der Geburt, sogenannte Schutzimpfungen des Neugeborenen mit fragwürdigen und unklaren Folgen und anderes). Schließlich sind die Entwicklungsbedingungen des Kleinkindes durch soziologische und umweltbedingte Faktoren in hohem Maße negativ zu beurteilen.

Adolf Portmann, der als Biologe in Basel lehrte, kommt bei einem Vergleich der Entwicklung des Neugeborenen mit der niederer und höherer Säugetiere zu dem Ergebnis, daß das Menschenkind im Verhältnis zu den höheren Säugetieren um zwölf Monate zu früh geboren wird. «In der Zeit bis zu unserer eigentlichen Geburt am Ende des ersten Lebensjahres muß die Familie die Rolle eines neuen mütterlichen Schoßes übernehmen ... sobald der soziale Mutterschutz der Familie nicht vollwertig ist, treten schwere Schädigungen der körperlichen und geistigen Entwicklung auf.»[2]

Rudolf Steiner erweitert diesen Zeitraum auf das erste Jahrsiebt und spricht von schweren Entwicklungsstörungen, die sich bis ins Organische auswirken, wenn Fehler in der Erziehung des Kindes gemacht werden, und er bezeichnet diese Störungen als irreparabel.[3]

Auf die primären und sekundären Störungen im sozio-kulturellen Umfeld des Kindes soll später noch einmal eingegangen werden.

16

Störung und Behinderung

Worin unterscheiden sich Behinderungen von Störungen?

Einleitend sei eine Betrachtung zu den beiden Begriffen gegeben:

Unter Behinderung versteht man allgemein eine bleibende Beeinträchtigung der geistigen und körperlichen Entwicklung sowie der Sinnestätigkeit. So gehören Blinde, Gehörlose, Sprachlose, Körperbehinderte wie auch geistig Behinderte zu der Gruppe von Menschen, die zeitlebens mit ihrer Behinderung zurechtkommen müssen. Dabei gibt es fließende Übergänge zwischen Blinden und Sehschwachen, Tauben und Schwerhörigen, Sprachlosen und Sprachgestörten, und besonders bei den Körperbehinderungen gibt es viele verschiedene Erscheinungsformen. Wichtig ist aber, daß die Beeinträchtigung der Bewegungs-, Sprach- oder Sinnestätigkeit nicht mit einer geistigen Behinderung oder auch nur mit einer Lernbehinderung verbunden sein muß. Es gibt viele Beispiele von Körperbehinderten und Sinnesbehinderten, die eine hohe Intelligenz mitbrachten und zur Entfaltung bringen konnten.

Das «behinderte» Kind

Anders ist es bei der Gruppe der Kinder, die allgemein als «geistig Behinderte» bezeichnet werden. Sie haben nicht nur eine stark verminderte Intelligenz, sondern sie sind zum Teil ihr Leben lang auf Hilfe und Fürsorge angewiesen. Eine allzu frühe Festlegung auf «geistig behindert» ist allerdings häufig eine Fehldiagnose mit weitreichenden Folgen. Wir haben viele Kinder erlebt, die in ihrer frühen Kindheit als geistig behindert und bildungsunfähig abgestempelt waren, aber bei entsprechender Förderung ihre scheinbare Behinderung überwinden konnten und eine individuelle und vielseitige positive Entwicklung durchmachen konnten.

Man könnte auch in Anlehnung an Karl König von «geistig verhinderten Kindern»[4] sprechen; damit ist ausgedrückt, daß der «geistig Behinderte» vielfach nicht genügend gefördert wird, weil man davon ausgeht, daß es sich nicht lohnt und daß das Kind intellektuell den Anforderungen der Schule nicht gewachsen ist. Hier besteht die Ge-

17

fahr der Stigmatisierung, des Einordnens in Behinderten-Schubkästen: Intelligenz gering, also nur praktisch bildbar. Das, was beim scheinbar geistig Behinderten geistig, seelisch und willensmäßig veranlagt ist, kann sich nicht entfalten, weil das Kind nicht die Hilfen bekommt, die ihm eine positive Entwicklung ermöglichen.

Dies mag am Beispiel der Kinder mit Down-Syndrom verdeutlicht werden. In alten Lehrbüchern der Kinderpsychiatrie wird über diese Kinder gesagt, daß sie eine Lebenserwartung von höchstens 14 Jahren hätten. Früher erhielten Kinder mit Down-Syndrom keinen Schulunterricht, weil es sich nicht «lohnte» – sie starben doch sehr bald. Heute weiß man, daß ihre Lebenserwartung in dem Maße steigt, wie sie von früher Kindheit an entwicklungsgemäß geistig, seelisch und willensmäßig gefördert werden.

Ein bloßes Verwahren der sogenannten geistig Behinderten bedeutet in der Regel eine Verwahrlosung beziehungsweise eine geistige Verhinderung im Sinne Königs.

Es besteht vielfach bei diesen Kindern die Gefahr, daß ihre Eltern ihnen nichts zutrauen, ihnen nichts zumuten, so daß wir oftmals eine geistige Behinderung diagnostizieren können, die auf geistige Verhinderung zurückzuführen ist.

Die moderne Frühförderung im Bereich der Geistigbehindertenpädagogik ist eine Bestätigung dessen, was seit siebzig Jahren in der anthroposophischen Heilpädagogik erfolgreich praktiziert wird. Wenn man die Biographien Seelenpflege-bedürftiger Menschen studiert, dann erlebt man, wie sich diese Persönlichkeiten in sozialtherapeutischen Dorfgemeinschaften und Werkstätten optimal entfalten und bis ins hohe Alter hinein einen sinnvollen Platz im Arbeitsprozeß und in der Gruppe einnehmen können.

In Wuppertal ist im Jahr 1994 im Rahmen der Troxlerhaus-Einrichtungen ein Altersheim für die Betreuten errichtet worden, und es ist erschütternd wahrzunehmen, wie hier 60- bis 65jährige Menschen, die in ihrer Kindheit als nicht bildungs- und nicht lebenswert galten, Seelisches und Geistiges offenbaren und als Persönlichkeiten empfunden werden können.

Ich habe oftmals mit Seminarteilnehmern aus dem allgemeinen Schulbereich die Werkstätten und Wohnheime der Troxler-Einrichtungen besucht, und wenn wir dann zum Abendessen mit den sogenannten Behinderten zusammen sein konnten, erlebten meine Seminarsten immer wieder, wie selbstverständlich, freimütig und normal unsere Gastgeber uns empfingen, uns ihre Zimmer zeigten und, selbst wenn sie nicht reden konnten, doch das Bedürfnis hatten, uns alles zu erzählen, was sie betrifft. In der Rückschau war man sich dann einig, daß eigentlich die Behinderten sich normal verhielten und daß die scheinbar normalen Gäste die eigentlich Behinderten waren.

In den ersten Stoffplänen und Richtlinien für Schulen für geistig Behinderte wurde in erster Linie gefordert, die Kinder lebenspraktisch zu bilden, damit sie in die Lage versetzt würden, ihren Lebensalltag möglichst selbständig zu bewältigen. Lesen und Schreiben sowie Rechnen gehörten nicht zum Bildungsangebot für die in Hessen sogenannten «Praktisch-Bildbaren». Die Buchstaben oder einzelne Wörter sollten den Kindern nahegebracht werden, damit sie beim Besuch der Toilette zwischen H und D unterscheiden könnten, und die Kenntnis der Zahlen sollte sich lebenspraktisch bei der Benutzung der richtigen Straßenbahn bewähren. Heute wäre das schon nicht mehr erforderlich, weil man allgemein Bild-Symbole verwendet und weil die meisten geistig Behinderten ihr Leben lang mit Spezialtransporten zur Schule und zur Werkstatt morgens an der Haustür abgeholt und nachmittags zurückgebracht werden.

Bei allen Bemühungen, den behinderten Menschen in die Gesellschaft zu integrieren, ist es doch offensichtlich, daß der Behinderte ausgesondert, ausgegrenzt und diskriminiert wird. Selbst wenn unsere Verfassung neuerdings die Diskriminierung Behinderter verbietet, so lebt doch in unserer Gesellschaft tief verwurzelt die Angst und Sorge in der Frage, ob ein Kind normal ist. «Die Hauptsache, es ist gesund», das ist die wichtigste Feststellung, wenn ein Neugeborenes begutachtet wird.

Welche Bedeutung der behinderte Mensch in unserer Gesellschaft hat, darüber soll im Verlauf dieser Betrachtung noch gesprochen werden.

Das Grimmsche Märchen vom Eselein ist ein vorzügliches Bild für die soziale Stellung des Menschen mit Behinderung in der Gesellschaft: Die Mutter, die lange Zeit unglücklich über ihre Unfruchtbarkeit war, bekommt schließlich ein Kind, allerdings kein normales. Sie ist verzweifelt. «Lieber kein Kind als ein solches», und sie befiehlt, das Eselein den Fischen zum Fraß vorzuwerfen. Der Zwiespalt in der Seele betroffener Eltern zeigt sich im königlichen Vater, der das Eselein als Geschenk Gottes anerkennt und ihm später auch Thron und Krone zuspricht. «Und siehe da: das Eselein wuchs prächtig heran, und alle hatten es lieb.» (Ein Beispiel für unzählige Erlebnisse mit behinderten Kindern, die anfangs Verzweiflung und Not verursachten und dann als Sonnenschein in der Familie empfunden wurden.)

Das Eselein möchte in gleicher Weise das Saiteninstrument spielen können wie der Meister. Dieser aber traut es ihm nicht zu mit der Ausrede, die Saiten würden den Eselfingern nicht standhalten. Das Eselein hat jedoch einen so starken Willen, daß es die Laute (Leier) bald so gut spielt wie der Meister selbst. (Vielfach wird den Behinderten nicht genügend zugetraut oder zugemutet, aber sie haben zum Teil so starke Willenskräfte, daß sie weitaus mehr leisten können, als wir vermuten.)

Als das «junge Herrlein» sein Spiegelbild im Brunnen sieht, wendet er sich ab von Vater und Mutter und zieht in die weite Welt. (Auch der heranwachsende Behinderte muß sich lösen aus dem Bereich des behütenden Elternhauses.)

Als das Eselein an die Stadtmauer kommt und um Aufnahme bittet, wird ihm das Tor nicht geöffnet. (Ein signifikantes Beispiel für die Ausgrenzung Behinderter und der Familien mit behinderten Kindern.)

Es spielt auf der Leier, und der König befiehlt, das Eselein hereinzulassen, weil er ahnt, daß es mit dem Eselein etwas Besonderes auf sich hat. Aber die Menschen lachen das Eselein aus, und es soll zu den Stallknechten (dorthin, wo die anderen Esel sind) gehen.

Hier behauptet sich die Individualität des Eseleins; Persönlichkeit offenbart sich in seinen Worten: «Nein, ich bin kein Stalleselein, sondern ein königliches, und ich will an des Königs Tafel.» (Der behinderte Mensch zeigt, daß er sozial nicht ausgesondert werden will und daß er sich am Tisch des Königs fein säuberlich benehmen kann.)

Auch hier gewinnen alle das andersartige Menschenwesen lieb, so daß das Eselein sogar des Königs hübsche Tochter heiraten darf. Der König hat zwar noch nicht die wirkliche Individualität des Eseleins erkannt, aber er erfährt, daß unter dem grauen Fell des Esels ein herrlicher Prinz verborgen ist, der dann auch erlöst werden kann.

Nicht bei allen Eseln wird durch Verbrennung der Eselshaut die Prinzengestalt offenbart, nicht bei allen brummigen Bären verhelfen

Schneeweißchen und Rosenrot dem Prinzen zur Befreiung, und nicht bei allen Igeln kann die stachelige Haut vernichtet werden.

Für Eltern und Erzieher behinderter Kinder ist es aber wichtig, hinter der behindernden Physis den Prinzen zu suchen und zu finden, selbst wenn wir uns darauf beschränken, so oft wie eben möglich Ausschau zu halten nach dem Gold, das durch das struppige Bärenfell schimmert.

Märchen wie das vom Eselein oder von Schneeweißchen und Rosenrot können für Eltern behinderter Kinder eine wichtige und trostreiche Hilfe sein, und für das behinderte Kind sind sie heilende Entwicklungshilfe, sie helfen dem Kind, eine Ahnung von seiner ungestörten Individualität zu bekommen; um mit Platon zu sprechen, sie helfen dem Kind, sich Erinnernde zu werden. Darum sollte man die Märchen, die den verwandelten Prinzen oder die Prinzessin als Bild haben, unseren behinderten Kindern und Jugendlichen immer wieder vorlesen, erzählen oder vorspielen.

Die Statistik unserer Kultusminister sagt aus, daß die Zahl der geistig Behinderten in den letzten zwanzig Jahren konstant geblieben ist. Diese macht (ohne die neuen Bundesländer zu berücksichtigen) ein halbes Prozent der gesamten Schülerschaft aus. Die Zahl wäre sicherlich größer, wenn nicht einem Teil derer, die sich inkarnieren wollen, eine Existenz als Behinderter dank medizinischer «Fortschritte» verhindert würde. (Hier taucht wieder das Bild der verzweifelten Königin auf, die lieber kein Kind als ein behindertes wollte.)

Die übrigen Behinderungsarten zeigen in der Statistik steigende Werte. Während wir bei geistig Behinderten mit einem Kind pro 200 rechnen, kommen zwei blinde Kinder auf 10.000 andere. Bei Körperbehinderten weist die Statistik ein Verhältnis von 2 zu 1000 aus, und nur im Bereich der Gehörlosen zeigen sich sinkende Zahlen (4 zu 10.000). Letzteres hängt mit wesentlich verbesserten technischen Hörhilfen zusammen, die Lehrer und Schüler die Möglichkeit geben, mit Funkgeräten zu kommunizieren. Dadurch ist die Zahl der Gehörlosen statistisch gesunken, die der Schwerhörigen dagegen statistisch gestiegen.

Die größte Gruppe der als Behinderte bezeichneten Kinder ist die der sogenannten Lernbehinderten. Die Statistik der Kultusminister-Konferenz spricht von zwei Prozent, das heißt auf 100 «normale» Kinder kommen zwei Lernbehinderte. Nach meinen Erfahrungen macht die Sonderpädagogik hier den fatalen Fehler einer unrechtmäßigen und unsachlichen Fehleinschätzung einer Gruppe von Kindern, die einer differenzierten Diagnose bedürften. Vergleicht man die statistischen Erhebungen, dann scheint es, daß die Zahl der Lernbehinderten in zwölf Jahren um 20 Prozent abgenommen hat. Das mag wohl mehr an der lang gepflegten Praxis der Grundschulen liegen, lernbehinderte Kinder nicht zur Sonderschule zu melden, um die Klassenfrequenz zu «retten».

Das Bundessozialhilfegesetz zählt die Lernbehinderten in seinen Paragraphen 39 und 40 nicht zu dem Personenkreis, der wegen Behinderung Anspruch auf Eingliederungshilfe hat. Welches sind nun die Kriterien, nach denen die Sonderpädagogik ein Kind als lernbehindert einstuft?

Die Richtlinien des Landes Nordrhein-Westfalen sagen dazu aus: «Als Lernbehinderte gelten Schüler, die schwerwiegend, umfänglich und langdauernd in ihrem Lernen beeinträchtigt sind, dadurch deutlich normabweichende Leistungs- und Verhaltensformen aufweisen und aus diesem Grunde in der allgemeinen Schule nicht hinreichend gefördert werden können. Das Leistungs- und Verhaltensbild lernbehinderter Schüler ist vor allem durch eine herabgesetzte schulische Leistung gekennzeichnet. Sie ist in der Regel verbunden mit einem meßbaren deutlichen Intelligenzrückstand … Lernstörungen haben keine Sonderschulbedürftigkeit zur Folge. Die Übergänge zwischen beiden Gruppen sind fließend.»[5]

Für die schulrechtliche Beurteilung im Rahmen des Sonderschulaufnahmeverfahrens wird vielfach der Intelligenzquotient (IQ) als Maßstab der Lernbehinderung angesehen. Der IQ des Lernbehinderten liegt im Bereich einer testmäßig ermittelten Intelligenz von 70 bis 80 Prozent der normalen Intelligenz. Dabei werden allerdings oftmals sehr einseitige Schlüsse gezogen, die für die Biographie eines jungen Menschen determinierende, schicksalhafte Bedeutung haben können. Erfahrungsgemäß gibt es bei mehrfach getesteten Kindern

Abweichungen bis zu 30 Punkten; viele Kinder reagieren negativ auf das Testverfahren, und dadurch ergibt sich das Bild von Debilität (leichter Schwachsinn), obwohl das Kind in Wirklichkeit nur scheinbar debil (pseudo-debil) ist. Der Schluß vom Testergebnis auf die Persönlichkeit des Kindes ist in der Regel ein Kurzschluß.

Das Vorkommen einseitiger Lernbehinderung aufgrund mangelnder Intelligenz wird heute allgemein in Frage gestellt. R. G. E. Müller unterscheidet zwischen primärer und sekundärer Lernbehinderung und bringt jeweils eine Verhaltensstörung in den Zusammenhang mit der Lernbehinderung und umgekehrt.[6]

Das primär debile Kind gilt im allgemeinen als lieb und dumm; in der stofflichen und sozialen Forderungssituation des Unterrichts ist es vielfach überfordert, und es reagiert darauf mit Verhaltensauffälligkeiten (regressiver oder aggressiver Art).

Das primär entwicklungsgestörte Kind hat zwar teilweise recht gute intellektuelle Begabung, es ist aber in seiner Lernfähigkeit durch Nervosität, Konzentrationsmangel, Hyperaktivität und anderes mehr so sehr beeinträchtigt, daß es in seiner Schulleistung zurückbleibt. Müller spricht hier von Lernstörung aufgrund primärer Verhaltensstörungen.

Sonderpädagogische Untersuchungen der letzten zwanzig Jahre weisen deutlich darauf hin, daß nicht die einfache Behinderung, sondern die Mehrfachbehinderung die Regel ist. «Die Zahl der mehrfach behinderten Kinder, für die sich eine Zuordnung in eine Kategorie gar nicht oder nur unter Ausschluß wesentlicher pädagogischer Gesichtspunkte finden läßt, übersteigt nach unserer Erfahrung die Zahl derjenigen Kinder, für die sich eine eindeutige Zuordnung durchführen läßt.»[7]

Die Umstände, die zu Lernbehinderungen oder Lernstörungen führen, sind sicherlich sehr unterschiedlicher Art. Nach dem Verständnis der heutigen Sonderpädagogik ist im Grunde jede Behinderung mit einer Störung der Lernfähigkeit verbunden. Aus diesem Grund wäre es durchaus angebracht, auf den Begriff «behindert» für das lerngestörte Kind zu verzichten. Nach meiner Vorstellung sollte man diese Kinder nicht in die Gruppe der Behinderten einordnen.

In der Praxis zeigt sich immer wieder, daß Kinder, die als lernbehindert eingestuft werden, unter dem Stigma «behindert» leiden, in-

23

dem sie sich ihrer Schwächen bewußt werden. (Hier schaut das Eselein in den Brunnen und wird sich seines Andersseins bewußt.)

Immer wieder begegnete ich in der Mittelstufe den bohrenden Fragen der lerngestörten Kinder: Wieso bin ich denn behindert? Und auch die Eltern führt das Bewußtsein, ein «behindertes» Kind zu haben, in eine seelische und soziale Notsituation, die schwer zu ertragen ist. Vielfach wird eine entwicklungsbedingte Lern- und Leistungsschwäche des Kindes durch eine psychometrische Untersuchung festgeschrieben, und das Kind ist für seine weitere schulische Entwicklung als behindert abgestempelt und ausgesondert.

Darum sollte den Kindern auf keinen Fall der Stempel «behindert» aufgedrückt werden. Und noch wichtiger scheint es zu sein, den Eltern deutlich zu machen, daß sie ihr Kind niemals als behindert diskriminieren dürfen, weder in Gedanken noch in Worten, noch in Taten.

Als Eltern, Erzieher oder Lehrer sollte man immer im Bewußtsein haben, daß zur Entfaltung der menschlichen Persönlichkeit jenes Vertrauen notwendig ist, das im Märchen der König dem Eselein entgegenbringt.

Das «verhaltensgestörte» Kind

Im Begriff der Störung liegt der helfende Gedanke des Vorübergehenden, des nicht Fixierten. Während der Blinde, der Gehörlose oder der Körperbehinderte zeitlebens mit seiner Behinderung leben muß, kann man damit rechnen, daß es im Wesen einer Störung liegt, daß sie durch mancherlei Gründe irgendwann einmal auftritt, sich möglicherweise verfestigt, aber doch bei sachgemäßer Behandlung weitgehend oder ganz behoben werden kann.

Wenn in einem Haus kein Wasser oder keine Elektrizität vorhanden ist, so ist das als eine permanent gegebene Behinderung anzusehen, mit der man leben kann und muß. Wenn aber durch Überbelastung die Sicherung im Haus durchschlägt, dann kann man diese Störung sachgemäß beheben.

In ihrer Entwicklung gestörte Kinder haben im Verlaufe der letzten 25 Jahre viele verschiedene Bezeichnungen auf sich nehmen müssen: Der Christian-Morgenstern-Schule wurde bei ihrer Genehmigung

vom Ministerium im Jahre 1957 der Titel «Sonderform der Volksschule für Schwererziehbare» gegeben. Damit waren unsere Absolventen abgestempelt, und kaum ein Betrieb war bereit, einen Lehr-
ling aufzunehmen, der die Schule für Schwererziehbare besucht hatte.

Die Sonderpädagogik prägte den Begriff des erziehungsschwierigen Kindes; auch durch ihn wird das Kind stigmatisiert, weil nicht
deutlich ist, ob es Schwierigkeiten hat oder macht. Immerhin hat der
Autor in den siebziger Jahren noch eine Zusatzausbildung in der
Fachrichtung Erziehungsschwierigen-Pädagogik machen müssen,
weil von seiten der Schulbehörde die bisherige Ausbildung zum
Hilfsschullehrer nicht als ausreichend betrachtet wurde.

In den osteuropäischen Ländern spricht man von Kindern mit speziellen Defekten, und der Lehrer studiert Defektologie. Hier steht
das Symptom im Vordergrund, und der Begriff aus dem technischen
Bereich wird dem entwicklungsgestörten Kind als Stempel aufgedrückt.

Die Psychologie beurteilt das schwierige Kind nach seinem Verhalten, und so entstand die Bezeichnung des verhaltensgestörten oder
verhaltensauffälligen Kindes. Hier werden Kinder nach von der
Norm abweichenden Verhaltensweisen beurteilt und entsprechend
behandelt. Die Verhaltensgestörtenpädagogik bemüht sich in erster
Linie darum, Verhaltensweisen, die als störend empfunden werden,
zu normalisieren.

Rudolf Steiner sagt zu solchem Vorgehen im *Heilpädagogischen
Kurs:* «Wir haben ja im Grunde genommen gar kein weiteres Recht,
über die Normalität oder Abnormalität des kindlichen Seelenlebens
oder menschlichen Seelenlebens überhaupt zu reden, als indem wir
hinschauen auf dasjenige, was durchschnittsmäßig ‹normal› ist …
Daher sind die Urteile so außerordentlich konfus, wenn man anfängt, indem man eine Abnormität konstatieren kann, dann alles
Mögliche zu treiben, und damit abzuhelfen glaubt – statt dessen
treibt man ein Stück Genialität heraus.»[8]

Was die Verhaltens-Therapie dann treibt, um Abhilfe bei abnor-
mem Verhalten zu schaffen, beschreibt Vera Kuhlen in ihrem Buch
Verhaltenstherapie.[9] Hier wird dargestellt, wie man mit ausgeklügel-
ten und raffinierten Methoden dafür sorgen kann, daß Eltern von
Bettnässern nachts nicht gestört werden (Klingelhöschen), und wie

man das autistische Kind dazu bringt, Blickkontakt zum «Therapeuten» aufzunehmen (mit nackten Füßen und Elektroschock).

Mark Twain wird das Wort zugesprochen: «Erziehung ist organisierte Verteidigung der Erwachsenen gegenüber dem Kind.» Verhaltenstherapie könnte in diesem Sinne raffinierte Vergewaltigung des Kindes zugunsten einer von den Erwachsenen gewünschten Norm sein.

Der Begriff «verhaltensgestört» ist in jedem Falle nicht eindeutig. In der Regel fühlt sich der Erwachsene durch das Verhalten des Kindes gestört. Aber erst wenn der Erwachsene das andersartige Kind in seinem Verhalten stört und beeinträchtigt, könnten wir von verhaltensgestörten Kindern sprechen; sie werden in ihren Willensäußerungen gestört, und der Erzieher bemüht sich, das Verhalten so abzuändern, wie es die Norm der Gesellschaft für richtig hält.

Das Bundessozialhilfegesetz kommt dem entwicklungsgestörten Kind mit seiner Definition am nächsten. Es spricht vom «seelisch behinderten Kind».[10] Abgesehen davon, daß hier wieder der Begriff «behindert» gebraucht wird, trifft diese Bezeichnung den eigentlichen Kern: Das Kind ist in seiner *seelischen* Entfaltung behindert.

In einem Kommentar zum Bundessozialhilfegesetz werden seelisch behinderte Kinder folgendermaßen beschrieben:

«Seelisch wesentlich behinderte Personen sind solche, die an einer seelischen Störung leiden, die sie selbst und ihre Umwelt belastet, willentlich nicht behoben werden kann und die Teilnahme am Leben der Gemeinschaft, vor allem am Arbeitsplatz nicht oder nur unzureichend gestattet.»[11]

Hier wird deutlich – und in der Gesetzgebung ziemlich einmalig – darauf hingewiesen, daß die *Seele* des Kindes in ihrer freien Entfaltung behindert wird. Betrachtet man die Situation unserer Kinder in der heutigen Zeit, so könnte man feststellen, daß viele Kinder heute in einem gewissen Grade seelisch behindert sind, weil die seelische Entwicklung des Kindes im Zeitalter des Materialismus allgemein stark gefährdet ist.

Rudolf Steiner prägte den Begriff des «Seelenpflege-bedürftigen Kindes».[12] Damit bringt er das zum Ausdruck, was heute alle Kinder brauchen. Alle Menschen haben seelische Grundbedürfnisse, und wenn diese nicht befriedigt werden, wird der Mensch krank. Da bei Kindern die gesunde seelische Entwicklung Voraussetzung für ein gesundes Denken und Wollen ist, brauchen sie intensive und gezielte Pflege des Seelischen. Vielfach wird Seelenpflege-Bedürftigkeit mit geistiger Behinderung gleichgesetzt, weil die meisten heilpädagogischen Schulen als Schulen für geistig Behinderte anerkannt und intern als Schulen für Seelenpflege-bedürftige Kinder bezeichnet werden. Seelenpflege ist ein umfassender Begriff für kindgemäße Pädagogik schlechthin und sollte nicht auf Schulen für Kinder mit geistiger Behinderung beschränkt bleiben. Die Kinder, die Rudolf Steiner im *Heilpädagogischen Kurs* vorstellt, waren nur zum Teil im Sinne heutiger Sonderpädagogik geistig behindert.

Leider ist es in den letzten 25 Jahren nicht gelungen, neben der auf bestimmte einzelne Defekte orientierten Sonderschule des Staates eine heilpädagogische Schule eigener pädagogischer Prägung für Seelenpflege-bedürftige Kinder durchzusetzen. Viele anthroposophische Schulen haben das Wort Seelenpflege zwar im Untertitel, aber eine eigenständige und besonders gestaltete Schule zur gemeinsamen Erziehung unterschiedlich behinderter Seelenpflege-bedürftiger Kinder kann der Staat sich nicht vorstellen und daher auch nicht genehmigen.

Erziehungshilfe

Auf der Suche nach einer angemessenen Bezeichnung für die Christian-Morgenstern-Schule konnten wir am Ende der sechziger Jahre mit Hilfe unseres damaligen Oberbürgermeisters Johannes Rau im Landtag von Nordrhein-Westfalen eine Formulierung durchsetzen, die unsere Schule beschreibt, ohne die Kinder abzustempeln. Wir wählten den Begriff «Schule für Erziehungshilfe», um damit zum Ausdruck zu bringen, daß die Schule besondere Hilfen zur Erziehung anbietet (kleine Klassen, therapeutische Maßnahmen, Ganztagsbetreuung usw.). Mit dieser Bezeichnung konnten wir, unsere Schüler und Eltern leben, sie sagt nichts Diskriminierendes über den Schüler aus, sondern beschreibt, was in der Schule geschieht. Damit kamen wir der ursprünglichen Bezeichnung Hilfsschule wieder näher, welche auch nur besagt, daß in dieser Schule Hilfen gegeben werden.

Die damals schon bestehenden Waldorfschulen im Kleinklassenbereich (Emil-Molt-Schule in Berlin und Michael-Bauer-Schule in Stuttgart) übernahmen die Bezeichnung, und inzwischen gibt es in Deutschland zwanzig Waldorfschulen für Erziehungshilfe, von denen zehn noch wenig gegliedert beziehungsweise im Aufbau sind. Voll ausgebaut sind Christophorus-Schule Hamburg, Georgschule Dortmund, Johannes-Schule Bonn, Christian-Morgenstern-Schule Wuppertal, Johannes-Schule Bildstock, Michael-Bauer-Schule Stuttgart und Michael-Schule Freiburg sowie die Kleinklassenzüge der Freien Waldorfschulen in Schloß Hamborn, Essen und Bochum.

Die Bezeichnung «Schule für Erziehungshilfe» fand nicht nur Anerkennung bei den Schulbehörden, sondern auch im Verband Deutscher Sonderschulen, und als 1972 das Sonderschulwesen in Deutschland neu geordnet und zehn verschiedene Sonderschultypen eingerichtet wurden, übernahm man in fast allen Bundesländern die Bezeichnung «Erziehungshilfe» für den Personenkreis der sogenannten «Verhaltensgestörten», das heißt für Kinder mit normaler Intelligenz und schweren Entwicklungsstörungen.

Damit tauchten für die Waldorfschulen für Erziehungshilfe neue Probleme auf, denn während die staatlichen Schulen auf einen eng umrissenen Typus der Behinderung und als Durchgangsschule mit maximal zweijähriger Verweildauer festgelegt wurden, bemühten sich die Waldorf-Kleinklassenschulen, den Begriff Erziehungshilfe auf die gemeinsame Erziehung von Kindern mit verschiedener Behinderung auszuweiten.[13] Während das in vielen Bundesländern durchzusetzen war, beharren Baden-Württemberg und Bayern nach wie vor streng darauf, daß sich heilpädagogische Schulen auf anthroposophischer Grundlage auf *eine* Behinderung beschränken, was dem Wesen anthroposophischer Heilpädagogik absolut widerspricht.

Sicherlich könnte man auch noch den Begriff «inkarnationsgestörte» Kinder einbringen, aber der würde von seiten des Staates auf ähnliches Unverständnis und Ablehnung stoßen wie die Bezeichnung «Seelenpflege-Bedürftigkeit».

Darum ist es meines Erachtens am richtigsten und sachgemäßesten, von «entwicklungsgestörten Kindern» zu sprechen. Damit wird gesagt, daß die Kinder in ihrer Entwicklung gestört worden sind; wann, wie und wodurch, das wird offengelassen. Es kann eine Störung in der Inkarnationsfolge, während der Schwangerschaft, in der Geburt oder auch, was in den meisten Fällen zutrifft, im Laufe des ersten Jahrsiebts sein. Es kann eine Störung durch konstitutionelle Gegebenheiten, durch erbliche Bedingtheiten oder durch äußere Einwirkungen aus dem sozio-kulturellen Bereich sein.

Das entwicklungsgestörte Kind muß nicht zwangsläufig ein Sonderschulkind sein. Entwicklungsstörungen treten zum Teil in bestimmten Altersabschnitten auf und verschwinden dann auch wieder ohne große pädagogische oder therapeutische Hilfestellungen. Das körperliche, geistige und seelische Wachstum des Kindes vollzieht sich stufenweise von Entwicklungsniveau zu Entwicklungsniveau, und es lösen sich Perioden des Abbruchs und solche des positiven Neuaufbaus ab. Lievegoed spricht von Integrations- und Desintegrationsphasen, deren treibende Kraft im Drang zur Selbstentfaltung eines jeden Kindes liegt.[14]

Eine markante Desintegrationsphase ist deutlich wahrnehmbar an der Schwelle zur Schulreife. Hier findet beim Kind ein völliger Umbruch geistiger, seelischer und körperlicher Gegebenheiten statt. Das Kind beginnt, seinen Erbkörper abzubauen und eine individuelle Grundlage menschlicher Existenz aufzubauen. In dieser Phase des Gestaltwandels sind die Kinder in hohem Maße störanfällig, sie tragen gleichsam ein unsichtbares Schild um den Bauch: «Wegen Umbau geschlossen.» Äußerliches Merkmal des Umbaus sind Zahnwechsel, Längenwachstum und Umwandlungen im Rumpfbereich (vom Hosenträgerkind zum Gürtelträger). Innerliche Merkmale sind die Ablösung vom metaphysischen Weltbild des Kindergartenkindes hin zur Weltoffenheit des lernenwollenden Schulkindes. Die Lebens- oder Ätherkräfte, deren Aufgabe es bisher war, den physischen Leib aufzubauen und zu gestalten, werden jetzt frei und stehen für neue Aufgaben zur Verfügung.

In dieser Phase der Desintegration werden die Kinder schulpflichtig, das heißt nicht am Beginn der Integrationsphase, sondern noch weitgehend während der negativen Umbauphase. Die Folge davon ist, daß gerade bei den Untersuchungen zur Schulreife viele Kinder das Bild des desintegrierten, entwicklungsgestörten Kindes bieten.

Die Zahl der entwicklungsgestörten Kinder an der Schwelle vom Kindergarten zur Schule wurde 1972 bei der Neuordnung des Sonderschulwesens von der Kultusminister-Konferenz mit 10 Prozent angegeben, wobei festgestellt wurde, daß diese Kinder nicht unbedingt sonderschulbedürftig seien, aber besondere Betreuung und therapeutische Hilfen bräuchten. Es war dies eine schulpolitische Vorgabe, mit der Zahlen für die Schulentwicklungspläne, das heißt für den Auf- und Ausbau von Sonderschulen, gegeben werden sollten.

Diese Vorgabe der Konferenz der Kultusminister wurde von seiten der neuen sonderpädagogischen Hochschul-Fachbereiche heftig attackiert und in Frage gestellt. R. G. E. Müller, der in Hamburg die Arbeit mit legasthenischen Kindern ins Leben gerufen hatte, sprach in einem Vortrag in Wuppertal von 25 Prozent aller neu einzuschulenden Kinder mit mehr oder weniger schweren Entwicklungsstörungen.

In den achtziger Jahren gab es Angaben aus dem Bereich der Kinderpsychiatrie auf der Grundlage von schulärztlichen Untersuchungen, wonach jedes zweite Schulkind Entwicklungsstörungen zeigt.

In einem Gespräch mit den Schulärzten an Freien Waldorfschulen in Berlin wurde mir in diesem Zusammenhang gesagt, daß man in dieser Stadt mit 75 Prozent entwicklungsgestörten Kindern rechnen kann. Zur Delegiertentagung 1993 auf dem Engelberg bei Stuttgart berichtete eine Lehrerin aus Kreuzberg, daß man dort 120 Kinder für die erste Klasse angeschaut habe und daß nur zwölf Kinder ohne Bedenken aufgenommen werden konnten.

Aber dies sind spektakuläre statistische Zahlen, die nicht zur Verallgemeinerung dienen können und dürfen. Und doch geben sie einen Hinweis auf eine Zeitsymptomatik, daß nämlich immer mehr Kinder mit Entwicklungsstörungen in die Schule kommen. Sie fallen zum Teil schon im Kindergarten auf, und vielfach werden sie ihren Eltern schon als Kleinkinder zum Problem, so daß noch vor der Schulzeit Kinderärzte, Psychologen und Erziehungsberater konsultiert werden müssen. Man macht bei der Vorstellung der Kinder allgemein die Beobachtung, daß viele Störungen in der Untersuchungssituation nicht auffallen, wohingegen im Klassenverband das Gestörtsein um so deutlicher zutage tritt und sehr bald zu erheblichen Erziehungsschwierigkeiten führen kann.

In unseren Grundschulklassen – sowohl in öffentlichen als auch in Waldorfschulen – gibt es viele dieser Kinder. Sie sind weder behindert noch sonderschulbedürftig. Sie bedürfen besonderer pädagogischer und therapeutischer Hilfen, um ihre Entwicklungsstörungen überwinden zu können. Werden diese Hilfen nicht gegeben, so geraten die Kinder in fixierte Desintegrationszustände, die einen Verbleib in der Klassengemeinschaft in Frage stellen. Vielfach werden die Kinder dann in die Sonderschule für Lernbehinderte geschickt, obwohl keine primäre Lernbehinderung, sondern nur eine Lernstörung vorliegt, oder sie werden der Schule für Erziehungshilfe zugewiesen.

Nicht selten erhalten Eltern entwicklungsgestörter Kinder von Erziehern, Psychologen und Ärzten den Rat, ihr Kind bei der Waldorfschule anzumelden. Es sei deutlich, daß das Kind in der öffentlichen Schule scheitern werde, wohingegen die Waldorfschule mit ihrer besonderen Methodik für das Kind eine Hilfe bedeuten könne.

So kommen viele Eltern mit ihren Sorgenkindern zur Waldorfschule, ohne bisher von dieser Schulform gehört zu haben. Schicksalhaft finden diese Kinder den Weg in eine Schule, die dazu geeignet sein soll, ihre Störungen in rechter Weise zu erkennen und durch ihre besondere Pädagogik und Methodik abzubauen.

Im Verlauf dieser Betrachtung soll versucht werden darzustellen, ob und wie die Waldorfschule der Herausforderung des schwierigen Kindes gerecht werden kann.

Formen und Ursachen
von Entwicklungsstörungen
an der Schwelle zur Schulreife

Retardation und Akzeleration

Für das Erkennen der Schwierigkeiten entwicklungsgestörter Kinder
gibt uns Bernard Lievegoed in seinen *Heilpädagogischen Betrachtungen* einen wichtigen Schlüssel, indem er zwei konstitutionelle
Entwicklungsrichtungen beschreibt: die *retardierte* (zu langsame)
und die *propulsive* oder *akzelerierte* (zu schnelle) Entwicklung.[15]
Diese Kinder sind schon im Kindergarten auffällig, sie können bei
der Schulreife-Untersuchung gut erkannt werden, und im Verlaufe
der ersten Schulwochen und -monate wird das, was konstitutionell in
ihnen veranlagt ist, vielfach zum Problem, zur evidenten Entwick-
lungs- und Verhaltensstörung. Fragt man nach der Anamnese der
Kinder, so ergeben sich häufig ähnliche Entwicklungsberichte.

Das retardierte Kind

Schon bei der Geburt des retardierten Kindes zeigen sich deutliche
Besonderheiten. Das Neugeborene hat in der Regel weiche Gesichtszüge, Mund und Nase treten nicht besonders in Erscheinung, und die
großen runden Augen blicken weit in die Ferne, ohne die Dinge in
der Umgebung wahrzunehmen. Sprechen wir das Kind an, so geht
der Blick an uns vorbei, und erst später geht ein Lächeln über das
Gesicht des Säuglings. Das Kind hat noch etwas Kosmisch-Himmli-
sches in sich und um sich. Die Eltern berichten von einer unkompli-
zierten Entwicklung in den ersten Wochen und Monaten. Das Kind
trinkt intensiv an der Brust der Mutter, bis es über dem Trinken
einschläft. Der Schlaf ist ruhig und ungestört, und nach einer angemessenen Zeit wird das Kind wieder wach, träumt vor sich hin, bekommt seine Versorgung, um danach bald wieder einzuschlafen. Die

Eltern freuen sich über ihr «pflegeleichtes» Kind, aber es fällt ihnen auf, daß es sich für alle Entwicklungsschritte Zeit nimmt. Es dauert lange, bis der Blick sich dem Geräusch oder dem sich bewegenden Gegenstand zuwendet, bis die Hand das Spielzeug greift, bis das Köpfchen sich wendet und hebt, bis das Kind durch die Stube krabbelt, sich hinsetzt, aufrichtet und die ersten Schritte tut. Im Vergleich zu anderen Kindern vollziehen sich diese Schritte um Wochen und Monate verzögert. Aber das ist beim Kleinkind noch kein Grund zur Sorge, eher wird es als angenehm empfunden, wenn das Kind seiner Entwicklung nicht vorauspresscht, sondern noch möglichst lange seine innige Beziehung zum Kosmos erhält. Dafür ist es auch in den ersten Lebensjahren unkompliziert, es hat eine rege Phantasie, spielt stundenlang mit ein oder zwei Spielzeugen und lebt ganz intensiv in seiner eigenen Welt. Schwierigkeiten tauchen auf, wenn das Kind in den Kindergarten soll. Die Lösung von der Mutter ist ein ernstes Problem, wobei nicht immer deutlich wird, ob das größere Problem bei der Mutter oder beim Kind liegt. Vielfach tauchen hier erste Zeichen von Überbehütetsein auf. Das Kind ist manuell ungeschickt, vieles kann oder will es noch nicht leisten, und da liegt es nahe, daß die Mutter dem Kind alle Probleme aus dem Weg räumen möchte.

Im Kindergarten hat es das kosmische Träumerle schwer. Die Loslösung von der Mutter kann vielleicht in gegenseitigem Bemühen geschafft werden, aber die Integration in die Gruppe wird für das Kind äußerst dramatisch. Es sondert sich ab, spielt für sich in seiner Ecke und schreit, wenn andere Kinder mit ihm spielen oder sein Spiel stören wollen. Nur wenn die Kindergärtnerin zur Geschichte auffordert, dann kommt das Kind in den Kreis, und mit großen Augen und Ohren nimmt es die Bilder des Märchens auf, vielfach mit dem Daumen im Mund und mit der anderen Hand am Ohrläppchen oder mit einem Tüchlein spielend.

Bei der Vorstellung in der Schule erlebt man ein mit großen Augen dreinblickendes ängstliches Kind, das sich nicht vom Schoß der Mutter lösen möchte. Interessiert und doch aus angemessener Distanz verfolgt es die Dinge, die sich in der neuen unbekannten Welt ergeben. Gelingt es dem aufnehmenden Lehrer oder dem Schularzt, das Kind mit einer interessanten Geschichte, mit einem Bilderbuch oder mit einer Handpuppe vom Schoß der Mutter zu locken, so ist bald ein inniger Kontakt zu ihm möglich. Betrachtet man zwischendurch

33

die anwesende Mutter, so kann man feststellen, daß sich in ihrer Mimik Angst und Sorge abzeichnen, ob das Kind auch alles richtig macht, was die Schule von ihm verlangt. Am liebsten möchte sie ihr Kind noch ein Jahr zurückgestellt wissen, obwohl viele Merkmale der Schulreife schon gegeben sind, und auch das Kind schwankt in seiner Haltung, verunsichert durch die Sorge der Mutter, zwischen der vertrauten Welt des Kindergartens und der neuen Wunderwelt der Schule.

Aber die Lehrer waren nett zu dem Kind, das Kind hat Vertrauen gefaßt, und in Anbetracht der Tatsache, daß es zur Einschulung sechseinhalb Jahre sein wird, einigt man sich auf Einschulung zum nächsten Sommertermin. Die Mutter ruft vielleicht noch mal in der Schule an mit der Frage, ob es nicht doch besser sei, das Kind noch ein Jahr zurückzustellen, weil es doch in vielen Dingen noch nicht schulreif sei. Es bedarf einiger Geduld, sie davon zu überzeugen, daß gerade dieses Kind die Schule mit ihren Anforderungen braucht, um seine Entwicklungsrückstände zu überwinden. Ein längeres Verbleiben im Kindergarten würde die Tendenz zur Retardation noch verstärken, also eher schaden als helfen.

Der zukünftige Klassenlehrer bekommt dann noch vor der Einschulung genaue Instruktionen, was das Kind noch nicht kann, was es nicht mag und worauf man zu achten habe. Und wenn am ersten Schultag die Kinder an der Hand ihres neuen Lehrers in die Klasse einziehen, dann bleibt die besorgte Mutter oft in der Nähe des Klassenraumes, und auch in den nächsten Tagen und Wochen steht sie manchmal lauschend vor der Tür, um bereit zu sein, wenn ihr Kind sie braucht. Und wirklich, das Kind spürt die Unsicherheit der Mutter und reagiert dementsprechend verunsichert. Man tut als Lehrer gut daran, der Mutter zuzuraten, Vertrauen zu haben und während der Schulzeit andere Dinge zu erledigen, die vom Gegenstand der Sorge ablenken: in die Stadt zum Einkaufen zu gehen, im Café mit anderen Müttern zu plaudern oder im dafür vorgesehenen Warteraum für den Bazar der Schule zu basteln.

Der Lehrer wird spüren, daß das Kind freier und sicherer wird, je weiter die überbesorgte Mutter sich entfernt und ihr Kind losläßt.

Und trotzdem ist der Schulalltag eine noch dramatischere Herausforderung für das Kind als die erste Zeit im Kindergarten. Da sind nicht nur die vielen anderen Kinder, denen es am liebsten aus dem

Weg gehen möchte. Es spielt in der Gruppe nicht mit, weicht aus, wenn es aufgefordert wird, und verhält sich wie ein Kräutchen-rühr-mich-nicht-an.

Und da treten stoffliche Anforderungen an das Kind heran, die ihm vielfach zuwider sind. Buchstaben und Zahlen sind für das kosmische Kind eine fremde, bedrohliche Welt, und mit ängstlichen großen Augen beobachtet es das Geschehen in der Klasse, ohne eigenen Antrieb, mittun zu wollen. Auch den schulischen Anforderungen weicht es aus, und wenn es nachdrücklich gefordert wird, dann taucht es in ein Meer von dramatischer Verzweiflung. Weinend und lamentierend beklagt es sich über unmäßige Forderungen, und nicht selten wird es dann Zielscheibe für hämische Blicke und aktive Hänseleien der Klassenkameraden. Wenn es darum geht, eine Aufgabe zu lösen oder Wörter von der Tafel abzuschreiben, dann kann es gelegentlich zu hysterischen Ausbrüchen kommen, wobei Hefte und Stifte in der Klasse herumfliegen und das Kind schreiend auf dem Boden liegt. Nur wenn es am Schluß des Unterrichts eine Geschichte gibt, dann ist unser Träumerle wieder ganz interessiert und ansprechbar.

Zu Hause findet das Kind ein offenes Ohr für alle seine schulischen Nöte, und große Sorge taucht auf, wenn es in psycho-physischer Reaktion plötzlich anfängt einzunässen, hysterische Wutanfälle zeigt und in kleinkindhafe Verhaltensmuster zurückfällt. Hier kommt es dann leicht zu fixierten Desintegrationszuständen, eine seelische Störung kann sich zur seelischen Behinderung verfestigen, und es ist angezeigt, im Gespräch mit Eltern und Schularzt Mittel und Wege der Therapie zu erwägen.

Die Therapie des überforderten retardierten Kindes wird aber in den meisten Fällen pädagogischer Natur sein; über ihre Formen soll später noch gesprochen werden.

Das akzelerierte Kind

Ganz anders sieht der Entwicklungsbericht des propulsiv akzelerierten Kindes aus.

Der «Zufall» mag es geben, daß in derselben Familie, in der vor zwei Jahren das oben beschriebene kosmische Träumerle geboren wurde, ein Geschwisterkind ankommt, das schon bei der Geburt völlig anders aussieht als sein älteres Geschwister. Beim Säugling liegen die Augen tiefer in den Höhlen, sie sind klein, durch die Stirn überschattet, und sie blicken aktiv und hellwach in ihre Umgebung, dabei fühlt sich der Betrachter angeschaut und fixiert. Die Nase ist markant und scharf geschnitten, und der Mund hat kleine scharfe und dünne Lippen. Das Gesichtchen ist viel irdischer und wirkt frühreif und hellwach. Dementsprechend ist das Kind auch viel intensiver und aktiver offen für seine Umwelt. Beim leisesten Geräusch wenden sich die Augen der Geräuschrichtung zu, bei den geringsten Störungen reagiert das Kind mit heftigem Geschrei und läßt sich nur besänftigen, indem die Mutter es anlegt, aber das Kind trinkt hastig, verschluckt sich und schreit von neuem los. Das wiederholt sich mehrfach, bis das Kind vor Erschöpfung einschläft, um beim Schließen der Tür oder beim Gespräch der Eltern gleich wieder aufzuschrecken und heftig zu weinen. Nicht selten gehört es zum Schicksal dieser frühreifen, sinnes-wachen Kinder, daß sie schon als Säuglinge mit einem Magenpförtnerkrampf ins Krankenhaus müssen.

Die ersten Jahre dieses Kindes verlaufen äußerst problematisch und dramatisch. Die Eltern haben viele unruhige Nächte und müssen viel Geduld aufwenden, weil der kleine Erdenbürger sich bald zum Tyrannen entwickelt und nicht bereit ist, sich den Gewohnheiten und Sitten der Eltern anzupassen. Und doch gibt es einen scheinbaren Lichtblick in der Entwicklung dieses Kindes: Alle Entwicklungsstufen werden rasch durchlaufen, vieles kommt vorzeitig und ohne große Beeinflussung durch die Erzieher. Das Kind ergreift seine Welt mit allen Sinnen und zeigt eine hellwache Intelligenz; es sucht Zerstreuung und Ablenkung. Oft lassen sich die Eltern dazu verleiten, viel Spielzeug anzuschaffen, obwohl kein intensives Spiel möglich ist. Technisches Spielzeug übt eine besondere Anziehung auf dieses Kind aus, es wird von ihm analysiert, das heißt auseinandergenommen, und wird dann bald uninteressant. Fragestellung und Redewendungen sind nicht altersgemäß, das Kind wirkt altklug, rechthaberisch und eigenwillig; vielfach stehen die Eltern auf dem Standpunkt, daß auf berechtigte Fragen auch eine richtige Antwort gegeben werden muß. Das Kind wird schon vor dem Kindergartenalter nach seinen Wünschen bezüglich Kleidung, Essen und sonstigen Bedürfnissen gefragt. Oft sind es die Väter, die stolz auf ihren intelligenten Sohn oder die Tochter sind und die in ihnen einen kleinen Erwachsenen, einen «Kumpel» sehen und entsprechend reden und handeln.

Die Mutter hat ihre Not mit diesem Kind, das seiner Entwicklung immer voraus ist und einer höheren Altersstufe zustrebt. Darum ist sie froh und dankbar, wenn ihr Sorgenkind in den Kindergarten darf. Und hier treten massive Probleme auf. Das Kind kann sich nicht einordnen, es will immer der oder die erste sein; wird ihm das nicht gewährt, reagiert es ärgerlich, aggressiv und destruktiv. Mit den anderen Kindern kann und will es nicht spielen, und am Kindergartenspielzeug verliert es bald sein Interesse. Kinderlieder, Reigenspiele und Märchen werden massiv boykottiert, und jede Stimmung wird ge- und zerstört. Nur mit großer Geduld und besonderer Zuwendung und mit vielen Tränen gelingt es, das unbändige unruhige Kind zu integrieren. Häufig muß sogar die Kindergartenbetreuung abgebrochen werden, so daß das Kind dann im häuslichen Bereich Anregung und Betätigungsfeld sucht. Auf der Straße und auf dem Spielplatz gibt es viel Streit, wohingegen in der Wohnung «Zuflucht» geboten wird durch Fernsehen und mechanische Tonträger. «Wenn er vor dem Fernseher sitzt oder wenn er seinen Walkman aufhat, dann ist er wenigstens ruhig», so lautet die resignierende Erklärung der Eltern; und um dem Kind Abwechslung zu gönnen, werden unter Umständen alle möglichen Freizeitparks, Abenteuerplätze und sonstige Vergnügungsmöglichkeiten aufgesucht. Das Kind saugt alle Sinneseindrücke intensiv und aktiv auf und reagiert schnell mit Worten, Händen und Füßen auf alle sozialen Kontakte.

Noch bevor es schulpflichtig ist, kennt es die Buchstaben und Zahlen und interessiert sich für entsprechendes Spielmaterial. Es kann und weiß schon alles, so daß sich viele Eltern ernsthaft bemühen, ihr Kind vorzeitig für die Schule anzumelden, obwohl es altersmäßig noch nicht so weit ist. Diese Maßnahme werde auch vom Kindergarten befürwortet, heißt es dann häufig, weil man ihm da nichts mehr bieten könne. Es bedarf schon einer intensiven Untersuchung und auch einer konsequenten Haltung von seiten der Schulleitung, sich von dem Kind und seinen schulischen Fähigkeiten nicht bluffen zu lassen, denn obwohl diese Kinder älter aussehen, als sie wirklich sind, haben sie doch viele Defizite in ihrer körperlichen, seelischen und sozialen Entwicklung. (Bei der Vorstellung eines solchen Kindes brachte ich einmal meine Verwunderung zum Ausdruck mit der Frage: «Bist du denn wirklich erst fünf Jahre?», und der kleine Kerl legte seine Hände in die Hüften, schaute keck zu mir auf und sagte: «Ja, ich bin erst fünf, aber ich gehe für neun durch!» Als ich ihn gemessen und gewogen hatte und ihn aufforderte, seine Schuhe wieder anzuziehen, schwang er seinen Fuß mit offenem Schuh auf meinen Schreibtisch und sagte: «Please Sir!» Ich sollte ihm den Schnürsenkel wieder zubinden.)

Eine zu frühe Einschulung für akzelerierte sinnes-wache Kinder ist noch weniger zu verantworten als die Rücksetzung eines retardierten Kindes. Hier ist pädagogische Beratung dringend erforderlich, denn das propulsive Verhalten des Kindes sollte noch im Vorschulalter durch kind- und altersgemäße Entwicklungsangebote zurückgehalten und harmonisiert werden.

In der Schule erwarten das Kind erhebliche Schwierigkeiten. Es weiß und kann ja schon alles und bemängelt ständig das methodische und stoffliche Angebot des Lehrers. Ordnungen und Anordnungen werden nicht eingehalten, stillsitzen auf dem Stuhl ist nicht möglich; die Blicke gehen überall hin; und wo was los ist, da muß auch unser Kind sein. Immer will es das erste sein, immer redet es ungefragt in die Klasse, jeder Gang durch die Klasse ist begleitet von Tritten gegen die Ranzen und die Beine anderer Kinder, von Knuffen und Boxen, und oft fliegen Dinge durch die Luft, Butterbrottüten werden aufgeblasen und mit lautem Knall zum Platzen gebracht. Man findet in diesem Zusammenhang auch oft, daß die ursprünglichen religiösen Fähigkeiten des Kindes kaum ausgebildet sind: Es kann nicht staunen, es kennt keine Ehrfurcht, es zeigt keine Dankbarkeit und kein Mitleid.

Bei den schulischen Anforderungen zeigt sich bald, daß das Kind zwar eine rasche Auffassungsgabe und eine gute Intelligenz hat, aber es kann sich nicht konzentrieren, es ist nervös und unruhig, und es handelt und redet, ohne vorher zu bedenken oder abzuwägen, ob sein Verhalten angemessen ist. Obwohl sie schon alles konnten und wußten, haben diese Kinder bald ihr «Pulver verschossen», sie werden sozial unerträglich und fallen in ihrer Leistungsfähigkeit rapide ab, zumal wenn von zu Hause aus der Erwartungsdruck der Eltern auf das in seiner Entwicklung gestörte Kind repressiv einwirkt.

Hier können sich schwere Verhaltensstörungen einstellen, begleitet von neuropathischen Reaktionsformen (nächtliches Einnässen, Einkoten, Erbrechen, Stottern, Asthma, Kopfschmerz und Neigung zu Ohnmacht und Migräne).

Lievegoed spricht in diesem Zusammenhang von fixierten Desintegrationszuständen des Kindes mit neurotischer Lebenshaltung, und die Therapie besteht in erster Linie darin, festgefahrene, bedingte Reflexe zu durchbrechen.[16] Wir haben hier primär ein medizinisches Problem und weniger ein pädagogisches. Bei neuropathischen Reaktionsformen kann dem Kind meist nur dann wirksam geholfen werden, wenn es gelingt, die Ursachen in seiner Umgebung zu finden und ihre Auswirkungen zu reduzieren.

Die vier Konstitutionstypen nach Lievegoed

In seinen *Heilpädagogischen Betrachtungen* beschreibt Lievegoed jeweils unter den beiden Aspekten Akzeleration und Retardation auf der Grundlage einer von Claude Sigaud entwickelten Typologie vier Grundtypen der Konstitution und des Temperaments in ihren Erscheinungsformen und charakteristischen Verhaltensweisen. Die Beziehungen zwischen individueller Temperament-Konstitution und Charakter beziehungsweise Verhalten sind zu allen Zeilen beachtet und berücksichtigt worden. Die Kretschmersche Typenlehre, die sich mit dem Verhältnis zwischen Körperbau und Charakter beschäftigt, wurde vor allem in der Psychiatrie angewendet, und sie gilt heute noch in der Kriminalpsychologie. Sie ist allerdings nur anwendbar im Erwachsenenbereich, das heißt nach der Pubertät. Dagegen läßt sich die Typologie Sigauds schon auf die ersten Kinderjahre beziehen, und es ist das Verdienst Bernard Lievegoods, sie durch die menschenkundlichen Anregungen Rudolf Steiners so weiterentwickelt zu haben, daß sie dem Erzieher und Lehrer ein wichtiges Hilfsmittel neben anderen sein kann, Problemkinder in richtiger Weise zu erkennen und zu behandeln.

Der folgenden Darstellung dieser Typologie seien einige Worte vorausgeschickt.

So wie bei fast allen Erwachsenen mehrere Temperamente zutage treten, von denen eines besonders vorherrschen kann, bringen auch die Kinder mehrere Ansätze zu verschiedenen Konstitutionen mit, die sich in den meisten Fällen zu einem harmonischen Gesamtbild der Persönlichkeit ausgleichen. Es wäre nicht angemessen, ein Kind unbedingt auf ein Temperament beziehungsweise auf eine Konstitution festlegen zu wollen. Es würde dem Wesen anthroposophischer Pädagogik und Heilpädagogik widersprechen, wollte man ein Kind aufgrund äußerer physischer oder psychischer Merkmale pauschal abstempeln und einer Typenschublade zuordnen.

Nur in seltenen Fällen treten Temperament, Konstitution, äußere Gestaltmerkmale und Verhaltensauffälligkeiten so markant gemeinsam auf, daß sie dem geschulten Blick des Heilpädagogen eine eindeutige Diagnose gestatten. In der Regel sind es die fixierten Desintegrationszustände, die ein Kind mit Entwicklungsstörungen schon im Kleinkindalter auffällig werden lassen. –

Lievegoed beschreibt vier Grundtypen:

1. Das cerebrale Kind hat einen großen Oberkopf, wobei das Gehirn und die Entwicklung des Nervensystems im Vordergrund stehen. Mittelgesicht und Unterkieferbereich treten gegenüber dem großen Oberkopf zurück. – Hier überwiegt die gedankliche und phantasiereiche Tätigkeit, und wir finden besonders beim akzelerierten cerebralen Kind eine ausgeprägte Cholerik vor.
2. Beim respiratorischen Kind herrscht der Mittelteil des Gesichtes vor. Der Schädel hat eine längliche Form, wie auch der ganze Körper mehr zum Leptosomen neigt. – Diese Kinder haben eine stärkere Beziehung zum Empfindungsmäßigen, sie sind in der Regel künstlerisch veranlagt und neigen durch ihre Eigenwilligkeit gelegentlich zu Herrschsucht und Jähzorn. Als Temperament überwiegt hier die Melancholik.
3. Für den digestiven Typus ist die vorherrschende untere Gesichtshälfte kennzeichnend. Dies ist der phlegmatische «Stoffwechsler», der einen gewissen Mangel an Intelligenz und Initiativkraft haben kann. «Stoffwechsler» sind nicht sonderlich problematisch, haben durchaus eine große Ausdauer und zeitweilig einen starken Willen, der mit einer Neigung zur brachialen Durchsetzung ihrer Willensimpulse verbunden sein kann. Im Vergleich zu den anderen Konstitutionstypen ist beim digestiven die instinktive Triebhaftigkeit stärker, und das Hauptinteresse gilt der Nahrungsaufnahme. In der Schule investieren diese Kinder die größte Energie

in den Versuch, möglichst wenig tun zu müssen. Von ihnen will besonders eine gewisse geistige Aktivität gefordert sein.

4. Das muskuläre (motorische) Kind hat sowohl in seinem Körperbau wie auch in seinen Gesichtsformen eine harmonische Gestalt. Es ist beweglich und unternehmungsfreudig. Phantasie und Gedankentätigkeit sind nicht hervorragend, dafür hat es eine praktische Intelligenz und lernt aus der Nachahmung. Es herrscht das sanguinische Temperament vor, mit dem eine Konzentrationsschwäche einhergehen kann.

Wenn wir eine Klasse näher betrachten, können bei einzelnen, zumeist auffälligen Kindern schon die Schädelformen einen Hinweis auf eine der vier Konstitutionen geben. Es gehört zum methodischen Konzept der Waldorfschule, eine Klasse so zusammenzusetzen, daß die Konstitutionen beziehungsweise Temperamente in einem ausgewogenen Verhältnis stehen.

Unter dem diagnostischen Aspekt von Akzeleration und Retardation tauchen hier aber Probleme auf, denn die vier Konstitutionstypen unterscheiden sich jeweils in ihren Verhaltensauffälligkeiten und Störungen in erheblichem Maß, und der Lehrer muß sich bewußt machen, daß krankhafte Temperamentsformen heilpädagogischer Behandlung bedürfen. Vier oder fünf akzelerierte Motoriker werden in der Regel einen geordneten Unterricht mit ihrer großen Unruhe erschweren. Man wird gut daran tun, den heilpädagogischen Grundsatz der Zusammensetzung polarer Erscheinungsformen anzuwenden. Dazu ist es aber notwendig, sich bewußt zu machen, wie unterschiedlich die Entwicklungsstörungen bei den einzelnen Konstitutionen sind.

Die Betrachtung der vier Konstitutionstypen im Hinblick auf Retardation und Akzeleration

Das *cerebral retardierte* Kind wurde im vorhergehenden Kapitel schon beschrieben. Es ist vielfach das «kosmische Träumerle» mit reger Phantasie, aber mit Angst vor den Forderungen der fremden Welt. Es ist der «Spätentwickler», der trotz guter Intelligenz unter Umständen in der Schule versagt und in der Überforderungssituation regressiv

41

reagiert. Dieses Kind ist körperlich labil, neigt zu Erkältungen und zu Angstzuständen. Es zieht sich in seine Welt zurück, später meist in die Welt der Bücher, und es hat nur wenige Freunde. Erst spät entfalten sich die Möglichkeiten dieser Kinder, indem sie nach Überwindung ihrer Minderwertigkeitsgefühle und Ängste ihre originellen schöpferischen Fähigkeiten einsetzen können.

Das *propulsive cerebrale Kind* ist ebenfalls schon vorher beschrieben worden. Es hat eine abstrakt reproduktive Intelligenz, mit der es den schulischen Leistungsanforderungen weitgehend gewachsen ist. Besondere Schwierigkeiten ergeben sich aber im Zusammenleben mit den anderen Kindern. Dieses Kind tendiert dazu, den Erwachsenen zu reizen und Streit und Aggressionen zu provozieren, wobei der Erzieher sich hüten muß, emotional auf die Aggressionen des Kindes zu antworten. Es kann nur schwer positiven Kontakt zu anderen Kindern aufnehmen und läuft leicht Gefahr, unbeliebt, gemieden, gefürchtet und einsam zu sein.

Das polare Gegenbild zum ausgeprägten cerebralen Typus als dem Nerven-Sinnes-Gedanken-Typ ist der digestive Stoffwechsler, bei dem alles mehr in den schlafenden Willen und in den Bereich der instinktiven Begierdenhaftigkeit geht. Das digestive Kind wird sowohl für das retardierte als auch besonders für das akzelerierte cerebrale Kind ein guter Tischnachbar sein, denn es ist unkompliziert, phlegmatisch und wirkt ausgleichend auf das Nerven-Sinnes-Kind.

Das *retardierte digestive Kind* ist dicklich und gemütlich, es lebt einerseits in der Erinnerung an das gute Frühstück und andererseits in der Vorfreude auf das Vesperbrot nach dem Unterricht. Heimlich holt es schon während der Stunde seine zahlreichen Butterbrote und sonstige leckere Sachen hervor, um im geeigneten Augenblick hineinzubeißen. Allen Problemen weiß es geschickt aus dem Weg zu gehen, und seine schulischen Schwächen überspielt es mit Kaspereien. Sonst widmet sich das Kind weitgehend dem Verdauungsprozeß und gibt sich schnell zufrieden. Vielfach sind diese Kinder wegen ihrer adipösen Konstitution auch Zielscheibe für Spott und Quälereien der anderen Kameraden, so daß sie sich häufig in infantile und regressive Verhaltensformen flüchten.

Das *akzelerierte digestive Kind* ist wesentlich aktiver und heftiger und entwickelt intensive Willenskraft und Ausdauer, seine Begierden und Machtbedürfnisse durchzusetzen. Mit seiner Kraft und Körperfülle übt es Gewalt aus und walzt allen Widerstand nieder. Hinzu kommt noch eine gemütliche Fröhlichkeit, und alle schulischen Schwächen werden mit Witz und Humor überspielt. Es gelingt dem digestiven Kind immer wieder, die Lacher auf seine Seite zu ziehen. Der starke Drang, triebhafte Bedürfnisse ausleben zu wollen, wandelt sich beim akzeleriert digestiven Kind in der Pubertät in unbeherrschte und ungehemmte Sexualität.

Das *retardierte motorische Kind* ist als Kleinkind hübsch, harmonisch und vielversprechend. Es kann aber in der Regel nicht halten, was die Erwachsenen von ihm erwarten. Seine Intelligenz ist mehr praktisch, es liebt die Zerstreuung und braucht viel Bewegungsfreiheit. Es ist unzuverlässig, hält keine Ordnungen ein, vergißt alles, macht alles nach, was ihm andere sagen und vormachen, und läßt sich zu allerhand Unsinn verleiten, den andere Kinder ausgeheckt haben. In der Schule ist das Kind quirlig, unkonzentriert und hat wenig Phantasie. Der Ranzen ist ein ungeordnetes Chaos, und meistens fehlt gerade das Heft, das gebraucht wird. Dadurch gibt es viele Konflikte in Schule und Elternhaus; oft werden diese Kinder ausgeschimpft oder bestraft, und ihre Unfähigkeit zu Konzentration und Ordnung läßt sie immer wieder verzagen.

Das *akzelerierte motorische Kind* ist dagegen von atemberaubender Dynamik. Jeder Sinneseindruck wird gleich in Aktion überführt. Ein offenes Fenster wirkt wie eine Aufforderung, etwas hindurchzuwerfen, eine Getränkedose will, daß man gegen sie tritt, ein Fahrradventil ist dafür da, herausgeschraubt zu werden; und wenn der Lehrer an der Tafel arbeitet, muß man hinter seinem Rücken Unsinn machen. Wenn auf dem Schulhof in friedlich harmonischer Weise Seil gesprungen wird, dann läuft unser akzelerierter Motoriker dazwischen, reißt das Seil an sich und wirft es aufs Dach. Jeder Unterricht wird gestört, jedes Gruppenspiel verunmöglicht, und nie gibt der Übeltäter zu, daß *er* den Unfug gemacht hat. Vielfach gelingt es dem Klassenlehrer noch, den Wirbelwind einzuordnen, aber im Fachunterricht bringt der akzelerierte Sanguiniker Lehrer und Mitschüler zur Verzweiflung. Seine Hyperaktivität bedarf besonderer Aufmerksamkeit und therapeutischer Hilfen.

Das *retardierte respiratorische Kind* fällt schon in der frühen Kindheit durch sein auffälliges markantes Näschen auf. Seine Probleme zeigen sich im Verlauf der frühkindlichen Entwicklung im affektiven Bereich, in der Gefühlssphäre. Es treten bald ähnliche Störungen auf, wie wir ihnen beim kindlichen Autismus begegnen. Es nimmt keinen Blickkontakt auf, neigt zu zwanghaften Handlungen und Zwangsvorstellungen und reagiert auf seine Umgebung übersensibel, ängstlich und feindlich. Es interessiert sich einseitig für bestimmte Dinge, während andere völlig uninteressant und ablehnenswert sind. Im Unterricht fallen einseitige Begabungen und totale Ausfälle in anderen Bereichen auf. Sozial sind diese Kinder nur sehr schwer einzuordnen, sie sind skurril und werden vielfach als «Verrückte» angesehen und dementsprechend behandelt. Sie bleiben meist auch später Sonderlinge, die dank einer künstlerischen oder auch einseitig wissenschaftlichen Begabung großes Format erreichen können, die aber in anderen Bereichen völlig hilflos und weltfremd sind (Lievegoed zitiert den zerstreuten Professor).

Beim *akzelerierten respiratorischen Kind* können die Verhaltensauffälligkeiten noch brennender und forcierter sein. Hier verwandelt sich die negative Haltung der Welt gegenüber nicht in regressiven Autismus, sondern in aggressive Feindschaft sich selbst und der Welt gegenüber. Das Kind lebt in einer absurden Welt, es entwickelt unsinnige Ängste und neigt zu unerklärlichen stereotypen Handlungen. Hier droht die Gefahr der Schizophrenie oder auch des Schülerselbstmordes.

Alle hier auf der Grundlage der *Heilpädagogischen Betrachtungen* von Lievegoed beschriebenen Entwicklungsstörungen sind konstitutionell bedingt, und seine Konstitution bringt das Kind aus der geistigen Welt beziehungsweise aus vergangenen Inkarnationen mit. Während des Inkarnationsprozesses, das heißt besonders während der ersten sieben Lebensjahre, besteht die Gefahr, daß die Konstitution durch Erziehungs- und Umwelteinflüsse noch einseitig verstärkt und erschwert wird.

Unsere Aufgabe als Erzieher und Lehrer in Kindergarten und Schule wird es sein, diese Kinder in rechter Weise wahrzunehmen, ihre Konstitution zu erkennen und ihren Verhaltensstörungen pädagogisch und therapeutisch zu begegnen.

In einem Klassenverband sind die vier Konstitutionstypen genauso wichtig wie in einem Orchester die verschiedenen Instrumentengruppen. Auch besonders ausgeprägte Temperamente und Konstitutionen gehören in ein harmonisches Klassenbild, ebenso wie zu einem Symphonieorchester bestimmte Einzel-Instrumente dazugehören. Sie geben dem Ganzen eine besondere Prägung. Es kommt aber auf den Dirigenten an, der die richtigen Einsätze gibt und dafür sorgt, daß jeder zu seinem Recht kommt. Wichtig ist, daß der Erzieher mit dem Vertrauen auf die jedem Kind innewohnende Kraft zur Entwicklung und Entfaltung niemals resigniert; so kann man damit rechnen, daß das in seiner Entwicklung gestörte Kind in einer verständnisvollen pädagogischen Zusammenarbeit zwischen Schule und Elternhaus seine Schwierigkeiten überwinden kann.

Entwicklungsstörungen im Zusammenhang mit der Entfaltung der unteren Sinne

In der Waldorfschule verwendet man keine standardisierten Tests, um die Schulreife eines Kindes beurteilen zu können, sondern man achtet unter anderem besonders auf die Entwicklung der sogenannten unteren Sinne oder Leibessinne. Es sind dies die vier ursprünglichen Sinnesbereiche, die in der frühen Entwicklung des kleinen Kindes zur Entfaltung kommen und am Ende der Kindergartenzeit ausgereift sein sollen. Wir sprechen hier mit Rudolf Steiner vom Tastsinn, vom Lebenssinn, vom Eigenbewegungssinn und vom Gleichgewichtssinn. Im Unterschied zu den mittleren oder auch Natursinnen, mit denen sich der Mensch der Außenwelt öffnet (Riechen, Schmecken, Sehen und Wärmesinn) und den oberen Erkenntnis- oder Sozialsinnen, mit denen der junge Mensch im dritten Jahrsiebt in die Welt des Geistes eindringt (Lautsinn, Wortsinn, Gedanken- und Ich-Wahrnehmungssinn), wenden sich die Leibessinne den Lebensprozessen zu, die sich bei schlafendem Bewußtsein in unserer Willensregion abspielen. Die vier Leibessinne sind in jedem Kind keimhaft veranlagt, und das Kind hat das ihm innewohnende starke Bedürfnis, diese Sinne auszubilden, zu üben und zu beherrschen. Lehrer, Erzieher und Arzt beobachten den Entwicklungsstand der vier Leibessinne sorgfältig, denn was an der Schwelle zur Schulpflicht noch nicht genügend ausgereift ist, offenbart sich als Entwicklungsrückstand beziehungsweise als Entwicklungsstörungen. Der Pädagoge weiß aus Erfahrung, daß schulisches Arbeiten erheblich erschwert wird, wenn die Leibessinne nicht ausgereift sind, und er weiß aus der Menschenkunde Rudolf Steiners, daß zwischen der Entwicklung der Leibessinne und den Möglichkeiten im Bereich der Sozial- und Erkenntnissinne intensive Bedingtheiten und Beziehungen bestehen. Daher findet die Entwicklung der unteren Sinne bei der Aufnahme besondere Beachtung.

Der Tastsinn

Die Entwicklung des *Tastsinns* beginnt unmittelbar nach der Geburt mit dem Trinken an der Brust der Mutter, und schon bald erobert sich das kleine Kind seine Welt, indem es alles anfaßt und alles in den Mund steckt. In dem Maße, wie das kleine Kind greifen kann, lernt es seine Welt begreifen; alles, was das kleine Kind begreifen kann, ist ihm vertraut; alles, was ihm vertraut ist, gibt ihm Sicherheit und Gottvertrauen.[18]

Es ist also für die Entwicklung des Kindes wichtig, daß es in früher Kindheit möglichst intensive Tasterlebnisse hat im engen Körperkontakt zur Mutter, daß es natürliches und kindgemäßes Spielzeug hat, um über die gesunde Tastsinneswahrnehmung und feinmotorische Tätigkeit Sicherheit und Vertrauen zu seiner Umwelt zu gewinnen, und daß es gesunde und natürliche Kleidung erhält, die die Entwicklung des Tastsinnes fördert und nicht schädigt. Eine gesunde Tastsinnesentwicklung vermittelt nicht nur das notwendige Gottvertrauen und Selbstvertrauen, sondern sie gibt dem heranwachsenden Menschen auch die Kraft und die Fähigkeit, das Ich des anderen Menschen wahrzunehmen.

Ist der Tastsinn in der Entwicklung des ersten Jahrsiebts gestört und nicht genügend ausgereift, so zeigt sich das an signifikanten Merkmalen: Die Kinder haben einen starken Drang, alle Dinge anzufassen, in den Mund zu nehmen oder an ihnen zu schnüffeln. In der Sprechstunde werden alle Dinge im Raum und auf dem Schreibtisch in die Hand genommen, der Wasserhahn wird aufgedreht, der Telefonhörer aufgenommen, die Schubladen aufgemacht. Das Kind ist extrem neugierig, nervös und unsicher. Es zupft an seinem Körper, beißt die Fingernägel ab, reißt am Nagelbett, dreht die Haare, zieht sie durch den Mund, und seine Hände sind pausenlos mit allen möglichen Dingen beschäftigt; alles wandert in den Mund, wird zerkaut und zerbrochen. Erst wenn der Daumen im Mund landet und das Ohrläppchen ertastet ist, wird das Kind ruhig und kann sich konzentrieren. Indem man das Kind alle möglichen Gegenstände, die es vorher gesehen und benannt hat, mit geschlossenen Augen ertasten läßt, kann man den Reifegrad des Tastsinnes in der Sprech- und Übstunde ermitteln.

Hier ein Beispiel für ein in seiner Tastsinnesentwicklung gestörtes Kind:

Das Mädchen B. war vorzeitig auf die Welt gekommen, es mußte im Brutkasten aufgezogen werden und konnte nicht gestillt werden. Die intellektuell ausgerichtete Mutter hatte hat das Kind mit allem Notwendigen versorgt und es als aufgeklärte Erzieherin der sechziger Jahre antiautoritär erzogen. Im Kinderzimmer hingen Bilder von einer sich verändernden Landschaft auf einer Mickymaus-Tapete, und das Spielzeug war sachlich, nüchtern, pragmatisch lehrreich und weitgehend pflegeleicht aus Plastik. Der Boden war mit Nylonteppich ausgelegt, und die Möbel waren kunststoffbeschichtet. B. kam als hyperkinetisches Kind in die Schule: Sie mußte alles sehen, anfassen und sich aneignen. Nie konnte sie auf ihrem Platz bleiben. Schon der kleinste Handgriff am Ranzen eines anderen Schülers oder an der Tasche des Lehrers wirkte auf sie wie ein Signal. Sie eilte herbei, um zu schauen, was in der Tasche Interessantes zu finden sei. B. war wie vom Wind getrieben, und sie hatte einen ausgeprägten Sinn für Geldbörsen in Manteltaschen oder Handtaschen im Lehrerzimmer. Unter dem Vorwand, zur Toilette zu müssen, lief sie durchs Treppenhaus und fand mit instinktiver Sicherheit Geldbörsen oder andere Wertgegenstände. Mit dem Geld kaufte sie Süßigkeiten, einerseits um ihr eigenes großes Bedürfnis danach zu stillen, andererseits um das Wohlwollen der Klassenkameraden damit zu erkaufen.

Die Mutter war darüber verzweifelt und distanzierte sich mehr und mehr vom Treiben des Kindes. Der größte Kummer war aber die Tatsache, daß B. immer wieder heimlich und unbewußt onanierte. Alles gute Zureden der Mutter, alle verhaltenstherapeutischen Maßnahmen halfen nicht. Das Kind hatte weder Einsichtsvermögen in die scheinbare «Unmoralität» seines Verhaltens, noch war es in der Lage, auf die intensiven Tastsinneserlebnisse zu verzichten.

Erst nach intensiven Gesprächen gelang es, bei der Mutter Verständnis für die Entwicklungsstörung des Kindes zu wecken, und aus dem Wissen um die Zusammenhänge ergaben sich Hilfen zur Behebung oder zumindest zur Linderung der Störungen, die durchaus schon zu einer fixierten Behinderung tendierten.

Über die pädagogische und therapeutische Behandlung des tastsinnesgestörten Kindes wird in weiteren Kapiteln noch zu sprechen sein.

Der Lebenssinn

Der *Lebenssinn* zeigt uns an, wenn die organischen Prozesse in unserem Körper gestört sind. Normalerweise liegt auch die Tätigkeit des Lebenssinnes ganz im Unterbewußten, und nach außen hin empfinden wir in der Regel Wohlbehagen. Erst wenn die Lebensprozesse gestört sind, verspüren wir Unbehagen und Unwohlsein als Alarmzeichen aus dem Bereich des Ätherischen. Der Lebenssinn läßt bewußt werden, was normalerweise verborgen bleibt; und es ist wichtig, daß Empfindungen wie Durst, Hunger, Schmerz und Übelkeit auftreten, damit wir entsprechend handeln können.

Beim Kind spiegelt sich Lebenssinnestätigkeit in seiner Mimik, in der Färbung der Haut, dem Inkarnat, und in seinem Verhalten. Kinder, deren Lebensprozesse gestört sind, zeigen dies an durch Angst, so wie auch der Erwachsene plötzlich Angst bekommt, wenn ihm Herzschlag, Atemrhythmus oder Stoffwechselreaktionen bewußt werden.

Norbert Glas ordnet den Lebenssinn dem «mittleren Bereich» von Blutkreislauf, Herz und Atemrhythmus zu.[19] Wenn wir Angst haben, stockt uns der Atem, oder das Herz bleibt für einen Augenblick stehen; wenn das Kind Kummer hat, weint es herzzerreißend, und uns tut es von Herzen leid. Lügt das Kind, so ändert sich sein Atemrhythmus, und der Puls schlägt schneller. Vor Schreck wird das Kind blaß, vor Erregung, Freude oder Scham errötet es, und bei absolutem Wohlbefinden hüpft ihm das Herz vor Freude.

Angst ist für den Erzieher der Indikator für gestörte Lebensprozesse, und Angst ist eine erhebliche Störung der gesunden Entwicklung. Jeder Appell an die Angstfähigkeit ist ein Angriff auf die Lebenskräfte des Kindes. Das Kind in unserer Zeit ist überall umgeben von Grausamkeit, Brutalität, Furchterregendem und täglichen Schreckensbildern aus direktem Erleben wie auch aus Illustrierten und Fernsehbildern. Dem kleinen Kind, das noch ganz in dem vertrauensvollen Bewußtsein lebt, daß alles, was in seiner Umwelt geschieht, gut ist, wird hier eine wesentliche Lebensgrundlage entzogen. Alles, was Vater und Mutter sagen, tun und denken, ist für das Kind Lebensgrundlage. Und das Kind, von seinem Engel begleitet, begegnet allem Geschehen mit dem Vertrauen, daß darin göttlicher Wille, göttliches Walten wirkt.

Die Wirklichkeit sieht heute in der Regel ganz anders aus. Die Eltern fühlen sich in ihrer Existenz verunsichert, sie bangen um ihren Arbeitsplatz, um ihre Gemeinsamkeit und leben in der Furcht vor allen möglichen Gefahren des täglichen Lebens. Die Sorgen und Ängste der Eltern erlebt das Kind ganz elementar, selbst wenn sie nicht ausgesprochen werden. Die Sorgen der Mutter machen das Kind krank. Um so törichter ist es, wenn die Angst des Kindes noch provoziert wird durch unsinnige Redensarten und Drohungen: «Wehe, wenn du das noch einmal tust, dann ...; warte nur, wenn der Vater heimkommt, dann ...; tu das nicht, sonst ...; klettere nicht auf die Mauer oder auf den Baum, du könntest ...» Alle diese Redensarten eines unsicheren und besorgten Erwachsenen engen das Selbstvertrauen des Kindes ein und stören die Lebensprozesse, Angst ist das äußere Anzeichen dafür.

Bei der Vorstellung zur Schuluntersuchung und im Unterricht der ersten Klassen fallen solche Kinder auf. Sie trauen sich nichts zu, weichen allen Forderungen aus, sie sind blaß, haben kalte Hände, sind häufig krank und haben Angst vor allen «Zumutungen». Aber gerade das brauchen sie: Man muß ihnen Mut machen, man muß ihnen behutsam etwas zumuten.

Die eigene Erfahrung lehrt uns, daß wir Mühe haben, einem Buchtext oder einem Gesprächsinhalt gedanklich zu folgen, wenn unsere Lebensprozesse gestört sind, wenn wir Kopfschmerzen, Zahnschmerzen haben, wenn unser Stoffwechsel gestört ist oder wenn wir müde und erschöpft sind. Zwischen den Lebensprozessen und der

Tätigkeit des Gedanken-Wahrnehmungssinnes besteht eine enge Beziehung. Kinder, die in ihrem Lebenssinn gestört sind, werden es schwer haben, ins Lesen zu kommen, weil Lesen nicht nur eine Kulturtechnik ist, sondern in erster Linie Sinnentnahme von Gedanken, die niedergeschrieben und gedruckt wurden. Das bedeutet, sie werden es schwer haben, den Gedanken des anderen Menschen im Gespräch zu folgen, und sie werden es besonders schwer haben, Gedanken wahrnehmen zu können, die unausgesprochen sind und als rein geistige Realität in der Kommunikation zweier Menschen leben.

Hier sei ein Beispiel gestörter Lebensprozesse angeführt.

BNs Mutter hatte während der Schwangerschaft viel geraucht. Sie hatte schon zwei ältere Töchter aus Verbindungen zu zwei anderen Männern. BN stammte von einem ausländischen Vater, der seinerseits fünf Kinder mit in die Lebensgemeinschaft einbrachte. Der Vater war stark dominierend in der Familie und verprügelte Frau und Kinder aus mancherlei Anlaß. Anschließend wurde aber immer wieder die Friedenspfeife beziehungsweise Zigarette geraucht. Die Mutter hütete ihre kleine BN wie ihren Augapfel, und niemals konnte das Mädchen ohne engen Kontakt zur Mutter schlafen. In späteren Gesprächen ergab sich, daß die Mutter nicht ohne das Kind schlafen wollte und konnte, weil BN ihr einen Schutz vor dem Vater gab. Auch in der Schule konnte die mütterliche Sorge das Kind nicht loslassen. BN war zart, ängstlich wie ein kleines Vögelchen, sie war blaß und hatte immer kalte Hände und kalte Füße. Allen schulischen Anforderungen wich das Mädchen ängstlich aus, und es flüchtete sich immer wieder in die Krankheit. Erst als man der Mutter deutlich machen konnte, daß der Lebenssinn des Kindes durch Alkohol- und Nikotinmißbrauch während der Schwangerschaft und durch tägliches passives Mitrauchen im Familienkreis schwer gestört war, konnte Abhilfe geschaffen werden, und das Mädchen blühte auf. Es war allerdings in seiner frühen Kindheit so nachhaltig in seinen Lebensprozessen beeinträchtigt worden, daß in der Oberstufe erhebliche intellektuelle Blockaden einen befriedigenden Abschluß verhinderten.

Der *Eigenbewegungssinn* übermittelt uns die Veränderungen in der Lage unserer Gliedmaßen beziehungsweise in der Muskulatur unseres Körpers. Wir haben kein Bewußtsein von der Tätigkeit des Bewegungssinnes, wenn wir gehen, beim Autofahren verschiedene Hebel bedienen oder beim Essen mit absoluter Sicherheit die Gabel in den Mund führen.

In der frühen Kindheit scheint die Bewegung noch chaotisch zu sein, und doch beobachtet man in der unermüdlichen Bewegungsübung des Säuglings einen sich ständig wiederholenden Lernprozeß, so daß alle Bewegungen sich tief und unbewußt in unsere Lebensprozesse einschreiben. Das kleine Kind verwendet unendlich viel Willensenergie im fortwährenden Üben bestimmter Bewegungsfähigkeiten. Wiederholendes Üben stärkt die Lebens- und Willenskräfte des Menschen, und so wie der Pianist durch stundenlanges, unermüdliches Üben frei und unabhängig wird von der Partitur, so erwirkt sich auch das Kind seine Freiheit durch ununterbrochene Übung der Bewegung.

Aber nicht nur die Bewegung der Gliedmaßen ist zu berücksichtigen, sondern in den Bereich des Eigenbewegungssinnes gehören auch die inneren Bewegungen des Verdauungsapparates, des Kehlkopfes beim Hören und Sprechen und der Augenmuskeln beim Sehen. Bei der Ernährung des Kindes muß berücksichtigt werden, daß bestimmte Speisen den Bewegungsorganismus träge werden lassen. Der Spracherwerb des Kindes ist abhängig von der guten, klaren und akzentuierten Sprache der Mutter. Der Kehlkopf schwingt in dem Maße mit, wie er durch die Sprache der Mutter angeregt wird, und so erwirbt auch das Kind seine Sprachfähigkeit. Die Muskulatur des Auges wird – ähnlich wie der Tastsinn – in hohem Maße bei der Wahrnehmung und beim Ergreifen der Welt aktiviert. Wie sich Vorstellungs- und Denkvermögen beim Erwachsenen entwickeln, hängt stark von der Bewegungstätigkeit in der Kindheit ab.

Berücksichtigt man, wie stark diese Möglichkeiten für das Kind heute eingeschränkt werden durch zu kleine Wohnungen, durch den Wegfall der Straße als Spiel- und Bewegungsfeld, durch den «Vorteil» mechanischen Bewegtwerdens, durch das Auto und mechanische Vorstellungen, durch Kino und Fernsehen, dann ist es nicht verwunderlich, daß der Eigenbewegungssinn des Kindes an der Schwelle zur Schule in vielen Fällen gestört ist. Das wird deutlich bei allen Bewegungsabläufen in der Grob- und Feinmotorik und in der rhythmischen Bewegung. Die Kinder sind steif, ihre Gliedmaßen sind ungeschickt, sie können nicht seilspringen oder den Ball aufhüpfen lassen. Auch in der sprachlichen Entwicklung gibt es schwere Defizite. Die Sprache ist unartikuliert und verwaschen, und dementsprechend ist auch die Mimik des Kindes steif und starr. Wenn wir uns bewußt machen, daß Bewegung und Sprache Grundlage für das Denken sind, dann ist es wichtig, bei der Schulaufnahme auf Bewegungs- und Sprachstörungen zu achten. Sie offenbaren sich dem Fachmann beim Ballspiel, bei der Darstellung von Hase, Frosch und anderen Tieren, bei Übungen, die Geschicklichkeit im Feinmotorischen erfordern, beim Malen und bei der Bewältigung kleiner Zungenbrecher. Als Erzieher muß man bedenken, daß die gesunde Entwicklung des Eigenbewegungssinnes im ersten Jahrsiebt die Grundlage für eine gute Vorstellungsfähigkeit und für ein lebendiges Denken in der Oberstufe und im späteren Leben ist. Rudolf Steiner bezeichnet den Eigenbewegungssinn als Grundlage für die äußere und innere Freiheit des Menschen.

Ein Beispiel für eine Störung des Eigenbewegungssinns: Ch. hatte als Kleinkind eine Hirnschädigung durch eine Meningitis erfahren. Er war in seiner Bewegungsfähigkeit nicht erheblich eingeschränkt, aber Gehen und Sprechen entwickelten sich stark verzögert. Erst mit zweieinhalb Jahren konnte er laufen, und die Sprachentwicklung setzte erst mit dreieinhalb Jahren ein. Er bewegte sich nicht gern selbst, sondern ließ sich lieber bewegen, anfangs im Kinderwagen und später im Auto des Vaters. Am liebsten saß er im Wohnzimmer und ließ die Welt vor seinen Augen sich bewegen. Den Weg in diese Scheinwelt nahm ihm der Kameramann ab, die Akkommodation des Augenmuskels ersparten ihm die technischen Möglichkeiten der Filmkamera. Er liebte seine Platten und Kassetten und war ständig umgeben von Geräuschen, die zwar HiFi (höchste Treue) versprachen, aber in Wirklichkeit höchste Betrugsqualität für Ohr und Kehlkopf boten.

In die Schule kam Ch. mit der Diagnose «visuell-motorische Koordinationsstörungen» und einer ganzen Seite voller Hinweise, was der Junge alles nicht kann beziehungsweise nicht können wird und was man in der Schule dementsprechend vernachlässigen könne, um das Kind nicht unnötig zu quälen. So konnte Ch. keine Schleife binden – er trug Schuhe mit Klettverschluß –, und er sollte angeblich weder häkeln noch stricken lernen können, noch wäre jemals zu erwarten, daß er das Lesen und Schreiben erlernen würde. Sein Selbstbildnis war ein chaotisches Gewirr aus gekritzelten Strichen.

Im ersten Schuljahr trat die Störung des Bewegungssinnes deutlich zutage: Ch. war nicht in der Lage, auch nur einen Buchstaben von der Tafel abzumalen beziehungsweise zu schreiben. Alle Linien und Formen fanden sich im Heft oder auf dem Blatt als kleine kindhafte Kritzelei wieder. Ch. war nicht nur in seiner Wahrnehmung, seiner Bewegung und in der Sprache gestört, sondern er konnte auch keine Rätsel verstehen, er hatte in der Unterstufe noch kein Vorstellungsvermögen, und seine Denkbeweglichkeit war eingeschränkt. Wir ließen ihn trotz der Hinweise der Mutter fleißig stricken und häkeln, und er lernte bald, dem Klassenzwerg eine Krawatte und dann dem Klassenkameraden eine Schleife zu binden. Während einer Schreibepoche war Ch. vom Schreiben suspendiert, um mit einem Förderlehrer sechs Wochen lang die unteren Sinne zu üben. Danach lernte Ch. sowohl das Lesen als auch (danach) das Schreiben. Er konnte auch leidlich rechnen, obwohl gerade in der Raumlehre seine mangelnde Vorstellungsfähigkeit zum Vorschein kam.

Ch. lebt jetzt selbständig in einer eigenen Wohnung und geht einem angemessenen Beruf nach. In der Begegnung mit dem jungen Mann fällt immer noch eine gewisse Unbeweglichkeit in Geste, Mimik und Sprache auf.

Er galt als geistig Behinderter und wäre in einer entsprechenden schulischen und beruflichen Sackgasse «gelandet». So aber hat er seinen Eltern beweisen können, daß er eine frühkindliche Entwicklungsstörung mit Hilfe der Schule überwinden konnte. Seine geistige Entwicklung wäre eindeutig verhindert worden, wenn man sich mit den Entwicklungsprognosen an der Schwelle zur Schulzeit zufriedengegeben hätte.

Der *Gleichgewichtssinn* gibt uns die Möglichkeit, uns als aufrechtes Wesen im Raum zu bewegen. Es ist jener Leibessinn, der erst zur Entfaltung kommt, wenn das Kind mit unendlicher Willensanstrengung zum ersten Mal frei steht und schließlich seine ersten Schritte macht. Unermüdlich übt das Kind das Sich-Aufrichten, und selbst schmerzhafte Erlebnisse des Umfallens und Hinstürzens halten es nicht davon ab, immer wieder aufzustehen und seine Welt aufrecht gehend zu erobern. Im Gleichgewichtszustand drückt sich die eigentliche Wesenheit des Menschen aus; im Erleben des Gleichgewichts empfindet der Mensch Ruhe und innere Sammlung. Rudolf Steiner bezeichnet dieses seelische Erlebnis als das Sich-als-Geist-Fühlen.

Das Erleben des inneren und äußeren Gleichgewichtes kann aber gestört werden, wenn die Existenzgrundlage des Menschen verändert oder beeinflußt wird. Rein äußerlich schon dann, wenn die uns vertrauten Raumesrichtungen sich unvermittelt ändern (Lift, Schiff, Flugzeug); dann werden Stoffwechselprozesse, die – wie auch das Wirken des Gleichgewichtssinnes – normalerweise nicht in unser Bewußtsein dringen, fühlbar. Der Mensch empfindet Übelkeit und Schwindel. Das innere Gleichgewichtsempfinden kann erheblich gestört werden durch falsche Ernährung und durch traumatische seelische Erlebnisse. Der Mensch verliert sein seelisches Gleichgewicht und ist aus der Ruhe gebracht. Diese Situation des gestörten seelischen Gleichgewichts beobachten wir nicht nur beim Erwachsenen – sie begegnet uns schon beim Kindergartenkind, und zwar besonders zum Zeitpunkt der Vorstellung in der Schule. Äußere Symptome sind Gleichgewichtsstörungen beim Balancieren über den Strich und Balken, beim Stehen auf einem Bein, beim Stelzenlaufen und beim ruhigen Stehen oder Gehen mit einem Stab auf dem Kopf. Vielfach ist die gestörte Entwicklung des Gleichgewichtssinnes von einer starken Unruhe und der Schwierigkeit zuzuhören begleitet. Wir beobachten, daß Kinder, die sich starken akustischen Reizen aussetzen, und hier besonders mechanischen Geräuschen, deutliche Schwierigkeiten in der Ausübung des Gleichgewichts haben. Die Organe des Hörsinnes und des Gleichgewichtssinnes liegen dicht beieinander im Innenohr, und so besteht auch eine aktuelle Beziehung zwischen dem Hören, dem Zuhörenkönnen und dem inneren wie äußeren Gleichgewicht. Als Erwachsene kennen wir das Phänomen, daß wir zwar hören, aber nicht zuhören können, wenn wir seelisch aus dem Gleichgewicht sind, wenn wir innerlich nicht ruhig sind. Bemerken wir beim Kind Symptome eines gestörten Gleichgewichtssinnes, so bedarf es schon im Grundschulbereich therapeutischer Maßnahmen, um zu gewährleisten, daß der Schüler im Laufe seiner Schulzeit lernt, in rechter Weise zuzuhören und zur Ruhe zu kommen.

Bei Untersuchungen der Anamnese von Kindern mit Lese-Rechtschreibschwächen stößt man immer wieder auch auf eine Störung des Gleichgewichtssinnes. In vielen Fällen ist das Kind nicht in der Lage, die spiegelbildlichen Buchstabenformen von d b q p zu unterscheiden, oder es kommt zu Schwierigkeiten beim Erkennen von ε und 3, MW und anderem mehr. Sicherlich ist die Gleichgewichtssinnesstörung nicht Ursache für die Legasthenie, aber sie ist häufig eine Begleiterscheinung und damit auch einer der Schlüssel zur Vermeidung oder Behebung der heute weitverbreiteten Inkarnationsstörung, als die man die Lese- und Rechtschreibschwäche bezeichnen kann.

Ein Beispiel zum gestörten Gleichgewichtssinn:

Ich hospitierte mit einer russischen Waldorf-Schulärztin in einer zweiten Klasse, in der ein autistischer Junge besonders auffiel. Durch den ungewohnten Besuch in der Klasse geriet der Junge so sehr in Erregung, daß er nicht mehr ruhig sitzen konnte und fortwährend vor sich hinredete. Der Lehrer sprach ihn an, aber er hörte nicht zu. Schließlich führte der Lehrer den Jungen auf den im Klassenraum liegenden Baumstamm, er ließ ihn darüberbalancieren und bat ihn dann, eine Weile ruhig darauf stehenzubleiben. Die Ärztin fragte mich, ob es sich hier um eine Strafe handle, aber sie merkte bald, daß der Junge ruhig wurde, er fand sein äußeres und inneres Gleichgewicht und konnte sich nach wenigen Minuten wieder an seinen Platz setzen, von wo aus er dem Unterricht gesammelt und ruhig folgen konnte.

Die Entwicklung der unteren Sinne ist für die geistig-seelische Entfaltung des jungen Menschen von größter Bedeutung, und wir müssen uns bewußt machen, daß die gesunde Entwicklung der Sozial- und Denksinne im dritten Jahrsiebt vom Reifegrad und von der Qualität der unteren Sinne abhängt. Das, was die Kindergärtnerinnen und die Unterstufenlehrer im Bereich der Sinnespflege und Therapie beim entwicklungsgestörten Kind leisten können, wirkt sich im dritten Jahrsiebt und im späteren Leben aus auf die Fähigkeit, «im Leben zu Zielen, im Handeln zum Rechten, im Fühlen zum Frieden, im Denken zum Lichte» zu kommen.[20] Die unteren Sinne sind die Willenssinne, und Sinnespflege in Kindergarten und Unterstufe ist Willenserziehung für den jungen Menschen. Darum ist es besonders wichtig, Störungen im Bereich der unteren Sinne zu Beginn der Schulzeit in rechter Weise zu erkennen und entsprechend therapeutisch zu behandeln.

Entwicklungsstörungen im Zusammenhang mit der Lateralität

Wesentliche Hinweise auf Entwicklungsstörungen und die damit verbundenen sozialen und schulischen Schwierigkeiten ergeben sich bei einer sorgfältigen Wahrnehmung der Links-rechts-Orientierung von Hand, Fuß, Auge und Ohr des Kindes an der Schwelle zur Schulreife. Wir wissen vom Kindergartenkind, daß es meistens die linke Hand gibt und daß es sich noch nicht festgelegt hat auf Links und Rechts. Erst mit der Schulreife entwickelt sich in der Regel eine Orientierung nach rechts. Die Übergangsepoche der wechselnden ambivalenten Lateralität ist ein Begleitsymptom dessen, was eingangs als Desintegrationsstörungen zum Zeitpunkt der Hinführung zur Schulreife beschrieben wurde. Darum ist es bei den Schuluntersuchungen besonders wichtig zu überprüfen, welche Hand, welches Ohr, welches Auge und welchen Fuß das Kind bevorzugt. Hieraus können sich prognostische Erkenntnisse ergeben, die für die spätere Behandlung des Kindes wichtig sind. Das gilt sowohl für die besonderen Eigenheiten des Linkshänders als auch für die Frühbehandlung legasthenischer Tendenzen.

Welche Hand die bevorzugte ist, läßt sich leicht bei der Begrüßung, beim Gebrauch von Schere, Löffel und Stift feststellen.

Ebenso sollte man vielfältige Untersuchungen für den Fuß machen (einen Stein über einen Strich stoßen, einen Ball in ein Tor treten, Murmeln mit dem Fuß in einen Kreis treiben, mit dem Fuß schreiben oder mit den Zehen einen Gegenstand aufheben lassen).

Zur Überprüfung des Ohres reichen wir dem Kind den Telefonhörer, oder wir lassen lauschen, ob die im Raum vorhandenen Taschen- und Armbanduhren auch ticken. Dabei legen wir die Uhr auf den Tisch und lassen das Kind sich mit dem Ohr der Uhr zuneigen.

Für das Auge haben Arzt und Aufnahmelehrer ein Fernrohr (aus Pappe) oder ein Kaleidoskop zur Hand. Besser ist noch ein Karton in DIN-A4-Größe mit einem kleinen Loch in der Mitte. Durch dieses Löchlein soll das Kind schauen und den Vater, die Mutter oder Gegenstände im Raum suchen.

Wichtig bei allen diesen Untersuchungen ist es, daß man sie häufig variiert und das Ergebnis festhält. Man wird dann die Beobachtung machen, daß das schulreife Kind in der Regel immer das gleiche Auge, das gleiche Ohr und den gleichen Fuß benutzt, obwohl nicht alle Funktionen einseitig rechts sein müssen. Beim entwicklungsverzögerten oder -gestörten Kind beobachtet man in der Regel eine ambivalente Lateralität, das heißt, es benutzt einmal das linke und dann wieder das rechte Ohr oder Auge. Aus einer einmaligen Untersuchung der Lateralität lassen sich aber noch keine eindeutigen Schlüsse ziehen. Es kann sein, daß eine konstitutionelle Schwäche vorliegt, viel häufiger jedoch ist anzunehmen, daß das Kind sich noch nicht festgelegt hat. Darum ist es erfahrungsgemäß wichtig, diese Untersuchungen nach einigen Monaten zu wiederholen und die Einzelergebnisse mit denen der ersten Untersuchung zu vergleichen. Erst jetzt läßt sich beurteilen, ob eine Entwicklungsstörung in der Lateralität vorliegt oder ob wir es mit einem eindeutig linksorientierten Kind zu tun haben.

Es genügt nicht, bei der Schuluntersuchung nur festzustellen, welche Hand, welchen Fuß, welches Ohr und welches Auge das Kind benutzt. Wir müssen daraus diagnostische und therapeutische Schlüsse ziehen. Mit dem Arzt und den Eltern wird man beraten, ob das ambivalent linkshändige Kind, bei dem die anderen Bereiche rechts orientiert sind, behutsam umgestellt werden soll.

In der Regel liegen auch beim lese-rechtschreibschwachen Kind erhebliche Lateralitätsstörungen vor. Daher kommt es darauf an, daß diese schon bei der Schulreife-Untersuchung festgestellt und ernstgenommen werden, und nicht erst in der zweiten oder dritten Klasse, wenn die Schwäche als Lese- oder Rechtschreibunfähigkeit bemerkt wird. Eine Früherkennung und Frühbehandlung der Lese-Rechtschreibschwäche ist erforderlich, denn nach dem neunten Lebensjahr ist die Aussicht auf erfolgreiche Therapie sehr viel geringer als in den ersten zwei Unterrichtsjahren.

Lehrer und Eltern sollten sich aber auch mit der konstitutionell individuellen Situation des Linkshänders vertraut machen. Linkshänder sind in ihrer Gemütsverfassung anders als Rechtshänder. Sie werden wegen ihrer linkischen Art vielfach schon als Kleinkinder gerügt und diskriminiert und geraten in der Schule oft in soziale Schwierigkeiten; sie ziehen sich in ihr Schneckenhaus zurück, manche werden auch eigenwillig, trotzig oder aggressiv.[21]

Umweltbedingte Entwicklungsstörungen

Pränatale Störungen

Viele Entwicklungsstörungen werden schon während der Schwangerschaft verursacht, denn auch der Uterus gehört zur Umwelt des sich entwickelnden Kindes. Man spricht in diesem Zusammenhang vom Beginn der Schwangerschaft an bis zur Geburt von Fetopathien. Dabei kann es sich um mechanische Ursachen (Mißbildungen, Abschnürungen) oder um direkte oder indirekte Einwirkungen handeln (Abtreibungsversuche, Verletzungen, Blutungen). Nicht selten sind Entwicklungsstörungen und Behinderungen auf Infektionen der Mutter während der Schwangerschaft zurückzuführen (Röteln, Masern, Toxoplasmose, AIDS u.a.). Blutgruppenunverträglichkeiten und Stoffwechselstörungen verursachen erhebliche Störungen. In letzter Zeit treten immer häufiger schwere Entwicklungsstörungen auf, die eindeutig auf Nikotin-, Alkohol- oder Drogenkonsum oder auch Medikamente zurückzuführen sind – man denke an die schweren körperlichen Behinderungen, die durch Contergan und andere Medikamente hervorgerufen wurden. Schließlich seien hier noch die Strahlenschädigungen genannt, die nicht erst seit Tschernobyl als Ursache für Entwicklungsstörungen und schwere Behinderungen beziehungsweise Erkrankungen bekannt sind. Nicht zu vergessen sind jene Schädigungen, die durch eine psychische und physische Überbelastung der Mutter auftreten können.

In den seltensten Fällen kann eine Entwicklungsstörung, die bei

der Schuluntersuchung offensichtlich ist, eindeutig auf eine vorgeburtliche Ursache zurückgeführt werden. Dennoch scheint es mir
wichtig, daß bei der Feststellung von Störungen auch in angemessener Weise nach dem Verlauf der Schwangerschaft und nach möglichen Ursachen gefragt wird. Wir können den Schaden zwar nicht
unmittelbar dadurch beheben, aber in der Diagnose liegt doch der
Schlüssel zur Linderung und zur Heilung.

Störungen im ersten Lebensjahr

Über Schäden, die durch mangelnde oder falsche Pflege im ersten
Lebensjahr hervorgerufen sind, ist schon eingangs gesprochen worden. Hier seien noch einige Gesichtspunkte hinzugefügt. Vielfach
begegnen wir auffälligen Kindern, die in ihrem ersten Lebensjahr
keinen oder kaum physischen Kontakt zur Mutter hatten und keine
affektive Zuwendung empfangen haben. Hier spricht man von Säug-
lingshospitalismus. Er verursacht Entwicklungsrückstände, die sich
später kaum aufholen lassen.

Vielfach erleben wir Kinder, die infolge mütterlicher Ablehnung
und Lieblosigkeit vernachlässigt und darum in die Obhut der Jugendbehörden gegeben oder von Pflege- oder Stiefeltern übernommen
wurden. Diese bemühen sich, bisherige Vernachlässigungen wieder
gutzumachen, und verursachen durch übertriebene perfektionistische
Betreuung bisweilen weitere Schädigungen. Nicht selten ist eine Mutter in ihrer häuslichen Situation mit mehreren Kindern überfordert, so
daß sie den Kindern kein rechtes Familienleben mit einem geregelten
Tagesablauf geben kann. Oftmals werden Kinder in jungen Partner-
schaften als Last empfunden, und die Eltern reagieren ihren Unmut
über die Störung am kleinen Kind ab. Kinder leben in der Vertrauens-
haltung den Eltern gegenüber, daß alles gut ist, was von Vater und
Mutter ausgeht. Eine lieblose, despotische, dogmatische, überfor-
dernde, ängstliche, egoistische, verwöhnende und schwankend launi-
sche Haltung der Eltern dem Kind gegenüber kann schon im ersten
Lebensjahr schwere Entwicklungsstörungen hervorrufen.

Besonders schwere Belastungen ergeben sich bei alkohol- und dro-
genabhängigen Eltern, weil sie dem Kind keinen Halt und keine Orientierung im Leben geben.

Schließlich sei noch auf schwere partnerschaftliche Disharmonien hingewiesen, vor allen Dingen, wenn sich die Eltern in Gegenwart des Kleinkindes verbal oder gar handgreiflich streiten oder wenn bei drohender Trennung der Kampf um das Kind tobt oder wenn jeder der streitenden Partner das Kind loswerden möchte.

Gar nicht so selten hört man die Meinung, das Kleinkind sei noch immun gegen solche Störungen, weil es diese intellektuell noch nicht verstehen kann. Aber das kleine Kind ist noch mit seinem ganzen Wesen Sinnesorgan. Seine Lebenskräfte werden hier nachhaltig und irreparabel geschädigt. Wir beobachten immer wieder, daß Kinder mit solchen Schädigungen aus dem ersten Lebensjahr ihren Weg in den Waldorfkindergarten oder in die Waldorfschule finden, und wir stellen fest, daß die Störungen im Denken, Fühlen und Wollen so gravierend sind, daß man hier im Sinne des Bundessozialhilfegesetzes von wesentlichen seelischen Behinderungen sprechen kann.

Störungen in der Kindergartenzeit und die Bedeutung der religiösen Entwicklung des Kindes

Entwicklungsstörungen im Vorschulalter haben ihre Ursachen auch primär in der Familiensituation. Sie beruhen vielfach auf Familienkonflikten, Zurücksetzung, Liebesentzug, Geschwisterkonstellationen, auf Stiefkindsituationen, Erziehungsunsicherheit bei Mutter oder Vater und auf mangelnder Hygiene und geistig-seelischer Fürsorge.

Häufig schwankt der Erziehungsstil der Eltern zwischen Verwöhnung und Überforderung, wobei die altersgemäßen Bedürfnisse des Kindes nicht berücksichtigt werden; das gilt sowohl für Ernährung, Kleidung und Spielzeug als auch für die entsprechenden geistig-seelischen Bedürfnisse. Schon früh wird das Kind den Sinnesreizen moderner Medien ausgesetzt. Man weiß zwar, daß das Fernsehen für Kinder schädlich sein soll, aber es fehlt die Kraft, diese Erkenntnis konsequent umzusetzen.

Nicht selten begegnen wir schweren seelischen Störungen, deren Ursachen in der Regel verborgen gehalten werden, und doch gibt es hin und wieder Hinweise beziehungsweise Beweise für Kindesmißhandlungen und Kindesmißbrauch. Kinder, die in der Vorschulzeit der brutalen und ungezügelten Gewalt und besonders den perversen sexuellen Bedürfnissen der Erwachsenen schutzlos ausgeliefert sind, haben schon früh das Paradies der Kindheit verlassen, sie fallen durch extreme Ängstlichkeit in der Mimik und in der Gestik auf. Mißbrauchte Kinder wirken seelisch wund und frühreif, sie sind physisch und seelisch traumatisiert, und es ist nur schwer möglich, das Vertrauen dieser Kinder zu finden und sie zurückzuholen in eine Kinderwelt, aus der sie in krimineller Weise herausgerissen wurden.

Vielfach werden die religiösen Grundhaltungen, die das Kind aus der geistigen Welt mitbringt, nicht genügend gepflegt. Sie verkümmern und mit ihnen moralische, soziale, seelische und geistige Fähigkeiten, die der junge Mensch zur freien Entfaltung seiner Persönlichkeit braucht, um jene unantastbare Würde zu erlangen, die die Verfassung jedem Menschen zubilligt.

Fragt man Eltern extrem verhaltensauffälliger Kinder nach der religiösen Entwicklung des Kindes, so bekommt man häufig eine Antwort wie diese: «Ne, mit der Kirche haben wir nichts am Hut.»

Ich meine mit den frühkindlichen religiösen Fähigkeiten die bereits genannten des Staunens, des Verehrens, der Dankbarkeit und des Mitleids.

Das Vorschulkind ist in Gefahr, die Fähigkeit des Staunens zu verlieren, wenn alle Wunder dieser Welt in «höchster Treue» (HiFi) vor es gestellt werden. Kleine Kinder vermögen noch die großen Wunder der göttlichen Schöpfung – vom Spinnennetz bis hin zum Sternenhimmel – in wirklicher Andacht zu bestaunen. Wenn sie nicht dazu angehalten werden, verlieren sie diese Fähigkeit.

Ehrfurcht vor Gottes Schöpfung, vor den Steinen und Pflanzen am Wegrand, vor den Tieren – «vom Mücklein an» (Morgenstern) – bis hin zum Menschen als verehrungswürdigstes Geschöpf Gottes kennen unsere Schulkinder vielfach schon in der Vorschulzeit nicht mehr. Ehrfurcht wird in vielen Elternhäusern als ein antiquierter Erziehungsbegriff bezeichnet. Dankbarkeit paßt auch nicht mehr in unsere Welt, wo den Kindern angeblich alle Wünsche erfüllt werden müssen. Das Wort «Danke» oder das Tischgebet als Ausdruck der Dankbarkeit gehören nicht mehr selbstverständlich in das Umfeld unserer Kinder. (Als ich unlängst nach der Hospitation in einer zweiten Klasse einem Kind einen kleinen Edelstein schenkte und es in

Erwartung des Wortes «Danke» anschaute, fragte das Kind: «Na und?» Ein anderes Kind sagte: «Du mußt danke sagen!» Da sagte der kleine Kerl: «Wat, für so einen Stein soll ich danke sagen, den können Sie sich annen Hut stecken!» Sprach's, gab mir den Stein zurück und verschwand.)

Auch Mitleid wird heute kaum noch als angemessene Sozialfähigkeit angesehen. In unser materialistisches darwinistisches Weltbild paßt das Mitleid nicht mehr hinein. Jeder ist sich selbst der nächste, und wir sollen unseren Nächsten lieben wie uns selbst, aber nicht mehr als uns selbst, so wird argumentiert. Daß die Kinder im Kindergarten oder beim Schulfrühstück bereit sind, dem etwas abzugeben, der nichts hat, oder notleidenden Menschen zu helfen, ist heute nicht mehr selbstverständliche Erziehungsgrundlage.

Statt dessen hat man den Eindruck, als seien unsere Kinder hilflos den Mächten ausgeliefert, die sich in Goethes *Faust* im Prolog die Erlaubnis geholt haben, diesen Menschen von seinem Urquell abzuziehen und ihn den Weg des Bösen zu führen. Hier ging es allerdings um Faust, den Repräsentanten des erfahrenen und suchenden Menschen. Heute sind es unsere Kinder, die schon in der Vorschulzeit den Verführungen der Widersachermächte hilflos preisgegeben werden durch die Erfüllung ihrer Wünsche nach Zerstreuung, Sinnesüberreizung und Bedürfnisbefriedigung.

Rudolf Steiner bezeichnet das Staunen als Grundlage für das Denken, «das Denken muß urständen ... im Staunen».[22] Die Ehrfurcht ist die Grundlage für das verantwortungsbewußte Forschen des Menschen. «Man wird mehr oder weniger närrisch erscheinen gegenüber den heutigen Wissenschaftern, wenn man davon spricht, daß ... man keinen Schritt im Denken machen darf, ohne daß man durchdrungen ist von dem Gefühl der Verehrung für das, was man erforscht.»[23]

Eine dritte Stufe muß sich in unserem Seelenzustand einstellen, «wenn wir Staunen und Verehrung genügend durchgemacht haben, und diese dritte Stufe ist diese, die man bezeichnen könnte als: sich in weisheitsvollem Einklange fühlen mit den Weltgesetzen ... Wenn man diesen dritten Zustand durchgemacht hat ... dann kommt erst der gewissermaßen höchste Seelenzustand, den man erreichen muß, wenn man zur Wahrheit kommen will. Und das ist der Zustand, den man gut mit dem Worte Ergebenheit bezeichnen kann. Staunen, Verehrung, weisheitsvoller Einklang mit den Welterscheinungen, Ergebung in den Weltenlauf, das sind die Stufen, die wir durchzumachen haben und die immer parallel gehen müssen dem Denken, die niemals das Denken verlassen dürfen – sonst kommt das Denken zum bloß Richtigen, nicht zum Wahrhaftigen.»[24]

Dieser Entwicklungsgang des denkenden Menschen fängt in der Kinderstube an, er muß im Kindergarten und in der frühen Schulzeit geübt und gepflegt werden, damit sich der junge Mensch in Einklang finden kann mit den Welterscheinungen, um später zu jener Ergebenheit in den Weltenlauf zu gelangen. Werden diese Fähigkeiten nicht gepflegt, so treten Störungen auf wie bei jenem achtjährigen Jungen, der abends Angst hatte einzuschlafen. Rudolf Steiner gab der Mutter ein «Rezept» in Form eines Spruches, der dem Kind jeweils abends beim Läuten der Glocken vorgelesen werden sollte. In diesem Spruch wird die Erziehungsgrundlage zum Ausdruck gebracht, deren es bedarf, damit der Mensch in einen weisheitsvollen Einklang mit den Welterscheinungen und in eine Ergebung in den Weltenlauf gelangt. Er lautet:

> Das Schöne bewundern,
> Das Wahre behüten,
> Das Edle verehren,
> Das Gute beschließen.
> Es führet den Menschen
> Im Leben zu Zielen,
> Im Handeln zum Rechten,
> Im Fühlen zum Frieden,
> Im Denken zum Lichte;
> Und lehrt ihn vertrauen
> Auf göttliches Walten
> In allem, was ist:
> Im Weltenall,
> Im Seelengrund.[25]

Störungen mit unbekannter oder unklarer Genese oder Ursache

Einleitend zu den Aussagen Rudolf Steiners über die beschriebenen Störungen und Behinderungen möchte ich zusätzlich einige Gruppen von Entwicklungsstörungen kurz erwähnen, über deren Ursachen die Wissenschaft noch rätselt beziehungsweise wo die Ursachenforschung noch in den Kinderschuhen steckt und wo man den Eindruck hat, daß die Ergebnisse bewußt aus politischen oder wirtschaftlichen Erwägungen verschwiegen oder verharmlost werden.

Ich denke da einerseits an die verschiedenen Formen des kindlichen *Autismus* und andererseits an die ständig wachsende Zahl der Neurodermitis-Kinder und schließlich an Kinder, die unter geomantischen Einflüssen leiden.

Autismus

In vielen Krankengeschichten autistischer Kinder wird berichtet, daß das Kind anfangs eine normale Entwicklung durchgemacht hat und erst mit zwei bis zweieinhalb Jahren ohne äußere Einwirkung und ohne erklärbare Ursachen deutliche Entwicklungsrückschritte zeigte. Viele Stufen der Entwicklung, die schon erreicht waren, werden wieder rückgängig gemacht, und das Kind zieht sich in seine eigene bizarre Welt zurück, es wendet sich von seiner Bezugswelt ab, es kapselt sich ab und entwickelt ein angstgeprägtes zwanghaftes Bedürfnis nach Gleicherhaltung seiner dinglichen Umwelt. Asperger beschreibt den Autismus erstmalig in Europa und bezeichnet ihn als Psychopathie, das heißt als ein seelisches Leiden.[26] Wir kennen jene Kinder gut, die dadurch auffallen, daß sie nicht «ich» zu sich sagen, die keinen Blickkontakt zum anderen Menschen aufnehmen. Sie isolieren sich im Kindergarten von der Gruppe, beobachten aus sicherer Entfernung das Tun der anderen; sie sind motorisch ungeschickt, haben einen stelzenden Gang – vielfach auf Zehen – und sind in der Bewegung ihrer Hände und Finger stereotyp. Sie haben Sonderinteressen und zum Teil einseitige, hohe Begabungen, die sich aber mit den Intentionen von Elternhaus und Schule nicht in Einklang bringen lassen. Sie versagen meistens in lebenspraktischen Situationen und können später Sonderlinge werden bis hin zum zerstreuten Professor.

Ein anderes Bild vom Autisten gab zur gleichen Zeit wie Asperger der Amerikaner Kanner.[27] Hier zeigt sich die Entwicklungsstörung wesentlich forcierter. Sogenannte Kannersche Autisten werden in der Kinderpsychiatrie dem Personenkreis der Oligophrenen (kleinköpfigen, kleinhirnigen Kinder) oder der Idioten zugeordnet. Sie fallen schon früh durch fehlende Kontaktaufnahme auf, sie haben nur geringe Entwicklungsimpulse, sprechen nicht oder selten beziehungsweise selektiv; sie sind nicht zu sinnvollen Tätigkeiten zu führen, sondern sie stieren vor sich hin oder hantieren sinnlos mit irgendwelchen Materialien. Jede Veränderung im Umfeld des Kindes verursacht extreme Unruhen bis hin zu Aggressionen gegen sich selbst, gegen Erzieher oder gegen völlig unbeteiligte Personen.

Es sind schon viele Bücher über autistische Kinder geschrieben worden, als Beispiel sei hier nur das Buch über Dibs erwähnt.[28] Einer Studentin, die zu den sicherlich hundert Büchern noch ein weiteres hinzufügen wollte und mich um Betreuung ihrer Arbeit bat, gab ich den Rat, nicht über autistische Kinder, sondern über Eltern autistischer Kinder zu schreiben. (Leider ist das Buch noch nicht geschrieben.) In der familiären Situation, in die sich das Kind hineinbegibt und von der es sich abwendet, liegt sicherlich ein kleiner Schlüssel zu dem Geheimnis des Autismus. Man darf das nicht vordergründig unter soziologischen Gesichtspunkten und erst recht nicht mit moralischen Maßstäben betrachten, sondern der Autismus ist als eine Entwicklungsstörung zu verstehen, die unmittelbar mit dem Schicksal des Kindes, mit den karmischen Beziehungen des Kindes zu den Menschen in seiner Umgebung zusammenhängt.

Die jüngsten Erfahrungen, die das Ehepaar Sellin mit ihrem inzwischen über zwanzigjährigen autistischen Sohn Birger gemacht hat, zeigen, daß der von Kanner beschriebene Autist nicht geistig behindert ist.[29] Wir haben hier ein gutes Beispiel für eine Inkarnationsstörung, an der eine gesunde Individualität, eine intakte Persönlichkeit leidet. Die geistigen Wesensglieder des jungen Menschen wollen sich mit ihrem leiblichen und sozialen Umfeld verbinden, aber sie werden in diesem Bemühen der Inkarnation gestört, gehindert, und dadurch kann die Persönlichkeit nicht in angemessener, «normaler» Weise ein verhaltensangepaßter Mensch werden. Die Berichte über seine Erlebnisse als «geistig Behinderter» in einer beschützenden Werkstatt, die Briefe, die Birger Sellin seinem Computer anvertraut hatte (mit Menschen redete er nicht), und das Drehbuch, das er als Autor und Darsteller mit seinem Regisseur erarbeitet hat, zeigen, daß es sich um eine Inkarnation handelt, von der Rudolf Steiner sagt: «... wir müssen dafür sorgen, daß das Ich sich in richtiger Weise mit der Leibesorganisation verbindet, daß es nicht zu stark draußen bleibt, und die Folge davon ist, daß der Mensch ein Träumer oder Schwärmer wird oder überhaupt für das Leben unbrauchbar wird.»[30] Autismus scheint mir ein wichtiges Beispiel für die Inkarnationsstörung zu sein, wo Ich und Astralleib sich nicht in rechter Weise mit ihrer Leibesorganisation und mit ihrer unmittelbaren sozialen und familiären Umwelt verbinden können.

Neurodermitis und Allergien

Neurodermitis und *Allergien* sind eine andere Form der Abwehrreaktion auf Umwelteinflüsse, die mit erheblichen Entwicklungsstörungen einhergeht. So wie der Autismus als Abwehrhaltung gegen die soziologischen Gegebenheiten gesehen werden kann, so ist auch die Unverträglichkeit gegenüber Umwelteinflüssen als Integrationsstörung zu betrachten. Man spricht davon, daß zehn Prozent aller neu einzuschulenden Kinder schwere neurodermitische oder allergische Probleme haben, und wir beobachten immer mehr schwerstgestörte und behinderte Kinder, die Unverträglichkeiten gegen Speisen, Luft, Licht, Kleidung und Getränke haben. Selbst eine schonende Diät kann nicht verhindern, daß die Schleimhäute der Kinder und die gesamte Hautoberfläche allergisch reagieren und die Kinder entsetzliche Qualen leiden. Die Haut ist hier Indikator für Inkarnationsprobleme, die selbst bei liebevollster und behutsamster Pflege nicht vermieden werden können. Die Individualität, die sich inkarnieren will, hat nicht genügend Kraft, sich gegen schädigende Stoffe in der Umwelt durchzusetzen. Es ist eine Immunschwäche gegenüber der Welt schlechthin, und diese Schwäche zeigt sich schon unmittelbar bei der Geburt. Die Individualität bringt diese Schwäche aus der vorhergegangenen Inkarnation mit, und als Inkarnationsstörung zeigt sie sich in Form von Umweltunverträglichkeit.

Ein Hinweis auf diese Inkarnationsstörung kann folgende Äußerung Rudolf Steiners sein: «Und nun erinnern Sie sich einmal, wie ich … auseinandersetzte, wie anders die Kinder … seit fünf bis sechs bis sieben, acht Jahren geboren werden heute, mit einem, man möchte sagen melancholischen Anflug über den Gesichtern … Das rührt davon her, daß die Seelen heute nicht gern heruntergehen in die vom Materialismus erfüllte Welt. Man könnte sagen: Die Seelen haben vor ihrer Geburt eine gewisse Furcht und Angst, in die Welt einzutreten, in der die Intelligenz den Hang, die Neigung zum Bösen hat.»[31]

«Untersinnliche» Einflüsse

Wir stehen noch ziemlich am Anfang unserer Erkenntnismöglichkeiten gegenüber den Wirksamkeiten, die man als *untersinnlich* bezeichnen kann. Es sind dies die Auswirkungen von Elektrizität, Magnetismus und Strahlungen aller Art auf den Menschen. Man muß sich immer wieder einmal bewußt machen, daß wir selbst im stillsten Winkel dieser Erde umgeben sind von Klängen, Tönen, Geräuschen und Bildern aller Art, wir haben nur keine Möglichkeit, diese Ton- und Lichtwellen mit unseren Sinnen zu registrieren. Aber es genügt eine apparative Hilfe, ein kleines Kästchen mit einem Knopf und einer blanken Antenne, und schon können wir unzählige Geräuschkulissen (Programme) herbeizaubern, und wir brauchen nur einen etwas größeren Kasten mit einer Mattscheibe, und schon haben wir Bild und Ton aus aller Welt in unserem Wohnzimmer. Überall stehen auf den Bergen große Sendemasten, und an den Häusern sind Antennen, die diese unhör- und unsichtbaren Wellen ausstrahlen und einfangen. Das gleiche gilt für Gespräche und Briefe, die per Telefon und Fax durch den Äther schwirren. Wir haben keine bewußte Sinneswahrnehmung davon, aber wir können ahnen, daß gerade das kleine Kind in der Entwicklung seiner unteren Leibessinne erheblich gestört wird und damit auch in der Entwicklung seiner Willenskräfte.

Wir haben keine unmittelbare Wahrnehmung von Wasserleitungen, Heizungsrohren und elektrischen Leitungen innerhalb unserer vier Wände, aber wir bemerken, daß wir an bestimmten Stellen in der Wohnung nicht schlafen oder uns nicht konzentrieren können. Dieser Zustand kann oft dadurch behoben werden, daß ein neuer Stellplatz für das Bett gefunden wird. Mit Hilfe von Geräten können wir elektrische Leitungen und Wasserleitungen in unserem Hause nachweisen, und wir sind noch ganz am Anfang baubiologischer Erkenntnisse über die Schädlichkeit von elektrischen Leitungen und Wasserleitungen für die Lebenskräfte des Menschen. (Ich hatte einmal einen Schüler, der mit bloßen Händen den Verlauf von elektrischen Leitungen im Klassenzimmer ertasten konnte. Er war äußerst erregt, wenn er in der Nähe eines Schalters oder einer Steckdose saß, und wie von einer manischen Sucht getrieben, sprang er immer wieder auf, um elektrische Leitungen zu ertasten, begleitet von einem irren Ausdruck tiefen Befriedigtseins.)

Diese Fähigkeit des Kindes, «untersinnliche» Impulse wahrzunehmen, muß heute mehr und mehr als Ursache für Entwicklungsstörungen in Betracht gezogen werden, insbesondere, wenn im Kinderzimmer viele elektrische Geräte stehen. Das gilt ebenfalls für die Küche als Arbeitsplatz der Mutter und auch für Vaters Schreibtisch.

Wir haben auch keine unmittelbare Wahrnehmungsmöglichkeiten für Wasseradern oder für geologische Strahlungen. Wir wissen nur, daß bestimmte Schüler an bestimmten Plätzen extrem unruhig sind oder daß auf schnurgeraden Landstraßen immer wieder schwere Unfälle passieren, ohne daß dafür eine verkehrsbedingte Ursache gefunden wird. Mit apparativer Hilfe können wir die Auswirkungen von Wasseradern und tektonischen Verwerfungen nachweisen. Die Behörde regelt das unerklärliche Phänomen mit einer Geschwindigkeitsbegrenzung, und die Schule läßt einen Fachmann kommen, der die Klassenräume untersucht und den Lehrern klare Anweisungen gibt, wo kein Schüler sitzen darf. Wir erlebten gerade auf diesem Gebiet verblüffende Erfolge im Hinblick auf Verhaltensänderungen. Sensible Kinder wurden nach der Umsetzung wesentlich ruhiger und konnten konzentrierter mitarbeiten. Vor Jahren hatten wir in der Schule plötzlich einen extrem hohen Wasserverbrauch, und die Wasseruhr raste, obwohl alle Zapfstellen geschlossen waren. Die Stadtwerke waren ratlos, sie konnten den vermuteten Defekt auf dem weiten Schulgelände nicht orten – bis ein Wünschelrutengänger auf den Zentimeter genau die Stelle angab, wo in einem Meter Tiefe das Wasserrohr gebrochen war. Die Naturwissenschaft verweist diese Kunst in den Bereich der Parapsychologie, aber man sollte einmal mit seinen Schülern das Experiment wagen; man würde feststellen, daß sehr viele Kinder die Fähigkeit haben, Wasseradern mit der Wünschelrute aufzuspüren. Daraus erwächst für den Erzieher eine erhebliche Verantwortung im Hinblick auf den Schutz der Kinder vor «untersinnlichen» Einflüssen. Und für Eltern und Lehrer einer Waldorfschule erwächst die Verantwortung, bei der Bauvorbereitung und bei bestehenden Schulen geomantische Beratung einzubeziehen und ernstzunehmen.

Umfangreiche Erfahrungen auf diesem Gebiet verdanke ich Gerd Utermann, einem Fachmann, der sich seit über zwanzig Jahren als Patentanwalt mit diesen Fragen beschäftigt. Er schreibt zum Thema *Elektrosmog und Erdstrahlen im Klassenzimmer*: «Beide Begriffe sind in aller Munde, physikalische Sachkenntnisse sind wenig verbreitet. Rundfunk-, Fernseh-, Richtfunk- und Telefonfunk-Sender führen zu Empfangsmöglichkeiten in jedem Raum. Magnetismus und magnetische Anteile von elektromagnetischen Wellen durchdringen alles, vor allem auch den Menschen, das menschliche Gehirn, sein Nervensystem. Sie können auf vielfältige Weise empfangen werden und ankoppeln an die vielfältigen Leitungssysteme im Körper. Der von den Senderbetreuern verbreitete Glaube, es könne bezüglich der Feldstärke Grenzwerte geben, unterhalb deren keinerlei Schädigungen und Einflüsse möglich seien, ist wissenschaftlich unrichtig ... Auch kleinste elektromagnetische Energien wirken auf den Menschen ein, ihre nachhaltig schädlichen Einflüsse sind vielgestaltig ...

Die Eltern für ihre Kinder und die Lehrer für ihre Schüler sollten sinnvolle Vorsichtsmaßnahmen treffen. Von großem Einfluß können überflüssige Feldfaktoren aus der Installation sein. Deshalb sollte Installation sinnvoll und sparsam eingesetzt werden. Man sollte die Netzspannung auf das Leitungssystem der Klassenräume nur dann zuschalten, wenn wirklich Licht gebraucht wird oder Elektrogeräte betrieben werden müssen. Man sollte außerhalb des Klassenraumes einen nur vom Lehrer zu betätigenden Schalter vorsehen. Dadurch kann man empfindliche Schüler in weiten Bereichen von unnötigen Einflüssen und von Verknüpfungen mit Sendersignalen befreien. Steckdosen werden gar nicht so viel benötigt, wie sie installiert werden. Eine außerhalb des Klassenraumes schaltbare Steckdose mit hölzernen Kabelkanälen im unteren Wandbereich (Sockelleisten) ermöglichen es, bedarfsweise auch von außen liegende Steckdosen über längere Strecken geschützt in Verlängerungsschienen für Bedarfszwecke einzusetzen ...

Hochempfindliche und meditativ arbeitende Menschen können das Raumgeschehen aufgrund eigenen Empfindens beurteilen. In kritischen Bereichen sollte man auf einem reinen Holzstuhl (ohne Kunststofflackierung) von Flächenelement zu Flächenelement mindestens eine Viertelstunde in sich hineinhorchen, um zu empfinden, ob man ruhiger oder unruhiger wird. Auf diese Weise kann man Schlaf- und Aufenthaltsplätze mit negativen und/oder tektonischen Einflüssen von anderen Bereichen selbst unterscheiden.»[32]

Schließlich haben wir auch keine unmittelbare Wahrnehmung von Strahlenauswirkungen, die von Kernspaltprozessen ausgehen. Wir denken da besonders an die Katastrophe von Tschernobyl. Wochenlang durften die Kühe nicht auf die Weide, weil man mit entsprechenden Meßgeräten Radioaktivität in der Milch feststellen konnte, und auch Jahre nach dem Störfall gibt es Früchte und landwirtschaftliche Erzeugnisse, die für den Menschen schädlich sind, weil sie immer noch verseucht sind. Es gab einen Run auf Strahlenmeßgeräte, weil alle Menschen in Europa Angst vor den physischen und psychischen Folgen der Radioaktivität hatten. Es mag schon überraschen und aufhorchen lassen, daß das Wort «Tschernobyl», aus dem Ukrainischen stammend, «Wermut» – griechisch «Absinth» – heißt, und einen Hinweis auf «Tschernobyl» finden wir bei dem Apokalyptiker Johannes: «Da fiel ein großer Stern vom Himmel, brennend wie eine Fackel. Er traf im Sturze ein Drittel aller Ströme und aller Wasserquellen. Der Name des Sterns ist ‹Wermut›»[33] (Absinth = Tschernobyl). «Ein Drittel aller Gewässer wurde in Wermut verwandelt, und viele Menschen starben an dem Wasser, das so bitter geworden war.»

Nun, die Menschen haben immer von Strahlungen gewußt, und sie sind zum Teil bewußt damit umgegangen. Auch ohne apparative Hilfen wurden die romanischen Kirchen im schwäbischen «Madonnen-Ländchen» auf Wasseradern errichtet, und heute kann man mit Hilfe von Meßgeräten feststellen, daß an bestimmten Plätzen der kleinen und eigenartigen Kirchen (vor dem Altar, an der Kanzel usw.) ganz intensive Strahleneinflüsse wirksam sind.

Die geistig-seelischen Fähigkeiten der Menschen, die Wirkungsweise der «untersinnlichen» Kräfte bewußt einzusetzen oder sich vor ihnen und ihren schädlichen Auswirkungen zu schützen, sind weitgehend verlorengegangen. Darüber hinaus haben die Menschen heute nicht mehr die ätherischen Kräfte, um den «untersinnlichen» Einflüssen gewachsen zu sein. Die hier beschriebenen Phänomene wirken unmittelbar auf die Lebenskräfte des Kindes und stören die harmonische Beziehung zwischen physischem Leib und Ätherkräften. Gleichzeitig wird die Entwicklung des Tastsinnes beim kleinen Kind negativ beeinflußt, denn es nimmt die schädigenden Einflüsse unterbewußt über seinen ganzen Tastsinnesbereich auf. Aus dem in vorherigen Kapiteln über die Beziehung der unteren und der oberen Sinne Gesagten mag deutlich werden, daß geomantische Störungen im vorschulischen Alter zu Störungen im Bereich der Gedanken- und Ichwahrnehmung führen werden.

In diesem Zusammenhang sei abschließend noch ein Beispiel angeführt, das geomantische Auswirkungen auf den kindlichen Organismus in besorgniserregender Weise veranschaulicht:

Ein Mädchen, in ländlicher Gegend und mit Tieren aufgewachsen, besuchte vom 2. Schuljahr an im damaligen Zonenrandgebiet eine Schule, die im Einflußbereich militärischer Radarstationen lag. Schon als Unterstufenschülerin zeigte B. eine übergroße Empfindlichkeit gegenüber geomantischen Einflüssen. So konnte sie zum Beispiel elektrische Weidezäune nicht ertragen, und sie litt unter Kopf- und Gliederschmerzen, wenn sie in die Nähe von Elektro-, Wasser- oder Heizungsleitungen kam. Mit der Zeit verstärkte sich die Umweltunverträglichkeit so sehr, daß das Mädchen in seiner Umgebung keine metallischen Gegenstände oder mit Formaldehyd behandelten Stoffe ertragen konnte. In der 11. Klasse mußte der Schulbesuch abgebrochen werden. Das Mädchen erhielt im Garten des elterlichen Bauernhofes eine Holzhütte, die ohne Nägel und Schrauben zusammengezimmert war. Familienmitglieder und Besucher mußten vor dem Eintreten Ring, Uhr, Geldbörse und alle anderen metallhaltigen Gegenstände ablegen – ein vergessenes Taschenmesser oder eine Brille mit Metallgestell verursachten B. schwere Glieder- und Kopfschmerzen. Die Eltern konsultierten zahlreiche Ärzte in vielen Ländern, aber keiner konnte dem Mädchen helfen. Obwohl B. körperlich völlig gesund ist, kann sie nicht mehr am gemeinschaftlichen Leben teilnehmen. Anfangs hatten die Eltern den Stoff der Oberstufe mit nach Hause gebracht, um ihn mit B. zu erarbeiten. Aber die Empfindlichkeit gegenüber Papier und Büchern und die zunehmenden Schmerzen führten dazu, daß B. den Versuch aufgeben mußte, die Vorbereitung auf das Abitur extern in ihrem Holzhüttchen zu absolvieren.

Die Krankheit ist den Fachärzten für Umweltkrankheiten durchaus bekannt, aber es gibt noch keinen Namen dafür und erst recht kein Mittel gegen diese schwere Entwicklungsstörung, die den jungen Menschen an die Grenzen seiner Existenz führen kann. – Die heutige Wissenschaft steht dem Phänomen «untersinnlicher» Einflüsse bei jungen und älteren Menschen noch weitgehend hilflos gegenüber.

Menschenkundliche Gesichtspunkte zur Behinderung und zur Entwicklungsstörung

In vielen Vorträgen seiner Menschenkunde verweist Rudolf Steiner immer wieder auf die Ursachen für Entwicklungsstörungen, und dabei spricht er häufig die unterschiedlichen polaren Konstitutionstypen an, die in vorhergehenden Kapiteln behandelt wurden.

Nerven-sinneswache Kinder

Im *Heilpädagogischen Kurs* gibt Rudolf Steiner Erklärungen zu den Phänomenen Akzeleration und Retardation, denen wir bei der Behandlung der *Heilpädagogischen Betrachtungen* Lievegoeds begegnet sind. Vom Standpunkt der geisteswissenschaftlichen Menschenkunde ist die damit verbundene Symptomatik auf ein gestörtes Zusammenwirken der vier Wesensglieder zurückzuführen. Es muß berücksichtigt werden, in welcher Weise der physische Leib und der Ätherleib einerseits sich mit dem astralischen Leib und der Ich-Organisation andererseits verbinden können. Dazu die entsprechenden Zitate aus dem vierten Vortrag des Kurses:

«Wir haben gefunden, daß es sich handelt um ein Stauen des astralischen Leibes und der Ich-Organisation in irgendeinem Organ ... Es entsteht eine verdichtete astralische und Ich-Atmosphäre innerhalb des Organs. Das gibt die Veranlassung zu den Krämpfen. Denn jedesmal, wenn ein Krampf vorhanden ist, ist folgendes vorhanden: Das Wesen des Krampfes besteht darinnen, daß, wenn hier ein Organ ist, mit seinem Ätherleib darin, so besteht ein ganz bestimmtes Verhältnis zwischen diesem physischen Leib und diesem Ätherleib für jedes Organ, zum astralischen Leib und Ich ...

Innerhalb bestimmter Grenzen ist das Verhältnis variabel. Aber wenn es über eine bestimmte Variabilität hinauskommt, und die kann wiederum individuell sein für einzelne Menschen, wenn es über eine bestimmte Grenze hinauskommt, so ist Abnormität, Krankhaftigkeit vorhanden ...

Staut sich nun der Astralleib und das Ich in einem bestimmten Organ, dann ist der überschüssige Astralleib und die überschüssige Ich-Organisation in diesem Organ drinnen, dann ist nicht die gehörige Menge darinnen, sondern es ist eine gestaute Menge, eine überschüssige Menge darinnen, und das Organ wird dadurch so, daß es die Astralität spüren, empfinden muß. Wenn die richtige Menge der Astralität darinnen ist, so empfindet das Organ die Astralität nicht. Denn jede nicht ins Organ gehörige Tätigkeit des Astralleibes und der Ich-Organisation muß das Organ empfinden. Geht irgend etwas nicht ins Bewußtsein über, staut es sich, so daß eine zu große Menge von Astralität und Ich-Organisation da ist, die nicht ins Bewußtsein übergeht, dann entsteht der Krampf.»[34]

Rudolf Steiner beschreibt hier den epileptischen Krampf, aber für die eingangs beschriebenen neuropathischen Krampfzustände des nerven-sinneswachen, erdenfrühreifen Kindes treffen diese Beschreibungen in gleicher Weise zu. Auch beim Einkoten, Einnässen, Erbrechen, Stottern, Asthma, Migräne und Ohnmacht handelt es sich um Stauprozesse von Astralleib und Ich-Organisation in den entsprechenden Organbereichen. Einen konkreten pädagogischen Hinweis auf die Situation des akzelerierten Kindes gibt Rudolf Steiner im vierten Vortrag der *Meditativ erarbeiteten Menschenkunde*, indem er hervorhebt, daß das Ich nicht zu gründlich hineingehen darf in den physischen Leib, Ätherleib und astralischen Leib:

«Wenn es sich zu gründlich hineinsetzt in die menschliche Organisation, zu intensiv sich mit ihr verbindet, so wird der Mensch ein zu materielles Wesen; er denkt dann nur mit dem Gehirn, ist ganz abhängig von seiner Organisation, kurz, er wird zuviel Körper; das Ich wird zu stark aufgenommen von der Organisation. Das müssen wir vermeiden. Wir müssen durch die Erziehung zu vermeiden suchen alles dasjenige, was das Ich zu stark aufsaugen läßt von der Organisation, zu stark abhängig werden läßt ... Wir können nämlich durch eine richtige künstlerische Behandlung in der Erziehung vermeiden, daß bei einem Menschen das Ich zu tief hineinsinkt in die Organisation; dann bewahren wir ihn davor, ein Verbrecher zu werden.»[35]

Und im fünften Vortrag des Zyklus *Die Erziehungsfrage als soziale Frage* spricht er wieder von der Symptomatik des erdenfrühreifen Menschen: «Es ist ... heute schon stark zu bemerken: Menschen, die sehr intelligent sind und die einen deutlichen Hang zum Bösen haben ... bei wachen Seelen ein starker Hang zum Bösen und zum Irrtum, das ist in der Gegenwart durchaus zu bemerken.»[36] Im Zusammenhang dieses Vortrages, wo Rudolf Steiner darüber spricht, wie die menschliche Intelligenz, sich selbst überlassen, der Bahn des Bösen entgegenwandelt, folgt dann auch der eingangs schon erwähnte Hinweis auf das Anderssein der Kinder in unserer Zeit: «Die Kinder sind heute anders,, als sie waren vor Jahrzehnten. Das ergibt sich schon aus einer oberflächlichen Betrachtung sehr deutlich. Man muß sie anders erziehen und anders unterrichten, als man sie vor Jahrzehnten unterrichtet hat. Man muß mit dem Bewußtsein unterrichten, daß man eigentlich bei jedem Kinde eine Rettung zu vollziehen hat, daß man jedes Kind dahin bringen muß, im Lauf des Lebens den Christus-Impuls in sich zu finden.»[37]

Und schließlich sei noch auf eine Äußerung hingewiesen, die Rudolf Steiner im dritten Vortrag des Zyklus *Die Verantwortung des Menschen für die Weltentwickelung* getan hat. «Manche Leiber westlicher Menschen» sind so beschaffen, «daß die Seelen in ihnen, wenn die Leiber heranwachsen, gar nicht voll zur Geltung kommen. Dadurch aber, daß die Menschenseelen in diesen Leibern nicht voll zur Geltung kommen, können die Leiber die Hüllen, die Gehäuse werden für ganz andere Wesenheiten, die dann in sie einziehen, Wesenheiten, welche dasjenige geradezu verschlafen, was in den Eigentümlichkeiten der Menschenseele selber liegt.»[38]

In einem Vortrag, den Jörgen Smit anläßlich einer Internen Lehrertagung in Stuttgart gehalten hat, faßte er die Hinweise Rudolf Steiners zusammen und beschrieb, daß heute viele Seelen sich neu inkarnieren, die in ihrer letzten Inkarnation weder zum allgemeinen Gottesbegriff noch zu einem Christusbegriff gelangt sind.[39] «Findet man, wenn man in der Welt lebt, nicht den Gottes-Begriff, dann ist dieses Nichtfinden des Gottes-Begriffes eine Art von Krankheit ... Christus nicht zu erkennen, ist nicht eine Krankheit, sondern ein Unglück, ist ein Versäumnis des Lebens.»[40]

Von der Bedeutung des Schlafes

Im Jahr darauf hat Jörgen Smit noch einmal zu diesem Problemkreis gesprochen und dargestellt, was sich zwischen Einschlafen und Aufwachen einerseits und dem Schwellenübergang nach dem Tode und dem Neu-Geborenwerden andererseits abspielt:[41]

Das, was eine Menschenseele am Tage empfangen und erarbeitet hat, trägt sie in der Nacht hinauf in die geistige Welt; und Engelwesen empfangen sie in der Erwartung dessen, was die Seele aus ihrem Tage mitgebracht hat. Das, was die Menschen an geistiger Substanz mit in die geistige Welt bringen, davon leben die Engelwesen. Ist es etwas geistig Gehaltvolles, was die Seele heraufträgt, erfreut das gleichsam jene Wesen, und sie bringen die Seele gestärkt wieder an das Tor des Aufwachens. Die Seele ist um einen Schritt weiter in ihrer Entwicklung. Wir könnten sagen, unser Kind hat einen guten Schlaf gehabt und ist heute besonders aufnahmebereit. Ist aber das, was die Menschenseele hinaufträgt in die geistige Welt, für die Engelwesen von minderem Wert, so wenden sich diese ab, und die Menschenseele kommt am Morgen wieder herunter und ist in ihrer Entwicklung einen Schritt zurück.

Es ist schwierig, geistige Zusammenhänge mit Worten, Begriffen und Definitionen unseres täglichen Lebens zu erklären. Darum haben die Eingeweihten in früheren Zeiten Märchen als Bilder für geistige Zusammenhänge erzählt. Es ist das Märchen von Frau Holle, das als Bild dienen mag für das, was die Seele an der Straße des Lebens, am Lebensfaden spinnend, durchmacht. Nach dem Schwellenübertritt, gleichgültig, ob hier der Tod oder das Einschlafen gemeint ist, verliert die Menschenseele das Bewußtsein, und sie wandert durch die drei Bereiche: Backofensphäre, wo die Brote herausgeholt werden müssen, das, was wir uns eingebrockt haben, müssen wir auch heiß aus dem Ofen wieder herausholen; Apfelbaumsphäre, wo die Menschenseele die Kräfte der Gesundheit, der Erkenntnis, des ewigen Lebens ernten kann; und der Bereich der Frau Holle, wo es der fleißigen Seele gut ergeht, sofern sie tüchtig die Betten schüttelt; dann fallen aus den Betten die Schneeflocken als Sternenkräfte auf die Seele und auf die Erde. Das fleißige Mädchen erhält an der Pforte zu Frau Holles Reich ihren Lebensfaden wieder und wird überschüttet mit Gold (mit Weisheitskräften, Begabung, Intelligenz oder wie man das Bild des Goldes auch immer übersetzen will). Es ging ihm gut bei Frau Holle, und doch will es wieder hinauf in die Welt, in dem es ein Aschenputteldasein geführt hatte.

Die faule Schwester nahm sich gleichsam das Leben, sie wich der Auseinandersetzung mit der Vergangenheit am Backofen aus, sie legte keinen Wert auf die Früchte des Apfelbaumes, und bei Frau Holle hat sie sich nur kurzfristig eingesetzt in der Hoffnung, bald entlassen zu werden. Der Schluß des Märchens gibt uns den Hinweis darauf, daß es sich nicht um ein Einschlaf-Wachwerde-Märchen, sondern um ein Inkarnationsmärchen handelt. «Das Pech aber blieb fest an ihr hängen und wollte, solange sie lebte, nicht abgehen.»

Dieses Märchen ist ein gutes Bild für das, was sich in der Nacht zwischen Einschlafen und Wachwerden einerseits und zwischen zwei Inkarnationen andererseits abspielt. Es enthält den Schlüssel zu einem vertieften Verständnis für Entwicklungsstörungen und Behinderungen. Es macht uns als Erzieher aber auch unsere Verantwortung bewußt, die wir den Kindern gegenüber haben. Denn das, was wir unseren Kindern am Tage mit auf den Weg geben, das wird sich in der Nacht umwandeln in Gold oder in Pech. Das Märchen eröffnet uns auch ein vertieftes Verständnis für das Verhalten unserer Kinder als Folge dessen, was wir als Erzieher dem Kind am gestrigen Tage mit in die Nacht gegeben haben. Als Erzieher ernten wir die Früchte dessen, was wir als Samen in die Herzen unserer Kinder gelegt haben, und wir müssen uns in der objektiven Rückschau von Zeit zu Zeit fragen, woran es liegt, wenn unsere Kinder an einem Tag unausstehlich erscheinen.

Wir sehen an diesem Bild, daß das Kind eine eigene Konstitution hat, die es durch Inkarnationen hindurchträgt, und daß auf der anderen Seite die Umwelt des Kindes diese Konstitution positiv oder negativ beeinflussen kann.

Aus dem erziehungswissenschaftlichen Bereich wissen wir, daß das Verhältnis der nerven-sinneswachen erziehungsschwierigen Kinder und der mehr träumenden kosmischen Kinder dem Zahlenverhältnis vier zu eins entspricht. Das heißt, wir haben heute viermal so viele akzelerierte Kinder mit Entwicklungsstörungen wie retardierte Kinder, die es mit sich und der Welt schwer haben.

Damit stimmen Rudolf Steiners geisteswissenschaftliche Hinweise überein, daß zum Jahrhundertende sehr viele Menschenseelen sich inkarnieren werden, die intelligent sind und einen deutlichen Hang zum Bösen haben.

Entwicklungsverzögerte Kinder

Es bleibt noch offen die Frage nach menschenkundlichen Erklärungen für das Phänomen des retardierten Kindes als polare Erscheinung zu dem akuteren Problem des akzelerierten erziehungsschwierigen Kindes.

Hierzu kann man auf die schon zitierten Stellen aus den einzelnen Vortragszyklen zurückgreifen, denn Rudolf Steiner hat die polaren Konstitutionstypen immer in der Gegenüberstellung dargestellt.

Im vierten Vortrag des *Heilpädagogischen Kurses* finden wir dann auch eine Beschreibung der Wesensglieder-Zusammenhänge des retardierten Kindes. Der Volksmund hat recht passende Bezeichnungen, wenn er sagt, die Kinder sind noch nicht ganz auf der Erde angekommen, sie sind noch nicht ganz bei sich, sie geraten oftmals aus dem Häuschen, sie flippen schnell aus.

Dies sind Bilder für Vorgänge, die Rudolf Steiner menschenkundlich so beschreibt:

«Nun werden Sie aber leicht sehen, die Sache kann ja auch anders sein. Sie kann so sein, daß nun nicht ein Organ auftritt so, daß seine Oberfläche in sich die Ich-Organisation und den Astralleib zurückhält, sondern daß die Oberfläche zu viel durchläßt, daß gewissermaßen das Organ nicht genügend für seinen eigenen Verbrauch in sich selber zurückhält, so daß hier also nicht die Astralität, wozu auch die Ich-Organisation gehört, sich staut, sondern daß sie gewissermaßen über das Organ leicht hinausfließt … das Organ rinnt aus in bezug auf seine Astralität und Ich-Organisation …

Solch ein ausrinnendes Organ ist immer verbunden mit dem physischen Korrelat der Sekretion, die natürlich bei gewissen Organen nicht stark auftritt, aber durchaus auch bemerkbar auftreten kann.» (Retardierte Kinder fallen oftmals auf durch Schwitzen, Sabbern und Einnässen, Anm. d. Autors). «Wir kommen da zu Formen des hysterischen Irreseins.

Nun, Sie brauchen sich nur vorzustellen, Sie haben irgendwo die Haut eingeritzt und Sie greifen ein Ding an mit einer wunden Fläche, mit einer Fläche, wo Sie die Haut abgeschürft haben, wo Sie empfindlich sind. Sie sind deshalb empfindlich, weil Sie da mit ihrem innerlich astralischen Leib zu stark an die Außenwelt kommen. Man darf mit seinem astralischen Leib und der Ich-Organisation nur in einem gewissen Maße an die Außenwelt herankommen. Das Kind, das nun von vorneherein seinen astralischen Leib herausbringt, ergreift in feiner Art alle Dinge gerade so, wie wenn es verwundet wäre. Dadurch entsteht ganz selbstverständlich das Erlebnis einer Hyperempfindlichkeit, einer hyperempfindlichen Hingabe an die ganze Umgebung. Es empfindet dann ein solches Menschenwesen viel stärker, viel intensiver die Umgebung, spiegelt sie auch viel stärker in sich. Es entstehen daher auch Vorstellungen, die in sich weh tun ... Es entsteht ein zu großes Bewußtsein an der Willensentfaltung, es entsteht ein Schmerz bei der Willensentfaltung; im Entstehungsstadium ist dieser Schmerz da, im Status nascendi. Man will ihn zurückhalten. Das geschieht intensiv. Man zappelt im Tun, weil man den Schmerz zurückhalten will ...

Ein solches Kind tritt mir so entgegen, daß ich in jeder Handlung, die es tut, schon seine Seele offen daliegen habe. Seine Seele fließt mit hinein in alles dasjenige, was das Kind um mich herum tut.»[42]

Es ist dies die Beschreibung menschenkundlicher Aspekte zum retardierten Kind, das auf die Forderung seiner Umwelt hysterisch reagiert, und Rudolf Steiner macht im weiteren darauf aufmerksam, vor welche Anforderungen den Lehrer ein solches Kind stellt und welche methodischen Hilfen es gibt. Darüber soll im weiteren Verlauf noch gesprochen werden.

In dem bereits erwähnten vierten Vortrag der *Meditativ erarbeiteten Menschenkunde* begegnen wir dem polaren Gegenbild des Kindes, bei dem das Ich zu stark aufgenommen wird von der Organisation. Dazu sagt Rudolf Steiner: «Vom siebten Jahre an befestigt sich das Ich nur noch im Ätherleibe; vorher aber, wenn der Mensch ein Nachahmer ist, befestigt sich gerade durch diese nachahmende Tätigkeit das Ich im physischen Leibe; und dann später, noch nach der Geschlechtsreife, befestigt das Ich sich im astralischen Leibe …

Wenn man nämlich nicht dafür sorgt, daß das Ich sich in richtiger Weise mit der Organisation verbindet, dann kann es auch so sein, daß es zu stark draußen bleibt, und die Folge ist, daß der Mensch ein Träumer oder Schwärmer wird oder überhaupt für das Leben unbrauchbar wird, indem er sich wieder phantastische Vorstellungen macht. Das ist der andere Fehler, daß man das Ich zu wenig in die Organisation untersinken läßt. Und selbst die Menschen, die als Kinder eine Anlage zur Schwärmerei … zeigen, können für das weitere Leben davor bewahrt werden durch den Erzieher, wenn man darauf achtgibt, daß das Ich nicht zu sehr draußen bleibt aus der übrigen Organisation, sondern sich in der richtigen Weise mit ihr durchdringt.»[43] Auch hier zeigt Rudolf Steiner methodische Hilfen auf, wie man durch Sprachliches, Musikalisches und durch besondere Gestaltung des Unterrichts «bei einem solchen Kinde in wohltätiger Weise wirken kann. Das sind die Mittel, mit denen wir arbeiten müssen bei einem Kinde, bei dem wir bemerken, daß das Ich nicht recht hinein will in den Organismus, das leicht schwärmerisch bleiben könnte.»[44]

Gerade diese Vorträge sind besonders wichtig, weil sie einerseits Hilfen geben, das entwicklungsgestörte Kind in rechter Weise zu erkennen, andererseits deutlich machen, daß wir es mit Inkarnationsstörungen zu tun haben, denn die eingangs beschriebenen Störungen und Behinderungen sind in erster Linie Störungen des Verhältnisses von Astralleib und Ich-Organisation zu den physisch-ätherischen Gegebenheiten. Aus dieser Erkenntnis erwächst das Bewußtsein, daß Erziehung gleichzeitig Inkarnationshilfe ist.

Wir können aber nur dann sinnvoll wirken, wenn uns die Ursachen der Entwicklungsstörungen vertraut sind. Und diese liegen nicht nur in Umwelt und Vererbung begründet.

Abschließend seien noch einmal die bereits erwähnten Worte Rudolf Steiners hervorgehoben, die auf das Phänomen des retardierten Kindes hinweisen: «… wie anders die Kinder … geboren werden heute, mit einem, man möchte sagen, melancholischen Anflug über den Gesichtern, der deutlich zu bemerken ist für denjenigen, der so etwas bemerken kann. Und ich habe gesagt: Das rührt davon her, daß die Seelen heute nicht gern heruntergehen in die von Materialismus erfüllte Welt. Man könnte sagen: Die Seelen haben vor ihrer Geburt eine gewisse Furcht und Angst, in die Welt einzutreten, in der die Intelligenz den Hang, die Neigung zum Bösen hat und in absteigender Entwicklung begriffen ist.»[45]

Und im dritten Vortrag des Zyklus *Die Verantwortung des Menschen für die Weltentwickelung* macht Rudolf Steiner darauf aufmerksam, «wie viele Seelen, die jetzt gewissermaßen aus geistigen Welten herunter sollen in physische Leiber, dieses Einkörpern in die physischen Leiber mit einer Art von Abneigung, mit einer Art von Antipathie betrachten.»[46]

Die Integration des schwierigen Kindes

Sucht man im Lexikon Aufschluß über die Bedeutung des Wortes Integration, so findet man mehrere Erklärungen. Es wird vom Sich-Hineinbegeben, vom Einbeziehen und vom Einordnen gesprochen. Uns fällt gleich ein Beispiel aus dem Wortfeld ein: integer, und auch das Wort *desintegriert* taucht wieder auf, welches Lievegoed gebraucht.

Personale Integration

Betrachtet man die Frage der Integration des Kindes, so wird man notwendigerweise mehrere Gesichtspunkte berücksichtigen müssen. Einerseits geht es darum, wie der werdende Mensch zu sich selbst findet, wie er seine Persönlichkeit gestaltet, wie er seinen Körper ergreift. Andererseits bedeutet Integration auch das Hineinwachsen in die Umgebung, in die Familie, in den Kindergarten, in die Schule, in die Gesellschaft, und dieses Integrieren ist wiederum abhängig von der Bereitschaft, von der Fähigkeit der Umgebung, das Kind, so wie es ist, aufzunehmen.

Wir können also von einer personalen oder individuellen Integration und von einer sozialen Integration sprechen.

Die personale Integration entspricht dem Inkarnationsprozeß, der Entwicklung des Kindes; und diese ist höchst individuell und unterscheidet sich von jeder anderen. Man könnte in Anlehnung an Goethes Gedicht sagen: Alle Integrationsbemühungen zur Entwicklung der Persönlichkeit beim kleinen Kind sind ähnlich, doch keine gleicht der anderen. Es gibt anthropologische Erkenntnisse über Entwicklungsschritte des Kindes, und man kann sie gleichsam als Rahmenplan vergleichend anschauen, aber es gibt in der Entwicklung des Kindes keine Normen – Normen werden von außen gesetzt, und somit ist der Begriff normal nicht als Wertmaßstab anwendbar, wenn eine «geprägte Form sich lebend entwickelt».

Das, was man als Inkarnationsprozeß bezeichnet, ist im Grunde der Weg der personalen Integration. In jedem Kinde wohnt eine ursprüngliche Kraft zur personalen Integration. Es ist die Willenskraft, mit der das Kind seine Sinne und seinen Körper ergreift, mit der es sich aufrichtet, mit der es seine ersten Schritte tut, mit der es Ich zu sich sagt. Das Kind bringt das Vertrauen mit, daß die Welt gut ist, und wir geben ihm die Möglichkeit, durch Nachahmung den ersten Schritt zur sozialen Integration zu tun.

Ist die personale Integrationskraft zu schwach entwickelt oder stellen sich Widerstände der Integration entgegen, so sprechen wir von Entwicklungsstörungen oder Behinderungen. Lievegoed bezeichnet dies als Desintegration.

Soziale Integration

In dem Maße, wie das Kind seine Persönlichkeit stufenweise entfaltet und seinen Leib ergreift, vollzieht sich auch die soziale oder gesellschaftliche Integration stufenweise von der Familie über den Kindergarten, die Schule bis in die allgemeine Gesellschaft. Und hier tauchen die Probleme der Integration auf: Die Gesellschaft erwartet, daß das Kind integer, daß es normal ist. Die erste gesellschaftliche Stellungnahme zur Geburt eines Kindes ist heute: Hauptsache, daß es gesund, daß es normal ist. Die Gesellschaft setzt die Norm, wie ein Mensch beschaffen sein muß, um integrierbar zu sein. Und wenn ein Menschenkind, das personale Integrationsschwierigkeiten hat, den Versuch macht, in der Gesellschaft Aufnahme zu finden, dann setzen «Normen-Kontrollverfahren» ein, denen sich das Kind zu stellen hat: Es werden physische Kriterien und Verhaltensauffälligkeiten beurteilt, es wird die Intelligenz gemessen, es werden Leistungen geprüft, und wenn das Kind diesen Normen nicht entspricht, tauchen Probleme auf. Die Eltern zweifeln oder verzweifeln am Anderssein des Kindes, zumal Freunde und Verwandte sich befremdet oder mitleidig abwenden. Und wenn das integrations-schwache Kind in der Familie seinen Platz gefunden hat, trotz der Sorgen der Eltern, die die Integrationskraft des Kindes möglicherweise noch zusätzlich schwächen, so treten neue Probleme auf dem Spielplatz und im Kindergarten auf. Die Menschen schauen betreten weg oder starren das Kind neugierig an, verbieten aber den eigenen Kindern, mit dem andersartigen Kind zu spielen. Eltern und Sorgenkind geraten so noch mehr in die soziale Desintegration; sie wissen, was sie demnächst in der Schule erwartet. Sie haben meist schon schmerzhafte Erlebnisse hinter sich, so etwa, wenn sie im Hotel gebeten wurden, einen anderen Ort aufzusuchen, weil die Gäste Anstoß nehmen könnten am Anderssein und am Verhalten des Kindes. Ein erschütterndes Beispiel ist die Biographie der lettischen Dichterin Zenta Maurina, die seit dem sechsten Lebensjahr mit Kinderlähmung an den Rollstuhl gefesselt war.[47] Die eigene Großmutter spricht in Gegenwart des Kindes aus, daß es besser gewesen wäre, das Kind wäre nicht geboren worden. Das Gymnasium und die Universität lehnen eine Aufnahme ab, weil ein behinderter Mensch nicht normal sei. Trotz bester Examina und vorzüglicher Reputation durch Veröffentlichungen und Übersetzungen bekommt Zenta keine Anstellung als Lehrerin, weil man meint, den Kindern keine behinderte Lehrerin zumuten zu können. Daß ein solcher Mensch den Mut aufbrachte, an der Rigaer Universität als erste Frau zu promovieren, war eine Sensation, und Zenta brauchte ungeheure Kraft, um entgegen allen philiströsen Widerständen zum Ziel zu gelangen.

Die Entwicklung der Sonderschulpädagogik

Unsere Gesellschaft des 20. Jahrhunderts, die geprägt ist von Darwinismus, Materialismus und Fortschrittseuphorie, grenzte den andersartigen Menschen aus, und diese Aussonderung fand ihren grausamen Höhepunkt in der Ideologie des unwerten Lebens und der Euthanasie. Sie findet heute noch ihre Fortsetzung in der Möglichkeit, unwertes Leben abzutreiben oder in der bioethisch begründeten Tötung von Neugeborenen.

Vor und nach dem Zweiten Weltkrieg war die Integration behinderter oder schwererziehbarer Kinder in Schule und Gesellschaft kein Anliegen des Staates. Man überließ es kirchlichen, caritativen und anthroposophischen Initiativen, sich um diese nicht «integren» Zeitgenossen zu kümmern. Wenn Kinder anstößig waren und störend wirkten, dann wurden sie in Anstalten untergebracht, um die Gesellschaft vor ihnen zu «schützen».

Im Zuge der Aufarbeitung unbewältigter Vergangenheit erwachte auch das Verantwortungsbewußtsein für den Menschen mit Behinderung in unserer Gesellschaft. Den Bundesbürgern wurde die Möglichkeit eingeräumt, durch kleine und große Spenden begangenes Unrecht scheinbar vergessen zu machen, indem Wohlfahrtslotterien und Wohlfahrtsmarken geschaffen wurden. «Mit fünf Mark sind Sie dabei, einem Kind einen Platz an der Sonne zu verschaffen.» Und man hat dazu noch die Chance, etwas für sich zu gewinnen. Den Rest überließ man dann den sozialen Einrichtungen. Man war ja selbst nicht betroffen.

Hier liegt der Ursprung zu einer sozialen Reform von «unten». Betroffene Eltern und verantwortliche Pädagogen, Ärzte und Sozialpädagogen leisteten intensive Vorbereitung für ein Verständnis für die Bedürfnisse des behinderten Menschen. Für die von der Gesellschaft ausgesonderten Personen wurden Einrichtungen geschaffen, die weitgehend in kirchlicher und freier Trägerschaft von Eltern-Initiativen betrieben wurden. Die Gesellschaft wurde wachgerüttelt, und bald wurden auch die gesetzlichen Grundlagen für die Betreuung Behinderter geschaffen.

Das Bundessozialhilfegesetz (1961) garantierte jedem Behinderten oder von Behinderung Bedrohten ein Recht auf Hilfe in einer angemessenen Schulbildung und Lebensführung. Es wurden Tagesbildungsstätten eingerichtet und staatlich unterstützt. Hatten die – weitgehend ohne staatliche Unterstützung existierenden – freien Initiativen auch freie Formen ermöglicht, so schuf das neue Gesetz eine solide Grundlage zur Einrichtung von «Isolierstationen» für Behinderte zur Entlastung der betroffenen Eltern und der Gesellschaft schlechthin. Wir erlebten in jener Zeit skurrile Formen staatlicher Aufsicht und Bezuschussungspraxis für unsere Schule, in der schulpflichtige «schwererziehbare» und lernbehinderte Kinder zusammen mit staatlich «abgestempelten» geistig behinderten Kindern unterrichtet wurden. Da für letzteren Personenkreis das Sozialministerium als Kostenträger zuständig war, durften diese Kinder nicht in Räumen unterrichtet werden, für die der Kultusminister Miete zahlte und wo Glühlampen brannten und Heizungen wärmten, Erzieher unterrichteten, die aus dem Schuletat subventioniert wurden. Das führte Anfang der sechziger Jahre zu einer Trennung. So entstanden durch Einwirkung von außen in Wuppertal die zwei Einrichtungen Troxler-Haus und Christian-Morgenstern-Schule, die jetzt gemeinsam über 750 Menschen vom Kindergarten über Schulen, Werkstätten, Wohnsiedlungen bis zum Seniorenheim betreuen.

Das Anliegen des behinderten Menschen wurde immer deutlicher ins Bewußtsein der Gesellschaft gerückt und damit auch ins Bewußtsein der verantwortlichen legislativen Gremien. Die Kultusminister sahen die Notwendigkeit, auch dem behinderten Menschen das verfassungsmäßige Recht auf Schulbildung zuzusprechen; und Schulbildung sollte nicht Anliegen der Sozialbehörde bleiben. So wurden 1972 die Sonderschulen eingerichtet, die jedem behinderten und gestörten Kind, je nach seiner Behinderung, eine angemessene Schulbildung ermöglichen sollten. Es wurden gleichzeitig Lehrstühle und Lehrpläne für bestimmte Behinderungen eingerichtet, und der Hilfsschullehrer alter Prägung mußte sich einer Ausbildung und Prüfung zum Sonderschullehrer für eine bestimmte Fachrichtung unterziehen.

Damit war für behinderte und entwicklungsgestörte Kinder alles wohlgeordnet. Die entsprechenden Schulpflichtgesetze legten noch fest, daß jedes Kind *die* Sonderschule zu besuchen habe, die seiner Behinderung entspricht, damit es eigens von dem für seine Behinderung ausgebildeten Sonderschullehrer nach dem seiner Behinderung angemessenen Lehrplan unterrichtet werden könne. Man lausche dem Wort «unterrichten» ein wenig nach! Hier wird es konkret: Das in seiner Entwicklung gestörte Kind hat sich nach determinierenden Normen zu richten, die der Staat für angemessen hält.

Integrationsbemühungen in anthroposophisch heilpädagogischen Schulen

Es begann eine schwierige Zeit für die heilpädagogischen Heim- und Tagesschulen, die bisher weitgehende Freiräume bei der Aufnahme von Schülern, bei der Einstellung von Lehrern und bei der Anwendung des Waldorflehrplanes hatten.

Nach den neuen Richtlinien wurden die anthroposophisch-heilpädagogischen Schulen gezwungen, sich auf einen «Defekt» festzulegen; das Prinzip der gemeinsamen Unterrichtung von Kindern mit unterschiedlichen Behinderungen, das seit jeher menschenkundliche Grundlage anthroposophischer Heilpädagogik war, wurde als nicht mehr zeitgemäß und daher nicht mehr akzeptabel abgelehnt. Es bedurfte jahrelanger intensiver Verhandlungen mit Ministerien und in Landtagen, bis in einzelnen Bundesländern eine gemeinsame Unterrichtung wieder möglich wurde (Hessen, Nordrhein-Westfalen, Niedersachsen), Bayern und Baden-Württemberg bestehen jedoch noch immer streng auf Einhaltung der segregativen Vorschriften. (In München mußten vier von acht Erstkläßlern die heilpädagogische Schule wieder verlassen, nachdem staatliche Aufsichtsbeamte durch Tests festgestellt hatten, daß die Kinder lernbehindert waren. Die Schule war aber für Verhaltensgestörte mit normaler Intelligenz genehmigt. Alle Proteste der Eltern, die sich für Waldorfpädagogik entschieden hatten, halfen nicht. Die Kinder hatten – schulpflichtgemäß – *die* Schule zu besuchen, die ihrer Behinderung entspricht!)

Entsprechend wurde an unsere Heilpädagogischen Schulen die Forderung gestellt, daß Leiter und Lehrer der Schulen in den entsprechenden Fachrichtungen ausgebildete Sonderschullehrer sein müßten. Nur in einzelnen Fällen konnte man von dem für alle Länder gültigen Gesichtspunkt Gebrauch machen, daß bei Schulen, die wertvolles pädagogisches Reformgedankentum verwirklichen wollen (Schulen eigener Art), auf den Nachweis staatlicher Ausbildungen und Prüfungen in Ausnahmefällen verzichtet werden kann, wenn entsprechende Eignung nachgewiesen wird. Nur schwer setzt sich der Gesichtspunkt durch, daß Schulen eigener pädagogischer Prägung auch entsprechend eigen geprägte Lehrer brauchen und daß die staatliche Sonderschullehrerausbildung keine Voraussetzung für die Tätigkeit an einer heilpädagogischen Schule auf anthroposophischer Grundlage sein kann. Obwohl ein Verwaltungsgerichtsurteil in dieser Sache feststellte, daß nicht der einzelne Lehrer mit seiner «eigenartigen» Ausbildung die Ausnahme ist, sondern die Waldorfschulbewegung schlechthin eine Ausnahme bildet, weil sie als einzige Schulart in Deutschland eine eigene Lehrerausbildung hat und diese ohne staatliche Zuschüsse finanziert.

In manchen Bundesländern beharren die Ministerien immer noch konsequent darauf, daß Lehrer an heilpädagogischen Schulen und an Waldorfschulen für Erziehungshilfe in erster Linie die staatliche Sonderschullehrerausbildung nachweisen. Eine eigenständige Waldorflehrerausbildung mit heilpädagogischem Zusatzstudium in Mannheim oder berufsbegleitend in Herne wird als Additivum angesehen und hat für eine Unterrichtsgenehmigung nicht in allen Bundesländern gleiches Gewicht.

Die dritte Schwierigkeit ergab sich der anthroposophischen Heilpädagogik aus der Neuordnung des Sonderschulwesens in der Forderung nach behinderungsspezifischen Lehrplänen für die einzelnen Schulen. Der bisher als Rahmenplan verwendete Lehrplan einer «einheitlichen Volks- und höheren Schule» wurde für die heilpädagogischen Schulen als gymnasial hochstapelnd abgelehnt, und die von der «Vereinigung der Heil- und Erziehungsinstitute für Seelenpflege-bedürftige Kinder» herausgegebenen «Anregungen zum Bildungsplan an Schulen für Seelenpflege-bedürftige Kinder» wurden als unwissenschaftlich und als den staatlichen Sonderschul-Lehrplänen nicht gleichwertig weitgehend ignoriert. So gab es bei der Umwandlung einer Tagesbildungsstätte in eine «Sonderschule für geistig Behinderte» folgende Formulierung in der Genehmigungsurkunde: «Die Schule arbeitet auf der Grundlage der staatlichen Richtlinien und Lehrpläne unter Einbeziehung der Grundsätze der Rudolf-Steiner-Pädagogik.» Die Schule legte Widerspruch ein, weil sich Grundsätze anthroposophischer Heilpädagogik nur schwer einbeziehen lassen in staatliche Sonderschulrichtlinien. Wir versuchten eine andere Reihenfolge in der Formulierung zu erreichen (auf der Grundlage anthroposophischer Heilpädagogik unter Einbeziehung staatlicher Richtlinien und Lehrpläne). Jedoch das Ministerium hatte Bedenken und entschied wie folgt: «Für die Unterrichtsgestaltung und die Stundentafel gelten die jeweiligen Richtlinien und Lehrpläne der Schule für geistig Behinderte, nach Maßgabe der Grundsätze der Rudolf-Steiner-Pädagogik. Durch die vorstehende Neuformulierung ist weitgehend Ihrem Wunsche Rechnung getragen. Nach § 37 Schulordnungsgesetz ist eine noch weitergehende Freistellung der Unterrichtsgestaltung und der Stundentafel der Schule in Abweichung von den entsprechenden Vorschriften für öffentliche Sonderschulen nicht möglich, da sonst die geforderte Gleichstellung Ihrer Schule nicht gesichert sein würde.»[48]

Nun, die Schule verzichtete auf eine langwierige Verwaltungsklage und arbeitet erfolgreich nach «Maßgabe der Grundsätze der Steiner-

Pädagogik», und mittlerweile hat das Ministerium in Nordrhein-Westfalen feststellen können, daß die Gleichwertigkeit unserer Schulen gesichert ist.

Das gilt auch für viele andere Bundesländer, wohingegen in den vorgenannten Ministerien Bayerns und Baden-Württembergs noch streng darauf geachtet wird, daß die staatlichen Lehrpläne zugrunde gelegt werden und daß vergleichbare Lernziele von den Schülern erreicht werden.

Integration im öffentlichen Schulwesen.
Die Integrationsbewegung als Gegenströmung zur Aussonderung

Das mühsame Ringen um die Anerkennung einer eigen geprägten heilpädagogischen Schule auf anthroposophischer Grundlage ist noch nicht zu Ende, obwohl es inzwischen mehr als sechzig solcher Schulen in Deutschland gibt. Einen Verbündeten im Kampf gegen staatliche Willkür durch die Neuordnung des Sonderschulwesens in Deutschland gewannen die heilpädagogischen Schulen in der «Integrations-Bewegung», die in den siebziger Jahren aufkam und als Gegenbewegung zur perfekten staatlichen Segregation behinderter Kinder betrachtet werden kann.

Man spricht allgemein von einer Schulreform von unten als Antwort auf die totale Aussonderung behinderter und entwicklungsgestörter Kinder. Während in der Regel Schulreformen von oben herab verordnet wurden und die Eltern sich danach zu richten hatten, waren es hier betroffene Eltern, die mit ungeheurer Energie und mit Hilfe der Verwaltungsgerichte gegen die Aussonderung ihrer behinderten Kinder vorgingen.

Dieser Bewegung liegt als Motto zugrunde: «gemeinsam lernen, gemeinsam arbeiten, gemeinsam leben», und man ging von dem berechtigten Gedanken aus, daß die Integration des behinderten Menschen in die Gesellschaft dadurch nicht ermöglicht wird, daß man den Behinderten in ein perfektes Sonderschulsystem einordnet.

Betroffene Eltern wollten sich nicht damit abfinden, daß ihr körperbehindertes Kind nicht die gleiche Schule besuchen durfte wie die Geschwister und die Spielkameraden aus der Nachbarschaft, daß ihr mongoloides Kind morgens früh von einem Bus abgeholt und am späten Nachmittag zurückgebracht wird, weil die Schule für geistig Behinderte eine Ganztagsschule ist, daß ein blindes oder gehörloses Kind internatsmäßig untergebracht werden muß. Viele Widersprüche führten zu Strafandrohungen, weil die Eltern sich weigerten, der Sonderschulpflicht für ihr Kind zu folgen und anschließend Ordnungsstrafen zu zahlen.

Es gab eine Reihe von Verwaltungsprozessen, die durch mehrere Instanzen gingen und weitgehend zugunsten des Elternwillens entschieden wurden. Dabei konnten sich die Eltern erfolgreich auf das Grundgesetz stützen: Würde des Menschen, freie Entfaltung der Persönlichkeit, Gleichheit vor dem Gesetz, Elternwille in bezug auf Ausbildung des Kindes und so weiter. Obwohl es in keinem Kommentar ausdrücklich angesprochen wird, war damit deutlich, daß das Schulpflichtgesetz als untergeordnete Norm Verfassungsgrundsätze nicht einschränken darf.

Auf Grundlage der Empfehlungen des Deutschen Bildungsrates entstand eine heftige Diskussion im Hochschulbereich über die integrative Erziehung behinderter und nicht behinderter Kinder. Hierzu einige Zitate:

«Das zentrale Anliegen ist es, die pädagogische Förderung Behinderter mit weitgehend gemeinsamer Unterrichtung von Behinderten und Nichtbehinderten … aufzubauen, dadurch soll die Gefahr lebenslänglicher Desintegration vermieden werden.»[49]

«… Ich habe in letzter Zeit mehrfach gegen die Spezialisierung der Sonderschule Stellung genommen, die im Grunde gar nicht von der Behinderung der Kinder her begründet ist, sondern sich aus berufspolitischen Zwängen der Lehrerausbildung ergibt. Tatsächlich haben wir immer wieder große Schwierigkeiten, Kinder adäquat fördern zu lassen, weil ihre spezielle und zufällige Behinderungsform in kein Schema paßt.»[50]

«Eine Schulgemeinschaft sollte nicht so klein sein, daß sie nicht alle Altersstufen, sagen wir, vom fünften bis zum achtzehnten Lebensjahr umfassen könnte. Es sollte auch möglich sein, Kinder mit allen nur möglichen verschiedenen Behinderungen und Störungen aufzunehmen. Die größte Vielfalt gibt auch hier ein Bild der menschlichen Möglichkeiten in ihrer Gesamtheit. Sind zu viele Kinder mit der gleichen Behinderung oder Störung zusammen, so verstärkt diese Einseitigkeit die Behinderung, hilft aber nicht der einzelnen Individualität. Die Erzieher haben es dann nur mit Mongolismus und Autismus zu tun, d. h. mit jedem möglichen ‹Ismus›, aber nicht mit einer Gruppe heranwachsender Kinder.»[51]

«Nach unseren langjährigen Erfahrungen ist es nicht interessant, einseitig behinderte Kinder gemeinsam pädagogisch zu betreuen. Es empfiehlt sich vielmehr immer, gesunde und verschiedenartig behinderte Kinder gemeinsam zu unterrichten. Auf diese Weise wird auch die Sozialfähigkeit verschiedenartig behinderter Kinder untereinander gefördert.»[52]

«Es müssen integrative Bedingungen nicht nur für autistische Kinder gefordert, sondern auch da praktiziert werden, wo das Lernen der Kinder erschwert oder beeinträchtigt ist. Dadurch würden alle Kinder besser und mehr lernen, und es wären Voraussetzungen dafür geschaffen, die vermeintlich notwendige segregative Erziehung endgültig zu überwinden.»[53]

Militanter Elternwille und offene Stellungnahmen aus dem Hochschulbereich zur integrativen Erziehung führten schließlich dazu, daß in vielen Bundesländern Schulversuche anliefen, in denen behinderte Kinder zusammen mit nicht behinderten Kindern in kleinen Klassen mit zwei Lehrern unterrichtet werden konnten. Vorreiter war das «Sonnenschein-Modell» Professor Hellbrügges auf der Grundlage der Montessori-Pädagogik in München.

«Diese Schule darf als der Traum des Arztes bezeichnet werden. Sie nimmt im Schulsystem der Bundesrepublik eine absolute Sonderstellung ein, nicht nur wegen der gemeinsamen Erziehung gesunder mit verschiedenartig behinderten Kindern, sondern weil die Kinder keine Noten erhalten, nicht sitzenbleiben und keine Angst haben müssen.»[54]

Es folgten weitere Schulversuche, unter anderem in Hamburg, Berlin, Bonn, Köln, die jeweils als Modelle mit entsprechender wissenschaftlicher Begleitung genehmigt waren. Professor H. G. Wocken aus Hamburg gelang es nachzuweisen, daß behinderte Kinder in Integrationsklassen besser lernen und daß nicht behinderte Kinder in sogenannten I.-Klassen nicht schlechter lernen, daß aber Sozialfähigkeiten wie Toleranz, Akzeptanz und Hilfsbereitschaft wesentlich stärker entfaltet werden als in Regelklassen.

In einigen Ländern wurde die Integration sogar als erstrebenswertes Ziel in das Schulgesetz aufgenommen unter Berücksichtigung der

Erfahrungen in Italien und Dänemark, wo auf Sonderschulen zugunsten integrativer Erziehung verzichtet wird.

Eine große Zahl von integrativen Kindergärten entstand in der ganzen Bundesrepublik, und man machte allgemein die Beobachtung, daß im Kindergartenalter überhaupt keine Probleme bestehen bei der Integration behinderter und nichtbehinderter Kinder.

«… Kinder in diesem Alter akzeptieren sich ohne Schwierigkeiten und können gemeinsam erzogen werden. Es ergibt sich eine selbstverständliche Integration (Schwierigkeiten haben die Eltern), die sehr befruchtend sein kann. Das entwicklungsgestörte Kind benötigt noch im großen Ganzen das gleiche Erziehungsmilieu wie das nicht behinderte Kind. Es erhält durch die sogenannten normalen Kinder ständig Anregungen und Entwicklungsimpulse. Noch wichtiger scheint mir die Bedeutung der Integration im Kindergarten für das nicht behinderte Kind zu sein. Das Zusammenleben ist eine immense Schulung. Kinder in diesem Alter können sich noch vorbehaltlos in ein behindertes Kind hineinversetzen, entwickeln Interesse und Verständnis für das Anderssein. Die Erfahrungen zeigen, daß das Nachahmen der Eigentümlichkeiten behinderter Kinder nicht zu Schädigungen führt, sondern zu einem inneren selbstverständlichen Verständnis, wie es später nie wieder erreicht werden kann, ein Verständnis aber nicht nur für den behinderten Mitmenschen, sondern für den anderen Menschen in seiner Einmaligkeit überhaupt. Vielleicht könnten durch Integration im Kindergarten Heilungsimpulse für die soziale Situation unserer Zeit veranlagt werden.»[55]

Die Integration in der Grundschule basiert in den ersten Schuljahren auf sozialen Kräften, die das Kind aus der Kindergartenzeit mitbringt, und darum gibt es hier noch keine wesentlichen Probleme, wenn das Schulumfeld (Kollegium, Akzeptanz der Eltern, Schulaufsicht) positiv zur Integration steht, zumal fast überall die Notengebung in den ersten Grundschuljahren abgeschafft wurde und damit auch die Versetzungsängste wegfallen.

Schwierigkeiten ergeben sich aber in der 3./4. Klasse, wenn die Kinder einen wichtigen Entwicklungsschritt vollziehen. Die sogenannten normalen Kinder erleben nun bewußt das Anders-Sein des behinderten Kindes, und sie wenden sich befremdet ab, wenn das bisher vertraute Verhalten beibehalten wird, das sie jetzt als unpassend empfinden. Das behinderte Kind dagegen erlebt sein Anders-

Sein in einer Isolation und in mangelnder Leistungsfähigkeit. Es entstehen bei entwicklungsgestörten Kindern Frustrationen, die zu Regressionen und Aggressionen führen können. Dagegen entgehen die schwerer behinderten Kinder dieser Entwicklung, weil sie kein oder wenig Bewußtsein für ihre eigene Situation entwickeln und das distanzierte Verhalten der Mitschüler nicht bewußt empfinden.

Im öffentlichen Schulbereich öffnet sich die Leistungsschere zuungunsten der bisher erzielten Integrationserfolge.

Jutta Schöler ist Professorin an der Technischen Universität in Berlin und gilt als führende Expertin auf dem Gebiet der Integration. Sie schreibt in ihrem Ratgeber für Eltern und Lehrer: «Inzwischen gibt es viele Erfahrungen mit integrativen Klassen in der Grundschule. Bis zur 4. Klasse gibt es keine oder nur wenige Probleme. Von der 5. Klasse an wird alles schwieriger. Weshalb? Weil die Kinder größer oder schwieriger werden? Oder liegt es am Schulsystem? Heute kann man häufig hören: ‹Integration mit Behinderten – das mag in der Grundschule noch gehen, aber in der Sekundarstufe? Nein!› Dabei beginnt dieses Nein in den meisten Bundesländern nach der 4. Klasse. Woran liegt das? Welches sind die wesentlichen Ursachen für zunehmende Schwierigkeiten?

Nach meinen Erfahrungen lautet die Antwort ganz eindeutig: Die wesentlichen Probleme für die Fortführung der gemeinsamen Erziehung aller Kinder in der Sekundarstufe I sind: 1) Das mehrgliedrige deutsche Schulsystem, das bereits in der Pflichtschulzeit mit erzwungener äußerer Differenzierung beginnt und 2) im Fachlehrerprinzip dieser Schulen. Hinzu kommt, daß sich auch in der Sekundarstufe die relativ hohen Klassenfrequenzen besonders ungünstig bemerkbar machen.

Zu 1. Von der Sekundarstufe an werden die Kinder zunehmend von Aussonderung bedroht. Wer als Schüler Angst davor haben muß, die Leistungsanforderungen an einem Gymnasium oder einer Realschule nicht bewältigen zu können und deshalb diese Schule verlassen zu müssen, von dem darf man nicht unbedingt Hilfestellung erwarten und Rücksichtnahme auf die besonderen Lernvoraussetzungen eines Mitschülers mit Behinderung.

Zu 2. Von der 5. Klasse an verstehen sich viele Lehrer zunehmend als Fachlehrer, als Stoffvermittler und nicht vorwiegend als Pädagogen. Wer als Fachlehrer in einem Fach mit lediglich 2 Stunden in der

Woche in 10 verschiedenen Klassen seinen Stoff ‹rüberbringen› will oder muß, ist tatsächlich überfordert. Einzelne Schüler, die wegen einer Behinderung besondere Beachtung benötigen, können dabei nur allzuleicht völlig aus dem Blickfeld verloren gehen.»[56]

In Nordrhein-Westfalen gibt es nur eine Gesamtschule, an der behinderte und nichtbehinderte Kinder in der Sekundarstufe I gemeinsam unterrichtet werden. Sie arbeitet im Anschluß an die Peter-Petersen-Schule, die seit 1980 als Schulversuch den gemeinsamen Unterricht in der Grundschule erfolgreich durchführt. In der Schriftenreihe des Kultusministers wurde jetzt der Bericht der Gesamtschule Holweide vorgelegt, die seit 1982 integrativ arbeitet.

In seinem Vorwort zu dem interessanten Erfahrungsbericht schreibt Kultusminister Hans Schwier: «Die Integration Behinderter ist in den letzten Jahren zu einem zentralen gesellschaftlichen Thema geworden. Nachdem in den vorausgegangenen Jahrzehnten ein leistungsfähiges und stark differenziertes Sonderschulwesen ausgebaut worden ist, wird nun von den Eltern vieler behinderter Kinder zunehmend die Möglichkeit zum gemeinsamen Unterricht mit Nichtbehinderten eingefordert … Die Erfahrungen der Gesamtschule Holweide sind nicht ohne weiteres auf andere Schulen übertragbar. So stehen die für eine Ausweitung des Schulversuches notwendigen zusätzlichen Lehrerstellen nicht zur Verfügung. Außerdem kann das pädagogische Konzept nicht von anderen Schulen übernommen werden, da die Gesamtschule Holweide durch eine Ausnahmegenehmigung der Kultusminister-Konferenz nur in verringertem Umfang Unterricht in Fachleistungskursen erteilt. Trotzdem empfehle ich diesen Bericht der Öffentlichkeit. Er zeigt, wie sich eine Schule auf den Weg zu neuen pädagogischen Erfahrungen macht und wie aus solchen Erfahrungen neue Strukturen und Einstellungen erwachsen können. Er liefert keine Rezepte für andere Schulen, er kann jedoch Mut machen, Neues zu wagen.»

Der Bericht des Kollegiums ist lesenswert und interessant, er zeigt, daß hier ein Kreis von Eltern und Lehrern bereit ist, neue Wege zu beschreiten, um junge Menschen so zu erziehen, daß sie schon in der Schule lernen, Toleranz, Hilfsbereitschaft und Brüderlichkeit zu entwickeln. Im Vorwort des Ministers wird aber deutlich, daß es ein einmaliger Versuch sein muß (mit Ausnahmegenehmigung der Kultusminister-Konferenz). Der Schulversuch war offensichtlich nicht vom Ministerium gewollt, aber er wurde von betroffenen Eltern gewollt, «eingefordert» und durchgesetzt.

Die Schulleiterin schreibt am Anfang des Berichtes:

«Integration ist der Weg zur Humanität. Ich bin glücklich, daß wir an der Gesamtschule Holweide damit beginnen konnten, gemeinsam mit Behinderten und Nichtbehinderten zu lernen und zu leben. Das Zusammenwirken vieler war dazu nötig: Ein Kollegium, das den Mut und die Fantasie aufbrachte, Neuland zu betreten, das bereit war, sich für behinderte Kinder zu engagieren. Schulaufsichtsbeamte, die trotz aller Skepsis und Vorsicht den Versuch unterstützten. Eine Stadtverwaltung, die trotz finanzieller Engpässe und Gegnerschaft in den eigenen Reihen immer wieder die Bedingungen für die Fortführung des Versuchs schuf [die Eltern fehlen in dieser Aufzählung – Anm. des Verf.]. Voraussetzung für die Integration Behinderter ist die Integration nichtbehinderter Schüler in einer gemeinsamen Schule, der Gesamtschule. Ohne Gesamtschule Behinderte integrieren zu wollen, hieße, den zweiten Schritt vor dem ersten zu tun. Das zweite: Wir brauchen politischen Willen, Behinderte zu integrieren. Dieser ist bisher bei den großen Parteien nicht in ausreichendem Maße vorhanden. Bis heute fehlt die gesetzliche Absicherung, und aus finanziellen Gründen werden weitere Integrationsversuche in der Sekundarstufe I nicht mehr genehmigt. Dr. A. Ratzki, Schulleiterin.»[57]

Als Teilnehmer an mehreren Integrations-Tagungen in der Theodor-Heuß-Akademie in Gummersbach hatte ich Kontakt- und Gesprächsmöglichkeiten mit Integrationsbefürwortern und -gegnern. Es bestand Konsens darüber, daß die Integration im augenblicklichen Schulsystem eine Ausnahme bleiben muß, und zwar aus folgenden Gründen:

1. Das Schulsystem müßte völlig geändert werden (weg vom lernziel-orientierten Leistungsprinzip).

2. Die Lehrerbildung müßte auf eine andere Grundlage gestellt werden. Der Lehrer müßte Erzieher, Lehrer und Heilpädagoge zugleich sein.

3. Die Gegnerschaft gegen die gemeinsame Erziehung ist trotz Grundgesetzänderung noch sehr stark. Die Befürworter der Integration sind mehrheitlich auf der Seite der betroffenen Eltern, während

es durchaus Tendenzen gibt, private Schulen für nichtbehinderte Kinder zu gründen, wenn Integration die Regel würde.

4. Weder die Schulverwaltungen noch die Sonderschulverbände sind willens, auf das «leistungsfähige stark differenzierte Sonderschulwesen» (siehe S. 85) zu verzichten.

5. Es fehlen für ein integratives Schulwesen die finanziellen Grundlagen (ein Grundschul- und ein Sonderschullehrer pro 15 bis 20 Kinder würden die Unkosten erheblich steigern, was zur Zeit nicht realisierbar sein kann, einerseits wegen leerer Kassen, andererseits wegen steigender Kosten in den neuen Bundesländern bei einem Anstieg der Schülerzahlen um 12 Prozent). Integrative Schulmodelle wurden auch in freier Trägerschaft nur dann genehmigt, wenn sie kostenneutral arbeiten.

6. Viele Kinder sind so behindert, daß sie nicht integriert werden können. Sie brauchen individuelle Hilfen, die auch in integrativen Kleinklassen nicht geleistet werden können. (Hellbrügge schreibt 1977 im *Sonnenscheinreport:* «Nicht wenige Kinder benötigen den intensiven Unterricht in kleinen Klassen, wie dies nur in der Schule für geistig Behinderte möglich ist.»[58])

7. In vielen Fällen können weder die behinderten Kinder noch die integrative Schule die Erwartungshaltung ehrgeiziger Eltern erfüllen. Integrative Erziehung um jeden Preis und auf jeden Fall zur Befriedigung des Sozialprestiges der Eltern ist für manche behinderten Kinder eher schädlich als förderlich. Es gibt viele Beispiele von Kindern, die durch den Ehrgeiz und mangelnde Einsicht der Eltern in «Normalklassen» zu lange gequält wurden und mit schweren Schädigungen dann von der Schule verwiesen oder genommen werden.

8. Und schließlich haben wir die Erfahrung gemacht, daß eine Integration ins Berufsleben vielfach daran gescheitert ist, daß unsere Wirtschaft und Industrie absolut behindertenfeindlich sind. Im Kampf um Sein oder Nicht-Sein der Konkurrenz ist kaum Platz für Menschen mit Behinderungen, die besondere Arbeitsbedingungen brauchen. In Einzelfällen gibt es zwar vorzügliche Eingliederungshilfen und Erfolge, aber in der Regel kaufen sich die Betriebe von der Verpflichtung, Behinderte aufzunehmen, los, indem sie ihre Behinderten-Abgabe entrichten. Das Schicksal der meisten behinderten Menschen ist dann doch das Ghetto der schützenden Werkstatt für Behinderte.

Die Waldorfschulbewegung hat mit der integrativen Schulinitiative vieles gemeinsam.[59] In beiden Fällen handelt es sich um Schulen, die von Eltern gewollt, und nicht einseitig vom Staat verordnet sind. Beide Schulformen sind ihrem Wesen nach Gesamtschulen, die nach einer eigenen pädagogischen Prägung arbeiten. Integrationsfreudige Eltern behinderter Kinder stehen dem Ansatz der Waldorfschule insofern sehr nahe, als sie unerschütterliches Vertrauen in die Entfaltungsmöglichkeiten ihres Kindes haben und sich energisch gegen determinierendes Aussondern wehren. In beiden Schulformen stehen Erziehung und soziale Integration an erster Stelle, und nicht lernzielorientierte Leistungsforderung.

Jedoch die Waldorfschule ist der Vorgänger der Integrationsbewegung, denn was sich seit zwanzig Jahren als Gegenbewegung zum staatlichen Sonderschulwesen entwickelt hat in Form einer Schulreform von unten und was in allen Bereichen politisch, gesellschaftlich und wissenschaftlich diskutiert und in Modellversuchen praktiziert wird, das vollzieht sich in Waldorfschulen seit 75 Jahren mit Erfolg und ohne viel Aufhebens.

Die Waldorfschule als einheitliche Volks- und höhere Schule war bei ihrer Begründung durchaus ein einmaliges Schulmodell, und sie kann als erste integrative Gesamtschule bezeichnet werden. Grundlage war der Elternwille, der sich auch gegen staatliche Monopolansprüche durchsetzen mußte. Erstmalig eine Schule für Kinder aller sozialen, politischen und religiösen Kreise, eine Schule für Jungen und Mädchen und eine Schule, in der behinderte und nicht behinderte Kinder gemeinsam unterrichtet wurden und bis heute noch unterrichtet werden.

Der menschenkundliche Ansatz der Waldorfschule ist als die wesentliche Grundlage für eine integrative Erziehung anzusehen: daß nämlich auch im behinderten Menschen eine gesunde Individualität lebt, an die sich der Erzieher wendet, und daß eine Diskriminierung des Behinderten dem sozialen wie auch dem anthropologischen Ansatz der Schule widersprechen würde. Das, was Hellbrügge an seiner integrativen Sonnenschein-Schule als Traum eines Arztes begrüßt, ist in der Waldorfschule von Anfang an gewährleistet: angstfreies Lernen, kein Leistungsdruck, keine Noten, kein Sitzenbleiben. Der Waldorflehrplan orientiert sich an den altersgemäßen Bedürfnissen der sich entwickelnden Persönlichkeit und gibt auch dem schwächeren Kind die Chance, langsamer und anders zu lernen als das sogenannte normale Kind.

Lerninhalte und Lernziele orientieren sich nicht am jeweiligen Stand der Wissenschaft und werden nicht von gesellschaftlichen Interessen gelenkt und von Ministerien verordnet, sondern das Kind ist das Maß aller Dinge; und das Lernziel der Waldorfschule entspricht dem, was die Verfassung als Grundrecht des Kindes und damit als Aufgabe von Erziehung und Unterricht bezeichnet: freie Entfaltung der Persönlichkcit. Zur freien Entfaltung der Persönlichkeit gehören sowohl die personelle Integration des Kindes (es soll zu sich selbst finden und Vertrauen zu sich entwickeln) als auch die gesellschaftliche Integration des Kindes. Es soll als ein soziales Glied in die Gesellschaft hineinwachsen können.

Wenn man als Schulberater in vielen Waldorfschulen hospitiert oder zu Gast in Monatsfeiern oder bei Klassenspielen zuschaut, dann fallen immer wieder eindeutig behinderte Kinder auf, die mit großer Selbstverständlichkeit am Unterricht teilnehmen und bei Monatsfeiern und Klassenspielen ihre Rolle auf der Bühne durchtragen; es fällt auch auf, wie selbstverständlich diesen Schülern Hilfe geleistet wird, wenn Hilfe erforderlich ist. Bis in die Oberstufe, ja bis in die Abiturvorbereitungsklassen gibt es behinderte junge Menschen, deren Integration ins berufliche und gesellschaftliche Leben durchaus gewährleistet werden kann, wie aus Berichten über die Biographien behinderter Waldorfschüler hervorgeht.

Fragt man aber nach der rechtlichen Situation der behinderten Kinder in der Waldorfschule, so könnte ein Schulaufsichtsbeamter oder ein Schuljurist durchaus Bedenken anmelden unter Berücksichtigung des Schulpflichtgesetzes und der darin enthaltenen Pflicht des Behinderten, *die* Schule zu besuchen, die seiner Behinderung entspricht. Die freie Schulwahl ist Grundrecht des Kindes beziehungsweise seiner Eltern, jeder kann sein Kind in der Waldorfschule anmelden, unabhängig davon, ob es normal oder behindert ist. Die Waldorfschule ist nicht verpflichtet, behinderte Kinder abzuweisen oder der Schulbehörde zu melden. Also werden auch behinderte Kinder ohne Aussonderungsverfahren aufgenommen, obwohl das dem Schulpflichtgesetz nicht entspricht. Es ist anzunehmen, daß die Schulverwaltungen der Bundesländer über den integrativen Unterricht an Waldorfschulen bestens informiert sind; und ich denke, daß man die nicht ganz legale Praxis duldet. Es gibt entsprechende Erlasse von Schulbehörden, die die Aufnahme einzelner behinderter Kinder ausdrücklich dulden, obwohl die Rechtslage anders ist. Prüft also ein Verwaltungsbeamter der Schulaufsicht seine Gesetzesbücher, so wird er im Morgensternschen Sinne zu dem Ergebnis kommen, daß nur ein Traum sein Erlebnis sein kann, «weil, so schließt er messerscharf, nicht sein kann, was nicht sein darf».[60]

Schwierigkeiten gibt es zuweilen, wenn Schüler von öffentlichen Sonderschulen zur Waldorfschule überwechseln. Aber auch hier haben Elternwille und die Erfahrung der Behörde, daß Verwaltungsrichter in der Regel zugunsten des Kindes entscheiden, meines Wissens immer Erfolg gehabt. Man weiß offensichtlich im Bereich der Schulaufsicht um die Integrationserfolge in den Waldorfschulen, und man weiß vor allen Dingen, daß Waldorfschulen kostenneutral integrativ arbeiten. Hier sind behinderte Kinder in großen Klassen integriert, und zwei Lehrer in einer Waldorfklasse – ein Waldorf- und ein Sonderschullehrer beziehungsweise Heilpädagoge – sind mir in entsprechenden Klassen nicht begegnet.

Um aber zuverlässige Angaben über den Stand der Integration zu bekommen, habe ich nach Rücksprache mit dem Bund der Freien Waldorfschulen im Jahr 1991 eine Umfrage durchgeführt mit der Zielsetzung, festzustellen, in welchem Maße und mit welchem Erfolg behinderte (nicht entwicklungsgestörte) Kinder in Waldorfschulen betreut werden und wurden.

Es war geplant, daß eine Studentin des Wittener Seminars für Waldorfpädagogik die Auswertung im Rahmen ihrer Diplomarbeit vornehmen und dazu mit Lehrern und Eltern behinderter Kinder Kontakt aufnehmen sollte, um einzelne Biographien ausführlicher zu beschreiben. Erfolgreiche und abgebrochene Integrationsbemühungen sollten analysiert werden, und vor allen Dingen sollten Entwicklungsberichte von behinderten Ehemaligen erstellt werden.

Dieser Plan konnte jedoch aus verschiedenen Gründen nicht vollständig realisiert werden. Auch weitere Bemühungen, die Arbeit zum Abschluß zu bringen, scheiterten an dem Bewußtsein, daß eine sorgfältige Untersuchung der Integration Behinderter in Waldorfschulen eine umfangreiche und aufwendige wissenschaftliche Forschungsarbeit voraussetzt, die ein Student im Rahmen seiner Diplomarbeit nicht leisten kann.

Es liegen viele Berichte über behinderte Kinder in Waldorfschulen vor, was aber fehlt, sind einerseits mehrere Jahre umfassende Entwicklungsberichte und andererseits die Lebensläufe ehemaliger Schüler, die als Behinderte die Waldorfschule durchlaufen haben. Es sollte festgestellt und dargestellt werden, wie sie ins berufliche und gesellschaftliche Leben hineinfinden konnten und was aus ihnen geworden ist.

Die Erhebung von 1991 ist nur eine Momentaufnahme, die weitgehend den Stand von 1991 wiedergibt, die aber nicht repräsentativ sein kann, weil sich nur 70 Prozent aller Schulen an der Umfrage beteiligt haben. Die Ursachen für die Unvollständigkeit mögen unterschiedlich sein. Einerseits sind solche Erhebungen mit erheblicher Arbeit verbunden, es bedarf vieler Gespräche mit Eltern und Lehrern, um zuverlässige Unterlagen zu erstellen. Andererseits ist die Frage der Aufnahme Behinderter in manchen Waldorfschulen immer noch mit kontroversen Meinungen, Urteilen und Erfahrungen verbunden. Das hängt damit zusammen, daß nach der Neubegründung der Waldorfschulbewegung nach dem Zweiten Weltkrieg allgemein die Meinung bestand, Waldorfschulen seien Refugien für besser verdienende Eltern, deren Kinder in den öffentlichen Volks- und höheren Schulen aufgrund von Behinderungen, mangelnder Intelligenz oder aufgrund von disziplinarischen Schwierigkeiten nicht angemessen gefördert werden konnten. Es gab also in den fünfziger Jahren die Auffassung, die Waldorfschule sei eine Schule für behinderte und schwache Schüler. Als ehemaliger Waldorfschüler kurz nach dem Zweiten Weltkrieg weiß ich, daß in unserer Klasse einige Schüler waren, die in der öffentlichen Schule aus unterschiedlichen Gründen nicht bleiben konnten; ihre zahlungskräftigen Eltern nahmen die Waldorfschule in Anspruch, und ihre Kinder änderten Verhalten und Leistungsbereitschaft nicht, sie wirkten noch immer störend, und nach außen prägten sie ein falsches Bild von der Waldorfschule.

Wir erleben dieses fatale Mißverständnis und das Vorurteil gegen die Waldorfschule immer noch in der Öffentlichkeit, besonders häufig dort, wo neue Waldorfschulen gegründet werden, die in der Anfangsphase vielfach «Quereinsteigern» Aufnahme gewähren, um ihnen eine Chance zu geben und um Klassen voll zu bekommen. Das

99

gilt besonders für die Schulen in den neuen Bundesländern; hier ist der Anteil behinderter und entwicklungsgestörter Kinder extrem hoch. Und es gilt vor allem für solche Klassen, die nicht vom ersten Schuljahr an als Waldorfklassen geführt wurden. Die Folge davon ist, daß manche Eltern ihre anscheinend normalen Kinder wieder abmelden, weil sie kein Vertrauen in die Schule haben und weil sie meinen, ihr Kind werde durch die Anwesenheit vieler schwieriger Kinder nicht genügend gefördert.

Schließlich gibt es Waldorfschulen, deren Kollegium bei der Frage der Aufnahme Behinderter aufgrund bitterer Erfahrungen resigniert. Vielfach ist die Erwartungshaltung der Eltern schwieriger Kinder sowohl der Schule als auch dem Kind gegenüber so hoch, daß weder Kind noch Schule dem entsprechen können. Es kommt zu endlosen qualvollen Bemühungen, Verhandlungen, Streitereien, Klagen und Prozessen. Das Kind, um das sich die Schule redlich bemüht hat, gerät in die Situation des kaukasischen Kreidekreises und muß schließlich die Schule verlassen, weil Schule und (oder) Kind nicht das bringen, was die Eltern erwarten.

Nicht zuletzt ist auch an einzelnen Waldorfschulen sowohl bei Eltern als auch bei Lehrern (und hier besonders bei den Oberstufenlehrern) die Meinung anzutreffen, daß zu schwache und zu schwierige Kinder den Unterricht hemmen und das zwar untergeordnete, aber immerhin angestrebte Ziel der Schule – den guten Abschluß – gefährden. Die Gefahr für die Integration, von der Jutta Schöler ab der fünften Klasse im Sekundarbereich I öffentlicher Schulen spricht, gibt es auch in der Waldorfschule, hier an der Schwelle von der Klassenlehrerzeit zur Oberstufe, also am Ende der achten Klasse. Ich bin wiederholt in achten Klassen zur Hospitation gebeten worden, um Entscheidungshilfen zu geben, ob einzelne Schüler den Leistungsanforderungen der Oberstufe (gemeint war hier natürlich der Vorbereitung auf das Abitur) gewachsen wären. Hier wird verkannt, daß das Ziel der Waldorfschule nicht das Abitur ist, sondern eine weitgehende Entfaltung der Persönlichkeit aufgrund eines Lehrplanes, der auch dem entwicklungsgestörten und behinderten Menschen die Möglichkeit gibt, zwölf Jahre diese Schule ohne Leistungsdruck zu besuchen. Die Tatsache, daß ein Teil der Oberstufenschüler das Abitur machen will, ist keine Rechtfertigung dafür, daß entwicklungsgestörte Kinder die Schule verlassen müssen.

Dies sind allerdings Ausnahmeerscheinungen, die das Bild der Waldorfschule in der Öffentlichkeit verzerren und immer wieder zu massiven Angriffen und Vorurteilen führen.

Man kann also sagen: Die Waldorfschule ist nicht in erster Linie eine Schule für Kinder, die in der Regelschule nicht zurechtkommen, sondern sie ist in erster Linie eine einheitliche Volks- und höhere Schule, in der auch schwierige und behinderte Kinder gut gefördert werden können.

Davon legen die Berichte aus 64 Schulen ein beredtes Zeugnis ab. Viele Lehrer und auch Eltern haben zum Teil recht umfangreiche und liebevolle Berichte geschrieben. Fast jeder Bericht ist druckreif; eine komplette Dokumentation würde den Rahmen dieses Buches sprengen. Ergreifende Kinderschicksale wurden dargestellt, und aus fast allen Berichten geht hervor, wie segensreich ein behindertes Kind in der Klassen- und Schulgemeinschaft wirken kann. Hier nur zwei für viele positive Stellungnahmen: «Die Klasse fiel durch herausragendes soziales Verhalten zwölf Jahre hindurch auf, was wir hauptsächlich unseren behinderten Kindern zu verdanken haben.» Und: «O. (ein spastisch gelähmtes Kind) hat die sozialen Kräfte der Klasse sehr gefördert, und wir sind alle dankbar, daß wir diese Erfahrungen machen durften.»

Aus fast allen Berichten geht hervor, daß die Lehrer sich mit großem Engagement mit der Individualität des behinderten Kindes verbunden haben und daß es möglich war, in den Klassenkameraden Hilfsbereitschaft und Achtung vor dem Anderssein zu erwecken und zu pflegen. Fast immer war beziehungsweise ist das behinderte Kind Brennpunkt des Helfenwollens aller Kinder, sowohl bei den Schularbeiten als auch bei der Bewältigung von Schwierigkeiten (Treppen, Wanderungen, Anziehen usw.). Ja selbst bei inkontinenten Kindern (Spina bifida) waren Schüler bereit zu helfen.

Durch viele Berichte klingt hindurch, daß das behinderte Kind besondere Hilfen und Helfer braucht, um seine schulischen Aufgaben zu erledigen. Hier werden oftmals mit Erfolg auch Mütter eingesetzt. Mütter behinderter Kinder sind vielfach Experten für ihr eigenes Kind, sofern sie genügend Objektivität entwickelt haben. Nicht selten stehen auch Zivildienstleistende zur Verfügung (besonders beim Transport gehbehinderter oder gehunfähiger Kinder). Aber auch zusätzliche pädagogische, therapeutische und methodische Hilfen sind notwendig. Behinderte Kinder brauchen differenzierte Aufgabenstellungen, sie werden teilweise therapeutisch versorgt und von bestimmten Fächern dispensiert; Heileurythmie, Massage, Sprachbetreuung müssen gewährleistet sein. Nicht selten werden mechanische und elektronische Hilfen (Blindenschreibmaschine, Hör- und Lehrer-Schüler-Funkgeräte, Computer usw.) sinnvoll eingesetzt.

Es gibt aber auch Berichte, aus denen hervorgeht, daß sich der Lehrer dem behinderten Kind nicht mehr gewachsen fühlte; daß die Klasse in der Mittelstufe nicht mehr ertragen wollte, daß Kinder stinken, weil sie inkontinent sind, oder daß sie eben so anders sind; daß Eltern mehr von ihrem Kind und von der Schule erwarten und es abmelden, um es der öffentlichen Sonderschule oder anderen Einrichtungen anzuvertrauen.

Nicht selten finden behinderte Kinder erst im Laufe der Unterstufe in die Waldorfschule, weil sie in öffentlichen Sonderschulen oder auch in Integrations-Klassen nicht zurecht kommen.

Nur wenige Berichte gibt es über Abschlüsse und Integration ins Berufsleben. In Einzelfällen wird vom Abitur und guten beruflichen Entwicklungen berichtet. Hier liegt noch ein weites Feld zukünftiger Untersuchungen vor uns.

In den meisten Fällen wird dargestellt, daß die behinderten Schüler einen starken Willen haben, zu lernen und etwas zu leisten, daß sie fröhlich und kontaktfreudig sind und daß manche Schüler Hilfe ablehnen, weil sie es selbst schaffen wollen. (Hier sei an das Eselein aus dem Märchen erinnert, das die Laute schlagen lernte, obwohl es der Meister ihm nicht zutraute.) Es gibt aber auch «overprotected» Kinder, die sich wie ein Pascha verwöhnen lassen wollen und regressiv oder aggressiv werden, wenn sie nicht genügend hofiert werden. Hier wird von sozialen Schwierigkeiten berichtet.

Beispiele für die Integration behinderter Kinder
in der Waldorfschule

In den Berichten der 64 Schulen werden 150 behinderte Kinder mehr oder weniger ausführlich geschildert. Dabei ist die Verweildauer nicht immer erkennbar. Es sind zum Teil Momentaufnahmen, die einer weiteren Betrachtung bedürfen.

Die größte Gruppe ist die der körperbehinderten Kinder. Da werden über 80 Kinder beschrieben, die aufgrund unterschiedlichster körperlicher Probleme am Unterricht nur bedingt teilnehmen können, jedenfalls soweit es den Bewegungsorganismus betrifft. Es gibt da Kinder mit halbseitigen, doppelseitigen und totalen schlaffen oder spastischen Lähmungen, mit Muskelschwund, Hüftluxationen, verkrüppelten und fehlenden Gliedmaßen, Polio-Folgen, Herzfehlern und die große Gruppe der Spina-bifida-Kinder, die aufgrund von Spaltbildung im Rücken weitgehend auch in ihrer Bewegung eingeschränkt sind. Allein zwanzig Kinder brauchen einen Rollstuhl und zehn weitere Gehhilfen und Krücken. Vielfach wird bedauert, daß diese Kinder Schwierigkeiten haben, weil die meisten Schulen weder Fahrstuhl, Rampe noch Rollstuhl-gerechte Toiletten haben. Ich kenne nur wenige Schulen, die für körperbehinderte Kinder baulich geeignet sind. Hier sollte man bei Schulneubauten rechtzeitig Vorsorge treffen. Denn die meisten körperbehinderten Kinder können intellektuell und leistungsmäßig in einer Normalklasse gut integriert werden.

Das mag das folgende Beispiel veranschaulichen: Marcus B., mit offener Rückenspalte (Spina bifida) und Spitzfüßen geboren. Rückenoperation kurz nach der Geburt, Fußoperation bei Beginn der Pubertät. Gute aber verzögerte Entwicklung (Laufen mit 2 Jahren). Inkontinenz bis heute. Einschulung in die Waldorfschule mit sieben Jahren. Marcus war durch die ganzen zwölf Jahre lang allgemein beliebt. Er war allen intellektuellen Anforderungen gewachsen, wenn auch verlangsamt in seiner Leistungsfähigkeit. Seine körperlichen Bedürfnisse regelte er selbständig, und mit großer Selbstverständlichkeit lief er mit seinen Pampers über den Schulhof zur Toilette. Marcus machte alle Schulwanderungen mit (auch ins Hochgebirge), er fährt Fahrrad! Am Ende der zwölften Klasse erhielt er ein Hauptabschlußzeugnis und machte ein Berufsvorbereitungsjahr, um anschließend eine kaufmännische Ausbildung zu beginnen.

Die nächstgrößte Gruppe ist die der schwerhörigen und tauben Kinder (hier werden zwanzig Kinder beschrieben). Bei den meisten Kindern handelt es sich um eine starke Reduzierung der Hörfähigkeit, die dadurch ausgeglichen wird, daß die Kinder vorne sitzen und der Lehrer so deutlich spricht, daß die Sprache von seinem Mund abgelesen werden kann. Fast alle Kinder haben jedoch Hörgeräte auf einem oder beiden Ohren bis hin zu speziellen Funkgeräten, die den Schüler-Lehrer-Kontakt ermöglichen.

Vielfach wenden sich Eltern tauber Kinder an die Waldorfschule, weil dort der Hör- oder Lautsinn durch Tastsinneserlebnisse, Eurythmie, Sprachtherapie oder Chirophonetik angeregt wird – obwohl das Organ des Hörsinnes nicht funktioniert –, während die Sonderpädagogik für Gehörlose den jungen Menschen zur Gehörlosigkeit erzieht. Hier wird deutlich, daß die Sinnesschulung ganzheitlicher Art besonders wichtig ist, wenn das physische Sinnesorgan untauglich zu sein scheint.

Durch die reduzierte Hörfähigkeit sind Schwerhörigkeit und Taubheit immer mit Sprachentwicklungsstörungen verbunden. Auch hier wird von Sprachanbahnungshilfen durch Heileurythmie und Chirophonetik berichtet. Die gute artikulierte Sprache der Eltern und des Lehrers wirkt über die Nachahmung, über Bewegungs- und Tastsinneswahrnehmung und über Sehsinnes-Wahrnehmungen heilsam und fördernd auf die Sprachentwicklung des Kindes.

Von siebzehn schwerst sehbehinderten beziehungsweise blinden Kindern wird berichtet. Die Ursachen sind sehr unterschiedlich (Netzhautablösung, Tumoroperationen, grüner Star, Netzhauttumor usw.). Sehschwache Kinder müssen in der Regel vorne sitzen, sie brauchen viel Licht, zum Teil sogar zusätzliche Lichtquellen. Die fünf geschilderten blinden Kinder haben wohl alle vorher gesehen und waren zum Teil zu Beginn ihrer Schulpflicht in der Blindenschule. Zwei Kinder waren von der ersten Klasse an in der Waldorfschule. Auch von den blinden und sehschwachen Kindern wird berichtet, daß sie zum Teil eine sehr gute Intelligenz und außerordentliche Fähigkeiten haben, ihre Behinderung zu kompensieren.

Beispiel eines blinden Kindes:

E. wurden als Kleinkind beide Augen entfernt aufgrund eines Retinoblastoms (Tumor). E. hatte im Kreis seiner drei Geschwister auf dem Hof der Eltern eine unbeschwerte Kindheit und entwickelte erstaunliche Fähigkeiten, mit seiner Blindheit zurechtzukommen. Nach dem Kindergarten sollte E. in die erste Klasse einer Waldorfschule, was allerdings aus verschiedenen Gründen nicht möglich war. E. mußte also die nächstgelegene Blindenschule besuchen, wo er in der ersten Klasse die Blindenschrift erlernte. Aufgrund der einseitigen Erziehung zum Blindsein stellten sich Verhaltensstörungen als seelische Behinderung ein. E. wurde daraufhin in die zweite Klasse einer neu eröffneten Waldorf-Kleinklassenschule eingeschult. In diesem Fall reagierte allerdings die Regierung negativ: Sie verbot den Besuch einer Schule, die nicht für Blinde genehmigt ist. Weil E. sehr gute Fortschritte in der kleinen Klasse zeigte, legten Eltern und Schule Widerspruch ein und erreichten, daß je ein Dezernent der Regierung und des Kultusministeriums in der Klasse hospitierten. Mit Verblüffung stellten die Herren fest, daß E. sich frei in Haus, Hof und Klasse bewegte, er leitete den Flötenchor in der Klasse, holte die gewünschten Epochenhefte aus dem Ranzen und las seine Hausarbeiten vor, die er mit den Fingern tasten konnte (Wachsstifte). Die Herren von der Regierung kamen nicht umhin, für die Dauer der Unterstufe eine Duldung auszusprechen, wohingegen Schülerfahrtkosten und Subvention nicht gewährt wurden, weil der Junge rechtswidrig die falsche Schule besuchte.

Nach einem Jahr wurde in der Nähe des elterlichen Hofes eine neue Waldorfschule eröffnet, und «unter Zurückstellung grundsätzlicher Bedenken» gab der Regierungspräsident die Genehmigung, daß E. in der Waldorfschule integrativ unterrichtet werden darf, «wenn die Schule und der Schulträger ein Mindestmaß an unterrichtsintegrativen blindenpädagogischen Förderstunden durch einen geeigneten Lehrer sicherstellt». Nun, E. ist jetzt in der achten Klasse, auf dem Schulhof läuft er mit Stelzen und fährt Fahrrad. Im Klassenverband ist er dank seiner hohen Intelligenz und guten Vorstellungsgabe führend. Seine Leistungen sind phantastisch, so der Klassenlehrer. E. schreibt alles auf seiner Blindenschreibmaschine mit. Texte werden über den Computer in Blindenschrift und gleichzeitig in Schreibschrift umgesetzt, so daß der Lehrer kontrollieren kann, was E. schreibt. E. malt Wasserfarbenbilder mit den Fingern, sie sind zum Teil schöner als die der anderen Kinder. Die Schilderung eines Sonnenuntergangs ist von phantastischer Schönheit. Einmal in der Woche kommt eine Blindenlehrerin, die im Hauptunterricht hospitiert und in zwei weiteren Stunden mit E. arbeitet (Blindenkurzschrift usw.). E. benutzt den Blindenatlas und kennt sich in der Geographie besser aus als seine Kameraden. Bei Klassenfahrten und Wanderungen braucht E. nahezu keine Führung. Ähnlich wie bei Lusseyran beschrieben, kann E. seine Umgebung mit dem Sehsinn wahrnehmen.

Bei aller Melancholie und tiefem Ernst ist E. humorvoll und witzig, alle mögen ihn gern. Der Lehrer schildert, daß von seinem Wesen ein Glanz ausgeht, der das soziale Leben in der Klasse überstrahlt.

Weiterhin berichten mehrere Schulen von Trisomi-Kindern (Down-Syndrom-Kindern oder «Mongölchen»). Die Erfolge in der schulischen und sozialen Integration werden unterschiedlich beschrieben, in der Regel hat man sich nach einigen Jahren von dem Kind wieder trennen müssen.

Während Kinder mit Down-Syndrom noch vor fünfzig bis sechzig Jahren offiziell als bildungsunfähig galten und eine Lebenserwartung von höchstens sechzehn Jahren hatten, weiß man auch in der heutigen Kinderpsychiatrie und in der Sonderschulpädagogik, daß eine Frühförderung dieser Kinder eine Bildungsfähigkeit im Schulalter erwirkt und daß ihre Lebenserwartung dadurch wesentlich höher ist. Es muß auch immer wieder betont werden, daß ein Kind mit Down-Syndrom nicht automatisch als geistig behindert zu bezeichnen ist. In jedem Falle ist aber eine heilpädagogische Betreuung anzuraten, und nach meiner Erfahrung gehört ein Kind mit Down-Syndrom nur bedingt in eine Regel-Waldorfklasse. Die meisten «Mongölchen» können die Erwartungshaltung ehrgeiziger Eltern nicht erfüllen, und das Bedürfnis eines Klassenlehrers, ein Kind mit Down-Syndrom als sozialen Katalysator in der Klasse zu haben, ist unverantwortlich, wenn nicht zu erwarten ist, daß das Kind den sozialen und stofflichen Anforderungen der Regel-Waldorfklasse bis in die Oberstufe gewachsen sein wird. Hier liegen besondere karmische Gegebenheiten vor, und wir müssen uns bewußt machen, daß ein Kind mit Down-Syndrom Heilpädagogik braucht. Es braucht Waldorfpädagogik, aber es hat nicht die Absicht, in dieser Inkarnation das Bildungsziel der Waldorfschule zu erreichen (sofern damit das Abitur gemeint ist).

Schließlich wird noch eine Gruppe von Kindern beschrieben, die an Epilepsie leiden. «Epileptiker sind ganz gewöhnliche Menschen, denen gelegentlich einmal etwas Außergewöhnliches passiert» (J. Lutz), und so wie gewöhnliche Menschen sehr unterschiedlich sind, gibt es auch eine Fülle von Erscheinungsformen im epileptischen Krankheitsbereich. Vielen Epileptikern ist aber gemeinsam, daß Wesensveränderungen und Demenz (Abbau von Intelligenz und Gesamtpersönlichkeit) mit dem Krankheitsverlauf verbunden sind. In der Regel fallen Epileptiker durch gelegentliche Krampfanfälle, durch besonderes Verhalten und durch schwache Leistungen auf. Dabei ist oftmals die Frage, ob die Wesensveränderungen auf die Krankheit oder auf die Medikamente, die dem Patienten zugemutet werden, zurückzuführen sind. Wir haben die Erfahrung gemacht, daß der Epileptiker, wenn man ihm seinen Anfall «gönnt», nachher wesentlich ausgeglichener ist. Aber der Lehrer sollte niemals ohne ärztliche Kontrolle zu einer Absetzung der Medikamente raten. Auch hier sollten Lehrer und Schulärzte sorgfältig abklären, ob das Kind in der Regelklasse den Anforderungen auf lange Sicht gewachsen sein wird. Ein Epileptiker ist nicht dazu geeignet, das soziale Klima in der Klasse zu verbessern, dafür ist er in seinem Wesen zu schwierig. Und man sollte sich bewußt machen, daß die meisten Epileptiker einer großen Klasse mit normalen schulischen Anforderungen nicht gewachsen sind. Sie brauchen Heilpädagogik im kleinen Gruppenzusammenhang. Es liegen keine positiven Berichte vor, wohl aber unzählige negative Erfahrungen mit Integrationsversuchen epileptischer Kinder.

Abschließend seien noch einige Krankheitsbilder genannt, von denen berichtet wird, wenn auch nur in Einzelfällen: Magersucht, Zwergenwuchs, Wasserkopf, Schädelmißbildungen, Asthma, Glasknochen, fehlende Speiseröhre, Schrumpfnieren und so weiter.

Zusammenfassend kann gesagt werden, daß der größte Teil der Integrationsfälle als erfolgreich beschrieben wird. Behinderte Kinder, die in ihrem Denken, Fühlen und Wollen genügend integriert sind, also annähernd normale Intelligenz, normales Empfinden und normales Verhalten haben – bei allen individuellen Abweichungen –, sind gut in einer Waldorfklasse zu integrieren und können diese Schule bis zum Abschluß erfolgreich durchlaufen. Eine «normale» Klasse fördert das behinderte Kind in seiner personalen Integration; und ein behindertes Kind in einer «normalen» Klasse ist für das Leben der nicht behinderten jungen Menschen von großer Bedeutung, indem es ihnen hilft, die sozialen Fähigkeiten der Brüderlichkeit, Hilfsbereitschaft, Toleranz und Integrations-Bereitschaft anders gearteten Menschen gegenüber zu entwickeln. Dabei ist nicht nur an Behinderte gedacht, sondern wir müssen die Schüler vorbereiten auf ein gemeinsames Leben mit Menschen aus sogenannten «Randgruppen», die als integrativer Bestandteil in unserer Gesellschaft leben.

Mir sind viele ehemalige Schüler bekannt, die als Problemkinder in der Schule auffällig waren; sie wurden integriert und toleriert und haben nach der Schule soziale Berufe gewählt wie Erzieher, Alten- und Krankenpfleger. Eine ehemalige Schülerin, die als Sorgenkind zu mir in die Kleinklasse kam, ist inzwischen Sonderschullehrerin an einer Schule für geistig Behinderte.

Selbst wenn in Waldorfklassen nicht zwei Lehrer den Unterricht mit behinderten Kindern gewährleisten und die wenigsten Waldorf-Klassenlehrer sonderpädagogische oder heilpädagogische Ausbildungen haben, erleichtert die Waldorfpädagogik mit ihrem erzieherischen, ihrem methodischen und besonders mit ihrem heilenden Ansatz die Integration behinderter Kinder. Es geht hier nicht um den Fachspezialisten für bestimmte Behinderungsarten mit perfekter wissenschaftlicher Ausbildung, sondern um den geeigneten Menschen, der ein vertieftes Interesse für das Schicksal des Kindes mitbringt, der Enthusiasmus für das Anders-Sein des Kindes aufbringen kann und der mitleiden kann, indem er die Probleme des behinderten Kindes in feinerer Form auch an sich selbst wahrzunehmen vermag. Hieraus erwachsen dem Erzieher und Pädagogen die Fähigkeiten für Diagnose und Therapie.

Die Eignung allein ist allerdings nicht die einzige Voraussetzung für die Tätigkeit des Waldorflehrers. Wenn Rudolf Steiner für den Heilpädagogen eine wirklich eingehende Kenntnis der Erziehungspraxis für das gesunde Kind (also der allgemeinen Menschenkunde) fordert, so sollte der Lehrer an einer Waldorfschule neben seinem allgemeinen Lehrerstudium eine grundlegende Kenntnis der Entwicklungsstörungen und Behinderungen mitbringen, um heilend und integrativ arbeiten zu können. Für den jungen Lehrer einer ersten Klasse sollte dies Vorbedingung für die Übernahme der Klasse sein.

Es ist eine Aufgabe der Ausbildungsstätten für Waldorflehrer, heilpädagogische Diagnostik und therapeutische Hilfsmöglichkeiten im Unterricht in ihr Lehrprogramm aufzunehmen, damit jungen Lehrern, ihren Kindern und den Eltern schmerzvolle Mißerfolge erspart bleiben.

Die Aufnahmegremien an Waldorfschulen haben hier eine große

Verantwortung den Kindern, den Eltern und den jungen Kollegen gegenüber. Wenn ein junger Lehrer heilpädagogisch völlig unvorbereitet ist, dann sollte man ihm keine Klasse mit schwierigen oder behinderten Kindern zumuten.

Es ist kein Geheimnis, daß viele junge Lehrer, die mit großem Enthusiasmus von einem Kollegium, einer Kinderschar und von der Elternschaft empfangen wurden, nach ein bis zwei Jahren scheitern, weil sie den Anforderungen einer großen ersten Klasse mit mehreren schwierigen Kindern nicht gewachsen waren.

Um dem vorzubeugen, gibt es seit vielen Jahren in Mannheim eine zusätzliche heilpädagogische Ausbildung für Waldorflehrer, in Witten-Annen wurde 1994 mit einer – der staatlichen Sonderschullehrerausbildung gleichwertigen – Ausbildung für den heilpädagogischen Lehrer begonnen, und seit vielen Jahren findet im Ruhrgebiet eine berufsbegleitende heilpädagogische Zusatzausbildung statt, die vorwiegend von Waldorflehrern aus dem ganzen Bundesgebiet und aus benachbarten europäischen Ländern besucht wird. Weitere berufsbegleitende heilpädagogische Zusatzkurse finden in Stuttgart statt beziehungsweise sind in Süddeutschland in Vorbereitung.

Eine große Gefahr für den Erfolg integrativer Erziehung in der Waldorfschule sehe ich aber in der Ignoranz beziehungsweise Arroganz einzelner Lehrer, die meinen, ein behindertes Kind gehöre in die Klasse, um soziale Integrationsbereitschaft in der Gemeinschaft anzuregen. Ein einseitiges Integrationsinteresse auf Kosten eines behinderten Kindes zu praktizieren, ist unverantwortlich. Unwissenheit in bezug auf behinderte oder entwicklungsgestörte Kinder treffe ich häufig an – sie ist verzeihlich, besonders wenn der Lehrer fragend Hilfe sucht, was mit dem Kind los ist und wie man ihm helfen kann. Grob fahrlässig ist es aber, wenn behinderte Kinder als soziale Katalysatoren mißbraucht werden und nach drei bis vier Jahren die Schule verlassen müssen, weil der Lehrer jetzt erst merkt, daß das Kind sozial und stofflich nicht mehr «zu tragen» ist, weil es immer noch nicht lesen und schreiben kann oder weil die Klasse angeblich das Kind nicht mehr tragen und ertragen kann. Leider gibt es in unseren heilpädagogischen Schulen viele besorgniserregende Beispiele von Kindern, die von Anfang an Heilpädagogik in kleinen Klassen gebraucht hätten und für die die Jahre in der großen Klasse mehr krankmachend als heilend waren.

Auch diese Fälle seien erwähnt. Aber es sind marginale Einzelfälle, die die Integrationserfolge nicht in Frage stellen sollen.

Wie Herr Hellbrügge im *Sonnenscheinreport* von vergeblichen Integrationsbemühungen in der Montessorischule berichtet, so hat auch die Integrationsbemühung der Waldorfschule ihre Grenzen; über sie soll im weiteren Verlauf noch gesprochen werden. Vorerst soll aber dargestellt werden, welches die methodischen Grundlagen für die Möglichkeiten der Integration in der Waldorfschule sind.

Heilende Erziehung
als Grundlage der Integration

Ausgehend von dem Gedanken, daß Integration einerseits Inkarnationshilfe bedeutet und andererseits das Hineinwachsen in die Gesellschaft, ins Leben meint, kann man Waldorfpädagogik in der heutigen Zeit als heilen-wollenden Kulturfaktor verstehen. Denn die personale Integration ist heute – wie schon dargestellt – bei vielen Kindern behindert, verhindert oder vor allen Dingen gestört.

Das «normale» Kind ist heute nicht mehr die Regel, sondern wir haben es in vielen Fällen mit schwierigen Kindern zu tun, die anders unterrichtet werden müssen als noch in vergangenen Jahrzehnten.

Geht man weiterhin von den Hinweisen Rudolf Steiners aus[61] – und selbst wenn man sie nur als Arbeitshypothese nimmt –, daß nämlich viele Schwierigkeiten, die unsere Kinder heute mitbringen, konstitutionell, also karmisch bedingt sind, dann wird auf diesem Hintergrund auch einsichtig, was er in vielen Vorträgen immer wieder hervorhebt. Ich meine hier die Hinweise auf die Art, wie die Kinder heute ins Leben treten als zu Heilende: «Was verloren gegangen ist, das ist dieses, daß eigentlich der Mensch, wenn er aus seinem vorirdischen Dasein heraus in die Welt tritt, gegenüber den eigentlichen Wesenskräften des Menschen ein Wesen ist, das zu heilen ist. Dieses Verbinden des Erziehens mit dem Heilen des Menschen, das ist verlorengegangen … Erziehen muß etwas haben vom Heilen.»[62] «Es ist ja so, daß in älteren Zeiten der Menschheitsentwickelung das Lehren überhaupt als ein Heilen aufgefaßt worden ist. Man betrachtete den menschlichen Organismus so, daß er eigentlich immer die Tendenz hat, durch sich selbst ins Krankhafte zu verfallen, das man dadurch, daß man ihn unterrichtet und erzieht, fortwährend zu heilen hat. Wenn man sich mit diesem Bewußtsein durchdringt, daß eigentlich jeder Lehrer im gewissen Sinne der Arzt seiner Kinder ist, dann ist das außerordentlich gut.»[63] «In dieser Beziehung … läßt sich sehr viel tun. Manchmal auf eine viel einfachere Weise, als man denkt;

denn Heilen und Erziehen – und beide sind ja miteinander verwandt – beruht ja nicht so sehr darauf, daß man allerlei Mixturen, seien es physische, seien es seelische, kompliziert hervorbringt, sondern daß man weiß, was eigentlich hilft.»[64]

Und schließlich sei noch ein wichtiger Hinweis aus dem *Heilpädagogischen Kurs* zum Verhältnis von Erziehen und Heilen wiedergegeben:

«Wir kommen immer mehr darauf, daß dasjenige, was auch hinter dem Menschengeschlecht lebt und sich in Abnormitäten äußert, daß das die eigentliche Geistigkeit im Menschengeschlecht nach außen offenbart. Und wenn wir die Dinge so ansehen, dann kommen wir auch darauf, wie in älteren Zeiten gedacht und angeschaut worden ist, als man in dem Erziehen etwas sah, was dem Heilen ungeheuer nahesteht. Man sah in dem Heilen ein Annähern von ahrimanisch und luziferisch Gebildetem an dasjenige, was die Mittellinie zwischen dem Luziferischen und Ahrimanischen in dem Sinne des Fortganges des guten Geistigen hält. Gleichgewicht zwischen dem Ahrimanischen und Luziferischen sah man in dem Heilen. Und als man in einem viel höheren Sinne sah, daß der Mensch erst während seines Lebens gebracht werden muß in das Gleichgewicht durch die Erziehung, sah man auch in einem gewissen Sinne durchaus in dem Kinde noch etwas Abnormes, was in einer gewissen Beziehung eigentlich krank ist und was geheilt werden muß, so daß die Urworte für Heilen und Erziehen genau dieselbe Bedeutung haben. Die Erziehung heilt den sogenannten normalen Menschen, und das Heilen ist nur ein Spezialisieren für den sogenannten abnormen Menschen.»[65]

Wir begegnen hier der vorher mehrfach erwähnten Polarität in den beiden Konstitutionstypen. Normal ist das Gleichgewicht zwischen luziferischem Einfluß und ahrimanisch Verfestigendem. Das Luziferische offenbart sich mehr im hysterischen Krankheitsbild, während das Ahrimanische stärker im krampfenden, im neuropathischen Krankheitsbild vorherrscht. Wir können in uns selbst diese Einflüsse beobachten, wenn wir in unserem Denken, Fühlen und Handeln mal mehr zum Verhärtenden, Krampfhaften und mal mehr zum auflösenden Außer-sich-Geraten hinneigen.

Rudolf Steiner sieht die Gesundheit nicht als Gegenpol zur Krankheit an, sondern er betrachtet Gesundheit als einen Prozeß des Ausgleichs zwischen verhärtenden und auflösenden Kräften.

So sind Gesundheit und Normalität ein angestrebter Mittelweg, ein Idealzustand, der durch Erziehen des Allgemein-Menschlichen und durch Heilen des einseitig Spezialisierten erreicht werden kann.

Was uns nun beschäftigen muß, ist die Frage nach der heilenden Kraft in der Erziehung. Welches sind die Kräfte, die wir brauchen, um mit «metamorphosierten Arztkräften» zu unterrichten, um beim heranwachsenden jungen Menschen heilsam zu wirken?

Krank- oder gesundmachende Methoden

Wir müssen bei der Auswahl des Stoffes und bei der Methodik in erster Linie fragen, «was eigentlich hilft». Es gibt viele Methoden, den Kindern etwas «beizubringen», sie zu unterrichten. Als Lehrer und Erzieher hat man viele Wege kennengelernt, die zur Erreichung des Lernzieles führen sollten, Methoden, die, an grünen Tischen erfunden, als absolut sicher und effektiv angepriesen und als verbindlich von den Schulbehörden verordnet wurden. Nach einiger Zeit stellte sich heraus, daß die neue Methode doch nicht optimal war, sie wurde verworfen, und neue Methoden wurden verlangt. Man denke hier nur an die Mengenlehre, die in den siebziger Jahren von der Kultusminister-Konferenz für Deutschland verbindlich eingeführt werden mußte, weil man im Computerzeitalter nicht mehr nach Großväter Sitte das Rechnen lernen kann. Lehrer mußten in Kursen die neue Methode kennenlernen, sie den rat- und hilflosen Eltern vermitteln; und die Kinder lernten nach der neuen Art das Rechnen schlechter als nach bewährter Art unserer Väter. Schon nach kurzer Zeit verschwand die Methode in gleicher Weise in den Untergrund, wie die vorübergehend als einzig richtiger Weg zum richtigen Schreiben- und Lesenlernen gepriesene Ganzheitsmethode oder die programmierte Lernmethode als einzig effektiver Weg zum schnellen Wissenserwerb. So wie der jeweilige Stand der Wissenschaft ein kurzlebiger ist, waren auch viele neue Lehrmethoden nur von kurzer Dauer, weil man erkannte, daß sie Verwirrung stifteten, daß sie krankmachend waren.

Es kommt also nicht darauf an, ob eine Methode gut oder richtig, ob sie effektiv oder ineffektiv ist, es kommt darauf an, ob eine Methode gesund- oder krankmachend ist.

«Das ist von besonderer Bedeutung, wenn man ein richtiges Bewußtsein von sich als Pädagoge erzeugen will. Man könnte geradezu sagen, es beginnt die Erziehung des richtigen Bewußtseins damit, daß man übergeht von dem logischen Wahr und Falsch zu dem realen Gesund oder Krank. Dann ist man schon sehr stark an die Auffassung des Heilprinzips herangelangt.»[66]

Am Beispiel des Sprachunterrichtes beschreibt Rudolf Steiner, wie das mechanische Auswendiglernen von Vokabeln ermüdend und krankmachend ist, während lebendige Bilder gesundend und belebend sind.

Heilendes Erziehen bedeutet auf der einen Seite, das in Wirksamkeit zu bringen, was mit der Betätigung in den Nerven, in den Sinnen zusammenhängt, die wahrnehmende Tätigkeit, das Lernen, und auf der anderen Seite die therapeutischen Kräfte, mit denen der Arzt arbeitet, im Unterbewußten, im rhythmischen System der Blutzirkulation oder der Atmung zur Wirksamkeit zu bringen.

Rhythmus als Heiler

Die rhythmische Tätigkeit und die wahrnehmende Tätigkeit sind die physisch und psychisch ernährenden Tätigkeiten, sie wirken dem Krankmachenden entgegen.

«Das ganze rhythmische System ist ein Arzt. Erziehungskräfte sind die Metamorphose der Arzteskräfte, sind die umgewandelten Arzteskräfte.»[67]

Wie wirken sich nun die rhythmischen Kräfte aus, und wie arbeiten wir als heilende Erzieher mit den Arztkräften des Rhythmus?

Wir sind uns bewußt, daß der Rhythmus eine wesentliche Voraussetzung für die gesunde geistige, seelische und körperliche Entwicklung des Kindes ist. Kinder, deren Lebensabläufe willkürlich und ohne festen Rhythmus ablaufen, werden krank; der Lebenssinn signalisiert uns, daß die Ätherkräfte zu schwach oder gestört sind. Rhythmisch wiederholendes Tun führt zu Gewohnheiten, es stärkt den Ätherleib, es stärkt die Willenskräfte des Kindes.

Der Ätherleib wird an der Schwelle zur Schulreife frei, er wird geboren; und um bei dem Bild zu bleiben, kann man sagen, der Ätherleib ist beim Schulneuling wie ein neugeborenes Kind, das noch nicht frei laufen kann und noch intensive Pflege und Fürsorge braucht. Wenn Rudolf Steiner sagt, daß das rhythmische System ein Arzt sei, so kann man folgern, der Rhythmus ist hauptamtlicher und ehrenamtlicher Mitarbeiter des Klassenlehrers in der Waldorfschule.

Betrachtet man das schulische Geschehen in der Waldorfschule unter dem Aspekt des Rhythmus als Heiler, dann wird deutlich, daß er das ganze Schulleben durchwirkt und bestimmt:

Der Lehrplan ist nämlich an den Bedürfnissen des sich entwickeln-den Kindes abgelesen, und diese Entwicklung vollzieht sich in gro-ßen und kleinen Rhythmen, die im Unterricht der Waldorfschule berücksichtigt werden. Der Lehrplan der Waldorfschule ist gleich-sam ein Spiralcurriculum, das heißt, er geht synchron zu den Ent-wicklungsbedürfnissen des Kindes von Epoche zu Epoche, von Jahr zu Jahr, wie eine Wendeltreppe außen am Turm spiralig nach oben. Der Lehrer führt seine Kinder eine Wegstrecke durch eine bestimmte Epoche, und die Kinder schauen in die Welt der Epoche. An deren Ende wendet sich der Lehrer einer anderen Welt zu, und drei bis vier Wochen beschäftigen sich die Kinder wahrnehmend, aufnehmend und lernend mit der anderen Welt des Rechnens oder Schreibens, um wiederum nach einigen Wochen eine neue Welt von höherer Warte zu erschließen oder um herabzuschauen auf die Welt der vorherge-gangenen Epoche. Dabei ist es nicht vorrangig und wichtig, daß am Schluß der Epoche der Stoff abruf- und überprüfbar beherrscht wird.

Von der Bedeutung des Vergessens

Als Waldorflehrer erlebt man immer wieder auf Elternabenden, daß zweifelnde oder verzweifelnde Eltern aufstehen und feststellen: «Jetzt hat die Klasse vier Wochen lang bestimmte Dinge betrieben, und am Montag fängt eine neue Epoche an! Mein Kind beherrscht den Stoff der letzten Epoche noch nicht, mein Kind kann noch nicht lesen, mein Kind kann noch nicht schriftlich addieren», und so wei-ter.

Deshalb ist es notwendig, daß der Lehrer behutsam den Eltern verdeutlicht, daß das heilende Lernprinzip der Waldorfpädagogik die Wiederholung ist: In dieser Epoche haben wir etwas Neues kennengelernt, und am Ende der Epoche lassen wir es bewußt absinken ins «Vergessen». Dann kommen wir nach einer Zeit wieder auf unserer Wendeltreppe an diese Epoche. Wir schauen hinunter übers Geländer und holen das herauf, was wir damals kennengelernt haben. Wir holen es wieder, das heißt, wir wiederholen, metamorphosieren den Stoff, wenden ihn an und lernen so den Stoff der letzten Epoche können, um ihn dann wieder zu «vergessen». Erst in der dritten Epoche wiederholen wir den nun schon zweimal erarbeiteten Stoff, der inzwischen über Kennenlernen und Könnenlernen zur Fähigkeit, zum Können gediehen ist. Das gilt für den rhythmischen Wechsel von Epoche zu Epoche und auch von Jahr zu Jahr. Und schon in dieser Methodik liegt der heilende und tröstende Ansatz für viele Kinder, die mehr Zeit brauchen und erst in der ersten oder zweiten Wiederholung die Fähigkeit entwickeln – Kinder, bei denen «der Knopf später aufgeht».

Der Dreischritt: Kennenlernen – Könnenlernen – Können

An konkreten Beispielen läßt sich das erläutern: In den ersten Epochen des ersten Schuljahres lernen die Kinder die Laute und die dazugehörigen Symbole aus dem Bild heraus kennen. Einzelne Eltern bemerken mit Sorge, daß ihr Kind noch nicht alle Buchstaben «diskriminieren» (so nennt man in der Sonderschulpädagogik das Unterscheiden der Buchstaben) kann. Dann kommen die Kleinbuchstaben an die Reihe; die großen werden wiederholt, alle Großbuchstaben erhalten ihren kleinen Bruder, die großen Mitklinger verbinden sich mit den Klingern zu Wörtern, und so werden die Großbuchstaben metamorphosiert und zum Können hingeführt, während die kleinen Buchstaben am Ende dieser Zeit kennengelernt werden.

Erst nach weiteren Epochen des Wiederholens, des Übens und des Weiterführens wird die Schreibschrift kennengelernt. Die Großbuchstaben sind durch vielfaches Üben sicher verankert, die Kleinbuchstaben werden noch in der Wortlehre und in kleinen Texten schreibend und lesend im Gebrauch gesichert, und wenn die Schreibschrift vom Kennenlernen zum Können übergeführt worden ist, dann werden auch die meisten Kinder das Lesen beherrschen. Lesen ist reife Frucht des Schreiben-Lernens. Je mehr Zeit sich der Lehrer für diese grundlegenden Kulturtechniken des Schreibens und Lesens nimmt, desto sicherer werden die Kinder nachher in der Mittel- und Oberstufe im Gebrauch dieser Kulturtechniken sein. Es hat fatale Folgen, wenn der Lehrer sich hier von Kindern oder Eltern treiben läßt. Die Arbeit in der Unterstufe kann nur heilend sein, wenn rhythmisches Wiederholen zu guten Gewohnheiten, zu Willensstärke führt.

Der hier beschriebene Dreischritt von Kennenlernen, Könnenlernen und Können gilt nicht nur von Epoche zu Epoche und von Jahr zu Jahr, sondern er gilt auch von Tag zu Tag. Das bedeutet, daß auch der einzelne Hauptunterricht jeweils diese drei Schritte beinhaltet. Konkret könnte das an folgendem Beispiel verdeutlicht werden:

Im Hauptteil des Unterrichts schaut der Lehrer die Hausarbeiten an mit den Formen, die die Kinder vor drei bis vier Tagen kennengelernt haben. Sie waren am zweiten Tag geübt worden und danach als Hausarbeit gekonnt worden. Die Kinder schauen gemeinsam die Hefte einzelner Schüler an, um sie zu loben, und einige Kinder, die mutig sind, dürfen die Form, die uns schon seit drei Tagen beschäftigt, an die Tafel malen. Der Lehrer sieht, daß die Kinder ihre Form können. Jetzt wird die Frage gestellt: «Nun, wer weiß noch, welche Form ich gestern an die Tafel gemalt habe?» Die Kinder erinnern sich (Platon sagt: «Kinder sind sich Erinnernde, Erinnern ist wie ein plötzlich entzündendes Licht»). Einzelne Kinder beschreiben die Form, andere können sie schon in die Luft oder sogar an die Tafel malen. Nun schlägt der Lehrer die Tafel auf, und die Form von gestern wird freudig als guter Bekannter wieder begrüßt. Wir vergleichen das, was einige Kinder schon gemalt haben, und jetzt fahren wir mit dem Finger der Form nach, einmal, zweimal, dreimal, erst in der Luft, dann mit Kreide an der Tafel. Schließlich malen alle Kinder auf ein Zeichenbrett beziehungsweise im Übheft. Hier und da hilft der Lehrer nach, und wenn eine Form mißlungen ist, so hat das Blatt noch eine Rückseite, und wir üben zuerst mit «Zauberkreide» (ohne Stift), bis die Form allein oder mit Hilfe ihren Platz im Heft findet. Als Hausarbeit dürfen die Kinder es noch einmal ganz allein und ganz schön üben.

Der dritte Schritt, das Kennenlernen, könnte so beginnen, daß der Lehrer sagt: «Ich habe euch heute eine neue Form mitgebracht.

Schaut einmal, ich male sie erst einmal in die Luft.» Die Kinder beobachten die Hand des Lehrers, mit ihrem Eigenbewegungssinn zeichnen sie die Form in ihre Vorstellung. Jetzt malt der Lehrer die neue Form groß und schön an die Tafel, er malt sie gleich mehrfach, der alten Spur folgend, und die Kinder nehmen die Form durch die Wiederholung in ihr unbewußtes Inneres auf. Danach sagt der Lehrer: «Tut alles weg, jetzt kommt die Geschichte …»

Schulaufsichtsbeamte oder Kollegen aus dem Staatsschulbereich, die einen solchen Unterricht erleben, fragen oftmals verblüfft: «Was hat denn die Geschichte mit dem Stoff zu tun? Und außerdem ist das Ergebnis der Stunde nicht im Heft gesichert worden.» Wer in einer Unterrichtsstunde im Rahmen der zweiten Lehrerprüfung vergißt, das Ergebnis der Stunde in irgendeiner Form festzuhalten, der muß damit rechnen, daß er durchfällt.

Man wird der berechtigten Frage begegnen können, indem man auf das aufmerksam macht, was bereits vorher über das Geschehen in der Nacht gesagt wurde. Die Kinder nehmen den neuen Stoff mit nach Hause; und sie sollen ihn vergessen! In der darauffolgenden Nacht wird der Stoff umgewandelt in Fähigkeit, und je intensiver rhythmisch wiederholend Kennen und Können gelernt wurde, desto stärker sind die Fähigkeiten, desto stärker werden die Ätherkräfte und die Willenskräfte aktiviert. Das Vergessen von Tag zu Tag, von Epoche zu Epoche und von Jahr zu Jahr ist ein wichtiges heilendes Prinzip in der Waldorfpädagogik.

Der von Rudolf Steiner empfohlene Dreischritt gilt für alle Unterrichtsinhalte, und das betrifft auch den Fachunterricht, gleichgültig, ob es sich um Eurythmie, Sprachen oder Sport handelt. Es ist höchste Erziehungskunst, einen Unterricht methodisch so zu gestalten, und es wird auch nicht immer gelingen, den Stoff dergestalt aufzuarbeiten. Oft wird es auch drei oder vier Nächte brauchen, damit sich Stoff in Fähigkeiten umwandeln kann. Wichtig ist nur, daß der Lehrer sich bewußt macht, daß er mit dieser Methode heilsam unterrichtet. Das, was die Kinder im Unterricht mit ihren Sinnen wahrgenommen haben, was sie übend und tätig ins rhythmische System und in den Willen hereingenommen haben, das verwandelt sich in geistige Kraft, «Kraft, die das Gewollte schafft, Wille, der aus diesem Schaffen abermals uns weiterrafft …» (Morgenstern).[68]

Inwieweit der Lehrer wirklich diesen heilenden Impuls in seine

Methodik einbezieht, das kann man an den Hausarbeiten ersehen, die er den Kindern aufgibt. Gelegentlich erlebt man als Hospitant, daß der Lehrer am Schluß des Unterrichts sagt: «So, und davon machen wir zu Hause ein kleines Aufsätzchen» oder «wir malen ein Bild von dem, was ich euch heute erzählt habe.» Ich will nicht sagen, daß das krankmachend ist, aber man kann getrost sagen, daß das nicht heilsam ist. (Erziehen *und* Heilen beruht darauf, «daß man weiß, was eigentlich hilft.»)

Bedeutet Wissen wirklich Macht? Nach Aussagen einiger Hochschullehrer *wissen* Absolventen der Waldorfschule weniger, aber sie *können* mehr. Darauf muß man Eltern und Lehrer hinweisen, die ernsthaft die Frage stellen, ob Waldorfschüler gesichertes Wissen erlangen, wenn ohne Druck und ohne Leistungskontrolle ein Epochenstoff, wohlzubereitet, an die Kinder herangetragen wird, der dann möglicherweise für ein ganzes Jahr ins Vergessen absinkt. Ohne ein gutes Maß an Schulwissen könne doch ein Mensch in dieser Zeit nicht zurechtkommen. Nun, ich denke da an meine eigene Schulzeit während des Krieges und erinnere mich, daß der Lehrer, mit einem Stock vor uns stehend, von uns verlangte, daß wir bestimmte Inseln, Flüsse und ihre Länge, Berge mit Höhenangaben und Geschichtszahlen auswendig herunterrasseln mußten, und wer es nicht konnte, bekam für jede nicht gewußte Insel, für jede fehlende Geschichtszahl einen Hieb auf die Finger. Ich kann diese lexikalischen Angaben heute noch auswendig, aber ich habe als Schüler keine Ahnung davon gehabt, wo die Inseln, Flüsse und Berge denn nun liegen. Sie haben sich ins rhythmische System eingegraben, so wie die meisten Bundesbürger die Nebenflüsse der Donau fließend hersagen können, ohne allerdings genau zu wissen, wo Naab, Regen oder Lech nun entspringen oder münden. Der Rhythmus, der in der Aufzählung liegt, der hat sich uns eingeprägt, und nur über den Rhythmus können wir die Daten speichern, auch wenn wir nichts mit ihnen anfangen können.

Somit ist das bloße Auswendigwissen leeres Stroh oder – um es mit den Worten des Neuen Testaments zu sagen – Steine, die der Lehrer den Kindern zu essen gibt, obwohl sie um Brot bitten. Kinder wollen die Welt kennenlernen und tätig in ihr wirken; reines Lexikonwissen macht sie krank.

Man kann die «Stoffvermittlung» in der Schule durchaus vergleichen mit der Nahrungsaufnahme: Wir haben Hunger, unser Körper braucht Stoff, und wir setzen uns an den Tisch, um das Bedürfnis zu befriedigen. Schon beim Studium der Speisekarte oder beim Anblick des schön zubereiteten Gerichts läuft uns das Wasser im Mund zusammen. Wir machen uns aber nicht bewußt, daß das vor uns stehende Gericht in unserem Organismus heftige Abwehrreaktionen verursacht. Unser Organismus weiß, daß das mit Sorgfalt ausgesuchte und mit Liebe zubereitete Gericht im Grunde Gift für unseren Körper darstellt. Es handelt sich um fremde Stoffe, die unserer Art nicht entsprechen, die wie Gift in uns wirken würden, wenn nicht viele Körpersäfte und Kräfte mobilisiert würden, das Gift zu empfangen, es zu vernichten, den größten Teil wieder auszuscheiden und die eigentliche umgewandelte Substanz als Lebenskraft, als menschliche Energie zur Verfügung zu haben. Allgemein weiß man, daß unmittelbar nach einem guten Essen der Körper eher geschwächt ist, weil die gesamte Energie dorthin gelenkt wird, wo Stoffwechsel vollzogen werden muß. Man ist nach dem Essen müde, und das gilt auch für unsere Kinder, wenn sie in der Pause ein kräftiges Frühstück mit Milch, Kohlehydraten und Süßigkeiten zu sich genommen haben. Die erste Fachstunde ist dann der Verdauung gewidmet.

So wie die physische Nahrung für den Körper unerläßlich ist, obwohl sie umgewandelt werden muß, ehe sie Kraft bringt, so ist auch der Stoff, den wir in der Schule an die Kinder herantragen, dem Wesen des Kindes fremd. Es hat Hunger auf Stoff, aber es kommt auf die Zubereitung, auf die Menge und auf die Verträglichkeit an. Einseitige physische Ernährung macht krank, einseitige Stoffvermittlung in der Schule macht auch krank.

So wie man sagt, der Mensch lebt nicht um zu essen, sondern er ißt, um zu leben, so können wir auch sagen, das Kind lebt nicht, um zu lernen, sondern es lernt, um zu leben. Der Stoff darf in der Pädagogik niemals Selbstzweck werden. Er ist dringend erforderlich, aber er muß gut zubereitet und verträglich sein, fein zerkaut und verdaut werden, ein großer Teil wird durch Vergessen ausgeschieden, und in der Nacht verwandelt sich der Stoff in Fähigkeiten.

Martin Wagenschein sagt in diesem Zusammenhang: «Nein, das Kind ist nicht vergleichbar mit einem durchgebogenen Brett, auf das wir Stoffe stapeln, ihm ‹aufgeben›, auferlegen, bis sie sitzen. Selbst wenn wir Überlastung dabei zu vermeiden suchen: wir sind nicht im

Bilde mit diesem Wort, das in die Physik gehört und nicht in die Pädagogik. Es gibt Gebiete, wie eben das des Arztes oder des Lehrers, in denen mechanistische Vergleiche ganz vorbeitreffen und uns in die Irre führen. Sie machen uns vergessen, daß wir längst wissen könnten, wie Lernen sein muß, damit es nicht nur abläuft, sondern auch wirksam wird.»[69]

Der Waldorflehrer sollte sich bei der Auswahl des Stoffes und bei seiner methodischen Zubereitung bewußt werden, daß der Stoff gleichsam als Ballaststoff oder als Katalysator betrachtet werden muß. Er soll wirksam werden, er soll Fähigkeiten vermitteln. Stoffliches Wissen darf, ja, es muß vergessen werden. Da, wo der Stoff Selbstzweck wird (siehe programmiertes Lernen), wirken unheilsame, krankmachende Kräfte auf die Lebenskräfte des Kindes, bloße Wissensvermittlung wirkt willenslähmend.

Hier gilt ein Wort Rudolf Steiners, wenn es auch in anderem Zusammenhang gemeint ist: «Dem Stoff sich verschreiben, heißt Seelen zerreiben.»[70] Das sollten sich Waldorf-Klassenlehrer und auch Oberstufenlehrer immer wieder bewußt machen, wenn zum Beispiel die Neuntkläßler im Unterricht des Oberstufenfachlehrers vorgeben, weder von der Bruchrechnung noch von der Algebra, noch von der Französischen Revolution etwas zu wissen. Nicht selten bekommt der Oberstufenlehrer zu hören: «Haben wir nie gehabt!» Und dann gibt es erregte Debatten im Lehrerzimmer über den miserablen Wissensstand der Klasse. Der ehemalige Klassenlehrer wird heftig attackiert und versucht, mit Hilfe von Klassenbüchern und Epocheheften sich zu rechtfertigen. Unsere Oberstufenlehrer sollten häufiger in den Unter- und Mittelstufenklassen hospitieren und dadurch das Vertrauen gewinnen, daß der Klassenlehrer den Stoff «behandelt» hat. Aber der Stoff ist vergessen worden, und die Oberstufenlehrer sollten wissen, daß Neuntkläßler im platonischen Sinne Erinnernde sind. Es gilt also zu erinnern, zu wiederholen. Häufig tun die Oberstufenlehrer schon nach kurzer Zeit Abbitte beim bisherigen Klassenlehrer, wenn sie merken, was der Stoff des Klassenlehrers bei den Kindern bewirkt hat. Es gehört nun einmal zum Schicksal des Lehrers, daß er wie im Brunnenspruch von sich sagen kann: «Wie einfach ist mein Leben: Geben, immer nur Geben» und daß er nicht mit Dank und Anerkennung rechnen kann. Es wäre eine soziale Wohltat, wenn sich Oberstufenlehrer von Zeit zu Zeit bewußt machen würden, daß sie auf starken Fundamenten aufbauen können, die der Klassenlehrer angelegt hat. Und diese Fundamente bestehen nicht aus bloßem Wissen als leeres Stroh. So etwas sollte man dem ehemaligen Klassenlehrer von Zeit zu Zeit einmal bestätigen.

Altersgemäßer Stoff und Stoffvermittlung

Vielfach wird von Eltern gefragt, ob denn die Methode der Waldorfschule noch zeitgemäß sei, die Märchen seien doch längst antiquiert, die Kinder verlangten interessanteren Lesestoff wie die Bücher von Astrid Lindgren oder Michael Ende; ob man mit der «heilen Welt», in der Waldorfkinder erzogen werden, die Kinder auf das Unheil unserer heutigen Welt in richtiger Weise vorbereiten könne, ob es angemessen sei, die Kinder im dritten Schuljahr mit Pflug, Saatschale, Sense und Dreschflegel hantieren und singen zu lassen, man sei das ganze Jahr vergnügt, wo doch die Landwirtschaft heute ganz andere Probleme habe, und schließlich, ob Waldorfpädagogik nicht arg nostalgisch sei. Die Kinder seien auch heute noch «anderser», als sie 1919 waren, als Rudolf Steiner gesagt hat, wir müßten sie anders erziehen.

Tatsächlich sind die Kinder heute anders. Säkulare und individuelle Akzeleration äußern sich in schon früher erwähnten Formen der intellektuellen Frühreife vieler Kinder, in einer erheblichen Zunahme des Längenwachstums und in einer Vorverschiebung der sexuellen Reife um mindestens zwei Jahre.

Und doch hat sich der Zeitpunkt des Zahnwechsels und damit eines Kriteriums der Schulreife allgemein nicht verschoben, wenn es auch individuell mehr Verspätungen als Verfrühungen gibt. In den siebziger Jahren hat der verstorbene Stuttgarter Schularzt Dr. Matthiolius eine wichtige Untersuchung in diesem Zusammenhang durchführen können. Er hat bei mehreren tausend Waldorfschülerinnen und bei einer gleichen Anzahl von Mädchen aus öffentlichen Schulen den Zeitpunkt der ersten Periode ermittelt und dabei festgestellt, daß im Schnitt dieser Zeitpunkt bei Waldorfschülerinnen um über ein Jahr verzögert war. Man kann daraus schließen, daß Waldorfpädagogik akzelerationshemmend ist.

Und dennoch erlebt man überall und immer wieder, daß Kinder, Eltern und Lehrer zur Verfrühung drängen. Akzelerierte Kinder wehren sich gegen die Methodik des Erstklaßlehrers, sie wollen keine Märchen mehr hören und protestieren gegen «Kindergarten-Kram». Eltern greifen diese Äußerungen auf und verlangen eine zeitangemessene Stoffauswahl und Zubereitung, und schließlich lassen sich Lehrer hinreißen, diesen Bedürfnissen nachzukommen. So erlebte ich Astrid Lindgrens Geschichten als Lesestoff der ersten Klasse, so wurde in einer ersten Klasse (drei Monate nach der Einschulung) die 24 in Faktoren (2 x 12, 3 x 8, 4 x 6 ...) zerlegt, und in einer zweiten Klasse wurden die Quadratzahlen von 1 bis 20 als Lieblingsreihe der Klasse dem staunenden Gast präsentiert.

Beim ersten Beispiel handelte es sich um eine Klasse, die bei den Fachlehrern als nicht mehr unterrichtbar galt, und ich versuchte, dem Klassenlehrer und dem Kollegium klarzumachen, daß ein altersgemäßer Unterricht hier heilsam sein kann.

Beim zweiten Beispiel erhielt ich auf meine Bedenken hin die Antwort, daß in einer Universitätsstadt Kinder und Eltern nun einmal mehr verlangen.

Und die Lehrerin der zweiten Klasse war sich durchaus bewußt, daß Quadratzahlen nicht in den Stoff der zweiten Klasse gehören. Aber die Kinder hätten das entdeckt und Freude an dieser Reihe, «und darum sprechen wir sie auch gerne vorwärts wie rückwärts». Zwei Jahre später wurde ich wieder in die Konferenz gebeten, weil sich eben in dieser Klasse große disziplinarische und soziale Probleme ergeben hatten.

Der oben schon zitierte Martin Wagenschein mag hier noch einmal gleichsam als Anwalt der altersgemäßen Erziehung zu Worte kommen: «Diesem Hang zur Verfrühung verfallen wir immer wieder, weil wir die Kardinaltugend des Erziehers, die Geduld, verlieren. Wir können es nicht abwarten und verstoßen damit gegen die Gesetze des Pflegens.» Und er zitiert hier den chinesischen Philosophen Mong Tse (geb. 302 v. Chr.): «Ein Mann aus Sung war sehr betrübt, daß sein Korn nicht recht wachsen wollte. Er versuchte daher, die Halme selbst in die Höhe zu ziehen. Nach dieser Arbeit kam er erschöpft nach Hause und sagte zu den Leuten: ‹Ich bin sehr müde, ich habe meinem Korn geholfen zu wachsen.› Sein Sohn lief hinaus, sich dies anzusehen, fand aber alle Halme verwelkt. Es gibt viele Menschen auf der Welt, die den Wunsch haben, dem Korn beim Wachsen zu helfen.»[71] Es gilt aber zu beachten, daß gerade in einer Zeit intensivster Möglichkeiten der Verfrühung durch Sinnesüberreizung und unkindliche Erziehungseinflüsse die Waldorfpädagogik bewußt und nachhaltig davon ausgeht, daß das Kind eine altersgemäße Erziehung und altersgemäßen Stoff braucht. Wenn die äußeren Zeiten chaotisch sind, dann braucht der junge Mensch ein festes Fundament, um in dieser Zeit leben zu können. Das Fundament des Grundschulkindes ist aber bestimmt von den jungen Kräften des Ätherleibes und den sich entwickelnden Kräften des Astralleibes. Gerade weil wir den Kindern die Möglichkeit geben, in der Haus- und Feldbau-Epoche der dritten Klasse Kulturentwicklungen der Menschheit nachzuerleben, entwickeln sie die Fähigkeiten des Staunens, des Verehrens und der Dankbarkeit für unsere Nahrung, um in einer Zeit technisierter Brotgewinnungsindustrie noch den Ursprung der Dinge zu kennen. Wer in seiner Kindheit in der Stimmung des Morgensternschen Spruches «liebe Sonne, liebe Erde, euer nie vergessen werde» aufgewachsen ist, der wird als junger Mensch die Kraft haben, Verantwortung für diese unsere Erde zu entwickeln.

Dasselbe Kind, das in der dritten Klasse geholfen hat, den Pflug durch den Acker zu ziehen, mit der Egge die Ackerkrume zu zerkleinern, das Korn zu säen, die Halme mit Sichel oder Sense zu schneiden, das Korn einzufahren und mit dem Dreschflegel zu dreschen, wird als Neuntkläßler sein Praktikum auf dem modernen Bauernhof machen. Es hat dann einen anderen Bezug zu dem technisierten Geschehen und ist nicht wurzellos. Der allgemeine Wunsch, auf einem Bauernhof Ferien zu verbringen, ist heute nostalgisch bestimmt. Die Kinder finden kaum noch eine tiefe Beziehung zur Erde, zu ihren Früchten und zu den Tieren auf dem Hof.

Altersgemäßer Unterricht ist der Mittler zwischen Retardation und Akzeleration. Das retardierte Kind mit seiner Tendenz, zurückzubleiben, wird hier gefordert und gefördert, das akzelerierte Kind mit seiner Tendenz, seiner Altersstufe vorauszueilen und die jeweilige Stufe zu überspringen, wird durch einen altersgemäßen Unterricht, der durch interessante Aufgabenstellung zubereitet ist, zurückgehalten. Man gibt dem vorauseilenden Kind die Möglichkeit, die ihm entsprechenden Stufen in rechter Weise ruhig und intensiv auszuleben. Es ist notwendig, daß Lehrer und Eltern sich immer wieder darauf verständigen, daß es krankmachend ist, wenn das Kind geistige Nahrung bekommt, die seinem Alter nicht mehr oder noch nicht entspricht.

Ich weiß als Vater und Lehrer, daß es schwer ist, dem Drängen vorauseilender Kinder maßvoll zu widerstehen, aber wer sich von seinen Kindern und ihren Bedürfnissen treiben läßt, kann nicht heilend erziehen. Wir müssen selbst Geduld entwickeln, um bei den Kindern Geduld zu veranlagen. Man kann sich hier von Christian Morgenstern beraten lassen:

«Siehe eine Sanduhr: Da läßt sich nichts durch Rütteln und Schütteln erreichen,
du mußt geduldig warten, bis der Sand, Körnlein für Körnlein, aus dem einen Trichter in den andern gelaufen ist.»[72]

Der rhythmische Teil als heilsames Beginnen

Erlebt man als Eltern oder als Gast einen Unterrichtsbeginn in der Waldorfschule, so fällt eines in jeder Schule in den ersten dreißig Minuten auf: Aus allen Klassen, auf allen Fluren singt, klingt und tönt es. Da wird gesungen, da wird geflötet, da werden Gedichte gesprochen, Rhythmen gelaufen, geklatscht und gestampft. Da gibt es Phasen, wo der Draußenstehende meint, es sei niemand im Klassenraum, und dann gibt es wieder lautes Gelächter und frohes Getobe, bis ein leiser Ton erklingt und die Kinder wieder still werden. In der Regel wird man im Schulgebäude keine Lehrerstimmen hören. Es ist der Teil des Unterrichts, wo primär am rhythmischen System gearbeitet wird mit «Handwerkszeug», das selber stark rhythmisch ist, und der aufmerksame Beobachter nimmt wahr, wie die Kinder im Laufe des sogenannten rhythmischen Teils ihre Seelenkräfte ordnen und stärken.

Begrüßung und Morgenspruch

Bei der Begrüßung an der Tür übt sich der heilende Erzieher in Diagnostik. Er schaut jedem Kind in die Augen, gibt ihm die Hand und wünscht ihm einen guten Morgen oder guten Tag. Wie unterschiedlich begegnen uns die Kinder bei der Begrüßung. Der «Morgenmuffel» trottet am Lehrer vorbei, murmelt ein «Tach» und möchte schnell an seinen Platz, um dort den abgebrochenen Schlaf fortzusetzen. Aber der Lehrer ruft ihn zurück mit einem aufweckenden freundlichen Wort und einem kräftigen «guten Tag», denn darum geht es ja bei der morgendlichen Begrüßung, daß man sich gegenseitig einen guten Tag wünscht; sonst könnte man auf den Gruß verzichten oder «hei» sagen.

Das nervensinnes-wache Kind, das schon auf dem Weg zur Schule, auf der Autobahn, am Bahnhof viele Sinneseindrücke aufgenommen hat, will auch, «moin, moin» sagend, am Lehrer vorbeistürzen. Aber auch dieses ruft der Lehrer zurück, und man begrüßt sich mit dem Kommentar des Erstkläßlers: «Ach ja, guten Morgen, lieber Herr ...»

Da kommen Kinder, die schon an der Tür loswerden wollen, was sie tags zuvor erlebt haben, Kinder, die vordrängen, weil sie dem Lehrer etwas mitgebracht haben und auf ein «Danke schön» warten, und es kommen Kinder, die kalte Hände haben und ängstliche traurige Blicke, und der Lehrer weiß oder ahnt, daß da etwas nicht stimmt.

So kommen die Kinder herein, und es gibt viel zu tun, bevor der eigentliche Unterricht beginnt. Hefte werden angeschaut, Fenster geöffnet, Blumen begossen, und es wird noch diese oder jene Verabredung mit Eltern oder Schülern getroffen. Wenn es dann schellt, fragt der Lehrer in der Regel: «Wer hat Lebenswichtiges zu erzählen?» Jetzt melden sich die Kinder, und jeder möchte erzählen, was gestern war: daß die Mutter gefallen, die Katze verunglückt ist, der Wellensittich beinahe weggeflogen wäre und so weiter. Wenn der Lehrer dafür fünf oder sieben Minuten Zeit verwendet, dann kann das eine wichtige pädagogische und soziale Funktion erfüllen. Die Kinder hören einander zu, sie entwickeln Interesse für den anderen, und sie erleben, wie ihr Lehrer Mitleid empfindet, indem er sich erkundigt, wie es denn der Mutter geht, die gestern krank war, was das Baby macht, das die ganze Nacht geweint hatte. Kinder brauchen das offene Ohr des Lehrers, und sie sind glücklich, wenn sie ihre kleinen Kümmernisse oder Freuden loswerden können. Gleichzeitig veranlagt der Lehrer bei seinen Kindern die Fähigkeit, Mitleid zu haben.

Jetzt ist es Zeit für den Beginn, und nicht selten fragt der Lehrer, wer heute fehlt. Dann kommt ein Kind nach vorne, entzündet eine Kerze, die auf den Tisch des fehlenden Kindes gestellt wird mit der

Frage, wie es ihm geht, wer es besucht hat, und dann zündet das Kind eine große Kerze an. Alle Kinder werden ruhig und wissen, wenn die Kerze brennt, dann sollte keiner mehr schwätzen. Und das gilt auch für den Lehrer, denn der Kerzenanzünder bläst die Kerze auch wieder aus, wenn der Lehrer meint, er müßte noch eben dieses oder jenes Kind ansprechen oder mahnen. Die brennende Kerze – es sollte möglichst eine Bienenwachskerze sein, weil Stearinkerzen rußen und ungesund sind – soll nichts Mystisches beinhalten, sondern sie ist ein Zeichen der Übereinkunft, daß nun geschwiegen und dann der Morgenspruch gesprochen wird. Es kommt in den ersten Schulmonaten darauf an, daß in dieser Weise gute Gewohnheiten angelegt werden, die dann den Kindern «in Fleisch und Blut übergehen», so sagt der Volksmund. Man müßte genauer sagen: die in den Ätherleib sich einschreiben und willensbildend sind.

Jeden Morgen sprechen die Kinder ihren Morgenspruch.

> «Der Sonne liebes Licht,
> Es hellet mir den Tag;
> Der Seele Geistesmacht,
> Sie gibt den Gliedern Kraft;
> Im Sonnen Lichtes Glanz
> Verehre ich, o Gott,
> Die Menschenkraft, die Du
> In meine Seele mir
> So gütig hast gepflanzt,
> Daß ich kann arbeitsam
> Und lernbegierig sein.
> Von Dir stammt Licht und Kraft,
> Zu Dir ström' Lieb' und Dank.»

In der Unterstufe erleben sie, wie die Sonne ihren Tag erhellt und den Gliedern Kraft schenkt. Und der Spruch endet mit dem Dank an Gott, der uns die Menschenkraft zum Lernen und zur Arbeit gegeben hat. Sie sprechen ihn in einer angemessenen Haltung, mit gefalteten Händen, verschränkten Armen oder so, wie der Lehrer es ihnen vorlebt. Die Erstkläßler lieben ihren Lehrer, und sie tun ihm zuliebe alles, was er für richtig hält. «Mein Lehrer hat das aber so gesagt», das ist eine neue Tonart, die frischgebackene Erstklaß-Eltern gelassen zur Kenntnis nehmen sollten, nachdem viele Jahre hindurch das, was Vater und Mutter sagten und taten, Richtschnur war.

Auch und gerade beim Morgenspruch der ersten Klasse ist es notwendig, daß eine angemessene gute Form der Haltung erarbeitet wird: Die zehn kleinen «Zappelmänner» dürfen ruhig vorher noch einmal hin und her und auf und ab zappeln, aber wenn der Spruch gesprochen wird, dann finden sie sich zusammen, und jeder Finger der rechten Hand paßt auf die Finger der linken Hand auf, daß sie auch schön beieinander bleiben. Wenn das in der ersten Klasse zur guten Gewohnheit geworden ist, dann gibt es später keine Diskussionen mehr in Mittel- und Oberstufe, ob man die Hände falten, locker herablassen oder ihnen völlig freien Lauf geben soll (Unterschlupf in der Hosentasche).

In der Mittelstufe sprechen die Kinder morgens einen anderen Spruch, einen Spruch, der der Seelenverfassung des jungen Menschen entspricht, der nach draußen schaut, um sich selbst wahrzunehmen, und der nach innen schaut, um in sich die Welt und ihren Schöpfer zu finden.

> «Ich schaue in die Welt,
> In der die Sonne leuchtet,
> In der die Sterne funkeln;
> In der die Steine lagern,
> Die Pflanzen lebend wachsen,
> Die Tiere fühlend leben,
> In der der Mensch beseelt,
> Dem Geiste Wohnung gibt;
> Ich schaue in die Seele,
> Die mir im Innern lebet.
> Der Gottesgeist, er webt
> Im Sonn'- und Seelenlicht,
> Im Weltenraum, da draußen,
> In Seelentiefen, drinnen. –
> Zu Dir, o Gottesgeist,
> Will ich bittend mich wenden,
> Daß Kraft und Segen mir
> Zum Lernen und zur Arbeit
> In meinem Innern wachse.»

Eine Schülerin, die sehr wach war, fragte in der siebten Klasse, warum man eigentlich immer den gleichen Spruch sprechen müsse. Es gäbe doch so viele Sprüche, und dann könnte man, wenn nun mal ein Spruch notwendig sei, auch mal was anderes sprechen. Es gab daraufhin ein Gespräch über täglich wiederkehrende Gewohnheiten im hygienischen Bereich und in bezug auf physische Bedürfnisse beim Frühstück. Die Schüler bestätigten, daß das, was sie gewohnt waren, für sie richtig und wichtig sei. Änderungen im täglichen Gewohnheitsrhythmus würden eher irritieren als anregen. Und bald war auch in der Klasse die Einsicht geweckt, daß ein regelmäßiges Sprechen des gleichen Spruches für die geistig-seelische «Hygiene» wichtig und richtig sei.

Gerade das muß man berücksichtigen und bedenken, daß ein solches gemeinsames Tun für die Entwicklung des Kindes von Bedeutung und daß die tägliche Wiederholung eine therapeutische Hilfe für solche Kinder ist, die nervös, unkonzentriert und unstet von einem Sinneseindruck zum anderen huschen.

Es ist in der Mittelstufe auch lohnend, auf einer Weltkarte die Länder abzustecken, wo Waldorfschulen sind, und dann die Zeitzonen anzuschauen; so gibt es heute kaum noch einen Bereich, wo nicht im Laufe von 24 Stunden der Morgenspruch in einer Waldorfschule gesprochen wird. Es macht den Schülern Freude, sich bewußt zu machen, daß eine Stunde, nachdem wir unseren Spruch gesprochen haben, die Kinder in England, Schottland und in Irland ihren Spruch sprechen, und vier Stunden später in Brasilien und Argentinien, sechs Stunden später in New York, Florida, Peru und neun Stunden später in San Francisco. Und wenn wir zur Schule kommen, haben die Kinder in Finnland, Lettland und Polen wie auch in Johannesburg ihren Spruch schon gesprochen, und als wir um 6 Uhr aufstanden, sprachen die Kinder in den russischen Waldorfschulen *ihren* Spruch. Elf Stunden früher wurde in Neuseeland und elf Stunden später in Honolulu gesprochen.

Die Sprüche gehen heute mit zeitlicher Verschiebung rund um den Erdball, und es gibt kaum eine Zeitzone, in der nicht morgens zwischen 8 und 8.30 Uhr die Sprüche von mehr als 100.000 Kindern in 600 Waldorfschulen und circa 300 heilpädagogischen Schulen in der jeweiligen Landessprache gesprochen werden. Das erinnert an das Zeitengebet, das in mittelalterlichen Klöstern von Mönchen für das Wohl der Christenheit in ganz Europa gesprochen wurde.

129

Der Morgenspruch hat also nicht nur heilende Wirkung auf den einzelnen Schüler, sondern er hat eine «homöopathische» Bedeutung für die Schule, für die Stadt, für das Land, ja für die ganze Welt.

Eine solche Betrachtung beeindruckt die Mittelstufenschüler, und aus dieser Haltung heraus ist es dann auch möglich, gute Gewohnheiten beim Sprechen des Spruches mit hinaufzunehmen in die Oberstufe. Es hilft dem jungen Menschen in der Oberstufe, Zugang zu Konzentration und Meditation zu finden.

Die Tätigkeit des gemeinsamen Chorsprechens ist ein wesentlicher Heilfaktor in der Waldorfschule. Bei der Arbeit an Prosa oder Poesie geht es unmittelbar um die Begegnung mit geistigen Kunstwerken, die der Dichter mit Hilfe von Imagination und Inspiration geschaffen hat. Beim Chorsprechen erleben die Kinder mehr oder weniger bewußt Form und Inhalt der Gedichte, aber auch Versmaß und Sprachgestalt wirken harmonisierend auf die Lebenskräfte des Kindes. Gemeinsames Sprechen ist also eine individuelle Hilfe und gleichzeitig eine soziale Übung. So ist das Chorsprechen eine wichtige Inkarnationshilfe, es dient der personalen und sozialen Integration, ist Willensschulung. Die Kräfte, die daraus erwachsen, helfen dem jungen Menschen im dritten Jahrsiebt, den Weg zu seinem Ich sicher zu finden und sich nicht in den Sackgassen Alkohol, Nikotin, Jagd nach Phantomen, Sexualität, Drogen, Jugendsekten und so weiter zu verlieren. Ähnliche therapeutische Wirksamkeit haben auch die Zeugnissprüche, die die Kinder erstmalig nach dem ersten Schuljahr bekommen. Der Lehrer sollte seine Eltern gut darauf vorbereiten, damit es keine Mißverständnisse oder gar Mißbrauch gibt.

Der Zeugnisspruch

Die Kinder erhalten jeweils am Jahresende ihr Zeugnis, besser würde man sagen: Die Eltern erhalten einen Bericht über die schulische, soziale und personelle Entwicklung des Kindes im abgelaufenen Jahr. Hier geht es nicht um Zensuren, «Giftblätter», um psychologische Gutachten oder um Be- oder Verurteilungen der Kinder oder gar der Eltern, sondern um eine möglichst liebevolle, aber sachliche Charakterisierung der Entwicklung des Kindes.

Das Zeugnis ist ein Blick zurück, und es ist für die Eltern bestimmt.

Für das Kind gibt es den Zeugnisspruch, und der hat die Blickrichtung in die Vergangenheit, in die Gegenwart und in die Zukunft. Der Zeugnisspruch ist gleichsam eine homöopathische geistig-seelische Entwicklungshilfe für das Kind, resultierend aus der Diagnose, der genauen Kenntnis des Kindes, aus dem augenblicklichen Entwicklungsstand und aus dem Ziel, das der Lehrer für das Kind ins Auge faßt.

Das bedeutet, daß sich der Lehrer – bevor er das sachliche Zeugnis für die Eltern schreibt – das Bild des Kindes ins Bewußtsein holt. Wie ist das Kind? Was hat es für Eigenschaften, Stärken, Schwächen, Neigungen? Welches Bild aus der Natur, aus dem Mineral-, Pflanzen- und Tierreich oder welches Märchenbild paßt zu der Konstitution des Kindes? Wie kann man dieses Bild in Rhythmen und Verse fassen, um einen Spruch zu bekommen, der dem Kind weiterhelfen kann?

Es geht nicht darum, dem Kind intellektuell bewußt zu machen, welche Schwächen es hat und was damit geschehen muß. Das würde bedeuten, ihm leeres Stroh zu geben; sondern das Kind braucht ein Bild, das vor seine Seele gestellt wird. (Bildung hängt mit dem Bild zusammen; und das Kind, das viele Bilder innerlich gebildet hat, lernt vorstellen, lernt denken.)

Bei der Auswahl des Rhythmus muß bedacht werden, ob das Kind ein belebendes Versmaß braucht, um lebendig zu werden, ob es einen beruhigenden Rhythmus braucht, um seelische Hyperaktivität zur Ruhe zu bringen, oder ob es einen wechselnden Rhythmus braucht.

So entstehen die Zeugnissprüche, und aus der Erfahrung des Klassenlehrers kann man sagen, daß es oftmals sehr viel mühseliger und zeitraubender ist, einen passenden Spruch zu finden, als ein ganzes Zeugnis zu schreiben.

Den Zeugnisspruch spricht das Kind jede Woche vor der Klasse. Es übt ihn mit dem Lehrer und nach Absprache mit der Mutter oder dem Vater. Ich habe die Eltern meiner Klasse immer gebeten, während der Sommerferien dem Kind am Abend den Spruch vorzusprechen, nicht als Gebet, aber zusätzlich zum Gebet oder anstelle eines Gebetes, sofern es in der Familie nicht üblich ist, ein Gebet zu sprechen. Dann hört das Kind den Spruch über einen längeren Zeitraum; und in den ersten Wochen übt der Lehrer den Spruch in der Klasse. Nach bestimmten Gesichtspunkten (alphabetisch, Wochentags-,

Geburtstagskinder) treten die Kinder nach vorne, die an diesem Tag «dran» sind. Dabei ist es gut, wenn das jeweilige Kind allein vor der Klasse steht und so lange wartet, bis alle Kinder ordentlich sitzen, still sind und zuhören. Das den Spruch sprechende Kind braucht die gleiche Ruhe und Konzentration der Klasse, wie sie auch der Lehrer erwartet, wenn er spricht. Vielerlei Begleitformen kann man in Waldorfklassen erleben: Da hält zum Beispiel das sprechende Kind die Kerze in der Hand, oder der Sprecher ist eingerahmt von einem oder zwei andern Kindern. Es kommt darauf an, sich bewußt zu halten, daß der Spruch ein Arbeitsmaterial ist, an dem während des ganzen Schuljahres gearbeitet wird, so daß das Kind den Spruch nicht nur auswendig kann oder, wie es im Deutschen heißt, «im Kopf hat», sondern es soll ihn *by heart* oder *par coeur* können, das heißt verinnerlichen. Die Klasse hört zu, und wenn die Klasse in Ruhe zuhört, können wir davon ausgehen, daß der Kehlkopf aller Kinder leise mitschwingt. Das heißt, ein Kind spricht äußerlich, und alle anderen Kinder sprechen innerlich mit. Mit der Arbeit am Einzelkind wirkt der Lehrer auf die Sprachfähigkeit der ganzen Klasse.

Kein Wunder, daß an solchen Tagen, wo ein Kind fehlt, die ganze Klasse für dieses Kind den Spruch sprechen will. Das ist ein wichtiges soziales Element, und es kann sehr gut zu der Einsicht hinführen, daß es für das kranke Kind gut und heilsam ist, wenn wir seinen Spruch in der Klasse sprechen. Hier wird deutlich, daß der Gedankenwahrnehmungssinn nicht an das geschriebene oder gesprochene Wort gebunden ist. Ich hatte einen freiwilligen Schweiger (selektiver Mutismus) in der Klasse, der zwar mit seinen Schulkameraden redete, aber weder mit den Eltern noch im Unterricht ein Wort sprach. Im zweiten Schuljahr habe ich wochenlang hinter ihm stehend seinen Spruch gesprochen, bis ich einmal aus bewußtem Versehen einen anderen Spruch sprach. Da wandte der Junge sich um und sagte: «Äh, du hast ja den falschen Spruch!» Er half mir dann, den richtigen zu sprechen, und hat sein Schweigen danach abgelegt.

Eine ehemalige Waldorfschülerin berichtete, daß sie 25 Jahre nach der Entlassung anläßlich eines Klassentreffens angeregt hatte, sich der Zeugnissprüche zu erinnern. Und siehe da, viele Ehemalige konnten ihre Sprüche noch; und da, wo einer vergessen worden war, da konnten die Klassenkameraden von damals helfen zu erinnern.

So hat der Zeugnispruch ähnliche therapeutische Bedeutung wie der Spruch, den Rudolf Steiner der Mutter für ihr ängstliches Kind gab (*Abendglockengebet*).[73] Man könnte sagen, der Spruch ist ein pädagogisch-therapeutisches Rezept, auf dem steht: «Täglich einmal vor dem Einschlafen und einmal wöchentlich vor der Klasse sprechen.» Der Spruch ist keine «Akut-Medizin», sondern eine homöopathische Langzeit-Konstitutionshilfe. Die Eltern müssen dabei mithelfen, denn diese Medizin wirkt nur, wenn sie rhythmisch und regelmäßig angewendet wird. Wir wissen, daß die spirituelle und damit heilende Wirksamkeit sich in der Nacht entfaltet. Der regelmäßig gesprochene Spruch schafft Fähigkeiten, Fehlentwicklungen zu beheben und Angestrebtes zu erreichen.

Sprache und Sprachübungen im rhythmischen Teil

In einer Zeit, wo Sprache zur Information degradiert und in höchster Raffinesse kopiert wird durch seelenlose, aber höchst «klangtreue» Wiedergabe (HiFi), bekommt Rudolf Steiners verschiedentlich gegebener Hinweis, daß wir ein neues Verhältnis zur Sprache brauchen, eine brennende Aktualität. Sprachverlust, Sprachnachlässigkeit, Sprechen in stereotypen Einwortwendungen sind Krankheitssymptome unserer Zeit. Sprachstörungen sind Merkmale für eine gestörte Inkarnation, für eine gestörte personale Integration.

Sprache ist Voraussetzung für ein lebendiges Denken, Sprache ist höchster Ausdruck menschlicher geistiger Entfaltung. Das Kind erwirbt seine Sprache aus der Nachahmung der Sprache der Eltern, der Kindergärtnerin und des Lehrers. Die Sprach- und Denkerwerbekräfte reichen von der frühen Kindheit bis in die ersten Jahre der Schulzeit hinüber. Darum ist die erste Forderung zur heilenden Erziehung, daß der Erzieher seine Sprache pflegt und sie nicht nur als Information, als Stoffvermittlung benutzt.

«Von einer ganz besonderen Bedeutung ist heute für den Erzieher noch das rhetorische Element im edelsten Sinne des Wortes. Kein Erzieher, auf welchem Erziehungsgebiet er sich auch betätigen will, kein Erzieher sollte es unterlassen, darauf zu sehen, daß sein Sprechen sich dem Ideal des künstlerischen Sprechens nähert. Man sollte fortwährend eigentlich darauf bedacht sein, die Sprache als solche zu kultivieren ... Daher müssen wir es unbedingt als eine Forderung an uns selbst stellen, daß wir nicht schlampig reden in der Schule, sondern daß wir tatsächlich die Rede gestalten, so daß die Rede wirklich etwas Künstlerisches beim Lehrer und Erzieher gewinnen muß. Das ist natürlich eine gewisse Unbequemlichkeit, allein es ist etwas, was von einer ungeheuer großen Bedeutung ist.»[74]

Diese Worte machen deutlich, daß der Erzieher an seiner eigenen Sprache arbeiten muß, um heilend auf die geistig-seelische Entwicklung des Kindes wirken zu können.

Rudolf Steiner hat den Lehrern der ersten Waldorfschule täglich Sprachübungen aufgegeben als Vorbereitung auf die Arbeit mit den Kindern. In der Seminarbesprechung vom 26. August 1919 sagt er zu den zukünftigen Lehrern: «Es ist wirklich von großer Bedeutung, daß wir auch nebenhergehend etwas pflegen vom deutlichen Sprechen.» Er läßt die Lehrer üben, um die Sprachorgane elastisch zu machen. Dabei kommt es nicht auf den Sinn der Übungen an, sondern auf das «Turnen» der Sprachorgane. Die Übungen, die er hier den Lehrern gibt, müssen nicht unbedingt auch mit Erstkläßlern gesprochen werden, aber es sollte kein rhythmischer Teil vergehen, ohne daß die Klasse eine Reihe von Schnabelwetzern und rhythmischen Sprüchlein im Chor und einzeln gesprochen hat. Ob es nun die Katze ist, die die Treppe krumm tritt oder Fischers Fritze, der frische Fische fischt, oder der Bäcker, der braunes Knusperbrot backt oder ob es die Lili-lili-lei-la-Fee ist, die im Lilililileila-See wohnt. Täglich spricht der Lehrer vor, und die Kinder sprechen im Chor und einzeln nach. Dabei ist der Ball eine wichtige Hilfe. Wenn ich eine Zeile spreche und gleichzeitig den Ball einem Schüler zuwerfe, dann wirft er zurück und kommt mit der Sprache heraus, anstatt steif und wie unter einer Käseglocke zu sprechen. Sprache und Bewegung gehören zusammen, Sprache ohne Bewegung, ohne Geste ist etwas, was keinen Boden unter den Füßen hat. «Erst nach und nach zieht die Geste in die Sprache ein. Bis zum 9. Lebensjahr erspüren noch vorwiegend Hand und Armbewegungen den Sprachablauf und die Sprachgebärde. Rhythmisch gestaltete Sprache wirkt ordnend in die Tätigkeit der Gliedmaßen … So kann sich in gesunder Weise das immer stärker einziehende Gedankenleben vom eigenen Willen getragen in der Sprache entfalten.»[75]

Im Chorsprechen wirkt der Lehrer allgemeinbildend, im Einzelsprechen wirkt er individuell heilend. Kinder, die sprachliche Schwierigkeiten haben, kommen über einen längeren Zeitraum täglich «dran», und die Klasse spricht das gleiche im Chor, oder auch einzelne Schüler. Selbst wenn es da sprechfaule Kinder geben sollte, es ist nur der Mund, der nicht mitspricht! Der Kehlkopf bewegt sich mit.

«Wird ein Wort gehört, so vibriert der Kehlkopf in ganz feiner Weise mit. Man kann das als Erwachsener auch noch an sich selbst erleben, denn es gibt da feine Übergänge. Man hört zum Beispiel den Klang eines Wortes; je intensiver gelauscht wird, um so mehr ist der Kehlkopf angespannt und versucht leise nachzuahmen, was ertönt. Wenn wir der Frage nachgehen, wo eigentlich das Sinnesorgan für den Wortsinn zu suchen ist, muß im Grunde auf den menschlichen Kehlkopf gewiesen werden.»[76]

Wir können hier die enge Beziehung zwischen Bewegungssinn (Geste) und Gleichgewichtssinn (Ruhe) einerseits und Lautsinn (Zuhören) und Wortsinn (Vorstellen) andererseits sehen.

Auch bei den Sprüchen hat es sich als heilsam erwiesen, den Dreischritt als rhythmischen Helfer zu benutzen: In der ersten Woche sagt der Lehrer am Montag zu seinen Kindern: «Ich habe euch heute ein neues Sprüchlein mitgebracht. Hört zu, ich spreche es euch einmal vor:

«Önne, tömme, to, Gapernelle no
Isabelle Pumpernelle
Ibeli bibeli pumps.»

Die Kinder sind begeistert und finden den Spruch schön, weil der geliebte Lehrer ihn mitgebracht hat. «Sag ihn noch mal», rufen sie. Aber der Lehrer sagt: «Morgen spreche ich den Spruch wieder. Jetzt wollen wir den Spruch sprechen, den wir in der vergangenen Woche von Montag bis Samstag gehört haben. Da wolltet ihr schon mitsprechen, aber ich hatte immer gesagt: erst mal zuhören.»

Jetzt sprechen die Kinder den Spruch, den sie fünf- bis sechsmal gehört haben. Er ist dem Kehlkopf gleichsam vertraut vom stillen Mitschwingen beim Zuhören. Es gibt natürlich «schnelle Pferdchen», die am liebsten schon nach zwei bis drei Tagen nicht mehr zuhören, sondern mitsprechen würden. Aber gerade für diese Kinder ist das Zuhörenlernen notwendige Therapie, und das läßt sich hier üben. Durch ruhiges Zuhören wird das innere Gleichgewicht gestärkt. Und wenn die Klasse im Chor und zum Teil auch schon einzeln den zweiten Spruch gesprochen hat, dann fragt der Lehrer: «Wer hat noch einen Wunsch?», damit wir immer wieder die alten Sprüchlein aus der «Vergessenskiste» hervorholen und sie wieder blankputzen. So werden noch drei bis fünf Sprüche auf Vorschlag der Kinder gesprochen, wobei auch der Lehrer das Recht hat, einen Spruch vorzuschlagen.

Dies, in einer ersten Klasse mit Enthusiasmus eingeführt und geübt, ist die Grundlage für Sprechfreudigkeit und Bereitschaft bis in die Oberstufe, ist Grundlage für lebendige Vorstellung und lebendiges Denken.

Zwei bis drei Minuten tägliche «Schnabelgymnastik» sind eine gute Vorbereitung für die sprachliche Arbeit an der Dichtung, die in der ersten Klasse beginnt. Es geht hier nicht darum, ein optimales Repertoire muttersprachlicher Gedichte aus- und «inwendig» zu haben. Ich denke äußerst ungern an früheres Gedicht-Einpauken in der eigenen Schulzeit zurück. Wer da seine fünf Strophen nicht gelernt hatte, mußte sie dreimal abschreiben. Viele ehemalige Schüler haben durch diese krankmachende Methode die Beziehung zum Gedicht verloren beziehungsweise müssen sie mühsam wieder erwerben.

Wenn wir mit den Kindern an der gebundenen Sprache arbeiten, dann wirken wir unmittelbar auf die Ich-Inkarnation des jungen Menschen.

Betrachten wir die Arbeit am Gedicht unter dem Aspekt heilender Erziehung, so müssen wir uns bewußt machen, daß wir es mit Inspirationen und Imaginationen zu tun haben, die dem Dichter aus der geistigen Welt gegeben worden sind. Ein Gedicht von Goethe, Meyer oder Morgenstern zum Beispiel zeichnet sich ja nicht nur durch seine Form in Reim und Rhythmus aus, sondern ihm liegt eine geistige Offenbarung zugrunde, die in uns tiefgehende geistige Wirkungen hervorruft. Gedichte sind Imaginationen aus einem höheren Geistesbereich, sie sind Bilder für die Seele des Menschen. Bilder aber haben die Kraft aufzubauen – ja, man könnte auch sagen, Gedichte sind Gemälde in Worten. Der Holländer nennt den Maler einen «Schilderer», und wenn wir an C. F. Meyers *Römischen Brunnen*, an *Die Füße im Feuer* oder an eine Ballade Schillers denken, dann haben wir grandiose Schilderungen, großartige Gemälde in dichterischer Form. Ein Erzieher, der unter diesem Gesichtspunkt die großen Gemälde und auch die kleinen Miniaturen der Dichtkunst an seine Kinder heranbringt, wirkt hilfreich und heilend auf die Ich-Inkarnation ein. Im *Heilpädagogischen Kurs* beschreibt Rudolf Steiner, wie der Erzieher jeweils mit dem nächsthöheren Wesensglied auf das darunterliegende Wesensglied des Kindes einwirkt. Das heißt, mit dem Ätherleib wirkt er auf den physischen Leib des Kindes, mit dem Astralleib auf die Lebenskräfte des Kindes, mit seinem Ich wirkt er auf den Astralleib. Auf das Ich des Kindes wirken wir mit einem Wesensglied, das wir noch nicht entwickelt haben, über das wir also noch nicht verfügen können, «denn hier steht das Geistselbst des Erziehers, von dem Sie glauben werden, daß es nicht entwickelt ist.»[77] Und dieses noch nicht entwickelte Wesensglied wirkt nicht nur im «Idealerzieher, sondern oftmals im allerschlechtesten Erzieher», obgleich es ihm nicht zum Bewußtsein kommt. Will man unter diesem Gesichtspunkt und gleichzeitig als heilender Erzieher Gedichte im rhythmischen Teil des Unterrichtes einführen, so wird man einen Weg, eine Methode finden, die den Menschen in seiner ganzen Wesenheit anspricht.

Es kann hilfreich und heilsam zugleich sein, wenn der Lehrer für jede Epoche ein Gedicht auswählt, das er am Anfang der Epoche seinen Kindern vorstellt, ähnlich wie die eingangs schon erwähnten Sprüche: «Ich habe euch heute ein neues Gedicht mitgebracht, und ich will es euch in dieser Woche vorsprechen.» Auch hier ist es eine Frage der Gewohnheit und der Autorität, daß die Kinder sich freuen, wenn der Lehrer ihnen ein schönes Gedicht mitbringt. Sie hören zu, wie der Lehrer beispielsweise das Gedicht von den drei Spatzen, die in einem leeren Haselstrauch sitzen,[78] an fünf oder sechs Tagen in der ersten Woche vorträgt. Zwar möchte der eine oder andere Schüler schon nach zwei bis drei Tagen mitsprechen; aber der Lehrer bittet, vorerst einmal nur zuzuhören. Damit erzieht er bewußt zu einer Fähigkeit, die mehr und mehr verlorengeht und die in Mittel- und Oberstufe vielfach kaum mehr gepflegt wird: das Zuhörenkönnen. Unsere Kinder können zwar hören, aber das Zuhören ist eine Tätigkeit des Laut- oder Wortsinnes. Indem wir den Lautsinn der Kinder in der Unterstufe durch Zuhörenlernen pflegen, führen wir die Kinder dazu, innerlich und äußerlich zur Ruhe zu kommen, wir führen sie zu einem inneren Gleichgewicht.

Mag sein, daß der eine oder andere Schüler sich im stillen oder auch lautstark gegen das Gedicht oder gegen die Methode ausspricht. Auch hier gilt das pädagogische Gesetz, wonach der Lehrer sich nicht emotional engagieren darf. Reagiert er beleidigt oder antipathisch, zornig oder gar aggressiv, so wirkt er nicht aus der Geistesgegenwart des Ich, sondern aus dem Astralischen, aus dem Emotionalen auf das, was sich im Kind gegen sein bewußtes Tun wehrt. «So lange man in Erregung kommen kann dabei, so lange kann man eigentlich noch nicht wirksam erziehen.»[79]

Der Lehrer wird in ruhiger Gelassenheit Wege finden, auch den Störenfried zum Zuhören zu bekommen. Es geht um die Gewohnheit und damit um Willenserziehung, wenn der Lehrer im ersten Schuljahr großen Wert darauf legt, daß gute Formen geprägt werden. Läßt er sich im ersten Schuljahr von den Wünschen und Vorstellungen der Kinder treiben, so wird er es schwer haben, dem Unterricht in der Mittelstufe eine positive Form zu geben.

Wenn also das neue Gedicht vorgetragen worden ist, ist es ratsam zu fragen: «Nun, wer weiß noch, welches Gedicht wir im letzten Jahr um diese Jahreszeit gesprochen haben?» Erst will sich keiner erinnern, aber nach einer kleinen Erinnerungshilfe – «da gab es argen Frost, so daß alle Seen zugefroren waren» – leuchtet es in einzelnen Kindern auf: «Der See hat eine Haut bekommen, so daß man fast drauf gehen kann …»[80] Schnell ist das Gedicht aus der «Vergessenskiste» herausgeholt, und mit Begeisterung können die Kinder das altvertraute Gedicht des letzten Jahres sprechen. Ja, nachdem sie es eine Woche gemeinsam gesprochen haben, gibt es schon Kinder, die mutig nach vorne kommen und das Gedicht allein sprechen. In höheren Klassen sprechen die Kinder die Balladen mit verteilten Rollen, und im Laufe dieser Epoche wird das erinnerte Gedicht reif für eine Monatsfeier. Wir haben es vor einem Jahr kennengelernt, und in diesem Jahr haben wir es wiederholend könnengelernt.

Auch hier gibt es mitunter Kinder, die nicht mitsprechen wollen. Auch jetzt wäre es töricht, wenn der Lehrer sich dadurch erregen ließe. Selbst wenn der Mund nicht mitspricht, so weiß ja der Erzieher, daß der Kehlkopf des Kindes mitschwingt. Und auch hier wird es dem Lehrer möglich sein, den freiwilligen Schweiger zum Mitsprechen zu bringen, indem man ihm einzelne Passagen oder Rollen übergibt, die er allein sprechen *darf* (nicht muß).

Damit auch der dritte Schritt des Könnens zu seinem Recht kommt, ist es empfehlenswert, wenn der Lehrer fragt: «Nun, wer hat noch einen Wunsch?» Und jetzt dürfen sich die Kinder die Gedichte wünschen, die sie besonders mögen. So tauchen in der Mittelstufe, ja zum Teil bis in die Oberstufe, immer wieder Gedichte auf, die die Klasse vor vielen Jahren kennen- und könnengelernt hat. Da wünscht sich eine Achtkläßlerin das Gedicht von Klumpedump und Schnickelschnack, und ein anderer Schüler möchte gerne noch einmal sprechen, wie Thor seinen Hammer wieder holt. Gewiß, es gibt dann zuweilen Nörgler und Motzer, die murren: «Was für ein Kinderkram …» Nun, sie brauchen ja nicht mitzusprechen, aber wenn dieser Weg von der Unterstufe an gepflegt wurde, dann spricht die Klasse als Organismus die Gedichte freudig und gekonnt mit. Neben dem Einzelvortrag als individuelles Können steht gleichwertig das Chorsprechen als soziale Übung.

In der zweiten Woche der Epoche arbeitet der Lehrer an dem neuen Gedicht weiter, indem er es den Kindern zeilenweise vorspricht, und die Zeilen werden gemeinsam nachgesprochen. Auch dafür darf sich der Lehrer, der heilend erziehen will, eine Woche Zeit nehmen. Und in der dritten und vierten Woche haben die Kinder sich schon so gut eingehört, daß sie strophenweise mit Hilfe des Lehrers das Gedicht sprechen können. Der Lehrer ist gleichsam Dirigent eines Chores, der mitspricht. Alleine sollten es die Kinder noch nicht unbedingt können, denn sie haben das Gedicht ja erst in dieser Epoche kennengelernt, und es muß erst durch die Nacht des Vergessens gehen, ehe es zur Fähigkeit wird.

Mir wurde gelegentlich vorgehalten, wenn ich über diesen methodischen Weg berichtete, das sei doch Heilpädagogik, das könne man doch mit normalen Kindern nicht so machen. Dem kann man entgegenhalten, daß alles Erziehen heilend sein soll und daß die Zeit gebietet, heilende Methoden anzuwenden, weil wir nicht mehr davon ausgehen können, daß wir nur «normale» Kinder vor uns haben. Unter dem Gesichtspunkt, daß die Arbeit am Gedicht für das Kind Inkarnationshilfe schlechthin ist, kann verstanden werden, wie wichtig es ist, dem Gedicht als geistig-seelische Entwicklungshilfe einen breiten Raum im rhythmischen Teil einzuräumen. Der verantwortungsvolle Lehrer weiß, daß er mit dem Gedicht nicht nur heilend auf den Inkarnationsprozeß wirkt, sondern daß er mit einer entsprechenden Methode auf alle Wesensglieder heilsam einwirkt. Die Arbeit am Gedicht ist nicht nur eine Gedächtnishilfe, sie wirkt, wenn sie zur guten Gewohnheit wird, heilend auf den Ätherleib, sie wirkt willensbildend.

«Gedichte sind gemalte Fensterscheiben!
Sieht man vom Markt in die Kirche hinein,
Da ist alles dunkel und düster;
…

Kommt aber nur einmal herein!
Begrüßt die heilige Kapelle;
Da ist's auf einmal farbig helle …»[81]

Unsere Kinder haben in der Zeit von der ersten bis zur achten Klasse
fast hundert Epochen. Und wenn sie in jeder Epoche in dieser Weise
ein neues Gedicht kennen- und könnenlernen, dann geben wir ihnen
die Möglichkeit, sich immer wieder an den schönen Farben dieser
Fensterscheiben zu erfreuen.

Für die anscheinend oder sogenannten normalen Kinder ist eine
solche Methode heilsam, und für das entwicklungsgestörte Kind ist
sie Therapie. Dies gilt insbesondere für jene Kinder, bei denen
Astralleib und Ich sich nicht in rechter Weise mit dem ätherischen
und physischen Leib verbinden wollen beziehungsweise können.

So sagt Rudolf Steiner: «Auch alles dasjenige, was im Sprachlichen
hinneigt zum Musikalischen, also das Rhythmisch-Rezitative und so
weiter, trägt dazu bei, daß das Ich sich in den Organismus in der
richtigen Weise hineinsetzt.»[82]

Das Zusammenwirken von Musikalischem und Rezitativem hat
eine wohltuend heilsame Wirkung auf die Entwicklung des Kindes.
Während das Rezitativ-Sprachliche stark inkarnierend wirkt, gleicht
das Musikalische in Gedicht und Lied diesen Prozeß gleichsam harmonisch aus. Die Forderung Rudolf Steiners, daß der musikalisch
Unterrichtende noch bei dem rezitierend Unterrichtenden dabei sein
könnte, kann der Klassenlehrer im rhythmischen Teil gut verwirklichen, indem beide Elemente in seiner Hand liegen. «Dadurch würde
gründlich ausgeschaltet werden, was gegenwärtig in unser Schulwesen noch so stark hineinspielt und was wirklich schauderhaft ist: die
abstrakte Erklärung von Gedichten. Dieses abstrakte Erklären von
Dichtungen, das hart an das Grammatikalische herangeführt wird, ist
der Tod von allem, was auf das Kind wirken sollte. Das Interpretie-
ren von Gedichten ist etwas ganz Furchtbares.»[83]

Das musikalische Element hat im Unterricht der Waldorfschule einen gleich großen Stellenwert wie das Sprachlich-Dichterische. Nicht nur im rhythmischen Teil des frühen Morgens tönt es singend und flötend aus allen Klassen oder erklingen Kinderharfen und Leiern und andere Instrumente, sondern durch den ganzen Tages- und Jahreslauf von der Unterstufe bis hinauf zur Oberstufe wird das Musikalische gepflegt und ausgeübt beim Singen, Musizieren, im Chor und im Orchester. Und doch unterscheidet sich das musikalische Tun von Altersstufe zu Altersstufe.[84] In den Klassen 1 bis 3 wird man in erster Linie mit einfachen musikalischen Verhältnissen die Stimme und das Gehör der Kinder heranbilden; das Musikalische wird gleichsam auf die Bedürfnisse des Kindes abgestimmt. Alles wird so zugerichtet sein, daß das Kind hören und singen lernt.

In der Mittelstufe (Klassen 4 bis 6) wird sich das Kind mehr den künstlerischen Anforderungen der musikalischen Kunst anpassen, es lernt die Tonleitern, die Tonarten, die Notenschrift, die Chor- und Orchesterarbeit beginnt. In den Klassen 7 und 8 soll der Musikunterricht dahin wirken, daß die Musik den Kindern Freude macht, und der Lehrer führt die Kinder in einfachen Formen dazu, ein Urteil zu bilden über den Charakter der Musik der verschiedenen Komponisten.

So wie das Kind Freude am Gedicht entwickelt, sollen in ihm auch Freude und Verlangen gegenüber dem Musikalischen geweckt werden.[85]

In der Oberstufe wirkt das Musikalische besonders auf das soziale Miteinander. In Chor und Orchester wird der Mensch selbst schaffend, und in der Gemeinsamkeit von Schülern, Lehrern und Eltern werden Kunstwerke erarbeitet, die der einzelne nie gestalten könnte. Hier wird der Musikunterricht in hohem Maße Sozialerziehung.

Wie schon vorher dargestellt, ist es wichtig, daß das rezitatorische Element dem musikalischen möglichst nahesteht, es soll eine lebendige Verbindung zwischen beiden hergestellt werden.[86]

Man muß sich aber bewußt machen, daß das Musikalische ganz besonders im Menschen lebt beziehungsweise ganz stark auf den Menschen wirkt. Das offenbart sich in schlichter Weise in dem einfachen Kanon: «Wo man singt, da laß dich ruhig nieder, böse Menschen haben keine Lieder», oder auch in den Worten Shakespeares: «Der Mann, der nicht Musik hat in ihm selbst ... taugt zu Verrat, zu Räuberei und Tücken ... trau keinem solchen!»[87]

Das musikalische Element lebt in jedem Menschen von der Geburt an, es lebt im unbewußten Willensmäßigen, es lebt im Zwischenbereich von Ätherleib und Astralleib. Während die Musik beim Kindergartenkind noch unmittelbar auf die Lebenskräfte einwirkt, ist sie für das Schulkind der Ansatz zur Pflege und Heilung der Empfindungskräfte, der Kräfte des sich entwickelnden Astralischen.

Gibt der Lehrer mit der Arbeit an der Dichtung Ich-Inkarnationshilfen, so wirkt er über das Musikalische harmonisierend auf die Entwicklung des heranreifenden Astralleibes, er wirkt harmonisierend auf das Seelische des Kindes.

Und da ist es nicht von Wichtigkeit, ob ein Kind angeblich musikalisch oder unmusikalisch ist, und es wäre töricht, wollte man dem Anschein nach unmusikalische Kinder von allem Musikalischen fernhalten. Gerade diejenigen, die als unmusikalisch gelten, brauchen die Musik in erster Linie als Heilmittel für seelische Schwierigkeiten. In jedem Kind ist die Anlage zur Musikalität vorhanden, aber sie will und muß gepflegt und entfaltet werden. Schauen wir uns die Kinder an, die sich innerlich und äußerlich gegen das Musikalische wehren, so sind es zumeist jene, bei denen Astralleib und Ich zu tief in der Leibesorganisation sitzen, es sind zumeist die akzelerierten, sinneswachen Kinder, die nicht mitsingen oder mitflöten wollen oder die den Musikunterricht bewußt stören.

Auch hier darf sich der Lehrer nicht durch das Verhalten erregen und provozieren lassen, und es wäre falsch, wenn man diese Kinder vom Musikunterricht ausschließen würde. Denn mit der Musik, die das Kind miterlebt, wirkt der Lehrer harmonisierend auf dessen Gemütskräfte, und verschüttete musikalische Anlagen werden behutsam zutage gefördert. Der Musikunterricht in der Unterstufe ist eine wichtige Grundlage für die Sozialfähigkeit des jungen Menschen – nicht nur während der Schulzeit, sondern für das ganze Leben.

Die Musik ermöglicht eine harmonische personale Integration des Kindes, ein bewußt geführter Musikunterricht ermöglicht dem Menschen eine harmonische soziale Integration.

All dies wird der Lehrer berücksichtigen, wenn er im rhythmischen Teil oder in der Musikstunde mit seinen Unterstufenkindern arbeitet. Er wird auch die Erfahrung machen, daß das Musikalische am Anfang des rhythmischen Teiles lockernd und seelisch harmonisierend wirkt, während das Sprachlich-Dichterische mehr am Ende des rhythmischen Teiles angezeigt ist, weil die Arbcit an der Sprache die Kinder wiedcr mehr bei sich sein läßt. Das Musikalische löst Astralleib und Ich, das Sprachliche wirkt inkarnierend, macht die Kinder bereit für die Arbeit am Stoff des Hauptunterrichtes.

Auch bei der Auswahl des Liedgutes wird der Lehrer berücksichtigen, daß das Musikalische nicht nur harmonisierend und lockernd, sondern auch exkarnierend wirken kann, so daß die Kinder zu stark außer sich geraten.

Ich erlebte einmal anläßlich einer Hospitation in einer ersten Klasse, daß der junge und unerfahrene Klassenlehrer seine Kinder aufforderte, dem Gast zuliebe ein Lied vorzuschlagen; die Kinder ergriffen gerne die Gelegenheit und flüsterten dem Lehrer mehrere Vorschläge ins Ohr, bis man sich auf das Lied vom Harung einigte, der auf dem Meeresboden schwamm. Mit Begeisterung stimmten die Erstkläßler das Lied an, doch ehe noch die erste Strophe zu Ende war, geriet die Klasse aus den Fugen, die Kinder tobten und lachten und gingen über Tische und Bänke. Man könnte auch sagen, die Klasse war total exkarniert, die Kinder waren aus dem Häuschen (Ich und Astralleib waren nicht mehr in rechter Weise mit der Leibesorganisation verbunden). Dem armen Kollegen gelang es trotz Stimmeinsatz nicht, die Klasse zur Ruhe zu bringen, und er schaute mich hilflos und verzweifelt an. Ich ergriff die Initiative, stellte mich vor die tobende Klasse, faßte in meine Jackentasche und sagte: «Kinder, was denkt ihr, was ich euch mitgebracht habe?» Nicht alle Kinder reagierten sofort, aber einige schauten erstaunt und fragend nach vorne, und als ich meine Frage wiederholte, fanden die Kinder an ihren Platz zurück und waren plötzlich interessiert. Ich holte also mit der rechten Hand etwas Imaginäres aus der Jackentasche, hüllte die Rechte mit der Linken ein und schaute in die Höhle, die meine beiden Hände formten. Dann sang ich das pentatonische Lied «Ei mein Vögelein, schwingst die Flügelein, schenkst dem Kinde Sonnenschein, ei du liebes Vögelein». Ich begleitete das Lied mit entsprechenden Gesten, und am Ende war atemlose Stille und Konzentration in der Klasse, bis ein Kind aus tiefstem Herzen sagte: «Sing das noch mal!» Und ich sang es noch einmal und noch einmal, und fast alle Kinder machten die Gesten nach, und einige Kinder sangen glockenklar mit. Jetzt konnte ich zurücktreten, und der Lehrer konnte seinen Unterricht wieder übernehmen. In der Pause kamen die Kinde wieder zu mir und fragten: «Kommst du morgen wieder zu uns und singst uns das Lied von dem Vögelein noch mal?»

Im Nachgespräch konnte ich dann mit dem jungen Kollegen über angemessenes Liedgut für die erste Klasse sprechen. Er hatte erlebt, «wie das aus der Natur des Menschen herausquellende Dionysische durch das Apollinische» harmonisiert werden muß.[88]

Es liegt nicht in der Intention dieses Buches, einen Überblick über den Musikunterricht in der Waldorfschule zu geben. Hier geht es mehr darum darzustellen, wie der Musikunterricht bewußt eingesetzt werden kann, um Krankmachendes zu vermeiden und Krankhaftes zu heilen.

In diesem Zusammenhang scheint mir Rudolf Steiners Hinweis wichtig, daß der Unterstufenlehrer es im wesentlichen mit einfachen musikalischen Verhältnissen zu tun hat und daß es gilt, Stimmbildung und Gehör des werdenden Menschen heranzubilden.[89] Hier mögen einige Beispiele angeführt werden, wie der Lehrer mit elementaren Mitteln Gehör und Stimme seiner Kinder heranbildet. So wie die Kinder im ersten Schuljahr die Laute kennen und lieben lernen, ehe man aus den Bildern die Symbole für die Laute herausarbeitet und sie an das Schreiben heranführt, so sollen sie auch im ersten Schuljahr behutsam die Töne kennen und lieben lernen. Um wieviel mühsamer und beschwerlicher ist es doch, im Laufe eines ersten Schuljahres 25 verschiedene Laute zu erlernen, wenn man bedenkt, daß die Kinder in der Musik der ersten Klasse nur ganz wenige Töne kennenlernen. Ein oder zwei Töne reichen schon aus, um genügend Lieder für den Beginn der ersten Klasse zu haben. Die Töne bekommen noch nicht die formalen konventionellen Namen wie a, h, g und so weiter, sondern wir geben ihnen Namen wie Sonnenton oder Sternenton; und wenn man behutsam (mit einfachen Verhältnissen) im ersten Schuljahr die fünf Töne des pentatonischen Bereiches erarbeitet, erkennen die Kinder sie sicher und freudig wieder und erleben, wie die Töne miteinander in Intervallen korrespondieren. Dann hat der Lehrer ein gutes Fundament für den Musikunterricht (wie auch für den Eurythmieunterricht) gelegt. Es gibt viele schöne Methoden, die zu einem sicheren Erkennen der Töne und der Intervalle führen.

Wichtig ist also, daß wir das Gehör der Erst- und Zweitkläßler erziehen, und das mit einfachen Verhältnissen. Zu diesen gehören auch die Musikinstrumente, die teilweise in der Heilpädagogik entwickelt wurden und die weitgehend Eingang in die Waldorfschule gefunden haben. Die Einlochflöte, die nur zwei Töne (ein Intervall) umfaßt, ist ein vorzügliches Anfangsinstrument für alle Kinder, die Schwierigkeiten in der Feinmotorik oder allgemeine Probleme haben. Es gibt drei verschiedene Flöten mit unterschiedlichen Intervallen, und wir können alle Lieder der ersten Klasse gemeinsam spielen, indem der Lehrer auf die Gruppe weist, die den Finger oben oder unten hat. Jeden Morgen können wir uns gegenseitig begrüßen mit der Einlochflöte, indem der Lehrer flötet: «Guten Morgen Barbara», und Barbara antwortet mit der Flöte: «Guten Morgen, Herr Jaenicke». Am Rhythmus, am Laut und an der Zuwendung lernen die Kinder zuhören und das Gehörte nachsingen und auch nachflöten.

In fast allen Waldorfschulen haben die pentatonische Flöte und die Kinderharfe Eingang gefunden. Diese Instrumente werden in Werkstätten von behinderten Menschen hergestellt. Sie sind teurer als die herkömmlichen, aber die Erfahrung mit diesen Instrumenten hat doch gezeigt, daß sie in hohem Maße therapeutischen Wert haben und besonders für entwicklungsgestörte Kinder geeignet sind.

Das Lied

Auch bei der Einführung des Liedgutes sollte der Lehrer den Dreischritt des Kennenlernens, Könnenlernens und Könnens beherzigen. Ich habe oftmals bei Hospitationen im Musikunterricht erlebt, wie der Lehrer ein neues Lied am Anfang der Stunde einführte, indem er es den Kindern vorsang. Er ließ dann zeilenweise nachsingen, klappte die Tafel auf, wo Text und Noten schon aufgeschrieben waren. Die Kinder holten ihre Flöten heraus, spielten die Melodie, und anschließend wurden Text und Noten abgeschrieben. Nun, das war in einer siebten Klasse mit einem erfahrenen Musiklehrer, und ein Schulrat hätte diese Stunde durchaus mit gut und sehr gut beurteilt, so wie auch mich Form und Inhalt der Stunde beeindruckt hatten. Aus meiner heilpädagogischen Erfahrung heraus gelang es mir jedoch, den erfahrenen Musiklehrer davon zu überzeugen, daß auch in einer siebten Klasse der Dreischritt sinnvoll und heilsam sein kann. Im Sinne heilender Erziehung hätte man den Verlauf der Stunde so gestalten können, daß der Dreischritt durch Verteilung des Stoffes auf mehrere Stunden berücksichtigt worden wäre.

Wir beginnen damit im rhythmischen Teil der ersten Klasse ähnlich wie bei der Einführung eines neuen Gedichtes, indem der Lehrer sagt: «Ich habe euch für diese Epoche ein neues schönes Lied mitgebracht. Hört einmal zu, wie es klingt und ob es euch auch so gut gefällt wie mir!» Dann singt er den Kindern das Lied vor, und sie lauschen auf die Stimme ihres Lehrers. Es ist nicht selbstverständlich, daß die Klasse von Anfang an ruhig zuhört. Aber der Lehrer muß bedenken, daß Gehör- und Stimmbildung nur dann erfolgreich betrieben werden können, wenn die Kinder absolut ruhig sind. Und das kann man heute nicht mehr unbedingt von allen Kindern erwarten. Sie sind es gewohnt, daß während des Gespräches in der Familie Radio und Fernsehen laufen, und vielfach erlebt man, daß Kinder ungeniert reden und umherlaufen, wenn der Lehrer spricht oder singt. Musikerziehung in der Unterstufe ist nicht nur Erziehung im Zuhörenkönnen, sondern sie ist heute in hohem Maße Willenserziehung und Erziehung des Gleichgewichtssinnes. Wir können nur richtig hören und zuhören, wenn wir innerlich und äußerlich im Gleichgewicht und in Ruhe sind.

Wenn die Kinder ihren Lehrer lieb haben und darauf vertrauen, daß er ihnen nur etwas Gutes mitbringt, wird die Klasse auch das neue Lied positiv entgegennehmen. «Sing das noch mal», werden sie wünschen. Aber der Lehrer wird sagen: «Ja, ich singe es euch morgen wieder vor, eine ganze Woche lang.» «Dürfen wir denn auch mitsingen?» fragen einige Kinder, aber der Lehrer vertröstet auf die nächste Woche. So singt der Lehrer an den folgenden Tagen das Lied täglich und achtet darauf, daß alle Kinder still und aufmerksam zuhören. Er sieht zwar, daß einige Kinder stumm mitsingen, und weiß, daß auch beim Lied die Kehlköpfe der Kinder zart mitschwingen, aber das Zuhören ist jetzt das, worauf es ihm ankommt.

Da gibt es auch Schüler in der Klasse, die anfangs rebellieren: «Das hast du uns jetzt schon dreimal vorgesungen! Warum dürfen wir denn nicht mitsingen?» Wenn es dem Lehrer gelingt, das Verlangen des Kindes behutsam, liebevoll und geduldig zurückzuweisen, wird sich auch dieses Kind bald daran gewöhnen, und sobald eine Methode zur Gewohnheit geworden ist, wirkt sie willensbildend. Das wird einem als Lehrer zuweilen verdeutlicht, wenn man bestimmte Gewohnheiten bewußt oder unbewußt einmal durchbricht. Wir wissen, wie sehr uns ein Wechsel in bestimmten liebgewordenen Gewohnheiten irritieren kann. Man denke nur an fixierte Gewohnheiten des autistischen Kindes. Es reagiert in der Regel äußerst aggressiv, wenn in seiner Umgebung gewohnte Abläufe geändert werden.

In der zweiten Woche singt der Lehrer zeilenweise vor, die Kinder hören zu und singen mit dem Lehrer gemeinsam die Zeile nach.

In der dritten Woche kennen die Kinder das Lied so gut, daß man es gemeinsam strophenweise singen kann. Der einzelne Schüler kann es in der Regel noch nicht allein, er soll es auch nicht allein können, aber gemeinsam mit dem Lehrer und mit der Klasse klingt das Lied schon recht schön und kräftig, selbst wenn der eine oder andere anscheinend unmusikalisch ist oder der unwillige Schüler zeitweilig nicht mitsingt.

Auch hier ist es heilsam, wenn der Lehrer nach dem neuen Lied die Kinder fragt: «Wißt ihr noch, was wir vor einem Jahr in dieser Zeit gesungen haben?» Nach einigem Überlegen meldet sich ein Kind und sagt: «Kätzchen, ihr der Weide», und ein ganz heller Schüler weiß noch, daß das von Christian Morgenstern ist. Und jetzt holen wir das Lied aus der «Vergessenskiste» heraus und üben es eine erste Woche lang, bis alle Kinder es gut singen können. In der zweiten Woche kommt die Flöte hinzu, und am Ende der Woche können wir das Lied, das wir vor einem Jahr kennengelernt haben, sicher flöten. Zum Ende der Epoche gibt es schon mutige Kinder, die das Lied allein oder zu zweit vor der Klasse singen und spielen. Der Entwicklungsschritt vom Kennenlernen zum Können des Liedes ist getan.

Bleibt nur noch darauf hinzuweisen, wie sinnvoll es ist, auch jetzt ein Wunschkonzert noch anzuschließen mit der Frage: Wer hat noch einen Wunsch? Wenn das zur trauten Gewohnheit geworden ist, dann lebt das Liedgut der Unterstufe lebendig weiter bis in die Oberstufe, weil es den Kindern Freude macht und weil sie unbewußt spüren, daß Musik ein Heilmittel für die Seele des Menschen ist.

Auch hier sei noch einmal für kritische Lehrer gesagt, daß die beschriebene Methode nicht verbindliche Regel sein muß. Aber sie ist auch nicht pure Heilpädagogik, vielmehr kann sie helfen, mit einfachen Mitteln ein gutes, tragendes Fundament für die Oberstufe zu legen. Mit weniger Stoff erreichen wir hier mehr. Ungeduldige Eltern andererseits, die sich um die Karriere ihres Kindes Sorge machen, wenn der Unterstufenlehrer scheinbar nicht effektiv genug arbeitet, mögen sich verdeutlichen, daß dieser gleichsam hinter einem hohen Bauzaun an einem tragfähigen Fundament arbeitet, auf dem sich eine gesunde Persönlichkeit frei entfalten kann. Und schließlich – damit sie Vertrauen entwickeln können in die heilende Kraft des Waldorfunterrichtes – seien für die Eltern entwicklungsgestörter Kinder die Worte Rudolf Steiners angeführt: «Die Musik, namentlich in der Weise angewandt, daß wir ... das Tongedächtnis ausbilden, also vorzugsweise das Erinnern des Musikalischen, wird in außerordentlich wohltätiger Weise bei einem solchen Kind wirken ... bei dem wir bemerken, daß das Ich nicht recht hinein will in den Organismus.»[90]

In welchem Verhältnis sollen rhythmischer Teil und Hauptunterricht zueinander stehen?

Der rhythmische Teil ist in jeder Schule, in jeder Klasse und in jeder Epoche anders. Alle rhythmischen Teile sind ähnlich, aber keiner gleicht dem anderen. Am Ende erlebt der Lehrer, daß das hyperaktive Kind ruhig und konzentriert, der Morgenmuffel wach, das frierende Kind warm geworden ist und daß das blasse Kind rote Bakken bekommen hat. Rudolf Steiner hat keine Angaben über den rhythmischen Teil gemacht und erst recht nicht über dessen Länge. Der rhythmische Teil ist die heilsame Vorbereitung auf den eigentlichen Hauptunterrichtsteil. Er sollte nicht zu lang, aber vor allen Dingen nicht zu kurz sein. Zwanzig bis dreißig Minuten sind nach meiner Erfahrung ein gutes Maß. In der Unterstufe darf der rhythmische Teil durchaus etwas länger dauern. Es wäre töricht, ihn zu verkürzen, damit man im Hauptunterricht die vorgeplante Stoffülle auch schaffen kann oder damit noch genügend Zeit für die abschließende Erzählung übrig bleibt. In der Regel sollte die Hauptunterrichtszeit inklusive des rhythmischen Teils und der Erzählung 120 Minuten umfassen. Wenn Rudolf Steiner für die Erzählung am

Schluß dreißig Minuten vorsieht[91] und der rhythmische Teil auch eine halbe Stunde einnimmt, bleibt für den Hauptunterricht immerhin noch eine volle Stunde, vorausgesetzt, der Stundenplan läßt das zu.

Aber es geht ja hier nicht um den Stundenplan, sondern um unsere Kinder, und darum ist es notwendig zu prüfen, ob man nicht hier und da die Hauptunterrichtszeit auf volle zwei Stunden ausdehnen kann.

In vielen Fällen werden praktische Einwände dagegengehalten (Zuganschlüsse, Bustransporte usw.). Aber gelegentlich haben einsichtige Kollegien zumindest für die unteren Klassen einen separaten Pausenplan vorgesehen. Eltern und Lehrer sollten vehement darauf drängen, daß die unteren Klassen genügend Zeit für einen guten und ausgiebigen Vorbereitungsteil einerseits und für die Erzählung andererseits bekommen.

Einsichtige Stundenplangestalter haben an einigen Schulen dieses Bedürfnis der Unterstufe berücksichtigt. Das hat zur Folge, daß die Pause der unteren Klassen sich zeitlich verschiebt. Vielfach wird das negativ beurteilt, weil durch den Lärm der Kleinen der Schulbetrieb gestört werde. Aber das muß nicht sein. Die positiven Aspekte überwiegen. Die Kleinen haben andere Pausenbedürfnisse als die Großen, die Klassenlehrer können mit ihren Kindern auf dem Hof sein – nicht so sehr der Aufsicht wegen, sondern vielmehr um mit den Kindern zu spielen, und die Spielsituation auf dem Hof ist eine hervorragende Gelegenheit, einerseits die Kinder wahrzunehmen (Diagnose) und andererseits, Spiele anzuregen, die für die Kinder richtig und wichtig sind (Seilchenspringen, Hüpfekästchen, Ballspiele, Stelzenlaufen usw.). Ein verlängerter Hauptunterricht in der Unterstufe gibt auch noch die Möglichkeit, ein äußerst wichtiges Erziehungselement zu pflegen, das in den meisten Schulen vernachlässigt und nur in wenigen Schulen sinnvoll und heilsam praktiziert wird – ich meine das gemeinsame Frühstück.

Frühstück in der Waldorfschule

Wer in jeder Woche in mehreren Unterstufenklassen hospitiert, der erlebt eine Vielfalt an Gestaltungen bei der Einnahme des Frühstücks; die bunte Palette reicht von Null bis optimal!

Da kann es geschehen, daß die Kinder nach dem Pausenzeichen ohne jeden Kommentar hinausgeschickt werden; sie holen ihre Frühstücksutensilien aus dem Ranzen und verschwinden auf dem Hof, während der Lehrer schon wieder mit dem beschäftigt ist, was in zehn oder fünfzehn Minuten auf ihn zukommt. Gelegentlich holen die Kinder ihre Dinge aus dem Ranzen und legen sie vor sich auf den Tisch: belegte Brote, Äpfel, Möhren, süßes Gebäck, Bifis, Mars, Milchschnitten und andere Köstlichkeiten, die im Fernsehen als ideales Schulfrühstück angepriesen werden, und die Getränkeauswahl reicht von Kakao bis hin zu Cola. Es mutet einen etwas peinlich an, wenn die Klasse dann gemeinsam spricht: «Erde, die uns dies gebracht ...» und nach dem «Gesegnete Mahlzeit» die Klasse hinaustobt. Vielfach darf der Hausmeister am Nachmittag die nicht gegessenen Speisereste vom Hof oder aus dem Papierkorb holen und die leeren Getränkedosen, die während der Pause als Fußballersatz dienten, aufsammeln.

Hier wird die Chance vertan, eine eminent wichtige pädagogische und therapeutische Situation wahrzunehmen. Nur in wenigen Schulen erlebte ich eine gute Gestaltung des Frühstücks. Nur selten hat der Lehrer die Gelegenheit, mit seinen Kindern gemeinsam die Mahlzeiten einzunehmen, das Brot zu brechen (Freunde heißen in Spanien compañeros, das heißt, die gemeinsam das Brot – pan – essen; bei uns wurde aus dem tiefsinnigen Wort compañiero der Kumpel).

Am Beispiel einer Kleinklassenschule sei hier eine angemessene Form dargestellt. Wenn es schellt, tritt der Tischdienst in Funktion. Das heißt, einige Kinder verteilen die Deckchen, die Becher und die Brettchen, ein anderes Kind geht in die Küche und holt die bereitstehende Teekanne ab (für die erste Klasse übernehmen dies die großen Schüler der Patenklasse). Den Tee hat die Schulküche – vielfach Mütter, die den Vormittag in der Schule verbringen – vorbereitet, jahreszeitlich verschiedene Früchtetees, angereichert mit Elixieren, die der Schularzt vorgeschlagen hat. Der Tee wird eingeschenkt, alle Kinder trinken den Tee, und wenn ein Kind meint, es möge so etwas nicht, dann trinkt es eben nur ein wenig. Meist verlangt es schon nach kurzer Zeit mehr. Das Frühstück wird ausgepackt und auf die Brettchen gelegt. Der Blick des Lehrers wandert über die Tische, und immer wieder gibt es Kinder, die aus unterschiedlichen Gründen kein Frühstück dabei haben. Zuerst fragt der Lehrer: «Wer kann unserem Peter etwas abgeben, er hat sein Brot wohl vergessen?» Und dann finden sich genügend Kinder, die mit Peter teilen, so daß er zum Schluß meist mehr hat als alle anderen. Wenn Peter öfter kein Brot dabeihat, so merkt sich der Lehrer das und spricht bei einem Hausbesuch behutsam mit den Eltern darüber.

Jetzt ist es angebracht, den Tischspruch zu sprechen, um Dank zu sagen für das, was uns Sonne und Erde und Gott gegeben haben. Und dann wird zehn Minuten gemeinsam gefrühstückt. Dabei muß es nicht stumm zugehen – es gibt auch Tischgespräche und gegenseitigen Austausch der mitgebrachten Kostbarkeiten. Erst wenn alle Kinder alles aufgegessen und ihren Tee getrunken haben, wünschen wir uns, daß die Mahlzeit uns Segen bringen möge. Das einfache Dahersprechen «Gesegnete Mahlzeit» wird hier mit Sinn erfüllt und zur guten Gewohnheit. Wenn es Formsache sein sollte, kann man auch darauf verzichten.

Danach werden die Teekanne und die Becher in die Küche gebracht, die etwas größeren Kinder spülen ihre Becher selber. Die Deckchen werden zusammengefaltet und mit den Brettchen ins Regal geräumt, und überflüssiges Papier wird in den Papierkorb geräumt. Fünfzehn Minuten nach dem ersten Klingeln läutet die Glocke erneut zur Hofpause, und jetzt gehen alle Kinder auf den Schulhof. Vorher ist keine Hofaufsicht, denn alle Klassenlehrer frühstücken mit ihren Klassen, und wer seine Kinder vorher in die Pause schickt, weiß, daß sie dort nicht beaufsichtigt sind.

Diese Praxis begegnete mir nicht nur in der Kleinklassenschule, in mehreren Waldorfschulen wurde so gemeinsam gefrühstückt. Sei es, daß Mütter in der Schulküche Brote vorbereitet hatten oder daß eine Schale mit Obst zum Frühstück hereingebracht wurde. Nach Verabredung mit den Eltern brachten alle Kinder morgens Obst mit in die Schule, sie gaben es vor dem Unterricht ab, und in der Pause konnten die Kinder nach Lust und Geschmack von allem Mitgebrachten schmausen. Hier wird Egoismus überwunden, denn wir dürfen das essen, was die anderen mitgebracht haben, und keiner sagt: «Das ist mein Apfel, das ist meine Banane!»

In einer anderen Schule gehörte es zum Wochenrhythmus, daß die Schulneulinge an einem Morgen Körner mahlten und ihr eigenes Brot buken. Da wurde tüchtig die Mühle gedreht und der Teig geknetet. Im Verlaufe der Woche aßen die Kinder ihr eigenes Brot, das sie mit ihrem Lehrer und helfenden Müttern zubereitet hatten, und der Brotaufstrich bestand aus eigenproduzierter Marmelade oder anderen gesunden Lebensmitteln.

Wiederholt fragen dann Schüler der Mittelstufe oder besorgte Eltern, warum die Kinder in der Pause keine Milch oder Kakao trinken, oder es werden andere Fragen zur Ernährung gestellt; das ist dann eine Gelegenheit, über die Beziehung von Lernen und Ernährung zu sprechen.

Beim Frühstück erleben wir oft, daß gerade die Stoffwechsler, die zur Dicklichkeit neigenden Kinder, mehrere Schnitten Weißbrot aus dem Ranzen holen, daß bestimmte Kinder nichts Festes kauen wollen, daß andere Süßigkeiten bevorzugen und wieder andere scharf Gewürztes oder Aromatisches wollen. Beobachtet man die Eß- und Ernährungsgewohnheiten der Kinder bewußt und setzt sie in Beziehung zu Temperament und Lernfähigkeit, so kann man bei dem einen oder anderen Kind feststellen, daß es noch einen gesunden Instinkt hat, das zu bevorzugen, was es wirklich braucht. In den meisten Fällen ist aber dieses gesunde Bewußtsein weder beim Kind noch bei den Eltern vorhanden, zumal die intensive Reklame im Fernsehen keine Garantie für eine gesunde Ernährung allgemein und für das jeweilige Kind individuell ist. Viele der uns angepriesenen Lebensmittel sind nicht nur wertloses Zeug, sondern sie sind vielfach gesundheitsschädigend für alle oder für einzelne Kinder. Darüber hinaus muß man beachten und berücksichtigen, welche Kinder welche Stoffe brauchen und welche sie nicht haben sollten. Der Zusammenhang zwischen Ernährung und Lernfähigkeit wird zu wenig beachtet, und man hat keine genauen Erkenntnisse über die Auswirkung bestimmter Lebensmittel auf das Verhalten der Kinder.

Rudolf Steiner machte die Lehrer vor der Eröffnung der ersten Waldorfschule auf den Zusammenhang zwischen Ernährung und mangelnden Fähigkeiten aufmerksam: «Und ich bitte Sie überhaupt zu berücksichtigen, daß die unsinnige Ernährungsweise in den ersten Kinderjahren, zu der manche Eltern hinneigen, namentlich bei phlegmatischen und sanguinischen Kindern viel beiträgt zur Herabstimmung der Fähigkeiten. Das ewige Überernähren ... das Vollstopfen der Kinder mit Eierspeisen und Mehlspeisen, mit Mehlpampf, das ist etwas, was die Kinder ganz unlustig und unfähig zum Lernen macht in den ersten Jahren des Schulbesuches.»[92] Auf die Frage, ob Kakao zu empfehlen sei, antwortet er: «Warum sollen denn die Kinder überhaupt Kakao trinken? Bei Kindern, die eine zu rasche Verdauung haben, ist es besser, Kakao zu verwenden als andere Heilmittel; aber wenn das nicht nötig ist, dann braucht das Kind überhaupt nicht solche Dinge zu haben.»[93]

Der interessierte Leser wird so in Rudolf Steiners Vorträgen und in seinen Seminaren und Konferenzen mit den Lehrern der ersten Waldorfschule viele Anregungen finden, wie man durch gezielte Ernährung und Diätkuren heilend auf den Organismus allgemein und auf Lern- oder Verhaltensstörungen einwirken kann. Dem Lehrer der Unterstufe erwächst eine ganz wichtige Dimension der pädagogisch-therapeutischen Verantwortung im Zusammenhang mit der Ernährung. Der Lehrer kann als Heiler mit metamorphosierten Arztkräften Einfluß nehmen auf die seelische, geistige und physische Gesundheit seiner Kinder. Er sollte es aber unter allen Umständen nach Absprache mit dem Schularzt und nach behutsamer Rücksprache mit den Eltern praktizieren. Ohne ärztlichen Rat und ohne Einsicht und Zustimmung der Eltern sollte der Lehrer beispielsweise nicht dem retardierten Kind die bevorzugten Süßspeisen zugunsten eines Apfels entziehen oder dem akzelerierten Nerven-Sinnes-Kind, das stark gewürzte Speisen bevorzugt, eine Möhre zum Frühstück verordnen.

Daß Milch oder Kakao, in der Pause getrunken, den Stoffwechsel anders belastet und damit die Lernfähigkeit anders beeinträchtigt als Früchtetee, der je nach Jahreszeit mit entsprechenden Elixieren angereichert ist, kann man den Schülern und Eltern leicht deutlich machen, und sicherlich sind die Eltern gerne bereit, für ein solches Getränk zehn Pfennige pro Tag aufzuwenden.

Aber wenn es darum geht, für ein einzelnes Kind wegen bestimmter Störungen einen Diätplan für einen bestimmten Zeitraum zu erstellen, ist die Mitwirkung der Eltern zwingend erforderlich. Vielfach bestätigen sich die Diätmaßnahmen schon nach kurzer Zeit durch eine Erhöhung der intellektuellen Fähigkeiten beziehungsweise durch eine Veränderung von Verhaltensauffälligkeiten und Lernstörungen.

Zusammenfassend sei gesagt, daß die gemeinsame Mahlzeit in der Pause dem Lehrer viele pädagogische und therapeutische Einflußmöglichkeiten gibt. Angefangen bei der Entwicklung guter Tischsitten, über die Arbeit an den so wichtigen religiösen und sozialen Grundfähigkeiten der Dankbarkeit, des Mitleids, des Teilens bis hin zu der gesundheitlichen Diagnose und therapeutischer Fürsorge.

Schließlich gibt uns das gemeinsame Frühstück noch gute Möglichkeiten, die mittleren Sinne des Riechens, Schmeckens, Sehens und der Wärmeempfindung zu pflegen. Geschmacksbildung vollzieht sich da, wo wir den Geschmackssinn betätigen. Und wo und wann hat der Lehrer schon Gelegenheit, mit seinen Kindern die mittleren Sinne intensiv zu pflegen?

Märchen, Fabeln und Geschichten im Erzählteil

Der Erzählteil am Ende des Hauptunterrichts geht auf einen Hinweis zurück, den Rudolf Steiner den Lehrern in dem vorbereitenden Seminar gegeben hat. Gleich in der ersten Seminarbesprechung am 21. August 1919 sagt er: «Nun würde es dem Ideal des Unterrichts entsprechen, daß das Kind eigentlich für den konzentrierten Unterricht, wozu Anstrengung des Kopfes notwendig ist, überhaupt nicht mehr als täglich eineinhalb Stunden braucht. Dann können wir noch eine halbe Stunde Märchen erzählen.»[94] Und im Anschluß daran gibt er einen Überblick über den Erzählstoff der Unter- und Mittelstufe (erste Klasse Märchen, zweite Klasse Fabeln, dritte Klasse biblische Geschichten usw.).

In Gesprächen mit Eltern, Kollegen aus dem öffentlichen Schulwesen und mit Vertretern der Schulaufsicht wird immer wieder über den Sinn des Erzählteils diskutiert. Was hat das Märchen oder die Fabel mit dem jeweiligen Unterrichtsstoff zu tun? Ist Märchenerzählen nicht Zeitverschwendung? Sind Märchen nicht grausam? Können Märchen unsere Kinder auf den Ernst des Lebens vorbereiten helfen? Müßte man die Märchen nicht moderner fassen? Ist die Sprache nicht antiquiert? Sollen wir unseren Kindern Märchenkassetten schenken? Und so weiter.

Es wäre ein allzu einfaches Bild, wenn man dem Gesprächspartner sagen würde, daß der rhythmische Teil Vorspeise, der Lernteil Hauptgericht und der Erzählteil Nachspeise darstelle. Einleuchtender ist es wohl, darauf hinzuweisen, wie unterschiedlich die menschliche Wesenheit im Verlauf eines Unterrichts angesprochen, beansprucht wird: Im rhythmischen Teil wenden wir uns an das mittlere System, an alles, was mit Rhythmus, Lebens- und Willenskräften zusammenhängt. Im Hauptteil wird der Kopf, das Nerven-Sinnes-System beansprucht, und der aufmerksame Beobachter nimmt deutlich wahr, wie anstrengend ein solcher Unterricht sein kann, ja vielfach sogar ermüdend, so daß die Kinder blaß werden und gähnen. Mit dem Märchen führen wir die Kinder in eine Bilderwelt, die Phantasie und Imaginationskräfte anspricht; und wenn der Lehrer in rechter Weise erzählt hat, dann sind die Kinder wieder belebt und haben rote Backen.

Bilder im Märchen

Man muß sich als Lehrer bewußt machen – und sollte es auch den Eltern vermitteln –, daß Märchen nicht für Kinder erfunden und aufgeschrieben wurden, sondern daß in früheren Zeiten die Märchen den Erwachsenen erzählt wurden von eingeweihten Menschen. Märchen sind Mysterienweisheit aus einer Zeit, wo man geistige Gegebenheiten als esoterisches Wissen nicht ungeschützt weitergeben durfte. Die Inhalte wurden in Bildern gleichsam verschlüsselt, und diese Bilder wurden dann dem Volk mitgeteilt, so wie Christus dem Volke auch nur in Bildern und Gleichnissen geistige Zusammenhänge preisgab.

Wenn wir heute unseren Kindern diese Märchen erzählen, so stellen wir ihnen Bilder vor die Seele, die das widerspiegeln, was man nicht in Worten ausdrücken konnte und was die Menschen früher und unsere Kinder heute noch nicht intellektuell verstehen können. Tiefe Weisheiten verbergen sich hinter den Bildern, und geheimnisvolle Symbole und Urbilder tauchen immer wieder auf.

Wenn man als Erzieher Märchen erzählt, dann sollte man versuchen, den Geheimnissen auf den Grund zu gehen. Man sollte wissen, welches die Kräfte des Goldes sind, was die Spindel bedeutet, welche Rolle der König, der Prinz, die Prinzessin und so weiter darstellen. Man sollte wissen, daß alle Figuren des Märchens einen Teil unserer selbst darstellen und daß das Wesen des Königs genauso ein Teil meiner selbst ist wie auch das der Hexe. Die Kinder wissen das nicht, aber sie empfinden es elementar, wenn sie sich freuen, wie die alte Hexe bestraft wird, oder wenn sie singen: «Der Wolf ist tot, der liebe böse Wolf ist tot!»

Elternvorbereitung auf den Erzählteil

Es gehört zur wichtigen Vorbereitung der gemeinsamen Arbeit mit den Eltern, daß man ihnen von der Bedeutung der Märchen berichtet und vom Stellenwert, den das Märchen im Unterricht der Waldorfschule einnimmt. Darum hat die Morgenstern-Schule seit über zwanzig Jahren am Anfang des Schuljahres ihre Erstklaßeltern in einem einwöchigen Vollzeitseminar auf die Arbeit in der ersten Klasse einer Waldorfschule vorbereitet. Bei der Gelegenheit wurde nicht nur gemalt, geflötet, gesprochen, Eurythmie gemacht und wurden Puppen gebastelt, sondern man arbeitete auch gemeinsam über das Wesen der Märchen und versuchte, hinter die Geheimnisse der Märchenbilder zu kommen. Gleichzeitig haben die Väter und Mütter Marionetten angefertigt, und am Ende der Woche konnten dann die Eltern ihren Kindern ein Märchen vorspielen, begleitet mit Musik der Kinderharfe und der Choroiflöte, die die Eltern spielen gelernt hatten; und die Sprecher, die die einzelnen Rollen zu sprechen hatten, kamen selbst zu der Erkenntnis, daß man das Märchen beziehungsweise seine Rolle auswendig können müßte, daß man sie eigentlich nicht vorlesen kann. Der Märchenerzähler sollte unmittelbaren Blickkontakt zu den Kindern haben und nicht das Buch dazwischenschieben. Lesen und Vorlesen sind Gedanken-Sinnes-Tätigkeiten, bezogen auf einen Text im Buch, und die Kinder erleben eine Geschichte anders, wenn der Erwachsene sich mit dem Text auseinandersetzt, anstatt unmittelbar zum Kind zu sprechen.

Die Frage, ob auch Märchenkassetten verwendet werden können, beantwortete sich schon von selbst mit der Arbeit am Märchen. Ein mechanisch hervorgerufenes Geräusch, das so klingt, als spreche Mathias Wiemann, kann die Sinne des Kindes nicht so ansprechen wie das freie Erzählen im direkten Kontakt zum Kind. Selbst wenn die Platte oder Kassette höchste Treue in der Wiedergabe verspricht, so ist es für das Ohr des Kindes doch höchster Betrug.

In den Gesprächen über den Sinngehalt und die Auswahl der Märchen bat mich ein Vater, ich möchte den «Hans im Glück» den Kindern nicht erzählen. Die Geschichte stehe im krassen Widerspruch zu seiner beruflichen Tätigkeit (der Vater war Banker); er war aber leicht davon zu überzeugen, daß das Gold, das der Hans verdient hatte, in Form einer verzinslichen Anlage nicht glücklich machen kann. Eine Mutter wurde bei den Interpretationsversuchen ganz ärgerlich und wehrte sich dagegen, daß man ihre Märchenwelt zerstören wollte. Aber gerade diese Mutter kam immer wieder zu mir mit Fragen wie: Könnte der Brunnen nicht dies bedeuten – und der Apfelbaum jenes?

Als Hospitant in der ersten Klasse freue ich mich in gleicher Weise wie die meisten Erstkläßler auf das Märchen, und mir bleibt unvergessen jener kleine Moritz, der als großköpfiger Träumer im Laufe des Hauptunterrichtes Qualen litt, weil er vier oder fünf Buchstaben ins Epocheheft malen sollte. «So viel», jammerte er, «das schaff ich doch nicht! Warum müssen wir immer so entsetzlich viel schreiben? Erzähl uns lieber die Geschichte!» Er litt qualvoll, und man merkte, wie er vor lauter Zappeligkeit außer sich geriet. Das Unglück aber wollte es, daß die Lehrerin sich zu viel für die Stunde vorgenommen hatte, und es schellte, noch bevor das Märchen hätte erzählt werden können. Da sank der Kopf des kleinen Moritz mit einem verzweifelten Ausruf auf den Tisch, und er weinte lauthals vor sich hin. Für Moritz war das Märchen am Ende des Hauptunterrichts der einzige Anlaß, in die Schule gehen zu wollen und zu sollen.

Wieviel Zeit braucht der Erzählteil?

Und damit sind wir schon bei einem Problem angelangt, das mir sehr häufig in der ersten Klasse begegnet: Vielfach bleibt nur ein kleiner Rest der Zeit übrig, um ans Märchen zu kommen. Dann wird kurz wiederholt, was am Vortag erzählt (gelesen) wurde, es bleiben nur wenige Minuten zum Weitererzählen, und die Geschichte endet mit den Worten: «Und morgen erzähle ich weiter.» Die Kinder sind mit Recht unwillig und skandierten in einem Falle: «Weiter, weiter, weiter!» Sie hatten zwar nicht gelesen, daß Rudolf Steiner den Lehrern in den Seminarbesprechungen sagte: «und dann können wir noch eine halbe Stunde Märchen erzählen», aber sie hatten tiefinnerlich empfunden, daß Märchen keine Fortsetzungsgeschichten sind, die sich über viele Tage hinziehen können. Die Erfahrung zeigt, daß nur wenig sich der Erinnerung der Kinder einprägt, wenn täglich kurze Abschnitte erzählt werden, und es ist nicht verwunderlich, wenn die Kinder unzufrieden sind. Die meisten Märchen – mit wenigen Ausnahmen – sind in zwanzig bis dreißig Minuten erzählt, und diese Zeit sollte der Lehrer ausschöpfen, wenn er das Märchen wesensgemäß und heilsam anwenden will. Das Märchen als Fortsetzungsgeschichte mit mehreren Folgen ist nahezu wertlos, es macht «häsebäsig», wie Rudolf Steiner im *Heilpädagogischen Kurs* sagt.[95] Hier spricht er vom zappeligen Erzieher, «so ein Mensch, der fortwährend so handelt, daß er mit dem, was er tut, den anderen Menschen einen Schock verursacht. Diese Charaktereigentümlichkeit, die eine menschliche Temperamentseigentümlichkeit ist, ist im Leben viel verbreiteter, als man denkt … Sind nicht die meisten Lehrer heute häsebäsig? Dieses zapplige Wesen, das sich im Tun fortwährend überschlägt! … Es bleibt also nichts anderes übrig, als … sich die Zappligkeit wieder abzugewöhnen», weil sich diese Charaktereigentümlichkeit sonst auf die Kinder überträgt. Die heutige «Häsebäsigkeit» der Erwachsenenwelt ist in der Tat epidemisch und äußerst infektiös für unsere Kinder. Nervosität, Unruhe, Zeitnot haben beim Märchenerzählen nichts zu suchen, und will der Lehrer das Märchen als Seelenpflege-Heilmittel einsetzen, so gibt es einen Weg, der sich durchaus bewährt hat.

Heilsames Erzählen

Am Wochenende hat der Lehrer das Märchen für die nächste Woche mehrfach leise und laut gelesen, bis er es fast auswendig kann. Wenn er es dann für sich erzählt, wird ihm deutlich, daß er wesentliche Dinge vergessen hat. Darum empfiehlt es sich, das Märchen in einem besonderen Heft aufzuschreiben. Dabei wird man bemerken, wie viele schöne sprachliche Kostbarkeiten im Text verborgen liegen, über die man normalerweise hinwegliest und die beim Erzählen vergessen werden.

Am Montag wissen die Kinder schon: Heut' gibt es eine neue Geschichte. Und wirklich, 25 Minuten vor dem Ende der Stunde werden die Tische leergeräumt, und die Kinder blicken gespannt zum Lehrer, der zum Zeichen, daß jetzt keiner mehr schwätzen darf, eine Kerze anzündet. Und wenn alles still ist, beginnt er: «Es waren einmal ein König und eine Königin, die hatten alles, was sie wollten. Nur kein Kind. Ach, was bin ich doch für ein unfruchtbarer Acker, auf dem nichts wächst, jammerte die Königin …»

Da der Lehrer sich nicht auf Buch und Text konzentrieren muß, sieht er die unterschiedlichen Gesichtsausdrücke der Kinder, und obwohl man in der Märchenstunde nicht dazwischenreden darf, kann der Lehrer doch die Gedanken einzelner Kinder lesen: Oh, das ist das Eselein, das höre ich so gerne. Oder: Ach, das kenn' ich doch schon, weiß unser Lehrer denn nichts Neues? Oder: Davon hab' ich eine Platte, aber wenn der Lehrer erzählt, ist das viel schöner!

Im Anfang wurden alle diese Gedanken laut zum Ausdruck gebracht, aber ganz behutsam mit der geistesgegenwärtigen gelassenen Ruhe des Märchenerzählers hat der Lehrer seine Kinder daran gewöhnt, still zuzuhören. So geht die Geschichte zu Ende, noch bevor die Glocke läutet, und vor den Seelen der Kinder steht das große Bild von der Individualität, die sich in einen Esel inkarniert hat und die schließlich doch noch ein Prinz werden kann.

Am Dienstag wiederholt sich das gleichartig: «Es waren einmal ein König und eine Königin …», und der Lehrer erinnert sich daran, wie schwer es anfangs war, den akzelerierten Peter zu besänftigen, der lauthals protestierte: «Das hast du uns doch gestern schon erzählt! Weißt du denn nichts Besseres mehr? Und warum eigentlich immer diese blöden Geschichten?» Es gehört zur Konstitution des intelligenten Jungen, der ohne Märchen aufgewachsen ist und dessen wacher Geist ständig nach neuen Sinneseindrücken hascht. Aber der Lehrer ist sich bewußt, daß gerade der Peter die Bilderwelt des Märchens, die Wiederholung und die notwendige Ruhe braucht, um später inneres und äußeres Gleichgewicht finden und sich konzentrieren zu können.

Würde sich der Lehrer von der Eigenschaft des Kindes erregen lassen oder würde er dem Drängen des Kindes nachgeben, hätte er vor seiner Aufgabe kapituliert. Er weiß, daß *es* sich in Peter gegen das Märchen wehrt. Dieses *Es* ist etwas Krankmachendes, und wir wollen doch gerade mit dem Märchen die Unruhe und Nervosität unserer Zeit heilen. Nach einiger Zeit hat auch Peter eingesehen, daß seine Proteste nichts nützen, er hat resigniert (oder das Es in ihm hat resigniert), und jetzt beobachtet der Lehrer mit Befriedigung, daß auch Peter aufmerksam am Mittwoch und Donnerstag zuhört. Gelegentlich unterbricht er dann doch mal mit dem Zwischenruf: «Gestern hast du das aber *so* gesagt.» – «Da hast du aber gut aufgepaßt», lobt der Lehrer, und ein Hinweis auf die brennende Kerze veranlaßt Peter, wieder konzentriert zuzuhören.

Vielleicht passiert es dem Lehrer noch einmal, daß er etwas anders erzählt. Der Wortlaut des Märchens hat sich den Kindern schon so sehr eingeprägt, daß es sie gleichsam kratzt, wenn der Lehrer eine andere Redewendung benutzt, und am Donnerstag merkt der Lehrer, daß einige Kinder schon stumm mitsprechen. Wenn dann bestimmte Wiederholungen im Märchen vorkommen, läßt es sich nicht vermeiden, daß die ganze Klasse im Chor mitspricht «Kikeriki» oder «Rukediku». Nachdem die Kinder das Märchen vier- oder fünfmal als Ganzes gehört haben, lohnt es sich, sie am Wochenende erzählen oder gar mit verteilten Rollen spielen zu lassen.

Dabei kann man interessante Beobachtungen machen: Einige Kinder erzählen das Märchen wortwörtlich nach; Kinder wie Peter wissen zwar viele Einzelheiten, aber sie können nicht den roten Faden halten und vergessen vieles. Ja, oft wird dem Lehrer ein Spiegel vorgehalten, denn die Kinder machen den Tonfall, die Gesten und die Temperaments-Eigenheiten des Lehrers nach.

Wir müssen uns bewußt machen, daß wir vierzig Schulwochen im ersten Schuljahr zur Verfügung haben. Vierzig Märchen, in dieser Weise erzählt, prägen sich dem Gedächtnis, dem Ätherleib der Kinder anders ein, als würde man dreißig oder vierzig Märchen stundenweise als Fortsetzungsgeschichte erzählen. Da bleibt wenig zurück in der Erinnerung der Kinder.

Wenn wir uns dann noch bewußt machen, daß Märchen sprachliche Imaginationen sind, die unmittelbar Ich-inkarnierend wirken, dann wird deutlich, welchen Stellenwert das Märchen im Unterricht der Waldorfschule hat.

In der Regel habe ich die Märchen im ersten Schuljahr jeweils wortgetreu und auch in der Form gleichartig erzählt. Da kann man aber in der Artikulation und in der Eindringlichkeit, in der Pausensetzung und in der Lebendigkeit die verschiedenen Temperamente der Kinder besonders ansprechen. Gerade das temperamentsbezogene Märchenerzählen übt Rudolf Steiner mit den Lehrern in den Seminarbesprechungen im August 1919.[96] Wenn man das Märchen als ein großes Gemälde der menschlichen Seelenlandschaft betrachtet, so sollte man die einzelnen Details nicht verändern, man kann allerdings mit gutem Erfolg das Gemälde in jeweils einer anderen Beleuchtung betrachten. Auf diese Weise lassen sich die einzelnen Temperamente individuell ansprechen, ohne daß Form und Inhalt wesentlich verändert werden.

Temperamentsbezogenes Erzählen

Im zweiten Schuljahr, wenn Fabeln und Legenden erzählt werden, kann man mit großem Erfolg temperamentsmäßig erzählen. Da geht es zum Beispiel um den Hund, der ein Stück Fleisch oder einen Knochen gestohlen hat, auf der Brücke sein Spiegelbild im Bach sieht und, indem er gierig danach schnappt, seinen Schatz verliert. Wenn man diese Geschichte «traurig» erzählt, zerfließen die Melancholiker; erzählt man sie lebhaft, so hüpfen die Sanguiniker vor Vergnügen, und erzählt man sie ruhig und ausgebreitet, so fühlen sich die Phlegmatiker erst recht wohl, und wenn man die Geschichte am Donnerstag «energisch» erzählt, so kommen die Choleriker zu ihrem Recht. Für den Lehrer ist es eine gute Möglichkeit zur Analyse der Temperamente, wenn bestimmte Kinder betteln: «Erzählst du heute mal lustig?», andere: «Och bitte, traurig sollst du erzählen» oder: «Nö, mir gefällt die Geschichte am besten, wenn du sie langweilig erzählst» bis hin zu: «Ach Unsinn, los, erzähl schon energisch!» Vier Tage lang der gleiche Inhalt, aber in verschiedenem Wortlaut und verschiedener Temperamentslage. Wenn dann am Freitag und Samstag die Kinder die Fabel erzählen oder spielen, gibt es wieder gute Diagnosemöglichkeiten für den Lehrer im Hinblick auf die Temperamente seiner Kinder. Da die Fabeln wesentlich kürzer sind, lohnt es sich durchaus, auch zwei oder drei Fabeln im Erzählteil zu haben. Eine wird in der Woche neu kennengelernt, eine wird durch Üben und Sprechen könnengelernt, und eine dritte Fabel wird gespielt, gemalt oder geschrieben.

Im Gegensatz zum Märchen als umfassendem Gemälde einer Seelenwelt ist die Fabel eine Miniatur, die vor das innere Auge des Kindes gestellt wird, die aber in Wirklichkeit einen Spiegel darstellt, ohne daß das Kind es unmittelbar merkt. Die Schlauheit des Fuchses, die Gier des Wolfs, die Unbekümmertheit der Grille, die nicht für den Winter vorsorgt, und der Großmut des Löwen, der die gefangene Maus wieder laufen läßt, ohne zu ahnen, daß die unscheinbare Maus ihm das Leben retten wird – alle diese Eigenschaften leben auch in unserer Seele. Und indem der Dichter uns diese seelischen Eigenschaften als Bild vor das innere Auge stellt, bewirkt er eine tiefgreifende moralische Erziehung des Menschen. Bei unseren Kindern bedarf es nicht der Interpretation. Der Sinngehalt der Fabel wirkt bei unseren Kindern unbewußt moralbildend und hat viel stärkere Kraft als alles Reden über Moral und Sitte. Alles bloße Gerede wie «… man darf nicht … du sollst nicht … es ist gut, wenn … ich will nicht, daß …» und so weiter bewirkt bei den Kindern nichts oder weckt gar Antipathie. Eine moralische Geschichte, in der das Schlechte ad absurdum geführt wird, mehrfach vor die Seele des Kindes gestellt, gibt inneren Halt, wirkt willensbildend.

Abschließend sei hier auch noch einmal gesagt, daß es sich bei dieser Art, Märchen und Fabeln zu erzählen, nicht um Heilpädagogik handelt, die nur für Kinder mit Entwicklungsstörungen oder Behinderungen sinnvoll und angebracht wäre. Es ist eine Methodik, die in der Heilpädagogik erfolgreich angewendet wird, die aber für «normale» Kinder unserer heutigen Zeit genauso heil- und wirksam ist wie für behinderte Kinder. Für das Seelenpflege-bedürftige Kind ist diese Methode Therapie, und für das Kind, von dem Lehrer und Eltern meinen, es sei nicht Seelenpflege-bedürftig, ist sie gleichsam Konstitutionshilfe.

Hilfen beim Schreiben- und Lesenlernen

Schreiben und Lesen in Beziehung zu den oberen Sinnen

Betrachtet man den Vorgang des Schreiben- und Lesenlernens unter dem Aspekt der sogenannten Erkenntnissinne oder oberen Sinne, so sind drei Stufen zu durchlaufen:

Zuerst müssen 26 Laute sorgfältig unterschieden werden. Im Anschluß daran wird jedem Laut ein Zeichen zugeordnet, und diese müssen als Grundbestandteile der Schrift intensiv geübt werden. Hier wird der Laut- oder der Gehörsinn in Anspruch genommen.

Danach werden die Laute in einen bestimmten Zusammenhang gebracht, so daß akustische oder auch geschriebene Wörter entstehen, und aus der Aneinanderreihung von bestimmten Lauten oder Lautsymbolen ergeben sich nicht nur Wörter, sondern auch individuelle Vorstellungen. Kombiniert man das K mit dem O und dem R und dem B, so entsteht die Kombination Korb, aber jeder, der das Wort Korb spricht, schreibt oder liest, hat einen ganz individuellen Korb in seiner Vorstellung. Hier beschäftigen wir uns mit dem Wort-, oder man könnte auch sagen mit dem Vorstellungssinn.

Schließlich werden Wörter und Vorstellungen in ein Sinngefüge zusammengesetzt, so daß aus einzelnen Wörtern ein Satz, ein Gedankenzusammenhang entsteht. Jeder gesprochene, geschriebene und gelesene Satz birgt Gedanken in sich, die wir mit unserem Gedankensinn wahrnehmen können.

Wenn also ein Kind schreiben und lesen lernen soll, so wird es behutsam in die Welt der Erkenntnissinne eingeführt, obwohl es in diesem Alter noch nicht frei über sie verfügen kann. Aber der Klassenlehrer legt mit dem Schreiben- und Lesenlernen die Fundamente für die gesunde Entwicklung der oberen Sinne. Grundlage für eine erfolgreiche Vermittlung von Schreiben und Lesen ist aber die gesunde Entwicklung der Leibessinne.

Der *Gleichgewichtssinn* und die Lateralität müssen gesund sein, wenn das Kind die Laute den verschiedenen Symbolen richtig zuordnen soll. Es muß sicher sein in den Raumesverhältnissen oben – unten, rechts - links. Es muß wissen, daß das große W nach oben offen ist und daß *dieses* Symbol W dem Laut des Windes, der Welle zuzuordnen ist. Es muß wissen, ob der kleine Anfangslaut des Bären, der Brezel oder des Baumes b oder d oder q oder p geschrieben wird, und es muß im zweiten Schuljahr wissen, ob 6 x 6 als 36 oder 63 geschrieben wird. Das Kind muß aber vor allen Dingen die innere Ruhe und das innere Gleichgewicht haben, wenn es zuhören soll und wenn es gehörte Laute den entsprechenden Symbolen zuordnen soll. Lautsinn und Gleichgewichtssinn hängen eng zusammen, und die Entwicklung des Gleichgewichtssinnes ist eine Voraussetzung für das Schreibenlernen.

Der *Eigenbewegungssinn* ist eine wichtige Grundlage für die Sprache, für die Fähigkeit, Laute zu Wörtern zu verbinden, für die Möglichkeit, Wörter zu Vorstellungen werden zu lassen. Bei jedem Sprechen schwingt der Kehlkopf mit, sowohl der des Sprechenden als auch der des Zuhörenden. «Der Kehlkopf ist das Sinnesorgan des Sprachsinnes», sagt Norbert Glas,[97] und der Kehlkopf ist gleichzeitig ein Bewegungsorgan. Die Sprache des Kindes entwickelt sich aus der geordneten Bewegung, und erst danach entwickeln sich Vorstellen und Denken. In der Heilpädagogik begegnen wir zuweilen Kindern, die einzelne Wörter oder sogar ganze Sätze sprechen, schreiben und lesen können, sie können aber nicht vorstellen und daher keinen Sinn entnehmen. Wir sprechen hier von der Alexie. Deutlich wahrnehmbar ist ein begrenztes Vorstellungs- und Denkvermögen *der* Kinder, die in ihrer frühen Entwicklung bewegungsbeeinträchtigt oder gelähmt waren. Es ist allgemein bekannt, daß mangelnde Vorstellungs- und Denktätigkeit vielfach auf mangelnde Bewegungsmöglichkeit zurückzuführen ist. «Gedanken wollen oft wie Kinder und Hunde, daß man mit ihnen im Freien spazierengeht.»[98] Ein Mensch, der unser Vorstellungsvermögen erreichen will, spricht in bewegten Worten zu uns. Der Eigenbewegungssinn muß gesund sein, wenn das Kind in der Schule Wörter schreiben und vorstellen können soll.

Und der *Lebenssinn* ist indirekt Grundlage für das Lesenkönnen.

Lesen bedeutet Sinnentnahme aus geschriebenen beziehungsweise gedruckten Inhalten. Wenn ein Kind schreiben soll, muß es erst die beiden ersten Stufen vollends beherrschen: Es muß die Laute und ihre Symbole kennen, es muß sie sinnvoll miteinander verbinden zu Silben, Wörtern, Vorstellungen und Sätzen als Gedankenträgern. Soll das Kind lesen, dann muß es den umgekehrten Weg des Schreibenden gehen. Es muß gleichsam die in Druckerschwärze hineingestorbenen Gedanken wiederbeleben können. Ein Buch ist in diesem Sinne ein Gedankenfriedhof. Eine Ansammlung von schwarzen Symbolen, die nur der verstehen beziehungsweise erkennen kann, der in den Volkskreis gehört, in dem jene Symbole als Konvention benutzt werden. Ein chinesischer oder japanischer Text ist für den Mitteleuropäer in der Regel völlig unverständlich, weil man nicht weiß, was die Symbole bedeuten. Ein lateinischer Text bringt den, der nicht Latein gelernt hat, in die Situation des Alektikers. Er kann das Geschriebene lesen, aber keinen Sinn damit verbinden. Unser Kind, das lesen soll, muß also erst einmal die Symbole wiedererkennen, es muß sie aneinanderbinden zu Wörtern, es muß die Wörter mit Vorstellungen verbinden und muß schließlich Gedankeninhalte aufnehmen. Um aber einen in die Druckerschwärze hineingestorbenen Gedanken wiederzubeleben, braucht das Kind Lebenskräfte, es braucht starke und gesunde Ätherkräfte. Der Ätherleib, der dem Kind mit der Schulreife frei zur Verfügung steht, ist aber im ersten Schuljahr noch nicht reif für das Lesen. Frühes Lesen-Sollen ist eine verfrühte Inanspruchnahme von Ätherkräften; es führt zur Schwächung der Lebenskräfte, schädigt den Organismus, und das signalisiert der Lebenssinn dem Arzt und dem erfahrenen Pädagogen. Ein Kind, das an der Schwelle zur Schulreife schon lesen kann, ist eher mit Sorge als mit Stolz zu betrachten. Lesen wird ein Kind dann, wenn es lesen will, und der optimale Zeitpunkt liegt eher am Ende des zweiten Schuljahres als früher.

Wenn Lückert und Corell uns in den sechziger Jahren glauben machen wollten, daß das optimale Leselernalter des Kindes zwischen dem vierten und fünften Lebensjahr läge, so hat sich bald herausgestellt, daß es sich um ein Wiedererkennen von Wörtern handelt und nicht um Gedankenwahrnehmung.

Wie sehr unsere eigene Lesefähigkeit von einem harmonischen Lebenssinn abhängig ist, können wir empfinden, wenn wir mit Kopf-

oder Bauchschmerzen oder müde und zerschlagen ein Buch oder eine Zeitung zur Hand nehmen. Wir lesen Satz für Satz, ja wir können unseren Kindern laut etwas vorlesen, aber legen wir die Lektüre weg, so wissen wir nicht, was wir gelesen haben. Unser Gedanken-wahrnehmungssinn war nicht beteiligt, er konnte nicht mitwirken, weil er durch Unwohlsein, Müdigkeit oder Sorge gestört war.

Macht man sich bewußt, was das Lesen- und Schreibenlernen für ein Schulkind bedeutet, dann wird verständlich, daß es in der mittel-europäischen Welt sehr viele Kinder gibt, die enorme Schwierigkei-ten haben, diese Kulturtechnik zu erlernen, und daß es viele Erwach-sene gibt, die während ihrer Schulzeit das Schreiben und Lesen nicht erlernt haben.

Betrachtet man das Lesen als reine Kulturtechnik, als Möglichkeit, sich Information und Wissen anzueignen, dann mag man dem Päd-agogen Iwan Ilitsch recht geben, der den Nachweis erbracht hat, daß zehn- bis zwölfjährige Kinder in Mittelamerika, die noch nie die Schule besucht hatten, in vier bis sechs Monaten allen Stoff und alle Kulturtechniken erwerben konnten ohne Mühe und ohne Qual.[99] Iwan Ilitsch beurteilt die ersten sechs Jahre, die das Kind in der Schu-le verbringen muß, als Zuchthausjahre.

Für die Waldorfschule kann das nicht zutreffen; ein Punkt, in dem wir mit Iwan Ilitsch einverstanden sein können, ist die Tatsache, daß alles verfrühte und intellektuelle Lernen schädigend ist und daß das Kind dann freudig und angstfrei lernen kann, wenn sein Wille dazu erwacht ist.

Schreiben- und Lesenlernen in der Waldorfschule hat zwar auch das Ziel, Sicherheit und Übung in diesen Kulturtechniken zu erwer-ben. Es ist aber nicht Selbstzweck, sondern der Schreib-Leseunter-richt soll den Menschen in Denken, Fühlen und Wollen fördern, oder, genauer gesagt, er soll die Willensgrundlagen schaffen, über das künstlerische Tun das Empfinden willentlich zu durchdringen und so das Denken lebendig zu gestalten.

Anfänge des Schreibens und Lesens.
Schreiben aus dem Künstlerischen

Über die Bedeutung des Anfangsunterrichts im Schreiben und Lesen für die Entwicklung des Kindes ausführlicher zu sprechen, würde den Rahmen dieser Darstellung überschreiten. Ich verweise hier auf die Veröffentlichung von Erika Dühnfort und Ernst-Michael Kranich, auf die ich mich beziehen und die ich aus heilpädagogischer Sicht ergänzen möchte.[100]

Rudolf Steiner weist in seinem ersten Vortrag über Methodisch-Didaktisches in der Erziehungskunst darauf hin, daß man unterscheiden muß zwischen jenem Wissensstoff, der eigentlich auf Konventionen, auf menschlicher Übereinkunft, und dem, der auf Erkenntnis der allgemeinen Menschennatur beruht. «Also was Sie dem Kinde beibringen als Lesen und Schreiben, beruht auf Konvention; das ist etwas, was entstanden ist innerhalb des physischen Lebens … Wir unterrichten im Gebiete des Allerphysischesten, indem wir den Kindern Lesen und Schreiben beibringen.»[101]

Es geht also nicht darum, den Kindern die Buchstaben beizubringen, indem man sagt: «Den Buchstaben F schreiben wir so!» Wenn wir dann noch EF dazu sagen oder den Buchstaben K als KA bezeichnen, legen wir bei vielen Kindern schon den Grundstock zur Verwirrung. Das Wissen um die Buchstaben ist manchem Erstkläßler eher hinderlich als hilfreich, denn wer zum R = ER und zum S = ES sagt, hat möglicherweise große Schwierigkeiten, das Wörtchen «Rom» oder «so» zu analysieren. Das Kind versucht verzweifelt, ER/O/EM zu lesen oder ES/O begreifen zu wollen. (Im Grunde sind Buchstaben hergeleitet von Buchenstäbchen, in deren Kopfholz die Symbole für die Laute spiegelbildlich eingraviert waren, um damit drucken zu können, während in der germanischen Zeit Buchenstäbchen benutzt wurden, um aus ihrer «zufälligen» Konstellation die Offenbarungen aus der Götterwelt zu erkennen. Heute ist die Bezeichnung «Buchstabe» unausrottbar in der deutschen Sprache als irrtümliche Bezeichnung für Letter oder konventionelles Symbol für einen Laut hängengeblieben.)

Grundlage für den Schreibunterricht ist, daß wir Konventionelles aus dem Künstlerischen heraus entwickeln. «Und daher müssen wir, wenn wir Schreiben unterrichten, mit dem künstlerischen Zeichnen der Formen, der Laut-Buchstabenformen beginnen, wenn wir so weit zurückgehen wollen, daß das Kind ergriffen wird von dem Unterschiede der Formen ... Das Künstlerische wirkt ja ganz besonders auf die Willensnatur des Menschen.»[102]

Vorbereitung der Kinder und der Eltern auf den Schreibunterricht

Bevor der Waldorflehrer mit dem Schreibunterricht beginnt, gibt es im rhythmischen Teil und in den ersten Epochen vielerlei Vorbereitungen auf die erste Schreibepoche:

Da werden Fingerspiele geübt, da werden Kinderreime rezitiert, da werden Spiele und Reigenspiele in der Klasse und auf dem Hof betrieben, da wird balanciert, Stelzen gelaufen und Seil gesprungen. Täglich werden die Raumesrichtungen und die Links-Rechts-Orientierung geübt («Schaffehand zeigt zur Wand»). Da werden wir uns bewußt, daß wir eine rechte und eine linke Hand, einen rechten und einen linken Fuß, Auge und Ohr haben, und täglich wandert der linke Zeigefinger zum rechten Ohrläppchen, und der rechte Ringfinger besucht den linken Daumen, und Peter Pointer sucht seinen Bruder, der sich schließlich meldet: «Here I am, and how do you do!»

Schließlich gibt es vor der ersten Schreibepoche noch eine Formenzeichenepoche, in der das Kind die Raumesrichtungen und die Elemente aller Formen (Krumme und Gerade) aktiv zeichnend, laufend und sehend erlebt. Auch das Farb- und Tonerleben dient der Vorbereitung der ersten Schreibepoche. Nicht selten werden sinneswache Kinder und deren besorgte Eltern in den ersten acht Wochen ungeduldig: «Wann fangen wir denn endlich an, etwas zu lernen?» lautet die Frage der Kinder; und die der Eltern: «Wie sollen unsere Kinder etwas lernen, wenn *die* nur solchen Kram machen? Wie sollen sie später mal das Abitur machen?»

Da ist es wichtig, daß der Klassenlehrer den Eltern öfter auf Elternabenden einen Blick über den «Bauzaun» gewährt und sie verstehen läßt, daß alles Tun in den ersten Epochen geistig-seelische Vorbereitung ist, nicht für konventionelles Schreiben und Lesen, sondern für die Fähigkeit und Bereitschaft, schreiben und lesen und vieles andere zu lernen. Besonders wichtig ist es, daß die Eltern im praktischen Tun an sich selbst erfahren, welche Willenskräfte notwendig sind, eine saubere Gerade von oben nach unten zu zeichnen, und wieviel schwerer es ist, die gleiche Gerade von unten nach oben zu zeichnen, wie verschieden es ist, ob man eine einwickelnde oder eine auswickelnde Spirale malt, wie schwer es ist, körpergeographische Übungen schnell und sicher auszuführen, und wie wenig unsere Zunge geübt ist, wenn der Potsdamer Postkutscher den Cottbuser Postkutschkasten blitzblank putzen soll.

Vom Wesen der Vokale und Konsonanten

Nach intensiver Vorbereitung der Kinder und der Eltern rückt dann die erste Schreibepoche heran, und das gilt jährlich für ungefähr 1000 Erstklaßlehrer in den Waldorf- und heilpädagogischen Schulen rund um den Erdball.

Alle machen sich Gedanken darüber, in welcher Weise sie die Laute und deren Symbole den Kindern beibringen wollen, und alle machen es verschieden, jeder auf seine Weise, denn es gibt keine Richtlinien und Lehrpläne, die vorschreiben, wie der einzelne Lehrer es zu machen hat. Aber jeder wird sich entscheiden, ob er erst die Vokale oder erst die Konsonanten einführen will; und dabei wird deutlich, daß diese beiden Lautgruppen grundverschiedener Herkunft sind. Die Vokale, vielfach «Klinger» genannt, leben als Seelisches in uns, und in Laut und Geste äußert sich Seelisches; wenn wir die Arme öffnen und staunend A sagen, wenn wir liebevoll ein Kind in den Arm nehmen und O sagen, wenn ein Schulkind selbstbewußt seinen Finger hebt und «Ich» ruft, wenn wir ernst und gemessen unsere Arme vor der Brust kreuzen und E ausdrücken oder wenn wir in Furcht und Unlust die Arme herunterhängen lassen zum U. Die Gesten der Vokale, die auch im Eurythmieunterricht angewendet werden, sind sichtbar gewordene Seelenstimmungen. In den Vokalen offenbart sich Göttliches, welches als Seelisches im Menschen lebt. (Die Vokalfolge IEOUA entspricht der hebräischen Bezeichnung für Jehova.)

Ganz anders ist es mit den Konsonanten. Hier werden Gesten, Bewegungen, Beschaffenheiten und Geräusche der äußeren Welt nachvollzogen. Wie der Wind das Weizenfeld oder das Wasser bewegt, das wird im Laut W (nicht WE) lebendig; wie das Feuer flackert, wird im F offenbar, wie das Rad den Berg herunterrollt, das lebt im R, und die Gans, die in allen Ländern «Gagak» sagt, hat uns das G (als Symbol) «geschenkt»; selbst wenn die Gans überall anders heißt (goose, ganso, guska usw.), fängt sie doch in fast allen Sprachen mit dem G an. Die Konsonanten sind die Mitklinger (con-sonare = mitklingen), sie können allein nicht klingen, aber sie möchten sich mit den Klingern verbinden, um tönen zu können.

Beispiel eines Schreibunterrichts in der ersten Klasse der Christian-Morgenstern-Schule

Dies alles bedenkend, stand auch ich einmal vor der Frage: Wie soll ich in der nächsten Woche beginnen? Wer bringt uns die Klinger?

Während der Vorbereitung auf die Weihnachtsspiele – ich sollte den Gottvater darstellen – wurde mir deutlich, daß in der Schöpfungsgeschichte das Wesen der Vokale sehr schön zum Ausdruck kommt. Obwohl das natürlich nicht der Erzählstoff für die erste Klasse ist, habe ich mich entschlossen, meinen Kindern diese Geschichte zu erzählen als Grundlage für die Arbeit an den Vokalen.

Nun muß man noch einfügen, daß meine zwölf bis vierzehn Erstkläßler in der Waldorfschule für Erziehungshilfe Kinder mit unterschiedlichen Störungen und Behinderungen und Kinder aus allen sozialen Schichten waren. Dazu gehörte das liebe brave «Dummerle», das wegen mangelnder Intelligenz zur Sonderschule für Lernbehinderte sollte; das schwererziehbare Kind mit hohem Intelligenzquotienten, das nach zweimaligen vergeblichen Schulversuchen ein Ruhen der Schulpflicht auferlegt bekommen hatte; das nervensinneswache, hyperaktive Kind, bei dem jeder Sinneseindruck verbale, pedale und «manuale» Reaktionen verursachte; das kosmische Träumerle, das immer nach seiner Mutter weinte, bis es seinen tröstenden Daumen fand; das mutistische Kind, das wohl reden konnte, aber zu Hause und im Unterricht kein Wort sagte; das hydrocephale Kind, das in seinem großen Kopf umfangreiches Lexikonwissen gespeichert hatte und das eigentlich schon alles wußte, was es in der Schule zu lernen gab; das ängstliche Kind, das immer einnäßte, wenn es sich überfordert fühlte; das autistische Kind, das als nicht bildungsfähig galt und an der Schule für Geistig-Behinderte der erstaunten Fachwelt den Nachweis brachte, daß medizinische und psychologische Gutachten allzu leicht auch «Schlechtachten» sein können; da gab es Kinder mit spastischen Lähmungen, mit Sprach- und Sehbehinderungen. Kinder aus allen sozialen Schichten: das Kind der alleinerziehenden Mutter mit vier Geschwistern von unterschiedlichen Vätern, Kinder aus gutbürgerlichen Elternhäusern, das Töchterchen türkischer Mitbürger, elternlose Kinder aus dem städtischen Waisenhaus und besonders viele Kinder, die von Amtsärzten, Psychologen und Sozialpädagogen zu uns geschickt wurden. Keine der Eltern hatten vorher eine Beziehung zur Waldorfpädagogik, und alle waren durch die Störung oder Behinderung ihres Kindes zur Waldorfschule gekommen, man könnte auch sagen, die Kinder haben ihre Eltern zur Waldorfschule hingeführt.

Erste Epoche: Einführung der Vokale

So begann die erste Schreibepoche im Herbst mit der Erzählung, wie Gottvater den Adam schafft und wie er ihn einführt ins Paradies. Adam staunt alle Dinge mit geöffneten Armen an, nach unten geöffnet zu allem, was im Wasser und auf der Erde wächst und lebt, nach oben geöffnet staunt er die Berge, die Bäume, die Wolken, die Sonne und die Sterne an. Alles bestaunt Adam gebührend, und immer wieder entströmt ihm das A(h). Die Kinder staunen mit und finden viele Dinge – leblose und lebendige –, die Gott geschaffen hat und die er jetzt in Adams Gewalt gibt. Sie erheben ihre Arme und sagen: «Das ist der Baum! Ah. Das ist die Blume, der Schmetterling.» Die halbe Schöpfung war plötzlich im Klassenraum zu bestaunen, und schließlich hat der Adam uns das A geschenkt, das vor den staunenden Augen der Kinder in aller Größe mit blauer Farbe an der Tafel entstand.

Am nächsten Tag wurde die Geschichte wieder erzählt; wir bestaunten wieder die Geschöpfe Gottes innerhalb unserer Klasse, und plötzlich wurde uns bewußt, daß auch die Mitschüler Geschöpfe Gottes waren, die bestaunt werden konnten.

Das große A, das noch an der Tafel stand, und ein zweites A entstand vor den Augen der Kinder. Jetzt durfte jedes Kind dem A ein buntes Kleid anziehen, jeder folgte der Spur zuerst aus der Entfernung nur mit der Hand- und Armbewegung und dann mit bunter Kreide an der Tafel. Inzwischen hatte der Lehrer große Malblätter ausgeteilt, auf denen ein hauchdünnes gelbes A vorgezeichnet war. Die Kinder zogen dann dem A viele bunte Kleider an, schön sauber, Kleid um Kleid, damit sich die Farben nicht vermischten. Dazu dienten uns unsere Wachsblöckchen, die wir schon beim vorbereitenden Formenzeichnen benutzt hatten.

Am dritten Tag gab es dann das viel umjubelte Epocheheft, auf dessen ersten Seiten das A und der Adam gemalt wurden.

Im rhythmischen Teil erfreuten uns dann die fünf kleinen Häschen, die durch den Wald hüpfen, von denen eines das Häschen A ist («Ich bin das Häschen A, erstaunend steh ich da»),[103] und wir lernten das Lied «Auf der Erde steh ich gern» kennen, wo auch das A in der ersten Strophe eine wichtige Rolle spielt. Täglich malten wir das A mit «Zauberkreide» in die Luft, auf den Tisch und an die Decke. So gingen wir über von der Großmotorik zur Kleinmotorik, indem die Mutter A an der Tafel viele kleine Kinder um sich scharte. Auch diese Übung fand ihre Variation von der Tafel über das Blatt bis ins Heft. Dabei behielt das A seine blaue Farbe mit gelb-orangem Hintergrund. Eine ganze Woche verweilte die Klasse in der Stimmung des staunenden A. Mit Wasserfarben malten die Kinder ihr A auf das Blatt und freuten sich schließlich an dem Grün, das bei der Begegnung von Blau und Gelb entstand. Mit Knetwachs modellierte jedes Kind ein handgroßes blaues A, so daß am Ende der Woche vierzehn blaue Wachs-A sowie vierzehn Bilder vom Adam und vom A an der Pinnwand hafteten. Die Kinder hatten das A liebgewonnen. Eine Woche war fast zu kurz für alle Erlebnisse mit dem A, als aber dann noch der Name des ADAM an der Tafel erschien, waren einige Kinder sich bewußt: «Jetzt haben wir Schreiben und Lesen gelernt.» Und Barbara hatte die Entdeckung gemacht, daß in ihrem Namen ganz viele A vorkommen.

In der zweiten Woche wurde die Geschichte von der Schöpfung weiter erzählt, wie Gottvater Eva erschuf und wie Adam Eva alles zeigte, was er zuvor als Gottes Schöpfung bestaunt hatte. Eva war so begeistert, daß sie alles liebend umarmen wollte mit einem Ausruf der Freude: O(h). Und nun versetzten sich die Kinder in die Stimmung der Eva und fanden alles schön, indem sie ihre Arme liebevoll zusammenbogen. Die Jungen spielten den Adam, der staunend sagte:

«Das ist der Baum A», und Eva sagte: «Oh, der ist schön.» Wir übten Staunen und liebevolles Bewundern. So schenkte uns die Eva das O, das wiederum seinen Platz in roter Farbe an der Tafel fand, und tags darauf erschien auch die Eva im roten Gewand an der Tafel.

Wieder bekommt die Mutter O viele bunte Kleider und schließlich auch viele kleine Kinder. Und wieder wird das O mit großen und kleinen Gesten in die Luft, an die Tafel, auf den Tisch und schließlich mit Wachsstiften auf das Blatt und ins Heft gemalt.

Im rhythmischen Teil kommt das Häschen O dazu, das von Herzen froh ist, und auch der zweite Vers vom Lied «Auf der Erde steh ich gern» taucht neu auf.

Aus rotem Knetwachs wird jetzt das O modelliert, und zum Wochenende hängen auch die Wasserfarbenbilder vom roten O mit grünem Untergrund an der Wand.

Dabei wird aber auch das A in der Woche nicht vergessen. Während wir das A bisher in Heftgröße gemalt hatten, entstehen jetzt handbreite gelbe Felder, in die wir mehrere blaue A malen. Wir gehen von der Großmotorik über zum Kleinmotorischen.

Als neue Variation kommt hinzu, daß der Lehrer die Formen in die Luft malt, und die Kinder raten, welche er gemalt hat, daß er einem Kind eine Form auf den Rücken malt und das Kind sie erraten muß und schließlich, daß man die Wachsformen mit geschlossenen Augen, tastend erraten darf.

So vergeht auch die zweite Woche in der O-Stimmung, begleitet von Sprüchlein und Liedchen, sehr schnell. In der dritten Woche kommen wir zum I. Der Lehrer erzählt von der Schlange, die sich ins Paradies schleicht und Adam verführen will. Dieser aber wehrt ab, und die Schlange zeigt Eva die schönen Äpfel. Mit Entsetzen erleben die Kinder, wie Eva ihren Arm ausstreckt und mit den Worten «Ich will» sich nach dem Apfel reckt.

Die Eva schenkt uns das gelbe I, das mit violettem Hintergrund an der Tafel erscheint. Nun wiederholt sich das ganze Geschehen der beiden ersten Wochen in der I-Stimmung. Viele Blätter hängen schon an der Wand, drei Klinger wurden schon aus Wachs geformt, und im Epocheheft gibt es schon viele schöne Seiten mit großen und kleiner werdenden A, O und I. Das Häslein I gesellt sich zu den anderen, und wir singen, daß wir gerne in den Silberwellen schwimmen. Große Entdeckerfreude herrscht in der Klasse, wenn uns Namen und

Wörter begegnen, in denen die uns lieb gewordenen Klinger sich versteckt haben.

In der vierten Woche ruft Gottvater den Engel Gabriel herbei, der mit verschränkten Armen an Gottes Thron steht. Er erhält das Schwert und verweist Adam und Eva aus dem Paradies. Dabei werden die Wörter «geht» und «weh» besonders betont. Alles Bitten und Flehen hilft nicht. Sie müssen das Paradies verlassen. Der Engel gibt uns das E, das am nächsten Tag in grüner Farbe mit rotem Untergrund an der Tafel erscheint.

Jetzt sind uns die ersten Klinger so gut vertraut, daß wir die Gesten machen können, die Kinder ordnen in der Nachahmung den Laut zu, wir greifen zur farbigen Kreide, und auch jetzt finden die Kinder den dazugehörigen Laut. Farben werden als Laute gehört. Laute werden als Farben gesehen, Gesten werden sichtbare Laute. Alles das noch ganz anfänglich, «mit einfachen Mitteln».

Schließlich werden Adam und Eva vertrieben, und sie schreiten mit hängendem Kopf und hängenden Armen in die Dunkelheit des Ungewissen. Furcht und Unruhe befallen sie. Die Kinder erleben die Dramatik des Abstieges aus der Welt des Paradieses in die Erdenwelt, aus der paradiesischen Welt der frühen Kindheit in die Erdenschwere. Das Wort des Engels: «Ich will euch langsam wieder rufen» gibt ihnen Trost und Zuversicht. So wird uns das U geschenkt, das den Reigen der fünf Klinger abrundet. Es erscheint in lila Farbe an der Tafel auf gelbem Hintergrund. Es wiederholt sich das Geschehen der ersten vier Wochen: Neues wird kennengelernt, Kennengelerntes wird zum Können und Könnengelerntes wird selbstverständlich und selbstbewußt angewandt. Fünf Klinger hängen in Wachs an der Wand, dazu die vielen Bilder, und unser erstes Epochenheft ist voll und wird stolz nach Hause getragen. Täglich werden die Hausarbeiten der Kinder bestaunt und gelobt.

Alle Kinder haben die Klinger liebgewonnen und möchten, daß die Geschichte weitergehen soll. Aber jetzt muß die erste Schreibepoche vergessen werden, dann ist «das Erlernte bald in herangereifter, neuer Form verfügbar und kann weiterentwickelt werden».[104]

Fünf Wochen Zeit haben wir uns genommen, um mit den Vokalen in vielfacher Weise vertraut zu werden, das bedeutet, für jeden Vokal haben wir uns eine Woche Zeit gegönnt. Aus der Geschichte heraus ergaben sich die Laute, die Formen wurden vom Lehrer gegeben. Die

Kinder haben sie so hingenommen. Der eine oder andere Schüler wollte eckige und gerade Formen für das A und E, aber auch hier gehen die Kinder gerne auf das ein, was der Lehrer schön findet. Der Bewegungssinn wurde vielfach angesprochen, indem wir einerseits die Laute umsetzten in Gesten und andererseits die Formen laufend und großmotorisch in die Luft, an die Tafel, aufs Blatt und im Heft malten. Der Bewegungssinn des Auges wurde angesprochen, indem alle Buchstabenformen täglich vom Lehrer und später von einzelnen Kindern in die Luft geschrieben und von den Kindern «gelesen» (geraten oder wiedererkannt) wurden. Der Tastsinn wurde intensiv geübt, dadurch, daß alle Formen in Wachs modelliert wurden, um sie dann blind oder durch Tücher verdeckt abtastend zu erraten. Der Rücken der Kinder und die Handfläche erwiesen sich als vorzügliche Tafeln, auf die man ohne Kreide und ohne Auszuwischen beliebig viel malen beziehungsweise schreiben konnte.

Erste Schritte zur akustischen Analyse wurden gegangen, die Kinder übten das Zuhören, und sie lauschten in ihre Namen hinein, welche Klinger sich darin versteckt haben konnten. Die ersten Rätsel tauchten auf mit der Fragestellung: «Ich weiß ein Kind, das hat ein I und ein A und ein E in seinem Namen, und ein anderes Kind hat zwei mal das E.»

Von besonderer Bedeutung aber ist das Element der Farbe, das den einzelnen Vokalen zugeordnet wurde. Hier wurde eine ganz andere Sinnesqualität hinzugefügt zu der visuellen Wahrnehmung und zu dem willensmäßigen Gestalten der Laute in Gesten und Schriftzeichen. Die Verbindung von Laut, Farbe und Form spricht das Kind im empfindungsmäßigen, im seelischen Bereich an. Ich habe die Farben willkürlich gewählt, weil sie mir aus methodischen Gründen geeignet schienen, ohne zu berücksichtigen – aber wohl wissend –, daß man den Lauten auch andere Farben zuordnen kann. Im *Lauteurythmiekurs* (1. Juli 1924, 6. Vortrag) empfiehlt Rudolf Steiner für die Eurythmie folgende Farbzuordnung: A = blau-violett, U = gelb-blau, E = gelblich-grünlich, O = rötlich-gelblich, I = rötlich-gelblich-orange. Die Kinder erlebten völlig unbewußt die Wirkung von Farbe und Gegenfarbe; ein seelisches Erleben, was sich bei allem Farberleben zumindest bei Kindern stark innerlich vollzieht, wurde durch Angabe des Lehrers in äußeres Farberleben umgesetzt. Mit den Eltern aber wurde theoretisch und praktisch das Entstehen der Gegenfarbe besprochen und erlebt. – Als wir an einem Wochenende den Klassenraum neu streichen wollten, nahmen die Väter die Farbeimer und rollten die Wände mit weißer Farbe. Die Mütter begannen dann, mit Naturschwämmen pfirsich-rote Farbe aufzutupfen. Nachdem die Eltern in dem sonnigen Raum eine Weile gearbeitet hatten und eine ganze Wand in zart leuchtender Farbe strahlte, wandte sich eine Mutter um und rief den fleißig weiß streichenden Vätern zu: «Was macht ihr denn da? Ihr macht die Wände ja grün!» Und wirklich, fast alle Mütter erlebten, daß die neu gerollten Wände, die ja weiß sein sollten, hell lindgrün leuchteten. Die Väter waren völlig ahnungs- und fassungslos und meinten: «Ihr spinnt wohl!» Doch bald nahm die Farbwahrnehmung ab, und anhand dieses Erlebnisses gab es gute Gelegenheit, an praktischen Beispielen zu erarbeiten, daß wir zu jeder Farbe, die wir optisch intensiv wahrnehmen, jeweils seelisch die Gegenfarbe erleben. Eine gute Ausgangsmöglichkeit, über die farbliche Gestaltung von Klassenräumen, Kinderzimmern und Kinderkleidung zu sprechen. –

Heute weiß auch die Farbpsychologie und besonders die Farbtherapie, daß Farbwahrnehmung nicht nur eine optische Sache ist, sondern daß jedes Farberleben unmittelbar seelische Auswirkungen hat. Interessanterweise gab es aber auch Eltern, die bei den Farbversuchen keine Gegenfarben entwickeln konnten.

Wichtig aber war mir vor allen Dingen die Stimmung, die sich aus der Geschichte heraus ergab. Das Staunen, das Verehren, die Dankbarkeit und das Mitleid als ursprüngliche religiöse Fähigkeiten wurden angeregt und gepflegt. Es wurde schon mehrfach darauf hingewiesen, daß diese Qualitäten zu lebendigem und verantwortlichem Denken und zum Einklang mit der Welt führen, daß sie den Menschen «im Leben zu Zielen, im Handeln zum Rechten, im Fühlen zum Frieden, im Denken zum Lichte» führen.

Gleichzeitig mit der hier beschriebenen Methode wurden im rhythmischen Teil viele sprachliche und motorische Übungen gemacht. Nicht nur die genannten Lieder und Gedichte wurden geübt, sondern es gab viele Sprüchlein, in denen die Klinger gehäuft vorkommen, zum Beispiel: «Wehre dich Hexe, erhebe den Besen, magst retten und rennen, magst fletschen und flennen, ich sperr dir den Weg.» Und wenn man in der einschlägigen Literatur nicht genügend geeignete Kinderverse findet, dann muß der Lehrer eben selbst welche «erfinden». Die lieben die Kinder oft am meisten. Viele Fingerspiele und körpergeographische Übungen wurden täglich wiederholt, so zum Beispiel, daß nicht nur die «Schaffehand» zur Wand zeigt, sondern daß auch das E sich zur Wand hin öffnet.

Für die Kinder, die sich noch nicht in den Raumesrichtungen zurechtfanden, mußte immer wieder geübt werden, wie man sein Heft aufschlägt, daß wir vom Fenster zur Wand hin schreiben und daß wir auch mit dem A am Fenster beginnen. Kindern, die sich noch nicht auf die rechte Hand festgelegt hatten, gab ich einen Edelstein in die linke Hand, damit die richtige Hand auch den Stift führen soll. Vor jedem Schreiben übten wir: «Die Schaffehand hält den roten Stift hoch», die Kinder erhoben ihre rechte Hand und sprachen im Chor: «Meine Schaffehand zeigt zur Wand und hält den roten Stift hoch.» Mit schnellem Blick registriert der Lehrer, ob wirklich alle rechten Hände erhoben sind und ob wirklich alle Kinder den roten Stift hochhalten.

Schon in der ersten Woche fiel mir ein Kind auf, das immer Probleme hatte bei der Links-Rechts-Orientierung und das sich besonders schwer tat beim Schreiben mit der rechten Hand. Schon bei der Aufnahme im Frühjahr hatte ich festgestellt, daß das Kind eindeutig linksorientiert war in bezug auf Hand, Fuß, Auge und Ohr. Und nach Rücksprache mit dem Schularzt und den Eltern durfte das Mädchen die linke Hand beim Malen und Schreiben benutzen.

Eine Umstellung auf rechts habe ich nur da vorgenommen, wo sich nach mehreren zeitlich verschobenen Untersuchungen (jeweils drei bis vier Monate) herausstellte, daß sich das Kind noch nicht festgelegt hatte. Auch hier habe ich den Arzt zu Rate gezogen, und nur mit Zustimmung der Eltern, die ja auch zu Hause mitarbeiten müssen, habe ich ambivalente Kinder mit Erfolg auf rechts umstellen können, flankiert von heileurythmischen Übungen, die die Umstellung begünstigen.

Zweite Epoche: Konsonanten

Inzwischen hatten wir uns in der zweiten Rechenepoche mit dem Wesen der Mengen eins bis sieben beschäftigt und hatten gelernt, was die Vier alles sein kann und wie viele Geschichten es von der Fünf und der Sechs gibt. Die Zeichen zu den Mengen, die die Erwachsenen von den Römern und Arabern übernommen haben, spielten nicht die größte Rolle, obwohl einige Kinder darauf beharrten, «vier» wäre die 4. Aber wir lernten auch die konventionellen Zahlen schreiben, obwohl die Geschichten von der Sieben mit Wachskugeln gelegt, an den Fingern abgezählt, an die Tafel gemalt und auch im Kopf ausgedacht viel interessanter und lebendiger waren.

Und schon nahte die zweite Schreibepoche. Die Mitklinger sollten zu ihrem Recht kommen. Zwei Konsonanten pro Woche nahm ich mir vor, und diesmal spielten nicht die Gestalten aus der Schöpfungsgeschichte die tragende und formgebende Rolle, sondern es gab eine Geschichte, in der die Kinder die Hauptrolle spielen sollten. Die Kinder wollten eigentlich, daß die Geschichte von Adam und Eva weitergehen sollte; ich mußte sie auf das dritte Schuljahr vertrösten. Aber jetzt schenkte uns Klaus der Kluge als König von Kampen das Königs-K und die blonde Barbara mit ihrem Bären das B, der Riese Ralf mit dem runden Rücken das R und der mutige Martin das M. Das Ganze wurde eingebunden in eine fortlaufende Geschichte vom König Klaus, seiner Tochter Barbara, die vom Riesen Ralf geraubt und von diesem dem Drachen in Obhut gegeben wurde. Von Stefan dem Segler erfährt der mutige Meister Martin mit Hilfe der flinken Forellen und des Hasen, wo die Prinzessin versteckt ist, die Martin dann erlöst, nachdem er mutig das Meer und die Moore durchmessen hat. Und nachdem der erste Teil der Geschichte zweimal erzählt war, gab es ein Verslein, das lautete: «Klaus der Kluge, König von Kampen, trägt auf dem Kopf die Königskron. Kurz ist sein Bart und kraus seine Haare, führt er die Klinge kräftig und kühn.»

Klaus war ein großer, kluger Junge, der aber aufgrund einer Hirnhautentzündung im frühen Kindesalter eine sehr schlaffe Haltung hatte. Jetzt bekam er eine Krone aufgesetzt und ein Schwert in die Hand, und er lernte mit seinem Spruch königlich gerade und aufrecht zu gehen und zu stehen. Täglich durfte er ihn sprechen, bis auch die anderen Sprüche da waren und alle Kinder alle Sprüche sprachen. König Klaus hatte uns das K geschenkt. Die Geschichte führte zum Bild, und aus dem Erleben von Wort und Bild abstrahierte sich die Form des Buchstabens.

In der ersten Woche hatten wir auch die Klinger «wiedergeholt», und jetzt erlebten die Kinder den Unterschied: Während die Klinger allein wohltönend klingen konnten, war das K nur in der Lage, einen stimmlosen Stoßlaut abzugeben. Und daraus ergab sich folgendes Spiel: Klaus, der anfangs darauf bestand, daß sein Name mit «Ka» anfängt, trat nach vorne mit den Worten: «Ich bin ein Mitklinger und kann immer nur KKK machen. Ich möchte gerne klingen. Wer hilft mir dabei?» Die Kinder machten die Gesten der fünf Vokale, und Klaus wählte einen Laut aus. Das betreffende Kind ging nach vorne, sie faßten sich an, Klaus sagte: «Ich mache K.» «Und ich mache O», sagte das andere Kind. «Jetzt machen wir zusammen KO.» Und nachdem der König und das K groß- und kleinmotorisch geübt worden waren, erschien jetzt das KO in roter Farbe an der Tafel. Das O hatte dem K seine Farbe geschenkt. Das wiederholte sich mit den anderen Klingern, und bald stand die Reihenfolge KA, KE, KI, KO, KU an der Tafel und im Heft in den entsprechenden Farben. Es dauerte nicht lange, da entdeckten die Kinder, daß sich der Klinger auch auf die andere Seite stellen konnte, und jetzt gab es die Verbindungen KO und OK, KE und EK. Noch in der gleichen Woche gesellte sich zum König Klaus die Prinzessin Barbara mit dem blonden Haar und den roten Backen, die den Bären gezähmt hatte. Sie schenkte uns das B, das aus dem Bärenbild heraus abstrahiert wurde und zuerst mit weißer Kreide an der Tafel erschien. Auch hier übten wir die Verbindungen des neuerworbenen Konsonanten mit den Klingern, wir malten mit Zauberkreide das K und das B in die Luft, an die Tafel, auf den Tisch, aufs Blatt und ins Heft. Schließlich modellierten wir noch das K und das B, und nun gab es eine Menge zu raten. Die Kinder legten einen Klinger und einen Mitklinger auf den Tisch. Ein Tuch wurde darübergedeckt, und der Nachbar mußte tasten (raten), was gelegt worden war. Was richtig ertastet wurde, durfte jetzt mit entsprechender Farbe an die Tafel geschrieben werden. Wir schrieben uns gegenseitig Lautverbindungen auf den Rücken und auf die Handflächen, und auch das wurde dann an die Tafel geschrieben.

In der zweiten Woche kamen das R, das der Riese Ralf mit dem runden Rücken uns geschenkt hatte, und das D vom Drachen, der das Königskind in der Drachenhöhle verborgen hielt, hinzu.

Da war der Jubel groß, denn wir konnten jetzt richtige Wörter schreiben: DA, DU, DIE, RAD, KORB und viele andere Wörter drängten zur Synthese. Da waren die Kinder in ihrem Eifer kaum noch zu bremsen. Aber die akustische Analyse sollte auch zu ihrem Recht kommen. Als im Laufe der Epoche noch die Laute M, S, H und F hinzugekommen waren, gab es viele Farbenrätsel. Wir suchten alle Dinge, die lila klingen: «Ich weiß etwas, das klingt lila, und man kann sich daraufsetzen!» «Ich weiß etwas, das leuchtet nachts am Himmel und wird rot geschrieben.» «Ich weiß ein Tier, das gibt Milch und klingt lila.» «Ich weiß etwas, das die Mutter zum Brotbakken braucht, und das klingt grün.» «Ich weiß etwas das klingt gelb, und wenn es aus ist, wird es dunkel.»

In einer Variation nimmt der Lehrer die grüne Farbe und fragt: «Welchen Namen kann ich damit schreiben?» (SVEN, JENS). «Und was schreibe ich mit der roten Kreide?» – ROLF. Bald merkten die Kinder auch, daß es Wörter und Namen gibt, die zwei Sprünge haben und die zwei, ja sogar drei verschiedene Farben haben. Das sparten wir uns für die nächste Epoche auf. Wir begnügten uns mit den «einsilbigen» Namen und Dingen, die Gott Adam übergeben hatte. Dabei tauchten auch schon Schwierigkeiten auf, zum Beispiel bei «Klaus». Wie schreibt man denn das AU, und welche Farbe bekommen die Mitklinger? Nun, Klaus wußte, daß sein Name im Holländischen Klas heißt, und darum ließen wir das A farbgebend sein, wobei das U natürlich seine Farbe behielt. Für eine Zeit wurde Klaus' Name dann betont Klaus gesprochen. Und auch das IE von lieb wurde entsprechend behandelt. Das I gab dem Wort sein Gelb, und das E behielt seine grüne Farbe. Aber die Kinder hatten ihre Freude, die langen Wörter mit ie entsprechend zu betonen, «dië Ziëge».

Als dritte Variation übten wir noch die Beziehung von Geste, Laut und Farbe: Der Lehrer steht vor der Klasse und hat die Arme vor der Brust verschränkt. «Ich weiß etwas, das leuchtet nachts am Himmel!» «Das ist der Mond», ruft das hyperaktive Kind. Doch die Kinder korrigieren schnell: «Beim Mond mußt du doch so … machen, der klingt doch rot. Das kann doch nur ein Stern sein!» Oder der Lehrer hebt seine Arme empor und sagt: «In unserer Klasse ist jemand, dessen Name klingt so.» Und schon weiß Barbara, daß sie gemeint ist. Ehe noch die zweite Schreibepoche zu Ende geht, hängen alle unsere Namen in richtiger Farbe an der Pinnwand, und darunter hängen viele Bilder und elf Buchstabenformen aus Wachs geknetet. Unser Epocheheft ist voll von Bildern und großformatigen Konsonantenformen, die immer kleiner werden und in bunten Feldern sich mit den Klingern verbinden zu Silben, Namen und Wörtern. Auch jetzt reichte die Zeit nicht aus, alle Farbenrätsel zu lösen und alle Buchstabenformen unter dem Tuch zu tasten. Schrieben wir anfangs nur einzelne Buchstaben oder Klinger und Mitklinger auf den Rücken, so konnten wir jetzt schon ganze Wörter tastend erraten. Mit großer Freude wurden Buchstaben, Silben und Namen gelesen, die der Lehrer vor den Kindern in Spiegelschrift in die Luft schrieb, und sofort konnten die Kinder die Farbe zuordnen.

Das, was in der ersten Epoche kennengelernt worden war, wurde jetzt geübt, könnengelernt: Farben zu hören und Laute zu sehen, Bewegung, Geste umzusetzen in Laut und Farbe. Ja, es stellte sich heraus, daß die Kinder schneller und sicherer im wechselnden Gebrauch der bunten Kreiden waren als der Lehrer.

In der zweiten Epoche gingen wir von der Betätigung des Lautsinnes über zum Wort- und Vorstellungssinn. Das ruhige Hinhören und Zuhören, das der Lautsinn verlangt, wird ausgedehnt auf die willensmäßige Aktivität der Bewegung, des beweglichen Denkens, des Vorstellens von Farben und Lauten und die Umsetzung in Rätsel und Bewegung. In der zweiten Epoche wurde gleichsam das Fundament gelegt für das Lesen, indem wir analysierend und synthetisierend der Ganzheit des Wortes lauschend nachgingen, um herauszufinden, welche Laute darin enthalten sind, und indem wir Laute miteinander verbanden, um so zu neuen Entdeckungen zu gelangen. «Analyse und Synthese gehören unlösbar zusammen wie Wachen und Schlafen, Ausatmen und Einatmen. Sie haben auf das psychische Leben des Menschen, insbesondere das des Kindes, einander polar entgegengesetzte Wirkungen.»[105]

Dritte Epoche: Mehrsilbige Wörter

In der dritten Schreibepoche wiederholten wir die Klinger und Mitklinger, gebührend wurden sie als alte Bekannte begrüßt, und die noch fehlenden Konsonanten waren uns ja von der Form her schon weitgehend bekannt. Trotzdem benutzten wir Bilder, aus denen wir die restlichen Konsonanten herauslösten: Die Gans schenkte uns das G, die Welle das W, das Tor das T, die Lampe das L und der Zwerg das Z. Jetzt war uns die Welt der Laute kein unbekanntes Land mehr. Die

Klinger konnten wir sicher, die Mitklinger der zweiten Epoche wurden geübt, und die neuen wurden schnell kennen- und könnengelernt.

Es gab nun eigentlich keine Schranken mehr, wir konnten einsilbige und mehrsilbige Wörter schreiben, jeder hatte seine fünf Farben in der linken Hand, und mit der rechten schrieb er in der lautgemäßen Farbe. Jetzt achteten wir besonders auf die Sprünge, die die Wörter vollzogen. Wir hatten schon die drei Sprünge bei Bar-ba-ra entdeckt, und jetzt suchten wir zunächst einfarbige zwei- und dreisprüngige Wörter (PETER, IRIS, PAPA, WELLE, BESEN). Und nicht lange danach wurde die Schrift bunt. Bei jedem Sprung, den wir gemeinsam springend, schreitend und klatschend übten, mußte überlegt werden: Welche Farbe brauchen wir? Wenn man Michaela schreiben will, mit welchen Stiften schreiben wir dann?

Auch die Rätsel wurden wesentlich interessanter und schwieriger. Denn jetzt leuchtete etwas am Himmel, das klang zuerst rot und dann grün. Und auf dem Wasser schwamm etwas mit drei Lautsprüngen, das klang zweimal grün und einmal rot (Segelboot). Und unser Brotaufstrich war viersprüngig wechselnd blau, grün, blau, grün: MARMELADE.

Während wir uns bisher auf die Namen der Kinder und der Dinge beschränkt hatten, konnten wir jetzt schon kleine Sätzchen schreiben. Die Farben waren wichtige Orientierungs- und Erkennungshilfe, die einzelnen Silben wurden zunächst mit Sprungbögen versehen, und die einzelnen Wörter wurden mit Sternchen abgegrenzt. Schwerpunkt der Arbeit in der dritten Epoche war aber immer noch das Kennen- und Könnenlernen der Laute. Daß hierbei gleichzeitig die Fundamente für das spätere Schreiben und noch spätere Lesen gelegt wurden, ergab sich nebenbei.

Die Schrift der Kinder wurde immer sicherer, und die Buchstaben hatten bald eine Größe von zwei bis drei Fingerbreiten. Bald konnten die Kinder ihre Felder selbst vorbereiten, und um die Heftseite wurde ein schöner Rahmen gemalt. Jede Seite sollte ein schönes Bild in edlem Rahmen sein. Durch den ständigen Wechsel der Farben, den die Kinder schnell und sicher vollzogen, war aber gewährleistet, daß mehr schön gemalt als hudelig geschmiert wurde.

Trotz sehr unterschiedlicher Begabungen und Behinderungen war der Leistungsstand der Klasse recht homogen. Hier und da mußte der Lehrer noch helfen und bestimmte Formen mit hellem Gelb vorzeichnen, was das Kind dann farbig nachmalte, aber es waren am Ende des ersten Schuljahres und auch im weiteren Verlauf der Unterstufe keine Anzeichen von Legasthenie zu bemerken, obwohl es bei der Aufnahme viele Hinweise auf eine entsprechende Disposition gegeben hatte.

Im zweiten Schuljahr wurden die Kleinbuchstaben hinzugenommen. Jedem der großen wohlvertrauten Klinger und Mitklinger wurde ein kleiner zugeordnet, dabei wurden die großen Buchstaben wiederholend geübt und die kleinen übend kennengelernt.

Die bunten Farben wurden im ganzen zweiten Schuljahr beibehalten, wohingegen die Wachsstifte von dicken Holzstiften abgelöst wurden, und anstelle der bunten Felder, die wir uns selbst gemalt hatten, gab es jetzt Hefte, in denen entsprechende Felder vorgedruckt sind, weil es ja jetzt Oberlängen und Unterlängen gab. Wir hatten das Schreiben gelernt, nicht als intellektuelle Tätigkeit stumpfsinnigen Synthetisierens, sondern mit möglichst vielen Sinnen und mit zusätzlichen Hilfen, die schwächeren Kindern therapeutische Stütze sein konnten und für die begabteren Kinder interessante Anregungen enthielten.

Inzwischen arbeiten schon viele Waldorflehrer mit ihren sogenannten normalen Kindern nach dieser hilfreichen Methode, weil sie eingesehen haben, daß es keinen Sinn hat, beim Fundamentlegen erfolgversprechende schnelle Wege zu gehen. Hier sei an den chinesischen Bauern erinnert, der ein schnelleres Wachstum des Getreides erreichen wollte, indem er an den Halmen zog, woraufhin sie verdorrten. Ein behutsames Vorgehen im Schreiblernprozeß ist für alle Kinder sinnvoll und hilfreich, und ein Schreiblernprozeß wie der hier dargestellte beinhaltet das Lesenkönnen als reife Frucht. Beides, Lesen wie Schreiben, muß aber geübt werden, denn durch das wiederholende Üben erwachsen die Willenskraft und die Freude am Schreiben und Lesen.

Alle meine Kinder aus mehreren «Durchgängen», selbst die schwächsten, haben in dieser Art angemessen und sicher Schreiben und Lesen gelernt, obwohl die Voraussetzungen bei vielen Kindern nicht günstig waren. So zum Beispiel Jutta, die mit sechs Jahren als sogenannter Kannerscher Autist mit einem Intelligenzquotienten von 45 als nicht bildungsfähig galt. In der dritten Klasse schrieb sie fehlerfrei in bildschöner Schrift, und wenn einmal offizielle Briefe in der Klasse zu schreiben waren, so wurde Jutta diese Aufgabe übertragen, und sie schrieb ohne Hilfe. Als sie unsere Schule in der zwölften Klasse verließ und Arzthelferin wurde, waren ihre Geige, das Buch und der Zeichenblock ihre liebsten Beschäftigungsgesellen. (Über Jutta siehe auch S. 282ff.)

Förderunterricht an der Waldorfschule

Eine ausführliche Darstellung der Einführung des Rechnens unter erschwerten Bedingungen müßte sich hier eigentlich anschließen, und es wäre notwendig, über die heilende Wirkung der verschiedenen Fächer zu berichten. Aber das mag einer weiteren Veröffentlichung und (oder) anderen Autoren vorbehalten sein. Hier soll es um etwas gehen, das schon 1919/20 zur ersten Waldorfschule dazugehörte und was heute aktueller ist denn je: der Förderunterricht.

Schon bald nach der Gründung der Waldorfschule zeigte sich, daß einzelne Kinder zusätzliche Hilfen brauchten. Das ergab sich aus ähnlichen Anlässen, die auch heute in der Waldorfschule nach Förderunterricht fragen lassen.

Wichtige Gründe für den Förderunterricht heute

Die Waldorfschule als einheitliche Volks- und höhere Schule nahm damals wie heute unausgelesen Kinder jeder Begabung und aller sozialer Schichten auf. Damals wie heute gab es an der Waldorfschule Kinder, die in der Regelschule nicht zurechtkommen würden beziehungsweise die an der Regelschule gescheitert waren. Und wenn Rudolf Steiner 1919 sagte, daß die Kinder heute anders seien und anders erzogen werden müßten, dann wissen wir, daß die Kinder im ausklingenden Jahrhundert noch schwieriger sind als im Anfang dieses Jahrhunderts. Karl Schubert war der erste Förderlehrer der Waldorfschule; er hatte keine entsprechende Ausbildung als Heilpädagoge oder Hilfsschullehrer, sondern er wurde als Sprachlehrer engagiert, und Rudolf Steiner vertraute ihm die Kinder an, die zusätzliche Hilfen brauchten – Förderung, die der Klassenlehrer allein oder mit Hilfe der Sprachtherapie und Heileurythmie nicht leisten konnte. Es gibt viele bewegende Berichte darüber, wie Karl Schubert im Förderunterricht den Kindern half und ihnen den Verbleib im Klassen- und Schulverband ermöglichte.

Heute gibt es schwierigere Kinder als noch vor 75 Jahren, und es gibt mehr schwierige Kinder, die in die Waldorfschule drängen. Rudolf Steiner hat seinen Lehrerkreis in vierzehn Tagen auf die Arbeit in der Waldorfschule vorbereitet durch drei Kurse (*Allgemeine Menschenkunde, Seminarbesprechungen* und *Methodisch-Didaktisches*). Fast alle ersten Lehrer der Waldorfschule kamen aus anderen Berufen. Sie hatten aber weitgehend langjährige Erfahrung mit der der Waldorfpädagogik zugrundeliegenden Anthroposophie. Noch immer sind sie leuchtende Vorbilder für die nachrückenden Lehrergenerationen.

Die heutigen Lehrer an Waldorfschulen haben vielfach eine staatliche Lehrerausbildung mit entsprechender Berufserfahrung und in der Regel eine ein- bis zweijährige Waldorf-Zusatzausbildung, sei sie an einem der Vollzeitseminare oder an einem der berufsbegleitenden Abend- oder Wochenendseminare erworben. Man könnte meinen, daß die junge Waldorflehrergeneration wesentlich besser auf die Arbeit an der Waldorfschule vorbereitet sei als die «Urlehrer», die nur vierzehn Tage kompakt mit Rudolf Steiner gearbeitet hatten. Gewiß, die junge Lehrergeneration hat eine gute Vorbereitung auf die Arbeit, sie hat viele Fortbildungsmöglichkeiten und ein umfangreiches Literaturangebot; dennoch sind die Grenzen der Belastbarkeit bei vielen jungen Lehrern verständlicherweise oft schnell erreicht. Das liegt zum einen an den schon beschriebenen schwierigen Kindern, die besonders in neu gegründeten Schulen einen großen Bestandteil der Klasse ausmachen, zum anderen mag auch die hohe Klassenfrequenz eine Rolle spielen.

Hierbei ist anzumerken, daß weniger die Zahl der Kinder verantwortlich ist für Schwierigkeiten als vielmehr die Zusammensetzung der Klasse. Die von mir besuchten Klassen – ich werde eigentlich fast nur in Klassen gebeten, wo erhebliche Schwierigkeiten für Klassen- und Fachlehrer vorliegen – waren in den meisten Fällen mit weniger als dreißig Kindern besetzt, wohingegen größere Klassen mit vierzig und mehr Kindern offensichtlich weniger Schwierigkeiten bereiteten. Wenn eine Klasse mit Kindern bestimmter Behinderungsart einseitig überbelegt ist, so kann man das mit einem Orchester vergleichen, in dem eine einzelne Instrumentengruppe (Blechbläser oder

Pauken und dergleichen) überwiegt, während andere Gruppen zu schwach vertreten sind. Unabhängig von der Gruppenbesetzung im Orchester kommt es aber immer auf den Dirigenten an, der die Stabführung hat und der durchaus in der Lage sein kann, Besetzungsmängel auszugleichen.

Ich gehe davon aus, daß unsere jungen Lehrer, die mit Opferbereitschaft und Enthusiasmus ihren Dienst in der Waldorfschule beginnen, auf die Arbeit mit den Kindern gut vorbereitet sind, daß sie von der Notwendigkeit eines kindgemäßen Lehrplanes und Unterrichtes durchdrungen sind und daß sie auch die Forderung Rudolf Steiners – aller Unterricht soll etwas vom Heilenden haben – durchaus beherzigen. Dennoch reichen vielfach die Kräfte nicht aus, allen Schwierigkeiten, die der Schulbetrieb mit sich bringt, gerecht zu werden. Das gilt ganz besonders für die Fachlehrer, während die Klassenlehrer, die jahrelang täglich mehrere Stunden mit ihren Kindern zusammen sind, einen leichteren Stand haben. Was den jungen Lehrern oft fehlt, ist die Möglichkeit der Diagnose und der Therapie. Es fehlt das genaue Wissen um die Ursachen und Formen von Entwicklungsstörungen und um Möglichkeiten, diese zu beheben. In der mangelnden heilpädagogischen Ausbildung der Lehrer und in mangelnden Möglichkeiten, auf besondere Schwierigkeiten im Rahmen des Hauptunterrichts einzugehen, liegt eine weitere zwingende Notwendigkeit begründet, Fördermaßnahmen einzurichten.

Schließlich gibt es noch einen weiteren Problemkreis in der Waldorfschulbewegung, der besondere Maßnahmen erforderlich macht, und der liegt in der Elternschaft begründet. Analog zu dem Ausspruch Rudolf Steiners: «Die Kinder sind heute anders, wir müssen sie anders erziehen», könnte und müßte man sagen: «Die Eltern sind heute anders. Wir müssen anders mit ihnen zusammenarbeiten, als es 1919 üblich und notwendig war.» Die Waldorfschule war 1919 und ist auch heute allgemein eine Schule, die von Eltern gewollt und von Eltern getragen wird, ja in vielen Fällen sind die Eltern juristisch Eigentümer der Schule. In jedem Falle leisten sie erhebliche finanzielle Beiträge, um die Existenz der Schule überhaupt zu ermöglichen. Wenn man bedenkt, daß in Deutschland siebzig bis achtzig Prozent der Schulkosten in der Regel vom Staat getragen werden, während in England, Frankreich, in der Schweiz und in den meisten außereuropäischen Ländern *nur* die Eltern mit ihrem Beitrag die Schule ermöglichen, ist es um so erstaunlicher, daß es mehr staatlich nicht subventionierte Schulen gibt als solche, die doch immerhin erhebliche Zuschüsse bekommen.

Unsere Eltern tragen aber nicht nur finanziell die Verantwortung für die Schule, sondern sie haben in der Regel ein berechtigtes und lebendiges Interesse an den Lebensbereichen der Schule: an der Pädagogik und ihren geistigen Grundlagen, an den rechtlichen Fragen und an den wirtschaftlichen Gegebenheiten. Das, was in deutschen Ländern als Elternmitwirkungsgesetz für das öffentliche Schulwesen gesetzlich festgelegt und oft notdürftig und unzureichend praktiziert wird, ist an Waldorfschulen gelebte Praxis. Eltern und Lehrer sind Partner im Schulleben. Es ist nicht die Intention der Waldorflehrerschaft, die Eltern oder gar deren Kinder zu Waldorfanhängern («Waldorfianern») zu missionieren, aber es ist die Pflicht der Waldorflehrerschaft, den Eltern verständlich zu machen, was man mit den Kindern arbeitet und warum man es tut. Nun ist auch die Waldorfelternschaft keine homogene, von dem Bewußtsein getragene Gruppe, daß Waldorfpädagogik die derzeit beste Schulform in der Welt sei, sondern es gibt neben jenen Eltern, die ihr Kind zur Waldorfschule bringen, weil es in der öffentlichen Schule Schwierigkeiten hat oder macht, auch viele, die mit dem öffentlichen Schulwesen nicht einverstanden sind und eine Alternative suchen, ohne sich um Verantwortung, Rechte und Pflichten zu kümmern, die eine Waldorfelternschaft beinhaltet. Vielfach erschweren diese Eltern mit ihren Forderungen das Zusammenleben in der Schul- und Klassengemeinschaft und mit dem Lehrerkollegium erheblich. Sie haben Erwartungen der Schule und ihrem eigenen Kind gegenüber, die weder Kind noch Schule erfüllen können und wollen. Daraus ergibt sich vielfach ein leicht gespanntes Eltern-Lehrer-Verhältnis, das dem Kind nicht unverborgen bleibt. Selbst wenn es unausgesprochen bleibt – das Kind spürt das gestörte Verhältnis zwischen Eltern und Lehrer elementar, und oft sind gerade diese Kinder die Sorgenkinder in der Klasse, die dem Lehrer besonders am Herzen liegen, um die er sich besonders intensiv bemüht. Das Kind spürt die Zuwendung des Lehrers und ist ihm innerlich stark verbunden, und gleichzeitig erlebt es bewußt oder unbewußt die ablehnende Haltung der eigenen Eltern.

In zwei Fällen wurde ich bei Elternabenden hinzugezogen, wo radikal alternative Eltern verlangten, daß bestimmte Kinder die Klasse verlassen sollten, andernfalls werde man das eigene Kind abmelden. (Es handelte sich um schwierige beziehungsweise behinderte Kinder, deren betroffene Eltern ebenfalls anwesend waren.) Auf meine Frage, warum die betroffenen Kinder ausgeschlossen werden sollten, wurde mir gesagt, daß die Lehrerin einen großen Teil ihrer Kraft und Zeit für diese Kinder verschwende, während der Großteil der Klasse nicht zu seinem Recht komme. Das Niveau der Klasse sinke durch die schwachen Kinder so sehr, daß man sich Sorgen machen müsse, ob die Kinder der Klasse jemals den Weg zum Abitur schaffen würden. Es folgte eine lange Mängelliste, die die Eltern vorbereitet hatten und in Schriftform überreichten. Darin wurde beanstandet, daß zu wenig lernzielorientiert gearbeitet werde, daß die Kinder intellektuell nicht ausreichend gefördert würden, daß zu viel Wert auf Dinge gelegt werde, die für das spätere Leben nicht relevant seien (Eurythmie, Kunst usw.), daß kein Angebot moderner Medien vorliege, daß Kampf- und Verteidigungssport vernachlässigt würden, daß den Kindern das Fußballspiel und der Genuß von Coca-Cola «verboten» werde. In beiden Fällen mußten sich die Lehrer nicht verteidigen – die Mehrheit der Eltern, und besonders diejenigen nicht betroffener Kinder, stellte sich voll hinter den Lehrer und die an der Schule praktizierte Pädagogik.

Ich riet den Beschwerdeführern, ihr Kind abzumelden, und wies auf gute öffentliche und private Schulen in der Stadt hin, die möglicherweise eher in der Lage sein könnten, den Wünschen der Eltern zu entsprechen. Es werde schwer sein, Lehrer und Elternschaft davon zu überzeugen, daß die pädagogische und besonders die integrative soziale Konzeption der Schule zugunsten einer alternativen Minderheit geändert werden müsse. Außerdem hielte ich es nicht für angebracht, elf Jahre vor einem möglichen Abitur Vorsorge für ein gutes Ergebnis – zu Lasten der Kinder, die das Abitur weder machen wollten noch sollten noch könnten – zu treffen. Das Abitur ist im zwölfjährigen Lehrplan der Waldorfschule nicht vorgesehen. Die Vorbereitung der Kinder, die dafür in Betracht kommen, findet in der Regel in einer 13. Klasse statt, die zwar von Waldorflehrern betreut wird, aber keine Waldorfpädagogik beinhaltet. Schließlich sei der Anteil der Kinder, die die Waldorfschule unausgelesen von der ersten Klasse besuchen und ein erfolgreiches Abitur absolvieren, höher als im öffentlichen Schulwesen, und das Abitur an Waldorfschulen sei –

189

obwohl es eine erschwerte «Nichtschüler-Reifeprüfung» ist – dem der Gymnasien an Wert gleich, wenn nicht sogar überlegen. In einem Falle folgten die Eltern meinem Rat, im anderen Falle gelang es verschiedenen anderen Eltern und besonders der Lehrerin, die Beschwerde führenden Eltern zur Einsicht zu bringen, so daß das Kind an der Schule bleiben konnte. Diese Entscheidung war ein Glück für das Kind und führte dazu, daß Lehrer- und Elternschaft den Entschluß faßten, zusätzliche Hilfe für entwicklungsgestörte Kinder einzurichten. Einerseits zugunsten der betroffenen Kinder, um ihnen die Integration zu erleichtern und einen Verbleib an der Schule zu ermöglichen, andererseits zur Erleichterung der Klassen- und Fachlehrer, die an die Grenzen ihrer Möglichkeiten stießen, und schließlich, um auch der Erwartungshaltung der Eltern zu entsprechen, die sich an die Waldorfschule wenden, weil man ihnen gesagt hat, daß diese Schule ihrem Kind Hilfen anbieten könne, die in der öffentlichen Schule kaum oder nicht gegeben sind.

In vielen Schulen lebt schon lange das Bewußtsein, daß Fördermaßnahmen, Fördergruppen, Förderklassen oder sogar Förderschulen dringend erforderlich seien, um der sozialen und pädagogischen Not der Gegenwart zu begegnen. So entstanden im Bereich der Waldorfschulbewegung vielfältige Formen des Förderunterrichtes.

Formen des Förderunterrichts

Förderklassen

Gleich nach dem Kriegsende, als alte und neue Waldorfschulen in rascher Folge gegründet wurden, gliederten viele dieser Schulen eine Hilfs- oder Förderklasse an, ausgehend vom Bericht Rudolf Steiners über die Hilfsklasse Karl Schuberts: «Nur für die allerschwächsten Schüler haben wir eine Hilfsklasse eingerichtet.» Dieser lautete aber weiter: «Wir haben nur *eine* Hilfsklasse, in der wir die schwachen Schüler aller übrigen Klassen haben müssen, weil wir zu einer großen Anzahl von Hilfsklassen kein Geld haben.»[106] Ich will nicht unterstellen, daß man den Nachsatz nicht gelesen hatte, als man jeweils nur eine Hilfsklasse einrichtete; aber es fehlte auch nach dem Zweiten Weltkrieg vielfach das Geld, um weitere Klassen einzurichten.

190

Der Vorzug der Hilfsklasse war, daß einzelne hilfebedürftige Kinder vorübergehend oder auch längere Zeit zum Teil während des Hauptunterrichts oder auch ganzzeitig in kleinen Klassen von Förderlehrern unterrichtet wurden. Teilweise geschah das, indem schulische Defizite im stofflichen Bereich ausgeglichen wurden, teilweise wurden aber auch schon verstärkt heilpädagogische Sondermaßnahmen durchgeführt, die nicht vorrangig stoffliche Schwächen beheben, sondern Fähigkeiten bewirken sollten, stoffliche Schwächen aus eigener Kraft zu überwinden.

Förderzüge

Der Nachteil der Förder- oder «Balkonklasse» war aber der, daß jeweils nur zwei oder höchstens drei Klassenstufen von dieser Einrichtung Gebrauch machen konnten, gilt doch das Prinzip der Altersgemäßheit auch weitgehend im Förderunterricht und bei heilpädagogischen Hilfestellungen.

Die Förderklasse wuchs also von Jahr zu Jahr mit der entsprechenden Jahrgangsklasse nach oben, und nachfolgende Klassen konnten diese Hilfe nicht in Anspruch nehmen. So bildeten sich schon in den sechziger Jahren an mehreren Schulen mehrklassige Förderzüge, die sich auf zwei bis drei Klassen beschränkten. Aber bei den Förderzügen entstand das gleiche Problem wie bei einzelnen Förderklassen, daß nämlich die Re-Integration der Kleinklassenkinder nicht immer gewährleistet war. Vielfach konnten die Förderklassenkinder nicht in die großen Klassen wiederaufgenommen werden, weil die Kinder den stofflichen und sozialen Ansprüchen nicht gewachsen oder weil die Klassen einfach überfüllt waren. So mußten die Kleinklassenkinder die Schule vorzeitig verlassen, zum Teil ohne Abschluß und Berufsaussicht. Gelegentlich wurden Kleinklassen als Sonderschulklassen geführt und dementsprechend günstiger finanziert. Mit der Beendigung der Schulpflicht des Sonderschülers – man hatte ja ein Sonderschul-Verfahren durchgeführt – endete dann auch nach der neunten Klasse die Beschulungsmöglichkeit in der Kleinklasse. Obwohl gerade diese Kinder eine zwölfjährige Waldorfschulzeit gebraucht hätten – Kinder, die mehr Zeit zum Ausreifen der Persönlichkeit brauchen und die vielfach Opfer unserer Zeit und Gesellschaft sind.

Ein begabter, aber vielleicht auch fauler Waldorfschüler darf die Schule vierzehn bis fünfzehn Jahre lang besuchen, selbst wenn er im zweiten Anlauf das Abitur nicht schafft. Das jeweilige Land trägt alle entsprechenden Schulkosten. Dahingegen endet noch heute die Schulpflicht für das Waldorf-Sonderschulkind in Baden-Württemberg, Bayern und anderen Bundesländern nach neun bis zehn Jahren.

Daß man gelegentlich auf dem Wege von Verwaltungsstreitverfahren auf der Grundlage des Gleichheitsgrundsatzes unserer Verfassung zwischen Schulrecht und Schulpflicht unterscheidet, ist immer noch nicht in allen Bundesländern rechtlich verankert und muß von Fall zu Fall individuell vor dem Verwaltungsgericht geklärt werden. Da aber Verwaltungsstreitverfahren selten vor drei Jahren entschieden werden, ist die Chance des Erfolges für Kind, Eltern und Schulträger gering.

Eigenständige Kleinklassenschulen
(Waldorfschulen für Erziehungshilfe)

Nicht nur wegen dieser Schwierigkeiten, die hier und da durch Hilfe des Arbeitsamtes (Arbeitsbeschaffungsmaßnahmen als wirtschaftliche und rechtliche Grundlage für die Klassen 10 bis 12) überbrückt werden konnten, sondern einfach wegen der großen Nachfrage von Eltern schwieriger Kinder und des Bedürfnisses nach heilpädagogischer Förderung in kleinen Klassen entstanden Ende der fünfziger Jahre die eigenständigen Waldorf-Kleinklassenschulen, die mehr oder weniger voll ausgebaut sind und auf der Grundlage des Waldorflehrplanes arbeiten (Stuttgart, Berlin und Wuppertal). Diese Schulen hatten in den ersten Jahren Gastrecht im Bund der Waldorfschulen; sie konnten nicht offiziell aufgenommen werden, weil allgemein die Sorge herrschte, die Stellung der Waldorfschule als einheitliche Volks- und höhere Schule könne durch Sonderschulen verwischt werden. (Bis heute gilt bei vielen Menschen die Waldorfschule als Alternative zur öffentlichen Sonderschule für Kinder wohlhabender Leute.) Erst 1972 konnten die drei ersten Waldorfschulen für Erziehungshilfe Vollmitglied im Bund der Freien Waldorfschulen werden. Es folgten weitere Gründungen von Kleinklassenschulen in vielen

Städten. Teils als Bündelschulen unter dem Dach oder auf dem Gelände einer Waldorfschule, teils als organisatorisch einer Waldorfschule angegliederte Dependancen oder auch als eigenständige Schulen. Vielfach war man bemüht, den Sonderschulstatus zu vermeiden, um das Sonderschulaufnahmeverfahren und die gesetzlichen Bestimmungen (Sonderschullehrer als Leiter, Sonderschullehrplan usw.) zu umgehen. Doch es zeigte sich, daß die Kleinklassen einen so hohen Personal- und Raumbedarf haben, daß die Schule ohne zusätzliche Finanzierungshilfen nicht tragbar war. Alle der inzwischen zwanzig Waldorfschulen für Erziehungshilfe, von denen zehn noch im Aufbau sind, wurden von den Landesbehörden als Sonderschulen genehmigt, obwohl wir immer wieder darauf hinweisen, daß es im Bund der Waldorfschulen *keine* Sonderschulen geben kann. Sonderschulen als segregative, behinderungsspezifische Einrichtungen gibt es im staatlichen Bereich mit entsprechend vorgebildeten Sonderschullehrern und dazugehörigen Lehrplänen.

Waldorfschulen für Erziehungshilfe betrachten wir als ganz normale Waldorfschulen, die im Kleinklassenbereich mit Kindern arbeiten, die in jeder Waldorfschule anzutreffen sind, bei denen es sich aber erwiesen hat, daß sie Förderung im kleineren Klassenverband brauchen mit zusätzlichen Hilfen, die in der Regel-Waldorfschule nicht oder kaum angeboten werden können. Ja, vielfach bezeichnen sich die Kleinklassenschulen als die richtigen Waldorfschulen, weil an ihnen kein Kind unter Abiturzwang steht.

Lehrer an Waldorfschulen für Erziehungshilfe bezeichnen sich auch nicht als Sonderschullehrer, selbst wenn sie zum Teil als solche ausgebildet sind, sondern sie sind Heilpädagogen oder schlechthin Waldorflehrer.

Die Christian-Morgenstern-Schule als Beispiel

Am Beispiel der Christian-Morgenstern-Schule in Wuppertal mag in Kürze dargestellt werden, wie eine solche Förderschule arbeitet.

Die Schule ist schon bald nach der Gründung der Wuppertaler Rudolf Steiner-Schule ins Leben gerufen worden, eben aus dem Bedürfnis, Beschulungsmöglichkeiten für behinderte und entwicklungsgestörte Kinder zu gewinnen, Kinder, die zahlenmäßig und wegen ihrer Beeinträchtigungen in der «großen Schule» nicht aufgenommen werden konnten. Viele Jahre gab es keine staatlichen Zuschüsse, bis 1957 eine Genehmigung ausgesprochen werden konnte für das Pädagogisch-Therapeutische Institut (Rudolf Steiner-Tagesheimschule). Kinder mit den unterschiedlichsten Behinderungen und Störungen besuchten das Institut. Für die behinderten Kinder war die Sozialbehörde entsprechend dem Bundessozialhilfegesetz zuständig, für die Hilfsschüler trat das Kultusministerium als Kostenträger ein.

Mit der Neuordnung des Sonderschulwesens Anfang der siebziger Jahre gab es eine Trennung in «Troxler-Haus» als Schule für Geistig-Behinderte und «Christian-Morgenstern-Schule» als Waldorfschule für lernbehinderte und Erziehungshilfe-bedürftige Kinder.

Die Christian-Morgenstern-Schule ist heute eine voll ausgebaute, fast zweizügige Schule mit neunzehn bis zwanzig Klassen. Vorgeschaltet ist eine intern so genannte Zwergenklasse für solche Kinder, die zwar schulpflichtig, aber noch nicht schulfähig sind. Hier wird nicht wie im Kindergarten gearbeitet, andererseits ist es aber auch keine Vorschulklasse im landläufigen Sinne. Die Kinder haben ihren Vormittag mit bestimmten Schwerpunkten, die dazu beitragen sollen, Entwicklungsverzögerungen zu überwinden und Schulfähigkeit herbeizuführen. Im Laufe des ersten Jahres wird dann entschieden, ob das Kind zur Regelschule kann, ob es in der Morgenstern-Schule bleiben soll oder ob die Troxler-Schule das bessere Angebot bietet.

Alle Kinder der Christian-Morgenstern-Schule durchlaufen das Sonderschulaufnahmeverfahren, das an der Schule durchgeführt wird. Die Schule macht den Beschulungsvorschlag und ordnet das Kind dem entsprechenden Personenkreis zu. Das Gesundheitsamt befürwortet den Sonderschulbesuch, und das örtliche Schulamt bestätigt die Zugehörigkeit zum Personenkreis der Christian-Morgenstern-Schule. Eine Einweisung durch das Schulamt ist rechtlich nicht möglich. Mit der Bestätigung durch das Schulamt gilt das Elternrecht zur Entscheidung, ob das Kind eine staatliche Sonderschule oder eine Schule in freier Trägerschaft besuchen soll.

Befürworter sind in der Regel Gesundheitsämter, Jugendämter, Kindergärten und Erziehungsberatungsstellen wie auch die umliegenden Waldorfschulen. Meist gibt es weitaus mehr Anwärter als zur Verfügung stehende Plätze. Fast für jede Klasse steht eine weitere gleich große Gruppe auf der Warteliste. Die Klassenfrequenzen liegen zwischen zehn bis zwölf Kindern in der Unterstufe und sechzehn bis achtzehn Kindern in der Oberstufe.

Entsprechend der Konzeption der öffentlichen Sonderschule für Erziehungshilfe, die nur eine begrenzte Verweildauer vorsieht, ist auch die Morgenstern-Schule gehalten, jährlich zu überprüfen, ob das Kind noch weiterhin der Betreuung in der Kleinklasse bedarf. Es gibt also Durchlässigkeit einerseits zur Rudolf Steiner-Schule wie auch zu anderen Regelschulen, und andererseits besteht die Möglichkeit der Überweisung zur Troxler-Schule und zu den Werkstätten für solche Schüler, die in der Morgenstern-Schule nicht optimal gefördert werden können. Für Schüler, die nicht mehr in den Personenkreis der geistig Behinderten gehören, gibt es gelegentlich die Übergangsmöglichkeit von der Troxler-Schule zur Morgenstern-Schule. Die Anzahl der Schüler, die von der Rudolf Steiner-Schule zur Morgenstern-Schule überwechseln, ist wesentlich größer als die Zahl der Schüler, die zur Regelschule übergehen. In den zwölften Klassen sind in der Regel nur noch wenige Schüler, die seit der ersten Klasse die Morgenstern-Schule besuchen.

Die Schule ist als Ganztagsschule anerkannt und wird als solche ab der Mittelstufe betrieben. Für die Kinder der Unter- und Mittelstufe, für die aus ärztlicher oder sozialpädagogischer Indikation eine Ganztagsbetreuung vorgesehen ist, gibt es einen heilpädagogischen Hort, dessen Kosten weitgehend von den Jugendbehörden übernommen werden (Personal-, Sach- und Mietkosten).

Der Klassenbetrieb geht überwiegend wie in jeder «normalen» Waldorfschule vonstatten. Auch hier führt der Klassenlehrer seine Klasse acht Jahre lang; es wird der normale Waldorflehrplan zugrunde gelegt mit der Ausnahme, daß nur eine Fremdsprache angeboten wird. Die Arbeit in den kleinen Klassen ist nicht leichter als in den großen. Zu meinen, das sei leichter, ist eine Illusion. Aber in der Kleinklasse kann sich der Lehrer intensiver um einzelne Kinder kümmern, und er kann im Sinne von Karl Schuberts Äußerung in der kleinen Klasse «die Berge berger und die Flüsse flüsser machen». Hinzu kommen noch personelle Hilfen aus dem Bereich der Therapien (Sprachtherapie, Heileurythmie, Musiktherapie, Maltherapie, Bewegungstherapie, Chirophonetik, Massage und Legastheniker-Therapie).

Wenn auch die meisten Eltern ohne Waldorferfahrung den Weg zur Morgenstern-Schule fanden, so erleben doch viele von ihnen dankbar und glücklich die positive Entwicklung ihrer Sorgenkinder. Das gibt der Schulgemeinschaft ein wichtiges und tragendes Element des gegenseitigen Vertrauens und der verantwortlichen Mitwirkung, sowohl im Rahmen der Klassengemeinschaft wie auch im individuellen Verhältnis zwischen Eltern und Lehrern. Viele Eltern sind schon über die Mitverantwortung und Mitwirkung in eine aktive Mitarbeit im pädagogischen Bereich wie auch in der Verwaltung übergewechselt. Zur pädagogischen Konferenz wie auch zur Schulleitungskonferenz gehören einige Eltern ehemaliger Schüler sowie solche, deren Kinder noch die Schule besuchen.

In der Oberstufe wird der Klassenlehrer abgelöst von den Fachlehrern. An die Stelle der «geliebten» Autorität des Lehrers, der in allen Hauptunterrichtsfächern unterrichtete, treten jetzt die Fachlehrer mit ihrer Fachkompetenz. Es gibt noch einen Klassenbetreuer – manchmal teilen sich auch ein Lehrer und eine Lehrerin diese Aufgabe –, aber nun wechselt in fast jeder Epoche der Lehrer, was manche Schüler als Erlösung von der achtjährigen Bindung an den Klassenlehrer empfinden, der hier und da in der 7. und 8. Klasse nicht mehr voll akzeptiert wird. So wie die Kinder in der Vorpubertät meinen, alle Klassenkameraden hätten viel bessere Väter und Mütter als sie selbst, so erleben sie auch die Autorität des Klassenlehrers als überholt. Kritik und anfängliche Urteilsfreude erwachen und erschweren nicht selten die Arbeit in der achten Klasse. Man sollte das jedoch eher als ein positives Zeichen sehen. Sowohl für die Kinder als auch für den Lehrer ist der Ablöseprozeß von lebenspraktischer Bedeutung. Mit gemischten Gefühlen denke ich an drei achte Klassen zurück, die ich geführt habe. Es gab viele Erlebnisse von sich entfaltender Persönlichkeit, die subjektiv betrachtet schmerzhaft sein konnten, und doch waren sie für die Kinder wichtige Schritte zur Bewältigung des Lebens, und ich möchte die gemeinsamen Erfahrungen der achten Klassen (Klassenspiel, Klassenfahrt usw.) nicht missen.

In den Jahrgängen der Oberstufe tritt neben den allgemeinbildenden Waldorflehrplan in der Morgenstern-Schule ein verstärktes Angebot an Werkunterricht und künstlerischen Fächern. Dreizehn bis fünfzehn Wochenstunden arbeiten die Schüler jetzt in neun verschiedenen Werkgruppen. Nach dem gemeinsamen Mittagessen mit den

Gruppenleitern geht es bis zum Nachmittag an drei bis vier Tagen in die Schmiede, in den Gartenbau, in die Schreinerei, zum Plastizieren und Töpfern, in die Hauswirtschaft zum Kochen und zur Kinder- und Wäschepflege, in den Textilbereich, in die Schlosserei, zum Buchbinden, zum Kupfertreiben und an die Staffelei zum Malen.

Je acht bis zehn Kinder aus unterschiedlichen Klassen und Altersstufen arbeiten fast ein Jahr lang in ihrem Werkbereich unter der Fachautorität ihres «Meisters». Nach knapp einem Jahr wechselt die Gruppe, so daß die Schüler in der Regel drei bis vier Werkgruppen durchlaufen.

In diesen Jahren ergeben sich wichtige Entwicklungsprozesse, die besonders durch die Werkgruppenarbeit positiv verstärkt werden. In einer Zeit, wo Schulunlust und Null-Bock-Stimmung äußere Zeichen für innere Entwicklungskrisen sind, wirkt die Arbeit an der Esse mit glühendem Eisen, am Schraubstock mit Eisensäge und Feile, an der Staffelei mit Pinsel und Farbe ordnend und positiv motivierend in die sich entfaltende Persönlichkeitsstruktur hinein. Die Jugendlichen gehen gerne in die Werkgruppen, weil sie empfinden, daß sie nicht einseitig intellektuell unterrichtet werden (sie müssen sich nicht unter etwas richten, was sie nicht wollen oder können), sondern sie haben am Werkstück Erfolgs- oder auch Mißerfolgserlebnisse und sehen – angeleitet durch des Meisters Rat –, wie Fehler behoben und vermieden werden können. Die Freude an der Arbeit ist Antriebskraft, das fertige Werkstück ist Ziel und Belohnung für wochenlanges Bemühen. Gleichzeitig werden aber Willenskräfte freigesetzt, die dem jungen Menschen in seiner labilen Entwicklungsphase Orientierung und Antrieb geben. Und schließlich erleben Schüler und Lehrer eine zunehmende Steigerung der Leistungsbereitschaft und -fähigkeit in den allgemeinbildenden Fächern – nicht zu vergessen die sozialen Prozesse, die sich durch den Werkunterricht ergeben. Vielfach sind es gerade die intellektuell schwachen Schüler, die hier zu vorbildlichen Ergebnissen kommen, sie können den Schülern helfen, die sonst in der Klasse das große Wort führen. Gegenseitige Rücksichtnahme, Hilfsbereitschaft, Anerkennung des anderen und soziales Handeln werden besonders in der Arbeit der Werkgruppen veranlagt und verstärkt.

Hinzu kommen noch drei Praktika, das Klassenspiel und die Klassenreise der zwölften Klasse.

Die neunte Klasse geht am Anfang des Schuljahres mit ihrem Betreuer für drei Wochen ins Land- und Forstwirtschaftspraktikum. Hier begegnen die Schüler dem Bauern wieder, der mit ihnen im dritten Schuljahr während der Bauernepoche den Acker gepflügt, geeggt und bestellt hat. Aber jetzt erleben die Kinder das Zusammenwirken von Mensch, Tier, Pflanze und Erde einerseits und Naturkräften andererseits. Drei Wochen gemeinsame Arbeit und gemeinsames Leben auf dem biologisch-dynamischen Bauernhof wecken in elementarer Weise das Bewußtsein für die Notwendigkeit naturgemäßer Bodenpflege und angemessener Ernährung.

Die zehnte Klasse geht drei Wochen ins Sozialpraktikum. In Kindergärten, Krankenhäusern, Altersheimen und Behinderten-Einrichtungen werden die jungen Menschen konfrontiert mit der Notwendigkeit, dem anderen Menschen zu helfen. Das Mitleiden-Können, das der Klassenlehrer in den ersten Schuljahren als kindliche religiöse Kraft gepflegt hat, findet jetzt seine praktische Anwendung beim Füttern des behinderten Kindes oder des kranken Menschen, beim Waschen des alten und am Krankenlager des sterbenden Menschen. Erschütternde und tiefgehende seelische Erlebnisse prägen in diesen Wochen die Persönlichkeit der Heranwachsenden. Besonders jene Schüler, die immer nur ihre eigenen Probleme sahen, erleben jetzt die Nöte des anderen und vergessen am Leid des Mitmenschen die eigene Not.

Die elfte Klasse arbeitet drei Wochen in einem oder in mehreren Industriebetrieben. Hier erleben die Schüler, wie Mensch und Maschine im Produktionsprozeß zusammenwirken. Es ergibt sich ein realer Ausblick in die positiven und negativen Seiten des näherrückenden Berufslebens, und gleichzeitig wird das Bewußtsein für die positiven Seiten des Schullebens verstärkt. Die Schüler stehen vom Morgen bis zum Nachmittag am Arbeitsplatz, sie verdienen ihr erstes Geld, das aber in der Regel in die Klassenkasse geht zur Finanzierung der Klassenreise, und nach der Arbeit gibt es intensive Gespräche über individuelle Erfahrungen untereinander und mit den Betreuungslehrern in der gemeinsamen Unterkunft. Daß man zum Frühstück und zum Abendbrot nicht von Müttern oder von der Bäuerin versorgt wird, ist ein weiteres soziales Übfeld, und daß man drei Wochen ohne Moped, Fernsehen, Freundin und so weiter auskommen muß und kann, wird schließlich auch als positives Ergebnis gewertet.

In der zwölften Klasse erwarten den Schüler drei große Herausforderungen: die Jahresarbeit, die Klassenreise und das Abschluß-spiel.

Jeder Schüler der zwölften Klasse sucht sich seinen Fachmann oder seine «Fachfrau» und berät mit ihm oder ihr Thema und Ziel der Jahresarbeit. An die Stelle der Werkgruppen tritt jetzt die selbständige Arbeit an einem Werkstück, das den Schüler durch Monate hindurch beschäftigen wird. Da wird ein großer Schrank geschreinert, ein Kostüm entworfen und geschneidert, ein eisernes Gitter geschmiedet, ein Teeservice aus Kupfer getrieben, ein Schüler beschäftigt sich ein ganzes Jahr mit einem der großen Maler, einige seiner Bilder nachempfindend und dann selbst in diesem Stil malend, ein anderer vertieft sich in das Leben und Werk Mozarts und studiert eine Sonate ein, die er dann vor der versammelten Schulgemeinschaft vorträgt in Verbindung mit einer schriftlichen Arbeit und einem frei gehaltenen Referat über Mozart und sein Werk.

Die Vorstellung der Jahresarbeiten erleben Schüler, Eltern und Lehrer oft als eine glückliche Krönung schulischer Entwicklung, obwohl auch und gerade hier durch das Erfahren von Mißerfolgen und Selbstüberschätzung die Grenzen einzelner Schüler klar hervortreten. Aber in der Regel zeigen die Jahresarbeiten ein gutes Bild technischen und künstlerischen Könnens der einzelnen Schüler, und die Ergebnisse werden als individuelle Wertgegenstände lebenslange Bedeutung behalten.

In der Arbeit am Klassenspiel wird den Schülern deutlich, daß das Drama als Kunstwerk eine Gemeinschaftsarbeit ist. Nur im Zusammenwirken von Schauspielern, Bühnenbildnern, Kostümnähern, Beleuchtern und Regisseuren kann ein Klassenspiel erfolgreich dargestellt werden. Die Arbeit an der Sprache als Ausdrucksmittel menschlichen Geistes einerseits und als Inkarnationshilfe andererseits findet im Klassenspiel der zwölften Klasse ihren Höhepunkt. Hier geht es nicht mehr um persönliche Egoismen oder um Stundenplandenken. Das Spiel erfordert von jedem totalen Einsatz an Kraft und Zeit; so wird wochenlang bis in die Abende hinein und auch an Wochenenden einzeln und gemeinsam geprobt, geschneidert und an den Bühnenbildern gearbeitet. Die drei bis vier Aufführungen sind zwar für alle Beteiligten absolute und beglückende Höhepunkte, aber pädagogisch und sozial viel bedeutsamer ist der vorausgehende Prozeß des gemeinsamen Bemühens um das Gelingen des Kunstwerkes.

Die Klassenfahrt führt meistens zu den Kunstschätzen der Architektur und der Malerei nach Griechenland, Italien oder Südfrankreich. Mit Rucksack, Schlafsack, Zelt, Kochgeschirr und Verpflegung erwandern die Schüler mit drei oder vier Betreuern die Ziele, die in den Kunstgeschichtsepochen schon abgesteckt und vorbereitet wurden.

Alle seelisch-geistigen Fähigkeiten, Denken, Fühlen und Wollen, werden hier angesprochen: der Wille im gemeinsamen Bemühen um das soziale Miteinander und in der Bewältigung der Wanderstrecken, das Fühlen im Erleben und bewußten Betrachten der Kunstwerke – Kathedralen, Tempel, Plastiken und Gemälde – und das Denken im Verstehen der geistigen Zusammenhänge durch die sachkundige Leitung des Kunsterziehers. Hier findet das praktische Anwendung, was Rudolf Steiner in seiner frühen Schrift *Erziehung des Kindes vom Gesichtspunkte der Geisteswissenschaft* zur Heranbildung der Gefühlswelt sagt: «Und hier kommt insbesondere in Betracht die Pflege des Schönheitssinnes und das Wachrufen des Gefühls für das Künstlerische ... Die Erweckung des Sinnes für architektonische Stilformen, desjenigen für plastische Gestalten, für Linie und Zeichnerisches, für die Harmonie der Farben, nichts davon sollte im Erziehungsplan fehlen ... Das moralische Gefühl ... erhält seine Sicherheit, wenn durch den Schönheitssinn das Gute zugleich als schön, das Schlechte als häßlich empfunden wird.»[107]

Nach Beendigung der zwölften Klasse erhalten die Schüler erstmalig ein Notenzeugnis, das in Verbindung mit dem gewohnten Berichtszeugnis und der Empfehlung im Hinblick auf die Abschlußqualifikation an die Schulbehörde geschickt wird. Diese gibt dann den entsprechenden Reifevermerk. So erhalten jährlich einige Schüler die Fachoberschulreife und viele den Hauptschulabschluß ohne besondere Prüfung durch staatliche Instanzen. Mit den Schülern, die den strengen Anforderungen nicht entsprechen können, und ihren Eltern werden schon frühzeitig Gespräche geführt mit dem Ziel, einen beschützenden Ausbildungs- und Arbeitsplatz zu finden, sei es in wohnortnahen Einrichtungen, die die Schüler zum Teil schon während ihres Praktikums kennengelernt hatten, oder in Wohn-, Arbeits- und Lebensgemeinschaften wie Sassen, Weckelweiler, Lautenbach und so weiter. Die Eltern behutsam auf eine solche biographische Möglichkeit für ihr Kind hinzuführen, ist eine wichtige und nicht immer leichte Aufgabe der Oberstufenlehrer. Die Einsicht, daß «das Kind» – das ja kein Kind mehr ist – in einen beschützenden Zusammenhang gehört, ist nicht von vornherein bei allen Eltern gegeben. Erst später, wenn man seine früheren Sorgenkinder in den Einrichtungen besucht oder wenn sie zum Bazar oder zu anderen Veranstaltungen in die Schule zurückkommen, dann bestätigen Schüler und zumeist auch deren Eltern, wie glücklich sie mit dieser Lösung sind.

Die Schüler der Christian-Morgenstern-Schule werden als Sonderschüler eingeschult; mit zehn Schuljahren endet ihre Schulpflicht, aber durch eine Verlängerung der Schulpflicht auf Antrag der Eltern ist der Besuch der elften und zwölften Klasse rechtlich und finanziell gewährleistet. «Eine Verlängerung der Schulpflicht ist möglich, wenn der Schüler in dieser Zeit dem Ziel der Schule näher gebracht werden kann ...», heißt die rechtliche Grundlage im Schulpflichtgesetz von Nordrhein-Westfalen, die wir in Anspruch nehmen, um den Schülern eine zwölfjährige Schulzeit zu ermöglichen.

Da die Oberstufenschüler nicht mehr schulpflichtig sind, betrachten wir auch ihren Sonderschulstatus als beendet, so daß die Schüler mit dem Zeugnis der Freien Waldorfschule als Regelschüler entlassen werden. Dies ist eine wichtige Voraussetzung für die endgültige soziale Integration und Rehabilitation der Menschen, die am Anfang ihrer Schulzeit als Sorgen- und Problemkinder in der öffentlichen Schule nicht angemessen gefördert werden konnten.

Die meisten Absolventen finden eine Lehrstelle, viele gehen in handwerkliche Berufe, nicht wenige Schüler schlagen den weiterführenden Bildungsweg ein, besuchen Fachschulen für Sozialpädagogik oder Alten- und Krankenpflege. Einige unserer Schüler konnten sogar das Abitur nachmachen und den Weg zur Hochschule gehen.

Der Bazar der Christian-Morgenstern-Schule ist jedesmal nicht nur ein Begegnungsfest der Eltern und Freunde, sondern auch unzählige Ehemalige finden sich ein mit ihren Freundinnen, Freunden, Frauen, Männern und Kindern. Es ist ein dankbar-befriedigendes Erlebnis für den ehemaligen Lehrer, wenn dann junge Männer und Frauen stolz und fröhlich fragen: «Kennen Sie mich noch? Wissen Sie noch, damals...?»

Dagegen gab es auch ein äußerst betroffen machendes Erlebnis. Ich begegnete nach 25 Jahren einer ehemaligen Schülerin, einer tüchtigen Geschäftsfrau und Mutter von mehreren Kindern, die alle «gut geraten» waren. Auf beiden Seiten war Überraschung und Wiedersehensfreude. Als ich die ehemalige Schülerin um ihre Adresse und um ihren neuen Namen fragte, reagierte sie schroff abweisend: «Nein, sagen sie weiterhin Marion zu mir. Wie ich weiter heiße und wo ich wohne, sag' ich nicht. Ich will nicht, daß mein Mann und meine Kinder erfahren, daß ich die Morgenstern-Schule besuchen mußte.»

Mag sein, daß es noch mehr solcher negativen Haltungen zur eigenen Schulzeit gibt, die unausgesprochen oder unbekannt bleiben, die positiven Äußerungen überwiegen aber und bestätigen die Notwendigkeit der Schule für Erziehungshilfe als Förderschule im Bund der Freien Waldorfschulen.

270 Kinder werden in zwanzig Klassen von circa sechzig Mitarbeitern betreut. Es sind dies die Klassenlehrer, Fachlehrer, Oberstufenlehrer, Hortner, Therapeuten, Verwaltungshilfen, Küchenpersonal, zwei Hausmeister, Praktikanten und vier bis fünf Zivildienstler. Davon werden ungefähr vierzig Lehrer vom Land zu 85 Prozent subventioniert. Die Ausbildung der Lehrer ist fast so vielfältig, wie es Lehrer gibt. Da sind staatlich ausgebildete Sonderschullehrer, Grund- und Hauptschullehrer, Real- und Gymnasiallehrer, die fast alle eine zusätzliche Waldorf- und heilpädagogische Ausbildung (als Vollstudienjahr oder berufsbegleitend) absolviert haben, und da sind auch grundständig ausgebildete Waldorflehrer, von denen viele noch berufsbegleitend Heilpädagogik studiert haben. Da gibt es Fachlehrer und Kunsterzieher aus den verschiedensten anthroposophischen Ausbildungsstätten. Und schließlich gibt es noch eine Gruppe von Lehrern, die nicht über eine Lehrerausbildung verfügen und die vorher in ganz anderen Berufsbereichen gearbeitet haben. Fast alle haben um die Lebensmitte (zwischen dreißig und vierzig Jahren) und vielfach angeregt durch eigene schwierige Kinder den Weg in die Morgenstern-Schule gesucht und über berufsbegleitende oder entsprechend vorbereitende Kurse gefunden. Ihre primäre und eigentliche Qualifikation ist die persönliche Eignung, das Interesse für das Wesen des Kindes, der Enthusiasmus für das So-Sein der Kinder und das tiefe Verständnis für die Hilfsbedürftigkeit des entwicklungsbedürftigen Kindes. Die pädagogische Kompetenz brachten diese Menschen aus Berufs- und Lebenserfahrung mit, das pädagogische Handwerkszeug holten sie sich in dreijährigen Abendkursen oder auch im direkten pädagogischen Arbeitsvollzug, unterstützt durch wöchentliche pädagogische Konferenzen als innerkollegiale Fortbildungsmöglichkeit. Für das Kollegium ist die Existenz dieser «spät

berufenen» Kollegen eine wertvolle Bereicherung, für die Schulbehörde vielfach eine «unmögliche Tatsache» im Sinne von Christian Morgenstern; denn wer die Sache aus dem Kontext der Gesetzesbücher überprüft, muß schon zu dem Ergebnis kommen, daß es nur ein Traum sein kann. Die Schulbehörde hat glücklicherweise fast immer dazu beigetragen, daß ein Traum der Freien Schule verwirklicht werden konnte, indem sie dem Schulträger die Entscheidung überließ, ob ein Lehrer geeignet ist, ob er zu unseren Kindern und ob er ins Kollegium paßt. In anschließenden Hospitationen konnten sich die Dezernenten davon überzeugen, daß ein Waldorfkollegium viel bessere und sorgfältigere Auswahlmöglichkeiten hat als eine Schulbehörde, die eine Unterrichtsgenehmigung nur von der Aktenlage abhängig machen kann. (Wer sich intensiver mit der wissenschaftlichen Diskussion über die Integration entwicklungsgestörter Kinder beschäftigen will, sei auf die Dissertation von Ingo Windeck verwiesen, die im Dürr-Verlag unter dem Titel *Förderung Verhaltensgestörter und Lernbehinderter in Waldorfschulen* erschienen ist.)

Eine erfahrene Waldorfschulberaterin, die die Christian-Morgenstern-Schule besuchte, meinte einmal, eigentlich gehöre zu jeder Waldorfschule eine entsprechende Christian-Morgenstern-Schule.

Selbst wenn es inzwischen zwanzig solcher Einrichtungen in Deutschland gibt, so sollte doch versucht werden, die Gründung weiterer Waldorfschulen für Erziehungshilfe zu vermeiden, ja unnötig zu machen. (Wo sollten nur die vielen geeigneten Lehrer herkommen, die dazu benötigt würden?) Es geht vielmehr darum, die großen Schulen in die Lage zu versetzen, entwicklungsgestörte und behinderte Kinder angemessen innerhalb der Regelklassen zu betreuen und ihre Integration verantwortungsvoll zu ermöglichen.

Das kann nicht nur eine Frage der Lehrerbildung sein, sondern ist in erster Linie die Frage nach dem Förderlehrer, nach dem Förderkreis und nach dem heilpädagogischen Arbeitskreis an der jeweiligen Waldorfschule.

Die Diskussion im Bund der Freien Waldorfschulen hat da vieles bewegt, und anläßlich mehrerer Treffen der Förderlehrer an Waldorfschulen wurde einerseits deutlich, daß viele Schulen einen Förderlehrer oder sogar einen Förderkreis haben und daß andererseits viele Schulen auf der Suche nach Förderlehrern und Formen des Förderunterrichtes sind.

203

Berufsbild und erforderliche Qualifikationen des Förderlehrers

Wer eignet sich als Förderlehrer?

Wie sieht nun das Berufsbild des Förderlehrers aus, und welche Qualifikation braucht er? Hier bietet sich ein ähnlich buntes Bild wie im Kollegium der Christian-Morgenstern-Schule: Nicht selten sind es Klassenlehrer, die anstelle eines Nebenfaches mit sechs bis acht Wochenstunden den Förderunterricht an der Schule leisten und bald merken, daß es sich hier um einen Tropfen auf den heißen Stein handelt. Sobald bekannt ist, daß jemand diese Aufgabe übernimmt, gibt es genügend Klassenlehrer und Eltern, die seine Hilfe in Anspruch nehmen wollen. Vielfach sind es erfahrene Klassen- oder Fachlehrer, die kurz vor oder längst jenseits der Altersgrenze sind, die sich dem Einzelunterricht zuwenden und jüngere Kollegen durch Hospitation und Beratung als Mentoren betreuen. Auch Sozialpädagogen und pädagogisch Vorgebildete, meist aus dem Elternkreis, stellen sich als Halb- oder Vollzeitkräfte für diese Aufgabe zur Verfügung. Wenn sich auf Elternabenden die Einsicht in Fördernotwendigkeiten ergeben hat, führen oft Fragen der Lehrer oder auch das spontane Angebot der Eltern den Beginn einer Fördermaßnahme herbei. Erst sind es vielleicht nur ein oder zwei Stunden in der Woche, später erweitert sich die Arbeit auf ein bis zwei Tage, und schließlich wird eine Vollzeitaufgabe aus der ursprünglichen gelegentlichen Hilfe beim Klassenlehrer.

Da gibt es Hausfrauen mit pädagogischen und medizinischen Ausbildungen, die nicht beruflich tätig sind und deren Kinder jetzt die Mutter nicht mehr so dringend brauchen, da gibt es aber auch Männer und Frauen aus ganz anderen Berufsbereichen und persönlichen Motiven, die sich anbieten oder gefragt werden können beziehungsweise gefragt worden sind und die vorzügliche Arbeit im Förderbereich leisten. Ich denke da an einen Schülervater, der als Ingenieur arbeitslos wurde und sich anbot, in der Notsituation einer zweiten Klasse stundenweise zu helfen. Mehrere Jahre hat er dann hauptamtlich den Förderbereich an der Schule geleitet, bis man ihm – wieder aus einer Notsituation heraus – eine Klassenführung anvertraute, die er bis heute verantwortungsbewußt und erfolgreich innehat.

Wenn ich anläßlich meiner Hospitationen in den Schulen über den Förderunterricht spreche, werde ich immer wieder gefragt: «Ja, woher sollen wir denn einen solchen Menschen nehmen? Der müßte doch hochqualifiziert sein mit Sonderschuldiplom und anthroposophischer Zusatzausbildung und so weiter.» Daß es gerade im Förderunterricht in erster Linie auf die Eignung und erst in zweiter Linie auf die «Eichung» ankommt, das lehren Praxis und Erfahrung. Natürlich wäre es gut, wenn der Förderlehrer eine optimale Ausbildung hätte, aber wenn man darauf warten wollte, würde man viele segensreiche Hilfsmöglichkeiten verschlafen. Ich kann nur raten: Macht euch auf die Suche, fragt nach in der Elternschaft, es gibt im Umkreis einer jeden Schule Menschen, die bereit und geeignet sind, die Aufgabe des Förderlehrers zu übernehmen. Hier ist das Kollegium autonom, und es bedarf keiner Unterrichtsgenehmigung durch die Schulbehörde. – Die nächste hinhaltende Frage kommt zumeist aus dem Bereich der Kollegen, die mit der Geschäftsführung, also mit den Finanzen zu tun haben: «Aber wie sollen wir eine solche Stelle finanzieren? Bei den zu erwartenden Kürzungen der Zuschüsse und bei unserer augenblicklichen Belastung durch den Bau ist ein Förderlehrer nicht ‹drin›!»

Erfahrungsgemäß arbeiten einige Förderlehrer ehrenamtlich oder im Rahmen des steuerfreien geringfügigen Verdienstes, aber noch mehr Förderlehrer sind einbezogen in die jeweilige interne Gehaltsregelung, weil das Kollegium sich bewußt ist, daß ein solcher Mensch gebraucht wird und daß man mit ihm brüderlich teilt, was zur Deckung der Bedürfnisse zur Verfügung steht. In anderen Fällen hat die Elternschaft eine Schulgelderhöhung von zehn Mark pro Kind beschlossen, um Fördermaßnahmen zu ermöglichen. An einzelnen Schulen wurden heilpädagogische Fördervereine gegründet und als gemeinnützig anerkannt. Als Förderer des Förderunterrichtes wurden Freunde und ehemalige Schüler oder deren Eltern gewonnen. Nicht zuletzt gelang es einigen Schulen, daß von anerkannten Fachkräften durchgeführte und ärztlich verordnete Fördermaßnahmen von den Krankenkassen anerkannt und refinanziert wurden. Wenn eine Schulgemeinschaft den Willen hat, die soziale Herausforderung an die Waldorfschulbewegung anzunehmen, dann wird es auch immer Wege geben, Menschen und Mittel für diese Aufgabe zu finden.

Das Tätigkeitsfeld des Förderlehrers,
an einem Beispiel beschrieben

Worin besteht nun die Tätigkeit des Förderlehrers an der Waldorfschule? Versuchen wir einmal beispielhaft, den Tages- und Wochenverlauf des Förderlehrers zu beschreiben.

Für die Hauptunterrichtszeit der nächsten drei Wochen ist er mit dem Klassenlehrer der zweiten Klasse verabredet. Gemeinsam bereiten sie eine Rechenepoche vor, und bevor die Epoche beginnt, hospitiert der Förderlehrer ein paar Tage in der entsprechenden Klasse. Wenn nun die ersten Tage der Epoche anbrechen, ist der Förderlehrer im rhythmischen Teil noch in der Klasse und geht dann mit zehn bis fünfzehn Kindern in einen anderen Raum, wo im Sinne der Kleinklassenpädagogik intensiver gearbeitet werden kann. Der gleiche Stoff wird behandelt, aber in «homöopathischer» Dosis, man könnte auch sagen, aus dem gleichen Mehl werden kleinere und leichter zu verdauende Brötchen gebacken.

Durch intensive Zuwendung in der kleinen Gruppe und durch häufige Erfolgserlebnisse blühen die Kinder auf und gehen gerne in den Förderunterricht; nicht selten fragen die anderen Kinder: «Wann dürfen wir denn mal zu Frau X?» Nach einiger Zeit übernimmt der Förderlehrer auch den rhythmischen Teil, während der Erzählteil und das Frühstück wieder im großen Klassenverband stattfinden. Der Förderlehrer weiß, daß er in der nächsten Epoche für einen anderen Klassenlehrer in einer Schreib- beziehungsweise Grammatik-Epoche zur Verfügung stehen soll. Seine Rechengruppe ist inzwischen wieder mit der Klasse vereint, und bisweilen zeigen sich die Früchte schon in der nächsten Rechenepoche, wenn nämlich die Differenzierung Früchte trägt und die Kinder der kleinen Gruppe bessere Fähigkeiten entwickeln konnten als die anderen. Nicht selten wird der Förderlehrer von den Eltern gefragt, ob er nicht die kleine Gruppe weiterführen wolle. Die Kinder hätten so gute Fortschritte gemacht, wären besonders gerne in die kleine Klasse gegangen. – Hier lag dann in manchen Fällen die Geburtsstunde für die Konzeption einer eigenen Kleinklassenschule. –

Aber unser Förderlehrer weiß, daß er in der dritten Stunde montags und donnerstags in der 4. Klasse den Eurythmisten entlasten muß. Da gibt es drei bis vier Kinder in der Klasse, die so nachhaltig den Unterricht stören, daß ein «Eu-rhythmus» (schöner Rhythmus) nicht zustande kommen kann. Zuerst wurde ein Schüler auf den Flur geschickt, aber er hatte sich schon mit einem Gesinnungsgenossen verabredet, und es dauerte nicht lange, bis auch dieser vor die Tür gestellt wurde. Aber dort blieben sie nicht, denn jetzt gab es in menschenleeren Schulfluren und auf Toiletten so vieles anzustellen, daß schließlich die Konferenz sich mit dem Problem in der 4. Klasse beschäftigen mußte. Die Schulsekretärin, der Hausmeister und der Gartenbaulehrer fühlten sich überfordert, die Aufsicht über die Burschen zu übernehmen, und schließlich opferte der Klassenlehrer seine «Freistunden», die eigentlich für die Schulverwaltungsaufgaben vorgesehen waren. Er setzte sich im Eurythmieunterricht dazu, gleichsam als Garant für die Bravheit von zwei Kindern, die auch tatsächlich im Beisein des Klassenlehrers anfangs integriert waren. Sie machten zwar keinen Unsinn, aber sie arbeiteten auch nicht mit, sie wollten einfach nicht mitmachen, und so waren sie für die Klasse, für den Eurythmielehrer wie für das Fach störend und belastend. Mit diesen drei bis vier Kindern arbeitet unser Förderlehrer nun schon mehrere Wochen mit unterschiedlichen Anforderungen und Angeboten. Da gibt es kein Ausbüchsen, ja selbst der beliebte Routineausflug zur Toilette wurde versperrt. Es werden Bewegungsübungen durchgeführt, Gleichgewichtsübungen mit Stäben und Jonglieren mit Bällen folgen, und schließlich werden Formen gezeichnet, bis der erste Schüler fragt: «Wann dürfen wir denn wieder mit der Klasse zusammenarbeiten?» «Wenn ihr es wirklich wollt», ist die einzig mögliche Antwort. Und in den Wochen des Ausgeschlossenseins aus der Gemeinschaft und der strengen Forderung im Förderunterricht haben die Schüler Wollen gelernt. Ihnen sind die Kräfte gewachsen, im Klassenverband und im Eurythmieunterricht mitarbeiten zu wollen.

Die drohende Frage des Eurythmielehrers und auch anderer Fachlehrer: «Können wir das Kind überhaupt an der Schule behalten?» ist vorerst vom Tisch beziehungsweise von der Konferenzpunktliste.

Das gleiche Programm gibt es für die dritte Stunde dienstags und freitags mit vier bis neun Kindern einer anderen Klasse, die im Musikunterricht einen geordneten Stundenverlauf verhindern. Zum Teil liegt es daran, daß die Kinder nicht können, zum Teil aber auch daran, daß sie nicht wollen können. Mit dieser Gruppe arbeitet der Förderlehrer nun intensiv am Orffschen Instrumentarium und mit den Flöten. Hier werden zum Teil Defizite in der Fingerfertigkeit oder in der Atemführung ausgeglichen, und zum Teil werden rhythmische Übungen, Tonerkennungsübungen und die Arbeit an Noten durchgeführt in Absprache mit dem Musiklehrer. Auch in diesem Fall können die Schüler nach einer gewissen Zeit wieder in den Klassenverband zurückgeführt werden, während der Förderlehrer noch mit ein oder zwei Schülern Notenlesen und die Arbeit mit der Flöte fortsetzt.

Mittwochs und samstags wird der Förderlehrer von den Kindern erwartet, die im Sprachunterricht große Schwierigkeiten haben und zum Teil von der Teilnahme freigestellt sind. Vielfach haben auch sogenannte Quereinsteiger große Probleme, wenn sie später in eine Waldorfschule kommen, wo die Klasse im Sprachunterricht schon fortgeschritten ist. Hier gilt es, nach besten Kräften zu helfen, Defizite auszugleichen, um eine allmähliche Integration in dem betreffenden Fach zu gewährleisten. In dieser Zeit hat der Förderlehrer auch die Möglichkeit, mit solchen Kindern zu arbeiten, die das Abitur weder machen wollen noch können, noch die Absicht haben, Dolmetscher zu werden. Sie können einfach keine Vokabeln behalten, die Grammatik ist ihnen ein Buch mit sieben Siegeln, und von der Lektüre verstehen sie so gut wie nichts. Mit diesen Kindern arbeitet der Förderlehrer jetzt an Gedichten, Liedern und kleinen Sketchen, es wird gesprochen, gesungen und gespielt, es werden auch Texte aufgeschrieben. Die Kinder lernen Englisch «by heart» oder Französisch «par coeur» und nicht «by head», so wie der Deutsche alles im Kopf haben muß. Sie gehen gern in ihre Arbeitsgruppe, und ihre Beiträge in der Monatsfeier zeigen zwar andere, aber gleichwertige Erfolge.

Die vierten Stunden sind durchgehend für die erste und zweite Klasse reserviert. Jeden Tag arbeitet der Förderlehrer intensiv mit einzelnen Kindern und in kleinen Gruppen im Bereich der unteren Leibessinne.

Für die Arbeit mit dem *Tastsinn* werden jene unruhigen, nervösen, neugierigen Kinder ausgesucht, die ständig an sich herumfummeln, alles anfassen müssen, ihre Stifte zerkauen, den Daumen im Mund haben und ihren Eltern und Lehrern durch gelegentliches Onanieren Sorge bereiten. Mit diesen Kindern greift der Förderlehrer vieles auf, was bereits im Kindergarten und in der ersten Klasse getan wurde: Da wird Wolle gezupft, werden Luftmaschen mit grober Wolle gehäkelt, Buchstaben und Zahlen mit Wachs geknetet, ja in einem Falle wurden aus Spritzgebäck alle Buchstaben geformt, sie wurden anschließend gebacken und schließlich gemeinsam verzehrt. Fingerspiele gehören hierhin und besonders alles, was blind ertastet werden kann, sei es mit den Fingerspitzen, auf den Handflächen, auf dem Rücken oder mit nackten Füßen. Hierher gehört der Korb oder der Grabbelsack, in dem sich zehn bis zwanzig Dinge verbergen, die mit den Fingern ertastet werden müssen. Das Spiel läßt sich vielfältig variieren, zum Beispiel werden zehn Krüge mit verschiedenem Inhalt auf die Fensterbank gestellt und dann jeden Morgen vertauscht. Die Kinder können hineingreifen, um zu ertasten, ob Weizen, Gerste oder Roggen, ob Salz, Mehl oder Zucker, ob Bucheckern, Hagebutten oder Erdnüsse, ob Bohnen, Erbsen oder Linsen im Krug sind. Hierzu gehört auch das reizvolle Spiel des blinden Erkennens von Klassenkameraden, die es gilt mit den Fingerspitzen wahrzunehmen.

Jede blinde Tastsinnestätigkeit setzt Interesse voraus. Wir können nur erfolgreich tasten, wenn wir interessiert, wenn wir bei uns sind, und wir können bei unseren Kindern Interesse bewirken und pflegen, wenn wir ihren Tastsinn ansprechen. So erzieht der Förderlehrer Interesse, Selbstvertrauen und Gottvertrauen durch Übungen und Spiele, die den Kindern Freude bereiten und die in hohem Maße Inkarnationshilfen darstellen.

Die hier beschriebene Symptomatik des Tastsinn-gestörten Kindes ordnet Henning Köhler in seinem Buch *Von ängstlichen, traurigen und unruhigen Kindern*[108] dem gestörten Lebenssinne zu, während Norbert Glas in seinem Buch *Gefährdung und Heilung der Sinne*[109] eine andere Zuordnung vornimmt. Eine klare Abgrenzung ist anerkanntermaßen recht schwierig, zumal ein Sinnesbereich intensiv mit dem benachbarten zusammenwirkt. Für den Förderlehrer wird es zumeist unerheblich sein, welchem Sinn er eine bestimmte Symptomatik zuordnet. Für ihn gilt in erster Linie die Frage: Was braucht das Kind? Die wissenschaftliche Erörterung, ob bei dieser oder jener Verhaltensauffälligkeit primär der Tastsinn oder der Lebenssinn gestört ist, überläßt der Praktiker gerne der pädagogischen Arbeit in der Konferenz oder der Einsicht des Schularztes.

Der *Lebenssinn* verrät uns, daß die Lebensprozesse des Kindes gestört sind. Für eine Arbeit in diesem Sinnesbereich sucht der Förderlehrer nach Absprache mit Arzt und Klassenlehrer die Kinder aus, die extrem ängstlich sind, die sich ständig unwohl fühlen, die kalt und blaß sind und die keinen Lebensmut haben. Oft sind es Kinder, die in der frühen Kindheit nicht genügend liebevolle Zuwendung erfahren haben, die keinen gesunden Lebensrhythmus erleben durften oder die in ihrem Bedürfnis nach menschlicher Wärme, Geborgenheit und Zärtlichkeit enttäuscht wurden und statt dessen Strenge, Lieblosigkeit oder Aggressionen erleiden mußten.

Diesen Kindern versucht der Förderlehrer das zu geben, was sie bisher vermißt haben: Zuwendung, Wärme, Geborgenheitsgefühl, Anerkennung, Lob und Sicherheit. Da die Angst vor allen Anforderungen und Gefahren die Triebfeder für das allgemeine Unwohlsein ist, muß behutsam daran gearbeitet werden, Mutkräfte zu entwikkeln, die ein Behaglichkeitsempfinden ermöglichen.

Norbert Glas bezeichnet die Angst als größte Störung der Lebensprozesse.[110] Wir sehen daraus, wie notwendig es ist, dem Kind die Fähigkeit zu vermitteln, Angst zu überwinden. Dazu braucht es Mutkräfte. Der Förderlehrer wird dem Kind etwas zumuten: Er wird ihm helfen, über den Balken oder über die Mauer zu balancieren, auf den Baum zu klettern, von der Treppe zu springen, erst zwei, dann drei und schließlich vier Stufen. Das Kind braucht das Gefühl, da ist jemand, der für mich da ist, der mich auffängt und mich hält. Jede Überwindung will dann mit Lob und Anerkennung beantwortet sein. Das gibt dem Kind das Wohlgefühl und die Sicherheit, die ihm fehlten. Die Bedrohlichkeit, die von den stofflichen Forderungen ausgeht, kann abgewendet werden, indem die Anforderungen reduziert werden und die Aufgaben überschaubar sind. Wichtig ist aber auch, daß alles Tun einem gesunden Rhythmus untergeordnet ist. Durch eine rhythmische Gestaltung der Arbeit begünstigen wir die Gesundung und Ausreifung des Lebenssinnes. Wenn das Kind erlebt, daß es aktiv toleriert wird, daß man es so nimmt, wie es ist, und nicht ständig an ihm herumnörgelt und schimpft, dann entstehen im Kind die Kraft und der Wille, sich innerlich als Ganzes zu fühlen.

Unter dem Gesichtspunkt des gestörten *Eigenbewegungssinnes* wird man in erster Linie die Kinder besonders berücksichtigen, bei denen die Feinmotorik wie auch die Grobmotorik auffällig sind und wo die rhythmische Organisation Probleme anzeigt.

Mit diesen Kindern wird der Förderlehrer Bewegungsspiele aller Art machen. Er wird den Ball täglich einsetzen – hier findet das alte Kinderspiel des rhythmischen Ball-Spieles an der Wand (mit Hand, Arm, Brust, Kopf und Bein) eine verdiente Renaissance, das rhythmische Aufprellen des Balles mit Abzählen oder Einmaleins-Reihen, Zuwerfen mit rechts und links, den Ball unter dem gehobenen Bein hindurchzuwerfen, den Ball hinter dem Rücken und mit beiden Händen über den Kopf werfen, den Ball auf Fingerspitzen tanzen lassen, den Ball hochwerfen und 1, 2, 3 klatschend wieder auffangen und so weiter. Der Ball ist ein ideales Therapiemittel für alle basalen Sinne, weil es ein Rhythmusinstrument ist. Dem Tastsinn-gestörten Kind gibt es Mutkräfte, dem bewegungsgestörten Kind ermöglicht es das Erlebnis der Freiheit, der inneren und äußeren Beweglichkeit und Geschicklichkeit.

Dann gehört das Springseil zum täglichen Spielrepertoire. Auch hier werden rhythmische Bewegung, Elastizität und Geschicklichkeit spielend geübt und erworben. Sei es, daß die Kinder einzeln vorwärts und rückwärts springen oder daß zwei oder drei oder auch mehrere Kinder durch das schwingende Seil hindurchlaufen, daß sie zählend hüpfen, sich beim Hüpfen drehen und so weiter. Meistens versucht der Förderlehrer, mit seinen Schützlingen in die Turnhalle oder in den Gymnastikraum zu kommen, um sich der vielen Geräte zu bedienen, die den Bewegungsorganismus und das rhythmische System fördern (Sprossenwand, Schaukel, Ringe usw.). Eine große Anzahl von Bewegungsspielen, die Konzentration, Geschicklichkeit und schnelle Reaktion verlangen (Plumpsack, Feuer-Wasser-Luft-und-Erde, schwarze Köchin, Meister, wie tief ist das Wasser usw.) bietet sich als Bewegungs-Sinnes-Hilfe an.

Aber auch die *Feinmotorik* darf nicht zu kurz kommen. Mit einigen Kindern muß erst noch geübt werden, wie man eine Schleife bindet, es werden Fingergeschicklichkeitsübungen gemacht und Formen gezeichnet. Hier bietet sich gerade als ideale Hilfe das Dynamische Zeichnen von Karl Kirchner an, weil es durch ständiges Wiederholen das rhythmische System und den Bewegungssinn fördert und gleichzeitig den *Bewegungssinn des Auges* erfrischt. Wir müssen uns bewußt machen, daß gerade der Bewegungssinn im Auge bei unseren Fernsehkindern vielfach völlig ausgeschaltet ist – Henning Köhler spricht vom suspendierten Sinn.[111]

Die Muskulatur unseres Auges ist stark durchblutet, und bei jedem optischen Sinneseindruck verändern sich die Muskeln. Die Akkomodation des Ciliarmuskels wird uns abgenommen durch die Tätigkeit der Kamera. Unser Auge braucht sich nicht mehr an Hell und Dunkel, Nah und Fern und auf Tiefenschärfe einstellen, das macht alles die perfekte Mechanik der Aufnahmegeräte. Hinzu kommt noch, daß der Kameramann zu den interessanten Dingen hinwandert, hinfährt oder hinfliegt. Wir können die ganze Welt bequem im Sessel sitzend erfahren.

Dem muß der Förderlehrer entgegenwirken. Nicht nur die Gliedmaßen, sondern auch die inneren Bewegungsorgane müssen gepflegt und gefördert werden. So wird der Förderlehrer die Übungen des Erstklaßunterrichts wieder aufgreifen und mit «Zauberkreide» Buchstaben, Wörter und Sätze auf den Tisch, an die Tafel und in die Luft schreiben. Bestimmte Übungen wird er wieder und wieder machen, weil der Bewegungssinn ein Willenssinn ist, der nicht in unser Wachbewußtsein dringt. Durch ständiges Üben lernt der Geiger seine Sonate frei zu spielen, durch längere Fahrpraxis bedienen wir Brems- und Gaspedal, ohne nachzudenken oder hinzuschauen, durch intensives Üben führt das kleine Kind den Löffel mit Spinat dann doch sicher in den Mund, und das Schulkind lernt die Löcher der Flöte genau abzudecken durch regelmäßiges Üben, Üben, Üben. Dabei weiß der Förderlehrer, daß Üben nur sinnvoll ist, wenn es dem Kind Freude macht, ansonsten würde es den Lebensorganismus des Kindes stören. Auch Sprachübungen fördern den Bewegungssinn. Schnabelwetzer und «Maulgymnastik» wirken nicht nur vordergründig im Bereich der Sprachwerkzeuge, sondern sie lassen auch den Kehlkopf «turnen» oder «Eurythmie» machen. Schließlich wurde der Förderlehrer auch gebeten, mit einzelnen Kindern die Einmaleins-Reihen zu üben. Er tut das durch rhythmisches Klatschen, Laufen, Stampfen und Springen und durch körpergeographische Übungen, um die Reihen in den Gewohnheitsleib, in den Ätherleib, in den Willen einzuschreiben. Es geht noch nicht darum zu wissen, wieviel 7 x 8 ist, das hieße die Reihen im Kopf zu haben, im Denken, im Gedächtnis. Um die Reihen dorthin zu bringen, werden sie nach einer einfachen Melodie gesungen, vorwärts und rückwärts. Man kann jeder Reihe eine entsprechende Melodie und einen Rhythmus zuordnen, man kann aber auch für jede Reihe die gleiche Melodie mit leicht abgewandeltem oder angepaßtem Rhythmus benutzen. Es gibt viele Kinder, die sich Liedtexte sehr viel leichter einprägen als gesprochene Texte, und ich habe immer wieder erlebt, wie einzelne Kinder in der vierten oder fünften Klasse beim schriftlichen Multiplizieren oder Dividieren die Reihen von 6, 7, 8 oder 9 still vor sich hinsangen, um dann das Ergebnis niederzuschreiben. Gleichzeitig wurden die Finger bewegt oder die Nase rhythmisch berührt. Diese Kinder haben die Reihen im rhythmischen Bereich zur Verfügung, sie können sie «by heart». Um aber auch die freie Verfügbarkeit der Einmaleins-Reihen zu üben, schreibt der Förderlehrer eine Aufgabe an die Rückseite der Tafel, und die Kinder dürfen raten, welche «Geschichte» von der 7 der Lehrer angeschrieben hat. Der eine wird sich vorerst einmal auf 1 x 7 oder 10 x 7 beschränken, um später mutiger zu werden. Der andere echolaliert gleichsam die Geschichte des Vorredners, weil er sicher ist, daß sie stimmt, denn der Lehrer hatte gesagt: «Stimmt wohl, steht aber nicht da!» Während schließlich ein anderer Schüler längere Zeit abwartet, um sich dann zu melden und das Richtige zu sagen. Er hatte einfach abgewartet, was die anderen für Vorschläge machten, und was dann noch fehlte, mußte ja das Gesuchte sein.

Kinder, deren Eigenbewegungssinn besonders ausgeprägt ist, beobachten die Armbewegung des Lehrers, wenn er hinter der Tafel schreibt, und es kommt prompt das richtige Ergebnis. Das hyperaktive Kind huscht irgendwann nach vorne und versucht herauszukriegen, welche Aufgabe der Lehrer an die Tafel geschrieben hat. Alle diese Übungen vermitteln den Kindern die notwendige äußere und innere Beweglichkeit, die für das Vorstellen und das lebendige Denken erforderlich ist. Sie gibt ihnen das beglückende Gefühl der Freiheit als Bindeglied zwischen dem Bewegungssinn und dem Vorstellungs- beziehungsweise Wortsinn.

Kinder mit Störungen des *Gleichgewichtssinnes* fallen dadurch auf, daß sie Mühe haben, auf einem Bein zu stehen oder über den Balken zu balancieren. Ebenso haben sie Schwierigkeiten in der räumlichen Orientierung, in der Unterscheidung von links und rechts, oben und unten; oft wird dies erst bemerkt, wenn die Kinder d, b, q, p und 3 und ℰ und ähnliches verwechseln. Manche können auch nicht richtig zuhören; ihnen fehlt nicht nur das äußere, sondern auch das innere Gleichgewicht.

Mit diesen Kindern wird der Förderlehrer elementare Spiele aus der Kindergartenzeit nachholen. So gehört nicht nur in den Erstklaß-raum, sondern ganz besonders in den Raum des Förderlehrers das Balanciergerät. Das kann die Gymnastikbank aus der Turnhalle sein mit der breiten Sitzfläche oder umgedreht mit dem schmalen Balken. Die Bank kann auf der einen Seite auf der Erde stehen und am ande-ren Ende hinauf auf den Kasten führen, sie kann aber auch auf zwei Kästen stehen, dazwischen und darunter «gähnt abgrundtief ein ge-fährlicher Fluß. Wer kommt da hinüber, ohne abzustürzen?» Ein Stab in den Händen oder die Möglichkeit, ein nebenhergehendes Kind mit der Fingerspitze zu berühren, gibt auch dem ängstlichen Kind den Mut, es zu wagen. In vielen Fällen hat der Erstklaßlehrer einen richtigen runden Eichenstamm mit dicker Borke in der Klasse liegen, der auf zwei Böcken fixiert ist. Darüber gehen die Kinder vorwärts und rückwärts, allein und zu zweit oder der eine allein mit Hilfe des begleitenden «Engels». Darüber laufen sie wie die Bären auf allen Vieren, oder sie hüpfen auf einem Bein. Hugo Kükelhaus hat einen Balken entwickelt, der am einen Ende rund wie ein Baum-stamm ist und dann seitlich immer schmaler wird, so daß er am ande-ren Ende oben spitz ausläuft.

Ein Schulhof ohne entsprechendes natürliches Gleichgewichts-Übungsgerät ist eigentlich kein richtiger Schulhof. Es sollten mehrere Stämme sein, die gut fixiert in verschiedenen Dicken und in verschie-denen Höhen angeordnet sind. Ein alter Baum mit verzweigtem Geäst ist das ideale Therapiemittel für den Gleichgewichtssinn. Es ist zwar nicht einfach, ihn auf den Schulhof zu transportieren, aber der Trans-port ist billiger als das perfekte Material aus dem Spielgerätekatalog.

Stelzen gehören in die Förderstunde, so viele, wie der Förderlehrer Kinder hat. Stelzen in unterschiedlichen Höhen, ganz niedrige für die ängstlichen, ganz hohe für die mutigen Kinder. In der Favela Monte Azul in São Paulo erlebte ich, daß die Kinder mit Blechbüch-sen Stelzen liefen. In der Schreinerwerkstatt der Favela wurden gleichzeitig verstellbare Stelzen produziert, aber die mußten verkauft werden. Bei der Einweihung der Parsifal-Schule in São Paulo schenkte ich den Kindern solche Stelzen. Weder die Lehrer noch die Schüler waren in der Lage, mit den Stelzen zu laufen.

Bei Vorträgen habe ich mehrfach an die zuhörenden Eltern, besonders an die Väter, appelliert, für den Bazar fünfzig oder hundert Paar Stelzen herzustellen. Man braucht dazu nur wenig Material (gehobelte Dachlatten und Hartholztritte, die angeschraubt werden und verstellbar sind). Die Anschaffungskosten kommen durch den Verkauf auf dem Bazar wieder herein, und die nicht verkauften Stelzen sind wichtiges Therapiegerät für den Förderbereich wie für den des Klassenlehrers. Mit Stelzen kann man nicht nur laufen, sondern es ist auch reizvoll auszuprobieren, wer am längsten frei stehen kann.

Gleiche Bedeutung hat das Pedalo oder die Halbkugel, auf der das Kind sein Gleichgewicht üben kann. Es geht aber nicht nur um das körperbezogene Gleichgewicht, sondern hier wird auch geübt, einen Stab ins Gleichgewicht zu bringen, der entweder waagerecht auf dem Kopf oder auf der Handfläche liegt oder senkrecht auf die Fingerspitze aufgesetzt wird und dann von einem Finger auf den anderen hüpfen soll. Das Spiel des Kindergartenkindes, unregelmäßige Baumscheiben aufeinander zu stapeln, kann in der Förderstunde wiederholt und perfektioniert werden. Mikado und Packesel sind beliebte Spiele, die den inneren Gleichgewichtssinn üben, ja, jede Additions- und Subtraktionsaufgabe kann mit der Waage zur Gleichgewichtssinn-Übung gestaltet werden: Wenn in der einen Waagschale sieben Damesteine sind und in der anderen nur fünf, dann ist die Waage aus dem Gleichgewicht. Wir müssen entweder auf der einen Seite zwei Stcine wegnehmen oder auf der anderen zwei hinzufügen.

Der Förderlehrer bewirkt mit diesen Übungen einen Ausgleich des zu schwach entwickelten oder des hypertrophierten Gleichgewichtssinnes, er vermittelt dem Kind damit eine innere Ruhe, die diesem die Möglichkeit gibt, sich zu konzentrieren und richtig zuzuhören. So werden auch die Gehörübungen aus dem musikalischen Bereich in der Therapie des Gleichgewichtssinnes eingesetzt, wie umgekehrt alles Balancieren die innere Ruhe und das Zuhörenkönnen fördert.

Die gesunde Entwicklung der unteren Leibessinne ist die Voraussetzung für eine harmonische Entwicklung der oberen Denk- oder Sozialsinne. Bei Kindern, deren Willenssinne nicht genügend herangereift oder überentwickelt sind, zeigen sich in der Oberstufe Probleme; ihr Entstehen kann der Erstklaßlehrer mit Hilfe des Förderlehrers frühzeitig verhüten.

Nun wird der Förderlehrer sich niemals einseitig einem Sinn zuwenden. Die Vielfalt des Zusammenspieles der Sinne gibt dem Menschen als Sinneswesen erst «seinen Sinn». Um diese Arbeit verrichten zu können, ist kein langjähriges Spezialstudium erforderlich, der Förderlehrer muß vielmehr ein Wahrnehmungsvermögen haben für das, was das Kind braucht, und Intuitionen, um noch viel mehr Therapiemöglichkeiten zu erarbeiten als die hier beschriebenen.

So wird der Förderlehrer zum Beispiel auch mit einzelnen Kindern mit Wasserfarben malen. Mit jenen, die zur Verfestigung, zur Linie, zum Umriß neigen, malt er monochromatisch, oder er läßt auch zwei Farben – Blau und Gelb, Rot und Gelb, Rot und Blau – miteinander reden und spielen, während er mit anderen, die mehr zum Ausfließen neigen, in den Linien und Formen arbeitet.

In vergleichbarer Weise setzt er die Musikinstrumente im Förderunterricht ein: die Kantele, um das Lauschen, das Tonerlebnis zu schulen, und die Schlaginstrumente, damit die Kinder in den Willen kommen.

Unter Umständen macht der Förderlehrer mit einigen Kindern über einen längeren Zeitraum Gesellschaftskreisspiele oder auch Tischspiele (Memory, Domino, Halma, Mühle, Dame, ja, selbst Mensch-Ärgerdich-nicht entdeckte ich in der Förderstunde, allerdings mit zwei Würfeln gespielt oder mit der Maßgabe, daß die gewürfelte Zahl vorwärts wie rückwärts benutzt werden kann). Hier werden Gedächtnis, Konzentration, Voraussicht, Geistesgegenwart veranlagt.

Vielfach verlangen Eltern und Lehrer, daß der Förderlehrer in erster Linie Leistungsdefizite im Schreiben, Lesen und Rechnen ausgleichen soll. Versucht er, diesen Erwartungen gerecht zu werden, so erlebt das Kind in der Förderstunde nur, daß es die Dinge, die es im Unterricht nicht kann, nun noch in konzentrierter Form üben muß. Es geht unlustig in die Übstunde und entwickelt Angst vor der Angst, auch hier zu versagen: Der Erfolg ist absolut negativ. Man muß den Eltern und Kollegen bewußt machen, daß Fähigkeiten nicht dadurch geweckt werden, daß man das Kind zu dem nötigt, was es nicht kann. Der Förderlehrer sollte dem Kind vor allem Fähigkeiten vermitteln, das können zu wollen, was es noch nicht kann. Diese

Fähigkeiten aber kommen erst später zum Vorschein und zum Tragen. Der Heilpädagoge spricht vom «Drehen an einer anderen Schraube». Wenn also ein legasthenisches Kind d, b, p und q nicht unterscheiden kann, dann könnte man es hundert Wörter schreiben und lesen lassen, in denen diese Buchstaben vorkommen; wichtiger und richtiger wäre es jedoch, «an der anderen Schraube zu drehen» und sich zuerst bewußt zu machen, warum das Kind die Buchstaben verwechselt, und dann nach entsprechenden Wegen zu suchen, wie die Ursachen für das Versagen behoben werden können.

Über die Arbeit mit legasthenischen Kindern soll noch in einem besonderen Kapitel berichtet werden.

Mit älteren Schülern arbeitet der Förderlehrer meist schon vor dem eigentlichen Unterricht – wenn sie von sich aus mit der Bitte um Schreib- und Lesehilfen an ihn herantreten und regelmäßig an zwei oder drei Tagen um 7.30 Uhr in der Schule erscheinen, hat der Förderlehrer leichte Arbeit.

Aber es gibt noch viele weitere Aufgaben für den Förderlehrer, so daß bald deutlich wird, daß eigentlich zwei oder drei Förderlehrer an der Schule nötig wären. So ist montags nachmittags die Aufnahme von Erstkläßlern und neuen Schülern. Der Förderlehrer sitzt wahrnehmend und protokollierend dabei, während Arzt und Lehrer mit dem Kind arbeiten. (Auch über das Aufnahmeverfahren soll im weiteren Verlauf noch gesprochen werden.) Bei manchen Kindern ist die Schulreife schon deutlich erkennbar, aber häufig entsteht der Eindruck, daß das Kind noch nicht so weit ist oder daß schwerwiegende Entwicklungsrückstände oder Behinderungen eine Aufnahme fraglich erscheinen lassen. Diese Kinder schaut der Förderlehrer nach einer angemessenen Zeit noch einmal an, wiederholt die Aufgaben der ersten Vorstellung und vergleicht die neuen Ergebnisse. Haben sich nach drei Monaten wichtige Entwicklungsschritte ergeben? Sind die Befunde gleichgeblieben, oder haben sich die Ergebnisse gar verschlechtert? Bei der endgültigen Entscheidung wird der Förderlehrer ein wesentliches Wort in der Konferenz mitreden können.

An vielen Schulen wird dem Förderlehrer auch die wichtige Aufgabe anvertraut, bei den Informationsabenden der Erstklaß-Eltern dabeizusein, um anschließend mit einzelnen Eltern zu beraten, was man tun kann und sollte, damit Entwicklungsrückstände ausgeglichen und Verhaltensstörungen noch vor der Einschulung behoben werden. Vielfach gibt es die Einrichtung einer Freizeitschule, die besonders geeignet ist, auf die Schulzeit in der Waldorfschule vorzubereiten. Auch hier wirkt der Förderlehrer mit.

An einem Nachmittag in der Woche trifft sich der Förderkreis der Schule. Hier arbeiten Klassen- und Fachlehrer, Therapeuten, der Schularzt, interessierte Eltern und der Förderlehrer gemeinsam an heilpädagogischen Fragen, sowohl hinsichtlich der Diagnose als auch der Therapie. Es werden grundlegende Schriften erarbeitet, Krankheitsbilder besprochen und Therapievorschläge erörtert. Der Förderkreis ist der eigentliche Arbeitgeber des Förderlehrers. Hier wird sein Stundenplan festgelegt und von ärztlicher Seite verordnet, was im Förderunterricht, in der Heileurythmie oder in der Sprachtherapie mit einzelnen Kindern gemacht werden soll.

Oft kommen einzelne Klassenlehrer mit ihren Sorgen in den Förderkreis; sie schildern die Probleme und bitten um Hilfe. Das ist dann meist der Anlaß zu einer Hospitation des Förderlehrers in der entsprechenden Klasse. Es gibt immer wieder die Gelegenheit für einen Gast, vorliegende Probleme richtig zu erfassen und den Lehrer erfolgreich zu beraten.

An dieser Stelle sei auch die Kinderbesprechung erwähnt, die aus der Wahrnehmung bestimmter individueller Probleme heraus an vielen Waldorfschulen durchgeführt wird.

Mehr oder weniger regelmäßig werden schwierige oder auch charakteristische Kinder zur Kinderbesprechung vorgeschlagen und vorgestellt. Das geschieht im Rahmen der Pädagogischen Konferenz im Beisein von allen Mitarbeitern und gelegentlich auch zusammen mit den Eltern und für kurze Zeit mit dem Kind.

Entweder der Klassenlehrer stellt das Kind vor – anhand eines Berichtes, verbunden mit Heften und Erzeugnissen aus dem Mal- und Handarbeitsunterricht –, oder das Kind selbst wird in der großen Runde behutsam und liebevoll vorgestellt, und der Lehrer beschäftigt sich eine Weile mit ihm. Das Kind darf zeigen, was es kann. Die im Kreis sitzenden Lehrer und Eltern nehmen dies in offener interessierter Weise wahr, ohne innerlich und äußerlich Beine und Arme zu verschränken oder fleißig mitzuschreiben.

Ist das Kind nach der Vorstellung verabschiedet, tragen Lehrer und Eltern zusammen, was sie wahrgenommen haben. Da erweist sich, daß viele Leute mehr sehen als ein einzelner Mensch. Die Eltern berichten aus der Biographie des Kindes, der Arzt gibt einen Beitrag aus der Anamnese, Klassen- und Fachlehrer beschreiben das Verhalten im jeweiligen Unterricht, und aus dem vielgestaltigen Bild, das man sich von der Persönlichkeit des Kindes erworben hat, ergibt sich die Diagnose der Schwierigkeit oder Behinderung. Und daraus wiederum werden Ansätze für die Therapie entwickelt. Was muß der Klassenlehrer beachten? Was sollen die Fachlehrer berücksichtigen? Was können die Therapeuten tun? Wo muß der Arzt eingreifen? Was sollte im Elternhaus geschehen?

Die Kinderbesprechung ist auf der einen Seite ein seminaristischer Schulungsweg für ein Kollegium in der objektiven gemeinsamen Wahrnehmung der Persönlichkeit des Kindes. Auf der anderen Seite ist sie eine wichtige Hilfe für die Eltern und für das Kind. Die Eltern erleben als Partner das Bemühen der Lehrer um das Kind, und das Kind wird durch dieses gemeinsame Bemühen vieler positiv gesinnter Menschen einen wesentlichen Schritt in seiner Entwicklung tun können.

Ich verweise hier auf meinen Aufsatz über die Kinderbesprechung in *Das Schulkind, gemeinsame Aufgaben von Arzt und Lehrer.*[112]

Schließlich trifft sich das gesamte Kollegium jeden Donnerstag zur technischen, zur pädagogischen und zur Schulführungskonferenz. Als Mitglied des Kollegiums ist der Förderlehrer in der technischen Konferenz gleichberechtigter Partner aller Mitarbeiter. Die Pädagogische Konferenz hat für den Förderlehrer doppelte Bedeutung: Hier erarbeitet er mit allen Mitarbeitern die Grundlagen der Waldorfpädagogik, und gleichzeitig kann der Förderlehrer in der pädagogischen Konferenz wichtige Beiträge aus seinem Arbeitsbereich geben.

Nicht selten ist der Förderlehrer auch Mitglied des Kreises, der die inneren und äußeren Voraussetzungen der Schule verantwortlich trägt und gestaltet. So kann er durchaus auch Leiter der Schulleitungskonferenz sein.

Weitere Berichte über die Tätigkeit des Förderlehrers finden sich in Audrey McAllans *Die Förderstunde* (Überarbeitete Neuauflage in Vorbereitung) sowie bei Elsbeth Stöcklin, «Legastheniebehandlung als Inkarnationshilfe», in: *Zum Problem der Legasthenie,* Basel ²1978.

Das legasthenische Kind
in der Waldorfschule

Symptome und Ursachen der Legasthenie

Was versteht man unter Legasthenie, und wie zeigt sie sich?

Die heute für die Legasthenie von Ärzten und Psychologen empfohlenen Maßnahmen seien fast vollzählig in der Schreib- und Leselernmethodik der Waldorfschulen enthalten, stellt Walter Holtzapfel in einer Studie zu diesem Problem fest.[113] Daraus könnte man schließen, daß unter Kindern, die eine Waldorfschule vom ersten Schultag an besuchten, Legastheniker höchst selten sind.[114] Und doch gibt es sie in der Waldorfschule – nicht etwa nur unter den Quereinsteigern, die gerade wegen ihrer Schreib-Leseschwierigkeit an der Regelschule scheitern und zur Waldorfschule überwechseln. Aus dreißigjähriger Erfahrung mit Kindern, die vom ersten Schultag an die Waldorfschule besuchten und von dort zur Kleinklassenschule überwiesen wurden, weil man im vierten oder fünften Schuljahr merkte, daß das Kind im Schreiben und Lesen nicht mitkam, kann ich nur sagen, daß Waldorfpädagogik beziehungsweise -methodik nicht das alleinige Heilmittel ist. Es wäre überheblich, behaupten zu wollen, daß schon allein dank dem methodischen Ansatz, das Schreiben aus dem Bildhaften und der Bewegung heraus zu entwickeln, die Legasthenie an der Waldorfschule nicht existent sei. Arroganz ist in diesem Punkte unverzeihlich, und wer als Lehrer sagt: «Das wird schon werden», ohne rechtzeitige Maßnahmen zur Erkennung und zur Therapie zu ergreifen, der handelt grob fahrlässig. In vielen Fällen liegt es an der Unwissenheit der Lehrer; sie schenken der Symptomatik des legasthenischen Kindes keine Beachtung, weil sie sie nicht kennen, und merken erst in der dritten oder vierten Klasse, daß man eigentlich etwas tun müßte.

Es gehört zur Aufgabe des Aufnahmegremiums, die Neigung zur Legasthenie (LRS = Lese-Rechtschreib-Schwäche) festzustellen und dem zukünftigen Klassenlehrer die Sorgfaltspflicht für dieses Kind ans Herz zu legen.

Es liegt mir fern, dem Leser die Lektüre der zahlreichen Abhandlungen über Legasthenie ersparen zu wollen; hier soll lediglich in Kürze einiges über die Symptomatik, über Vorbeugung und über Behandlung der LRS gesagt werden.

Die Legasthenie wurde erstmalig in diesem Jahrhundert im angelsächsischen Raum als Problem beschrieben, offensichtlich weil es wegen der großen Diskrepanz zwischen gesprochenem und geschriebenem Wort in der englischen Sprache dort besonders hervortritt. Sie ist jedoch gleichfalls im skandinavischen Bereich verbreitet, dessen Sprachen eine solche Schwierigkeit kaum aufweisen. Holtzapfel gibt an, daß im deutschen Sprachbereich mit 8 Prozent legasthenischer Kinder zu rechnen sei, in den USA spricht man von 12 bis 15 Prozent, und in Schweden von 10 Prozent.[115] In Israel soll nach Aussagen einer Sonderschullehrerin aus Tel Aviv der Anteil wesentlich höher liegen (bei 30 bis 35 Prozent). Das mag daran liegen, daß man im Hebräischen keine Vokale schreibt. Somit muß das Kind beim Schreiben- und Lesenlernen ungeheure Lebenskräfte aufwenden, um die Konsonanten zu beleben (Vokale sind göttlicher Natur, und du sollst dir kein Bildnis von Gott machen).

Unter Legasthenie versteht man nicht die Lese- und Schreibschwäche des debilen oder des geistig behinderten Kindes; diese Bezeichnung gilt vielmehr in erster Linie für das durchschnittlich oder auch gut begabte Kind, und sie wird als Teilleistungsschwäche bezeichnet, als eine Schwäche, die überwindbar ist. Wissenschaftliche Untersuchungen haben ergeben, daß der Anteil der Legastheniker bei den Jungen wesentlich höher ist als bei Mädchen (4 : 1). Das ist auch allgemein das Verhältnis im Bereich der Entwicklungs- und Inkarnationsstörungen.

Die Symptomatik des Legasthenikers mag aus drei Briefen verschiedener Kinder hervorgehen. Alle drei sind sogenannte Quereinsteiger, das heißt, sie besuchten nicht von Anfang an die Waldorfschule.

Im ersten Brief schreibt ein Zwölfjähriger an seinen ehemaligen Klassenkameraden (Bina ist dessen Hund und Castor ein Kanarienvogel).

Im zweiten Brief schreibt ein Elfjähriger an seinen kranken Freund. Er erkundigt sich nach seinen Krankheiten und fragt, wann er wieder in die Schule kommen wird.

fiile libe gösesl zuzgeinen
Geburtag wie gefelt es gir
auf die vulgbk schainenr.
ich Hope gir gefet. Utir
des geine Merchainchen
und wi gez die binar?
unsren fichsen und
gaeteror dese dut. fiele
libe güse dein

Brief 1

Liba
wie Ges teh Gestir Slcet Oda
Gutt. mir Ges Gut Ihc Waidalm
Kcake Bizt Koak Bizt eklt
Htu Msan oda Hatu wt Po
Os Gete Gut od Dir Gut
od Dir Slcet
Wan Kon stu zu Sule
Faiztik Od Matak
au   12 DonstaR
          19.87 Febaar

Brief 2

Teambruden 1428 9
hrerazem 8 kemik
und libe 8 Kdse
vieinger Zetbkamenvr
ein Tacker in Tonden ten
Ralesenthneinen
kamenveseeunk
izumrk keih wirken

ihunere Zdsge heueum
Jeden Togandenskanen
daher knichbak

Wirpenchdaur bemben
undedhbankgdfgn unsereimezu
nallnußen Quhhbldruf B Eulist
dahe hch

        Jenich Lnuß
Euer ████████

Brief 3

223

Der dritte Brief stammt von einem sechzehnjährigen Mädchen, das sich für einen Weihnachtsgruß an die Klasse bedankt.

Zusammenfassend kann man bestimmte Fehlergruppen feststellen, die bei fast allen Legasthenikern auftreten:

1. Spiegelbildliche Vertauschungen der einzelnen Buchstaben:
   d b – p g – E ʒ – W M – n u – S ?

2. Reversionen in Silben und Wörtern:
   slcet = schlecht, dei = die, tim = mit, ein = nie, Schlue = Schule

3. Auslassungen von einzelnen oder mehreren Buchstaben:
   Sule = Schule, Msan = Masern, wi = wie, Mercheinchen = Meerschweinchen

4. Verdoppelungen von Buchstaben oder Silben:
   Gösese = Grüße, Eerde = Erde

5. Lautgetreue Schrift:
   gefelt = gefällt, wi gez = wie geht es, Htu = Hast du

6. Fehlende Vokale und Konsonanten:
   eklt = erkältet, WtPo = Windpocken

7. Wechselnde Anwendungen von Groß- und Kleinschreibung

8. Hinzufügungen: fliele = viele, rulgof = Rudolf

9. Verdrehung von Zahlen: 36 = 63, 89 = 98

10. Auslassung von i-Punkten und t-Strichen

11. Mangelnde Gestaltungsmöglichkeiten der Buchstaben (siehe 3. Brief).

12. Mehr oder weniger unlesbarer Zusammenhang (siehe 3. Brief)

13. «Wortsalat» (Aneinanderreihung von beliebigen Buchstaben)

14. Geübte Texte sind in den ersten zwei Sätzen fast fehlerfrei, und dann wimmelt es von Fehlern.

15. Verschiedene Schreibweisen von lang und gut geübten Wörtern.

Charakteristische Begleiterscheinungen und die eigentlichen Ursachen der Legasthenie

Die Ursachen für die Legasthenie werden im Wissenschaftsbereich weitgehend als nicht bekannt bezeichnet, oder aber man findet Symptomatiken als Ursachen: So werden in der wissenschaftlichen Lite-

ratur Linkshändigkeit, Erblichkeit, Versagen bei der Ganzwortme-
thode, Cerebralschädigungen, neurotische Dispositionen, Konzentrationsmangel, Sprachstörungen, Raumorientierungsschwierigkeiten, visuell-motorische Störungen, rhythmische Schwächen und so-
zio-kulturelle Bedingtheiten als Ursachen benannt.

Dies sind aber nur Begleiterscheinungen, die eigentlichen Ursachen sind in der Persönlichkeitsstruktur, in der Integrationsschwä-
che des Kindes zu suchen. Verschiedene Beschreibungen des legasthenischen Kindes lassen übereinstimmende Merkmale erkennen,
die, ohne selbst Ursachen zu sein, zu den wirklichen Ursachen hinführen können. Wir wollen sie hier betrachten:

Schon bei der Vorstellung des Erstkläßlers sind die weichen, schlaffen und ungeformten Gesichtszüge auffallend. Besonders die Mund-
und Kinnpartie ist schlaff. Es besteht eine starke Bindung zur Mutter.
Die Sprachentwicklung ist verzögert, vielfach treten Sprachstörungen wie Lispeln auf. Die Sprache ist unartikuliert und verwaschen.
Häufig sind die beim Schreiben auftretenden spiegelbildlichen Vertauschungen schon in der Sprache veranlagt (dez de i = jetzt geh ich,
Lapwaschen = Waschlappen, una gini nam schebano = und dann ging
ich zum Schwebebahnhof). Im Gespräch mit der ängstlich besorgten
Mutter zeigt sich nicht selten, daß sie ähnlich unartikuliert spricht.

Bei der Überprüfung der Links-Rechts-Orientierung gibt es in der
Regel Unregelmäßigkeiten, das Kind hat sich noch nicht auf eine
einheitliche Dominanz festgelegt. Die Formkräfte sind ganz schwach
ausgebildet, ängstlich und motorisch unbeholfen werden einwickelnde und auswickelnde Spirale nachgezeichnet (die Schnecke
versteckt sich im Schneckenhaus). Die Kreuzung bei der Lemnis-
kate wird vermieden, ∞ statt so ∞ , ∞ so statt ∞ . Beim
«Selbstbildnis» fehlen oft wesentliche Teile. In der Regel entsteht ein
überdurchschnittlich großer Kopf mit winzigem Leib, oder die
Gliedmaßen sind andeutungsweise am Kopf angesetzt, ohne Leib.
Blindes Ertasten von Holztierchen, die vorher angeschaut wurden,
ist kaum möglich.

Aus den Schilderungen der Eltern wird deutlich, daß das Kind zu
den Spätentwicklern gehört. Alle Entwicklungsschritte (Fixieren,
Greifen, Köpfchenheben, Sitzen, Stehen, Laufen, Sprechen) wurden
verspätet getan, was der fordernde Vater nicht selten heftig beanstandet, während die Mutter sich schützend vor ihr Sorgenkind stellt

(Overprotection). Ein Entwicklungs- und Intelligenztest, der in Kliniken oder Beratungsstellen durchgeführt wurde, spricht von einem Entwicklungsrückstand von eineinhalb bis zwei Jahren. Das Intelligenzniveau ist unausgeglichen, bestimmte Bereiche sind altersentsprechend entwickelt, in anderen liegen erhebliche Defizite vor.

Ernst Kobi kommt zu der Feststellung: «Das Hauptcharakteristikum des legasthenischen Kindes ist die unreife Persönlichkeit ... Die Haltung des Kindes kann im allgemeinen als subjektiv-egozentrisch bezeichnet werden. Sie ist etwa der des drei- bis vierjährigen Kindes vergleichbar. Naive Ahnungslosigkeit seinen Fähigkeiten und Schwächen gegenüber und wenig Ansätze zur Selbstkritik und in der Folge zur Selbstkorrektur sind charakteristisch. Primär liegt meist eine Überschätzung des eigenen Könnens vor ... Das legasthenische Kind fühlt sich daher zunächst noch ganz wohl in seiner Kleinkindrolle.»[116]

Im häuslichen Bereich, im Kindergarten und in den ersten Wochen und Monaten des Schulbesuchs sind die Kinder unauffällig: Sie passen sich an, hören gerne Geschichten, können phantasiereich spielen und sind brav. Erst in der Forderungssituation, dort, wo Willens- und Denkkräfte gefordert werden, nämlich beim Schreiben- und Lesenlernen oder beim Rechnen, treten die sekundären Symptome des Legasthenikers auf. Das Kind flüchtet in kleinkindhafte Reaktionsformen (kindliche Sprache, Daumenlutschen, Einnässen, hysterische Reaktionen). Und im zweiten und dritten Schuljahr treten dann die Störungen auf, die als Schreibschwäche beschrieben wurden.

Als eine menschenkundlich begründete Ursache nennt Walter Holtzapfel die mangelnde Reife der Äther- und Bildekräfte des Kindes. An der Schwelle zur Schulreife werden die Lebenskräfte frei, die im ersten Jahrsiebt leib- und organbildend tätig waren. Sie stehen jetzt für die Lernfähigkeit, für Vorstellung, Gedächtnis und somit für das Lernen von Schreiben und Lesen zur Verfügung. «Während die Bildekräfte im Organischen unbewußt-weisheitsvoll nach allen Seiten schaffen, werden sie im Vorstellungsleben und Denken in den Dienst des bewußten menschlichen Willens gestellt.»[117] Konstitutionell ist das legasthenische Kind der kosmische Träumer, der sich nicht mit der vom materialistischen Denken erfüllten Welt verbinden will, individuell ist beim legasthenischen Kind die Metamorphose der Bildekräfte noch nicht oder nur unvollständig vollzogen. Und da gerade die Welt der geschriebenen und gedruckten Buchstaben etwas rein Konventionelles, ja Materielles ist, will und kann das legasthenische Kind sich nur schwer mit diesen Konventionen verbinden. Es will innerlich nicht und kann daher nicht. Dazu Holtzapfel: «Das Ich des Legasthenikers greift nicht genügend ein (in die Tätigkeit der Bilde-kräfte), es hat die irdische Welt noch nicht in allen Bereichen alters-entsprechend betreten. Es gibt zu denken, daß dieser Zustand bei den heutigen Schulkindern im Zunehmen ist.»[118]

Wir haben es hier mit dem bereits beschriebenen Phänomen zu tun, daß sich Astralleib und Ich noch nicht in rechter Weise mit der Lei-besorganisation verbinden können. So gesehen liegt der Legasthenie eine Verzögerung der personalen Integration, eine Inkarnationsstö-rung zugrunde. Das Kind bringt diese Konstitution mit, und sie kann durch Krankheiten, cerebrale Dysfunktionen, negative sozio-kultu-relle Bedingungen, Streßsituationen, Überbehütung und so weiter noch verstärkt werden.

Fast alle Kinder zeigen an der Schwelle der Schulreife im Zuge der Metamorphose der Ätherkräfte Inkarnations-Verunsicherungen (Lievegoed spricht von Desintegrationsphasen in der Entwicklung des Kindes; der Gestaltwandel ist ein äußeres Zeichen für diese Des-integrationsphase), aber das legasthenische Kind hat nicht die not-wendige Kraft, diesen Zustand zu überwinden. Wer von uns hätte nicht schon einmal legasthenische Symptome an sich selbst wahrge-nommen, wenn er müde oder nicht ganz geistesgegenwärtig ist? Da geschieht es, daß wir uns verwählen, 36 statt 63, da schreiben wir 89 statt 98, da wissen wir plötzlich nicht mehr, wie ein Wort zu schrei-ben ist, obwohl wir es schon hundertmal richtig geschrieben haben, da werden Buchstaben und Silben verdoppelt oder ausgelassen, da lesen wir unserem Kind etwas vor und wissen kurz darauf nicht mehr, was wir gelesen haben (unsere Gedanken waren eben bei ganz anderen Dingen). Wir alle haben ansatzweise die Konstitution des Legasthenikers in uns, so wie wir auch an uns feststellen können, daß wir zum Teil morgens kosmische Träumer (Morgenmuffel) und abends nervensinneswach sein können, während andere Menschen genau umgekehrt konstituiert sind.

Im *Heilpädagogischen Kurs* sagt Rudolf Steiner: «Denn man muß sich ganz klar darüber sein, daß all dasjenige, was eigentlich bei un-vollständig entwickelten Kindern, bei krankhaften Kindern auftreten kann, in intimerer Art auch im sogenannten normalen Seelenleben bemerkbar ist, man muß nur entsprechend das normale Seelenleben beobachten können. Man möchte sagen, irgendwo in einer Ecke sitzt bei jedem Menschen im Seelenleben zunächst eine sogenannte Unnormalität ... Unregelmäßigkeiten, die im Willensleben und Gefühlsleben auftreten können, die sind, wenigstens in einer geringfügigen Anlage, bei der größten Anzahl von Menschen bemerkbar.»[119]

Der Erwachsene kann in der Regel aus eigener Willenskraft die Geistesgegenwart aufbringen, diese Schwäche zu überwinden, das Kind hat diese Kraft noch nicht. Und indem der Erzieher die «Unregelmäßigkeit des Seelenlebens» bei sich selbst beobachten und beheben kann, weiß er um diese Schwäche, und er entdeckt sie als vertrautes Symptom bei dem ihm anvertrauten Kind. So kommt er zur Diagnose – zum Durch-und-durch-Bescheidwissen –, er kann Mitleid entwickeln, und aus der Diagnose und dem Mitleiden-Können nimmt der Erzieher die Kraft, den Willen und die Fähigkeit, das Kind zu verstehen und ihm zu helfen.

Eltern, Kindergärtner, Erzieher, Lehrer und Therapeuten müssen also in erster Linie die Inkarnationsstörung, die mangelnde Reife in der Persönlichkeitsentwicklung des Kindes an den beschriebenen Phänomenen ablesen und hier mit Therapie und Entwicklungshilfen ansetzen. Die legasthenischen Symptome sind nicht selten ein Beleg dafür, daß die Inkarnationsschwäche nicht früh genug erkannt und entsprechend behandelt wurde.

Die Behandlung der Legasthenie darf also nicht darin bestehen, dem Kind mit allen Tricks und auf Biegen und Brechen das Schreiben und Lesen beizubringen, wenn die Legasthenie einmal in Erscheinung getreten ist; man sollte ihr vielmehr prophylaktisch begegnen, indem man dem Kind dabei hilft, die Willens- und Lebenskräfte zu entwickeln, die notwendig sind, um später schreiben und lesen zu können.

An erster Stelle muß also die vorbeugende Inkarnationshilfe stehen, und erst später kann LRS-Therapie einsetzen, wenn es sich als notwendig erweist.

Die Behandlung der Legasthenie

Vorbeugende Maßnahmen unter Mitarbeit der Eltern vor der Schulreife

Für die Schule wird das potentielle legasthenische Kind erst beim Aufnahmegespräch relevant. Der allgemeine Entwicklungsrückstand ist leicht festzustellen, und die speziellen Symptome des späteren Legasthenikers – verwaschene Sprache, Willensschwäche, mangelnde Raumorientierung, schwammige Gesichtszüge, schwach entwickelte Leibessinne (Tastsinn und Gleichgewichtssinn) – veranlassen den Arzt und den aufnehmenden Lehrer, im Aufnahmeprotokoll zu vermerken, daß eine Disposition zur Legasthenie vorliegt; dann ist auch eine intensive Arbeit mit den Eltern angezeigt.

Der Förderlehrer sollte jetzt mit ihnen behutsame und ernsthafte Gespräche darüber führen, wie man den Entwicklungsrückstand des Kindes aufarbeiten kann. Man darf nicht drohen oder mit «hypertrophiertem moralisierendem» Zeigefinger dem Elternhaus die Schuld zuweisen. Sonst gerät das Gespräch gleich aus den Fugen und endet mit einem Ehekrach. Der meistens dominierende Vater poltert gegen seine Frau: «Das hab' ich ja schon immer gesagt, daß du das Kind irrsinnig verwöhnst und verhätschelst. Der Bursche muß schärfer rangenommen werden, damit er kapiert, was ihn im Leben erwartet.» Die schluchzende Mutter kann nicht umhin zuzugeben, daß sie sich schützend vor ihr Sorgenkind stellen muß. «Denn du wirst immer sofort wütend, wenn er was nicht kann. Der Junge hat ja richtig Angst vor dir und versteckt sich in seinem Zimmer, wenn du nach Hause kommst.» Solche Dialoge hört der Lehrer oftmals, und sie führen nicht weiter. Es ist also wichtig, daß die Eltern zuerst einmal ihr Kind so annehmen, wie es ist. Es gibt eben Kinder, die so veranlagt sind, daß sie mehr Zeit brauchen – auch Parzival, Novalis, Albert Einstein und Albert Schweitzer gehörten dazu. Vielleicht können beide Elternteile ein wenig zurückstecken, der Vater in seiner hohen Erwartungshaltung und die Mutter in ihrer überbehütenden Sorge. Man wird mit den Eltern über die Eßgewohnheiten des Kindes sprechen: weniger Süßigkeiten, mehr Herzhaftes und Vitaminreiches. Man wird über die Schlafgewohnheiten sprechen, dabei stellt sich vielfach heraus, daß das Kind nicht ohne die Mutter einschlafen will beziehungsweise daß es fast jede Nacht in Mutters Bett schlüpft; man wird Gegenvorschläge zum Schlafengehen unterbreiten: den warmen Wickel, das warme Bad mit Kräuterzusatz, die Geschichte zum Schlafengehen (möglichst oft die gleiche); man wird über das Wachwerden sprechen (eine halbe Stunde früher als üblich, eine kalte Abwaschung mit Rosmarin-Badezusatz, ein Apfel und keine Süßigkeiten) und über schöpferisches Spielzeug sprechen, über Gesellschaftsspiele, die Mutter, Vater und Geschwister um den runden Tisch vereinigen können anstelle der obligatorischen Familien-Bildschirm-Berieselung. Der Vater hat schon recht, wenn er sagt: «Der könnte ja, wenn er nur wollte.» Aber er kann nicht wollen, weil beim Fernsehen der Wille des erwachsenen Menschen herabgedämpft und der des Kindes gelähmt wird. Vielleicht erreicht man, daß alle mechanischen Ton- und Bildträger aus dem Kinderzimmer entfernt werden, weil sie die heranreifenden Sinne des Kindes erheblich beeinträchtigen und somit eine gesunde Entwicklung der oberen Sinne verhindert wird. Vielleicht erreicht man, daß die Familie, anstatt in den Vergnügungspark zu fahren, wo das Kind für Geld bewegt wird, regelmäßig schwimmen oder wandern geht, daß hierbei die Schönheit der Landschaft, der Blumen- und Pflanzenwelt, der Tiere bewundert wird, daß man beim Ameisenhaufen verweilt, behutsam das Taschentuch darauflegt, um den Geruch der Ameisensäure wahrzunehmen; daß man der Kreuzspinne beim Netzbau zuschaut, daß man den Vogelstimmen lauscht und das Knospen, Aufblühen und Verblühen der Blumen beobachtet (Staunen und Ehrfurcht als Willensgrundlage für lebendiges und verantwortliches Denken).

Und auch über ihre undeutliche Sprache kann man mit der Mutter sprechen; sie spricht schlecht, aber sie singt gerne, und das tut auch der Vater gerne, während er beim Sprechen immer nur grollt und poltert. Beim Wandern und Autofahren läßt sich gut singen, und die einsichtige Mutter wird mit ihrem Kind Kinderreime und Zungenbrecher sprechen, weil sie merkt, daß das nicht nur ihrem Kind hilft, sondern auch ihr selbst Freude macht.

Anstelle der auszumalenden Umrißfiguren im Malbuch aus dem Supermarkt dürfen Mutter und Kind jetzt ungegenständlich auf großen Malblättern Farben miteinander reden lassen.

Zum Geburtstag sollte es kein mechanisches Spielzeug geben, sondern Stelzen, Mikadostäbe und Knetwachs. Daß es Wachs und nicht

Ton oder Plastilin sein soll, sieht die Mutter auch ein, wenn sie selbst einmal damit gearbeitet hat und plötzlich warme Füße bekommt und merkt, daß die Kopfschmerzen verschwunden sind. Der skeptische Vater ist dadurch zu überzeugen, daß man Wachs mit einem Docht zum Brennen bringt, während das künstliche Plastilin keine Energie abgeben kann. Und schon sind der Vorschlag und die Mehrausgabe akzeptiert. Alle diese Maßnahmen setzen intensive Gespräche voraus und können am günstigsten in einer Freizeitschule durchgeführt werden. Es hat sich als äußerst sinnvoll und segensreich erwiesen, wenn Kinder vor der Einschulung an ein oder zwei Nachmittagen in der Woche in dieser Weise beschäftigt und die anwesenden Mütter über die Notwendigkeit und heilende Konsequenz informiert werden können.

Der Anfangsunterricht in der Waldorfschule als Prophylaxe gegen die Lese-Rechtschreib-Schwäche

Waldorf-Anfangsunterricht in der vorher beschriebenen Form ist im Grunde darauf gerichtet, dem Kind die personale und die soziale Integration zu ermöglichen, das heißt, Waldorfunterricht ist in erster Linie Inkarnationshilfe. Stoff- und Wissensvermittlung wie auch die Einführung in die Kulturtechniken sind sekundäre Aufgaben der Schule. Stoff soll Katalysator sein zur Vermittlung von Kräften; Wissen darf vergessen werden, weil es überall wieder geholt werden kann, Kulturtechniken sind dann für das Kind interessant, wenn es reif dafür ist, wenn es sie lernen will.

Alles, was der Klassenlehrer, die Fachlehrer und Therapeuten in den ersten ein bis zwei Schuljahren tun, dient in erster Linie der Ausreifung der Leibessinne als Vorbereitung zum freien Gebrauch der oberen Sozial- und Erkenntnissinne, der größtmöglichen Entfaltung der Persönlichkeit, indem Astralleib und Ich sich in richtiger Weise mit der physischen Leibesorganisation verbinden können, und vieles dient der Entwicklung guter Gewohnheiten als Grundlage für das Gedächtnis und die Willensentwicklung.

So wird im ersten Schuljahr nicht vom legasthenischen Kind, sondern vom entwicklungsverzögerten oder -gestörten Kind gesprochen. Die Arbeit im rhythmischen Teil, die Sprachübungen, die Musik, der Erzählstoff, die Art des Schreibenlernens aus dem Bild und aus der Bewegung, die Pflege des Künstlerischen, des Religiösen, des Staunens, Verehrens, der Dankbarkeit und des Mitleides, alles das wirkt sich beim sogenannten normalen Kind als Grundlage für die Entfaltung allgemein menschlicher Fähigkeiten aus; für das entwicklungsgestörte Kind ist es Therapie und Lebenshilfe. Der Erzieher und Therapeut greift hier mit seiner Methode in das Schicksal, in das Karma des konstitutionell retardierten Kindes ein.

Man wird schon bald zusätzliche Therapie- und Fördermaßnahmen vereinbaren, aber sie sollen der allgemeinen, ganzheitlichen Entwicklung des Kindes und nicht primär als Prophylaxe gegen Legasthenie dienen.

Therapie der Lese-Rechtschreib-Schwäche in der Unterstufe durch den Klassenlehrer und den Förderlehrer

Wenn das Kind trotz aller Bemühungen seine Entwicklungsverzögerung nicht überwinden konnte, dann zeigt sich das am Anfang des zweiten Schuljahres deutlich an Legasthenie-Symptomen (Verwechslung der Buchstaben, Kreuzungsproblem beim Formenzeichnen und Fehlleistungen beim spiegelbildlichen Malen, Raumorientierungsschwierigkeiten in der Eurythmie und bei körpergeographischen Übungen). Rein physiologisch beobachten wir verspäteten Zahnwechsel, Fehlbildungen und Zahnzerfall, der Gestaltwandel hat sich noch nicht vollständig vollzogen, die Sprache ist noch verwaschen, und der Willenspol des Gesichtes (Mund- und Kinnpartie) sind noch schlaff und ungeformt.

Jetzt ist es an der Zeit, LRS-Therapie einzusetzen. Diese wird in erster Linie darin bestehen, daß der Klassen- oder Förderlehrer mit zwei oder drei gleich veranlagten Kindern mindestens zwei- bis dreimal wöchentlich alles das wieder und wieder übt, was im ersten Schuljahr an zusätzlichen Schreibhilfen gegeben wurde. Man wird im Schubertschen Sinne die «Berge berger und die Flüsse flüsser» machen. Das heißt, man wird Laute den Buchstaben zuordnen, Farben den Lauten zuordnen, Laute in Farben und Gesten umsetzen. Man wird den Buchstabenkanon neu modellieren und blind ertasten lassen, ihn mit «Zauberkreide» in die Luft, auf den Tisch, auf den Rükken und auf die Handfläche schreiben. Man wird die optische und akustische Analyse üben und wird die Synthese zu Silben und Wörtern wiederholen. Alles Übende sollte man allerdings behutsam in kurzen Zeiträumen mit variierendem Angebot und wechselnden Anforderungen machen. Übermaß ist in jedem Falle schädlich. Alles, was lustlos geschieht, hat keinen Wert, wirkt störend auf die Ätherkräfte, lähmt den Willen. So wird alles, was mit Schreiben zu tun hat, in Verbindung gesetzt mit Formenzeichnen, mit Bewegungsspielen, kurz mit all den Dingen, die dem Kind Freude machen. Der Lehrer kann in diesem Zusammenhang die Übungen aufgreifen, die Rudolf Steiner im *Heilpädagogischen Kurs* für das hysterische Kind empfiehlt: Da ist es notwendig, dem Kind überschaubare Aufgaben zu geben, um dann das Tempo und die Anforderungen behutsam zu steigern.

«Da können Sie hineinbringen jene Methode, die fortwährend die Umwandlung des Unterrichtes, die Änderungen im Tempo des Unterrichtes bewirkt. Und mit solchen Dingen werden Sie ungeheuer stark auf die Drüsensekretion und damit auf die Konsolidierung des astralischen Leibes beim Kinde wirken. »

«Greifen Sie in diesem Moment so ein, daß Sie sanft und mild mittun in dem, was das Kind tun soll, daß Sie gewissermaßen jede Handbewegung in der eigenen Handbewegung fühlen, dann hat das Kind das Gefühl, der zweite Teil wird korrigiert durch das, was Sie tun. Aber natürlich hat das Kind nichts davon, wenn Sie wirklich alles machen, was das Kind machen soll. Sie müssen nur fiktiv eingreifen. Sie lassen das Kind malen, malen selbst aber nicht, fahren aber mit dem Pinsel nebenher, nahe in der Nachbarschaft weiter, indem Sie jede Bewegung begleiten.»[120]

Man wird also auf der einen Seite versuchen, schulische Defizite auszugleichen, und auf der anderen Seite, «an der anderen Schraube drehend», all die Übungen und Spiele machen, die nicht unmittelbar etwas mit Schreiben und Lesen zu tun haben: Sinnesübungen, körpergeographische Übungen, sprachliche Arbeit, Kreis- und Gesellschaftsspiele und vieles andere mehr, was helfen kann, Interesse an der Sache, Geistesgegenwart und Freude zu wecken. Alles, was vor dem neunten, zehnten Lebensjahr in dieser Weise mit dem legasthenischen Kind im Förderunterricht, in der Sprachgestaltung und in der Heileurythmie geschehen kann, wird ihm helfen, die Fähigkeiten und den Willen zu entwickeln, das Schreiben und Lesen lernen zu wollen.

Der Lehrer wird willensbildende Übungen im Klassenbereich für dieses Kind finden, indem das Kind täglich zur gleichen Zeit die gleiche Aufgabe verrichten muß, nicht nur für eine Woche oder Epoche, sondern für mindestens ein halbes Jahr. Da gilt es, die Blumen zu gießen, die Fenster in der Pause zu öffnen, die Fische zu füttern, für die fehlenden Kinder die Kerzen aus dem Schrank zu holen und anzuzünden. Es gibt genügend «soziale» Dienste, die nicht routinemäßig auf die Kinder verteilt werden müssen, sondern einem oder mehreren Kindern als gewohnheits-, als willensbildende Therapie verordnet werden können. Für den Lehrer ist dies auch eine Willensschulung, denn er muß über längere Zeit darauf achten, daß das Kind immer zur gleichen Zeit das gleiche tut. In schulorganisatorischer Hinsicht gibt es viele Möglichkeiten, das legasthenische Kind zu fördern, ohne seine soziale Stellung in der Klasse zu gefährden oder dem Kind ständig ins Bewußtsein zu rufen, daß es nichts kann. Es kann sicher viele Dinge genauso gut wie die anderen Kinder, und hier kann man es besonders oft loben und ihm so auch von außen das Selbstvertrauen stärken.

In den ersten Anfängen des Schreibenlernens neigen Kinder dazu, lautgetreu, aber orthographisch falsch zu schreiben (Mer = Meer, Segöl = Segel, Butta = Butter, Leiter = Leita, Laitr, Leitr, Latr, Lata). Das Kind schreibt, was es richtig hört, und gerät nun in den Konflikt, daß die Erwachsenen sich einmal geeinigt haben, daß man «vor» mit v und «fort» mit f schreibt, daß es also viele Schreibweisen gibt, die auf Konventionen beruhen. Mit sogenannten normalen Kindern kann man über Klippen sprechen, die der Lotse kennt, wenn er ein Schiff in den Hafen leitet. Der Lehrer ist Sprachlotse, und er weist die Kinder auf die Klippen hin. (Der Maler malt, der Müller mahlt, beide ma[h]len.) Solche Sprüchlein machen sogar Freude. Aber Orthographie ist eine reine Vereinbarung, so wie die Verkehrsregeln Vereinbarungen sind, die als sinnvoll erkannt und dann verbindlich verordnet wurden. Man muß sie üben, um sie als Erwachsener mehr oder weniger zu beherrschen. Dem legasthenischen Kind sind oft schon die Schriftzeichen selbst ein Buch mit sieben Siegeln, es kommt aus einer anderen Welt und ist mit dieser noch stark verbunden, in der es keine Schrift und keine Bücher gibt.

Wenn nun unser Sorgenkind mühsam gelernt hat, die 26 konventionellen Zeichen zu unterscheiden, sie den Lauten zuzuordnen und sie zu Silben und Wörtern zu verbinden, wobei Farbe und Geste eine heilsame Hilfe darstellen, dann wird es erneut verzweifeln, wenn der Lehrer in den wenigen Sätzchen, die es zu Papier gebracht hat, fast jedes Wort als falsch durchstreicht. Man sollte den legasthenischen Kindern gestatten, bis zur dritten oder vierten Klasse lautgetreu zu schreiben – daß die Erwachsenen oder der «Herr Duden» das anders schreiben, das soll deren Sache sein, man sollte es besprechen, aber nicht zum Gegenstand verbindlichen Unter-Richtens machen. Es gibt viele bedeutende Persönlichkeiten, die sich bis ins Alter über diese Konventionen hinweggesetzt haben und so schrieben, wie es ihnen richtig und sinnvoll erschien. Dazu gehört kein Geringerer als Johann Wolfgang von Goethe.

Erst nach dem «Rubikon», nach der Desintegrationsphase um das neunte, zehnte Lebensjahr herum, wenn das legasthenische Kind eine gewisse innere und äußere Sicherheit gefunden hat, hat es auch die Möglichkeiten, sprachliche und orthographische Gesetzmäßigkeiten zu erkennen, sich Regeln zu merken und sie anzuwenden.

Bis dahin ist es kräftig zu loben für all das, was es geschafft hat. Lautgetreu geschriebene Wörter dürfen als individuelle Leistungen anerkannt und beurteilt werden. Und wenn dann einmal Diktate oder Tests geschrieben werden sollen, ist es sinnvoll, die richtigen Wörter mit freudigem Rot oder Sonnengelb zu unterstreichen, und unten steht dann: «Letzte Woche hattest du 12 richtige Wörter, heute sind es schon 14. Gut so!»

Beim Tafeltext sollte der Lehrer unabhängig davon, ob er die Farbe zur Hervorhebung der Vokale benutzt oder nicht, die einzelnen Zeilen mit unterschiedlichen Farben malen (weiße Kreide erzeugt das seelische Gegenbild Schwarz). Das leseschwache Kind schreibt vielfach noch, ohne zu wissen, was es schreibt. Es orientiert sich an den Buchstabenformen oder an einzelnen bekannten «Betriebswörtchen» wie «und», «der», «da» und so weiter. Immer wieder wird gefragt: «Wo bin ich?» Oder es werden ganze Zeilen ausgelassen, weil das Kind sich an dem Wörtchen «dann» orientiert, das möglicherweise am Ende zweier Zeilen steht. Sind die Zeilen bunt gestaltet, so hat das legasthenische Kind einen wohltuenden Bezug zu dem, was an der Tafel steht («Jetzt muß ich nur noch Rot und Orange, und dann bin ich fertig»), und der Lehrer kann sich darauf beschränken zu sagen: «Rot ist dran.»

Hier kommt es besonders darauf an, daß die Schrift des Lehrers sorgfältig und gleichmäßig ist. Da das legasthenische Kind beim Schreiben nicht mitliest, kann es Unstimmigkeiten, die sich aus einer unordentlichen Schrift des Lehrers ergeben, nicht lösen. Ein solcher Lehrer muß an seinen Schreibgewohnheiten beziehungsweise an seinem Ätherleib arbeiten.

Mancher Legastheniker gerät völlig aus dem Häuschen, wenn eine vollbeschriebene Tafel aufgeklappt wird, und während einige Kinder nicht abwarten können, bis der Lehrer den «Startschuß» gibt: «So, jetzt könnt ihr schreiben», sitzt das im wahrsten Sinne betroffene Kind mit aufgerissenen Augen da und ruft verzweifelt aus: «Sooo viel soll ich schreiben! Das schaff' ich nie.» Und dann fliegt möglicherweise das Heft durch die Klasse, die Stifte folgen gleich hinterher, und das Kind liegt schreiend unter seinem Tisch. Das Kind ist außer sich, sein Ich ist außerhalb des Leibeshauses, es kann die Verhältnisse im «Anwesen» nicht mehr ordnen, weil es nicht anwesend ist. Hier hilft kein gutes Zureden und erst recht keine emotionale Reaktion des Lehrers, kein Glas Wasser und kein Hinaustragen. Hier sind ruhige Geistesgegenwart und eine phantasiereiche Intuitionsfähigkeit gefragt, im richtigen Augenblick das Richtige zu tun oder zu sagen. Ein wichtiges Hilfsmittel ist der Humor – jede Ironie und alles, was das Kind der Lächerlichkeit preisgeben könnte, ist unbedingt zu vermeiden. Es gilt, nun das Kind wieder zu sich zu bringen; und das gelingt am besten, indem man sein Interesse auf etwas Bestimmtes lenkt. Es ist gut, wenn der Lehrer dann die richtigen Intuitionen hat, um das Kind wieder zu sich zu bringen, um es zu interessieren. Nicht immer will es der Zufall, daß gerade in dem Augenblick, wenn Peter – so wollen wir unser legasthenisches Kind nennen – auf dem Boden liegt und tobt, ein Dompfaff ins Futterhäuschen fliegt und unbedingt wissen will, was da in der Klasse los ist. Der Dompfaff interessiert ihn, das heißt, dem Vogel gelingt es, Ich und Astralleib des Kindes der Leibesorganisation wieder harmonisch einzufügen. Peter steht auf und geht zum Fenster; aber die Situation ist noch nicht gerettet. Zwar haben die Klassenkameraden schon Heft und Stifte aufgesammelt, aber noch steht die Aufgabe vor Peter: Es muß geschrieben werden.

Der Lehrer wird gut daran tun, dies zu berücksichtigen, wenn er mit dem Unterricht fortfährt, indem er sagt: «So, ihr könnt jetzt anfangen! Peter und Petra brauchen vorerst einmal nur drei Zeilen (gelb, grün und blau) zu schreiben.» Damit ist der hysterische Anfall schon abgefangen, und schmollend trollen sich Peter und die phlegmatische Petra. Sie brauchen für ihr Pensum so lange wie der Durchschnitt der langsamen Schüler für das ganze. Und wenn die drei Zeilen geschafft sind, brauchen die Kinder Selbstbewußtsein schaffendes Lob, jetzt kann man sagen: «Ich glaube, du schaffst Rot und Orange auch noch.» Seufzend und vielleicht auch mehr oder weniger mutvoll macht sich der Junge auf den Weg und schafft das gleiche Pensum wie alle anderen. «So, das wär' geschafft», sagt der Junge und denkt der Lehrer.

Sollte er sein Pensum dennoch nicht schaffen, dann gibt es die Möglichkeit, Helfer zu bitten, für Peter die roten und orangen Zeilen zu schreiben. «Aber denkt daran, ihr müßt schön ordentlich schreiben», sagt der Lehrer zu den «flinken Pferdchen», die schon nach halber Zeit fertig sind, deren Schrift aber sehr zu wünschen übrig läßt. Sie geben sich größere Mühe, weil Peter ja lesen können muß, was geschrieben wurde. – Der Förderlehrer würde in der Einzelsituation sich neben das Kind setzen; er hat auch ein eigenes Heft vor sich. «Und jetzt schreiben wir gemeinsam, ich in mein Heft, du in dein Heft, und wir wollen sehen, wer es am schönsten schreiben kann.» Der Förderlehrer gibt das Anfangstempo vor, und er steigert das Tempo von Zeit zu Zeit (um den Astralleib zu stärken).

Dasselbe kann man der Mutter eines legasthenischen Kindes empfehlen. Auch sie bekommt ein Epochenheft, und gemeinsam werden die Hausarbeiten gemacht. Jeder arbeitet in seinem Heft. Jetzt sieht das Kind, daß auch die Mutter Mühe hat, schön und richtig zu schreiben. Es ist sinnvoller, eine kurze Zeitlang die Arbeit mit dem Kind gleichzeitig zu tun als stundenlang danebenzusitzen und verzweifelt zuzuschauen. Der Hysteriker wendet viel mehr Energie dafür auf, zu glauben, daß er bestimmte Dinge nicht tun könne, als er bräuchte, um die Aufgabe angemessen zu erledigen. Bernard Lievegoed bezeichnet die hysterische Reaktion als eine «Energieentfaltung an der verkehrten Stelle».[121]

Und er spricht vom «hysterischen Duett»[122], wenn sich der Lehrer oder die Mutter zu emotionalen Erregungsreaktionen hinreißen lassen. Hier übernimmt das Kind die führende Rolle, wenn der Erzieher das pädagogische Gesetz nicht beachtet. (Auf chaotische Astralik – Emotionalität und Gefühlsausbrüche – soll der Erzieher aus der ruhigen Geistesgegenwart, aus dem Ich heraus wirken.)

Arbeit mit älteren legasthenischen Schülern

Alles oben Gesagte gilt für das Kind vor dem sogenannten «Rubikon», dem zumeist kräftigen Ich-Entwicklungsschritt um das neunte bis zehnte Lebensjahr herum. So wie das Kind mit zweieindrittel Jahren in der Regel «Ich» zu sich sagt – für den Erzieher ist es immer wichtig zu erfragen: «Wann hat Ihr Kind erstmalig bewußt ‹Ich› zu sich gesagt?» – und damit ein wesentlicher Entwicklungsschritt vollzogen ist und neue Entwicklungen sich abzeichnen, so ist auch nach weiteren sieben Jahren, also statistisch gesehen mit neuneindrittel Jahren, ein wichtiger Lebensabschnitt für die Entwicklung des Kindes erreicht. Während in der ersten Trotzperiode das Ich kräftig in die Arbeit der Bildekräfte am physischen Leib hereinwirkt (ein äußeres Zeichen davon ist, daß das Kind «Ich» zu sich sagt, ohne dies nachahmend gelernt zu haben), ist der «Rubikon» gleichsam die zweite Trotzperiode. Es ist der Zeitpunkt, wo das Ich hereinwirkt in das Zusammenwirken von Ätherleib und Astralleib im physischen Leib. Die Bezeichnung «Rubikon» ist aus der römischen Geschichte entnommen. Die römischen Senatoren – Senex = der Alte, das mag frei übersetzt heißen: «die alten Herrschaften» – hatten angeordnet, daß erfolgreiche Feldherren am Grenzfluß Rubico vor der Provinz Rom ihr Heer auflösen und als Privatpersonen nach Rom zurückkehren mußten. Man wollte damit verhindern, daß der Feldherr, von der Gunst des Volkes getragen und vom Enthusiasmus seiner Soldaten angestachelt, per Staatsstreich die ehrwürdigen Greise, die das Volk weise regierten, vertreiben könnte. Gajus Julius Caesar hat sich über das Gebot hinweggesetzt, er überschritt mit seinen Truppen den Rubico, und so endete für Rom die jahrhundertelange Herrschaft der «Alten». Ein Caesar setzte sich an die Spitze der Republik, und ein jeder hatte das zu tun und zu lassen, was der Caesar wollte.

Mit dem neunten, zehnten Lebensjahr erwacht in unseren Unterstufenschülern ein wenig vom selbständigen Handlungsbedürfnis des Caesar. Das spüren Eltern ebenso wie Erzieher. Erste und zweite Trotzphase sind wichtige Entwicklungsschritte in der Persönlichkeitsentfaltung. Je kräftiger das Kind diese Phase durchmacht, um so wertvoller sind die davon ausgehenden Impulse, selbst wenn diese Zeit für Eltern und Erzieher nicht immer leicht zu ertragen ist (es sind Desintegrationsphasen für Kind und Eltern in gleicher Weise). Was sich hier auf geistig-seelischer Ebene abspielt, bewirkt also einen entscheidenden Entwicklungsschritt, ähnlich wie die auf physischer Ebene sich vollziehenden Kinderkrankheiten, die ja auch immer als drohend, gefährlich und unbequem von seiten der Eltern betrachtet werden, nach ihrer Überwindung einen deutlichen Entwicklungsschub nach sich ziehen. Es wäre töricht, die Trotzphase des Kindes zu unterdrücken, wie es auch mehr oder wenig unsinnig ist, dem Kind die Möglichkeit eines wichtigen Entwicklungsschrittes zu «ersparen», indem man es gegen Kinderkrankheiten impft. Vielfach wollen die Eltern nicht dem Kind, sondern sich selbst die Krankheit des Kindes ersparen. Da könnte man wieder mit Mark Twain in abgewandelter Form sagen: «Schutzimpfungen [Twain sagt Erziehung] sind organisierte Verteidigung der Erwachsenen gegenüber dem Kind.»

Es gehört zur Symptomatik der Legasthenie, daß bei dem betroffenen Kind in der Regel weder die erste noch die zweite Trotzphase irgendwelche auffällige Dramatik zeigen. «Unser Kind war auch mit zweieinhalb Jahren völlig angepaßt», berichten die Eltern in vielen Fällen. Seltener hört man das selbstbewußte Bekenntnis: «Och, damit sind wir fertig geworden! Da hat's ordentlich was draufgegeben nach dem Motto: ‹Kinder, die was wollen, kriegen was auf die Bollen!›»

Sowohl die fehlenden oder unterdrückten Trotzreaktionen des Kleinkindes als auch die angepaßte, mehr passive Reaktion des «Rubikon-Kindes» sind Zeichen dafür, daß das Ich nicht richtig eingreifen konnte in die Leibesorganisation, in das Zusammenwirken der Leibesglieder. So gibt es auch Waldorfkinder, die nach dem «Rubikon» noch keine Beziehung zum Schreiben und Lesen gefunden haben. Es sind nicht unbedingt die schwächer begabten, sondern vielfach hochbegabte, phantasiereiche kosmische Träumer, die, so Rudolf Steiner, die Neigung zum Phantastischen haben und in Gefahr sind, mit dem Leben nicht zurechtzukommen, ja vielleicht sogar für das Leben unbrauchbar zu werden. Für sie gibt Rudolf Steiner ganz spezielle methodische Hinweise für die verschiedenen Fächer.[123]

Hinzu kommen aber auch die Kinder, die als «Quereinsteiger» zur Waldorfschule mußten beziehungsweise durften, weil sie wegen ihrer Legasthenie in der Schule versagten und sekundäre Verhaltensauffälligkeiten entwickelt hatten (Einnässen, Einkoten, Daumenlutschen, Fingernägelkauen usw.).

Die Behandlung dieser Kinder hat sich als weitaus schwieriger erwiesen, weil das Bewußtsein für die eigene Schwäche erwacht und die Angst vor dem Versagen allen Willen und Mut überwuchert. Ich denke an einen elfjährigen Jungen, der nach zweimaligem Sitzenbleiben aufgrund ungenügender Leistungen im Schreiben und Lesen zu mir in die vierte Klasse kam. Noch im fünften und sechsten Schuljahr, als er schon längst Vertrauen zu mir und zur Schule gefaßt hatte, mußte ich das Wort «Diktat» vermeiden. Wenn wir Übtexte schrieben, wurde er blaß, seine Nasenflügel zitterten, kalte Schweißtröpfchen bildeten sich auf Oberlippe und Nasenrücken, und nicht selten entdeckte man beim Diktieren einen kleinen See unter seinem Stuhl. Oder ein Sechzehnjähriger – auch er war in der Regelschule zweimal sitzengeblieben –, der bei der Rückgabe einer Übarbeit den Kopf in den Händen verbarg und schluchzend ausrief: «Ich kann mir so viel Mühe geben wie ich will, immer mache ich Mist! Sagen Sie es ja nicht meinem Vater, dann gibt es wieder Zoff, und ich krieg kein Taschengeld!»

Die Erfahrung hat gezeigt, daß viele legasthenische Kinder, die von Anfang an in der Waldorfschule sind, doch noch im Laufe der Mittelstufe zum Schreiben und Lesen finden, ja vielfach werden sie nachher Leseratten, während sie ihre eigenwillige Orthographie nur schlecht ablegen können. Hier hat es nur mehr Zeit gebraucht, bis die heilenden Maßnahmen zur Wirkung kommen konnten. Bei vielen Quereinsteigern zeigen sich dagegen kaum Fortschritte, obwohl es keine Zensuren oder anderen Leistungsdruck gibt und obwohl alle heilenden Erziehungsmethoden zur Anwendung kommen. Das, was im ersten Lebensjahrsiebt und in den ersten drei Schuljahren versäumt beziehungsweise kaputtgemacht worden ist, kann nicht so schnell behoben werden.

Damit eine positive Entwicklung aber doch unterstützt wird, können und müssen zusätzliche Hilfen gegeben werden. Das setzt aber voraus, daß der Schüler sie annehmen will, oder daß er nicht merkt, daß es um ihn geht. Hier wird oft die ganze Klasse in den Dienst des legasthenischen Kindes gestellt, indem man viele Dinge betreibt, die Geistesgegenwart, Interesse und Konzentration verlangen beziehungsweise fördern. Der Klassenlehrer kann zwei Unterrichtsstunden «umwidmen» oder nach Vereinbarung mit Eltern und Kollegen zwei zusätzlich einrichten, in denen mit der ganzen Klasse oder in Gruppen aufgeteilt bestimmte Übungen durchgeführt werden: Da können im Anschluß an die Stabreimarbeit des vierten Schuljahres in der Eurythmie Stabübungen mit Kupferstäben oder solche mit Holzstäben in der Bothmer-Gymnastik durchgeführt werden bis hin zum Fechten. Da wird Akrobatik betrieben und mit Bällen und Keulen jongliert, da wird Federball, Volleyball und Tischtennis gespielt, da wird gewandert, geschwommen und geritten. Da werden in den Wintermonaten Kalender mit geometrischen Formen für den Bazar produziert, da werden Dame, Mühle und Schach – alle gegen alle – gespielt, da werden Volkstänze einstudiert und Gesellschaftsspiele im Kreis durchgeführt. Für die Kinder der Unterstufe werden Buchstaben aus Holz ausgesägt, geraspelt und gefeilt, da wird gesponnen und gewebt und mit Peddigrohr gearbeitet, da wird plasticiert mit Ton und an der Töpferscheibe gedreht. Sketche werden einstudiert, bei denen die legasthenischen Kinder die Hauptrolle bekommen, und regelmäßig geht die Gruppe ins Theater, in Konzerte, in Museen und in gotische oder romanische Kirchen. Da werden Flechtmuster angeschaut und nachgezeichnet. – Es gibt sicherlich noch weitaus mehr Möglichkeiten, die helfen können, dem legasthenischen Kind Sicherheit, Selbstvertrauen und Lebensmut zu vermitteln. Alles, was regelmäßig geschieht und zur Gewohnheit wird, gibt dem Kind die Kraft, das zu wollen, was es bisher noch nicht konnte.

Zusätzliche Hilfen durch Heileurythmie, Sprachgestaltung und Förderunterricht sind angebracht und erforderlich. Der Mittel- und Oberstufenschüler muß aber die Hilfe annehmen, wenn sie angeboten wird, beziehungsweise er muß im Idealfall darum bitten, daß man ihm hilft, seine Schreib-Leseschwäche in den Griff zu bekommen.

Die Prognose für den Legastheniker ist günstig, wenn er Hilfen bekommt und sie annimmt. In der Regel gibt es mit sechzehn bis siebzehn Jahren noch einmal einen Entwicklungsschub. Nach der Überwindung der Pubertätskrisen als desintegrative Phase beobachtet man allgemein eine positive Integrationsphase, in der das Ich in ähnlicher Weise stark in die Wesensglieder einwirkt wie im Trotzalter oder im Rubikon-Alter.

Unser Grundgesetz schreibt nicht vor, daß das Kind einen Anspruch auf Beherrschung der Kulturtechniken des Lesens und Schreibens hat, sondern es garantiert jedem Menschen eine freie Entfaltung seiner Persönlichkeit. Das zu verwirklichen, ist Ziel aller Pädagogik, und das unter erschwerten Verhältnissen zu unterstützen, ist Ziel heilender Erziehung in der Waldorfschule.

Möglichkeiten, Probleme und Grenzen
der Integration

Wege zur Waldorfschule

Erfahrungsgemäß haben die meisten Waldorfschulen weitaus mehr angemeldete Kinder, als sie aufnehmen können; vielfach stehen doppelt oder dreimal so viele Kinder auf der Warteliste, und nur bei neugegründeten Schulen oder im ländlichen Raum beobachtet man kleine Klassen aufgrund geringer Nachfrage. Die Zahl der Waldorfschulen hat sich in den letzten 25 Jahren vervierfacht auf über 165 Regel- und über 60 heilpädagogische Schulen (die «Waldorfschulen für Erziehungshilfe» sind hier einbezogen). Häufig trat bei Schulgründungen in solchen Gebieten, wo schon mehrere Waldorfschulen bestehen, die Frage auf, ob durch weitere Neugründungen die Existenz vorhandener Schulen gefährdet werden könnte. Meist waren diese Sorgen unbegründet: Die Nachfrage sorgte dafür, daß die neue Schule bald voll war und daß bestehende Schulen sich nicht um volle Klassen sorgen mußten.

Waldorfschulen im Umfeld anderer Schulen in freier Trägerschaft

Wenn auch die Waldorfschulbewegung nach dem Zweiten Weltkrieg eine enorme Ausweitung gefunden hat, so spielt sie doch im Vergleich zum öffentlichen Schulwesen – zumindest was die Schülerzahl angeht – eine marginale Rolle. Knapp ein Prozent aller schulpflichtigen Kinder in Deutschland besucht eine Waldorfschule, und auch innerhalb der Schulen in freier Trägerschaft, zu denen unter anderem die evangelischen und katholischen Schulen gehören, steht die Waldorfschulbewegung erst an dritter Stelle; allerdings mit dem Unterschied, daß die konfessionellen Schulen weniger expandieren, ja eher schrumpfen. Die Gründe dafür benannte der verstorbene Leiter des Benediktiner-Gymnasiums in Meschede, Pater Dr. W. Kempfer, einmal so:

1. Die Waldorfschulen haben eine eigene Lehrerausbildung, während die konfessionellen Schulen auf staatlich ausgebildete Lehrer angewiesen sind. Viele Ordensschulen haben kaum noch «tendenztreues» Lehrpersonal; und die Motive, in einer nicht staatlichen Schule tätig werden zu wollen, entspringen nicht nur dem Enthusiasmus für diese besondere Schulform.

2. Die Waldorfschulen haben ihren eigenen Lehrplan und eigenständige Sozialformen im Kollegium und in der Trägerschaft, die sich bewährt haben und im Sinne der Waldorfpädagogik fortentwickelt werden, wohingegen die konfessionellen Schulen immer wieder gezwungen werden und sich dementsprechend bemühen, sich anzupassen. Dadurch werden diese Schulen in ihrer Arbeit und auch in ihrer Identität wesentlich verunsichert, und sie haben große Schwierigkeiten, die staatlich vorgesehenen Reformen jeweils nachzuvollziehen.

Die konfessionellen Schulen haben sich also weitgehend angepaßt, wohingegen die Väter unseres Grundgesetzes gerade an die Vielfalt des Bildungswesens gedacht hatten, als sie in § 7 des Grundgesetzes vorsahen, daß Schulen eigener pädagogischer Prägung das öffentliche Schulwesen ergänzen sollen. Waldorfschulen bemühen sich seit 75 Jahren konsequent, wertvolle pädagogische Reformgedanken und -ansätze zu verwirklichen, während die konfessionellen Schulen mehr der Tendenz unterliegen, so sein zu müssen wie die staatlichen Schulen: Das gilt für den Lehrplan, für Lehrbücher, für die Lehrerausbildung, für Schulordnung und Schulverwaltung wie auch für das Beamten-Verhältnis der Lehrer.

Motive der Eltern

Welches sind nun die Motive, die Eltern veranlassen, ihr Kind zur Waldorfschule zu bringen? Hauptsächlich drei verschiedene Beweggründe können hier genannt werden.

Da gibt es einerseits die Eltern, die bewußt und aus Überzeugung Waldorfpädagogik wählen. Vielfach steht für sie schon bei der Geburt des Kindes fest, daß nur die Waldorfschule in Betracht kommt. Nicht selten ziehen diese Eltern in eine «Waldorfstadt», damit ihr Kind den Waldorfkindergarten und anschließend die Waldorfschule besuchen kann. Es sind dies nur im geringeren Maße Eltern, die aus dem anthroposophischen Umfeld stammen, vielmehr sind es Eltern, die die Methodik der Waldorfschule bewußt bejahen und für kind- und zeitgemäß halten.

Eine zweite Gruppe umfaßt die Eltern, die mit dem öffentlichen Schulwesen nicht zufrieden sind und eine Alternative dazu suchen. Hier sind nicht in erster Linie die Waldorfpädagogik und ihre Methodik das Motiv für die Anmeldung, sondern der Gedanke: alles andere, nur nicht die öffentliche Schule. Oft kommen diese Eltern mit einer Erwartungshaltung an die Waldorfschule, die weder die Schule noch die Kinder erfüllen können und wollen. Das führt mitunter zu Spannungen zwischen Schule und Elternhaus, unter denen die Kinder leiden müssen.

Eine Mutter sagte einmal bei der Aufnahme ihres Kindes: «Für mein Kind finde ich diese Methodik prima, aber erwarten Sie von mir nicht, daß *ich* mich darauf einlasse und mein Leben darauf einstelle.» Es zeigte sich sehr bald, daß die Mutter alles, was das Kind aus der Schule mitbrachte, kritisierte und damit das Verhältnis zwischen Lehrer und Kind erheblich gefährdete. Die Waldorfschule und das Elternhaus müssen nicht unbedingt «an einem Strick» ziehen. Aber sie sollten möglichst in einer Richtung ziehen. Das Kind wird sich *seinen* Weg suchen, einen Weg, der wie beim Parallelogramm der Kräfte der Mittelweg zwischen Schule und Elternhaus ist. Ziehen Elternhaus und Schule in entgegengesetzte Richtungen, dann wird das Kind verunsichert und innerlich zerrissen.

Das Kind liebt seine Eltern wie auch seinen Lehrer, und so, wie Konflikte innerhalb des Elternhauses das Kind schwer schädigen können, so ist auch ein Spannungsverhältnis zwischen Schule und Elternhaus für das Kind äußerst schädlich, besonders wenn es dem Kind bewußt gemacht wird. Es ist also notwendig, daß die Eltern nicht mit dem Kind, sondern mit dem Lehrer das Gespräch suchen, wenn sie nicht zufrieden sind.

Die Waldorfschule ist keine Bekenntnisschule, die von ihren Eltern erwartet, daß sie ihr ganzes Leben umkrempeln im Sinne der Waldorfpädagogik. Es ist aber notwendig, daß die Eltern ein Verständnis entwickeln können für die Arbeit der Schule. Eltern sollen nicht *glauben,* was die Waldorflehrer sagen, aber sie sollen die Grundlagen der Waldorfpädagogik gleichsam als Arbeitshypothese kennen und nachvollziehen lernen. Hier hat die Schule eine «Bringschuld», und die Eltern haben die Pflicht und das Recht zu fragen. Die Fragen, die sich aus dem Gespräch mit der Waldorfschule ergeben, können den Eltern Wege eröffnen, die von der Kenntnis zur Erkenntnis führen. In diesem Sinne kann Waldorfpädagogik ein Wegweiser für einen individuellen Erkenntnis- und Schulungsweg sein.

Das Motiv der Waldorfpädagogik, «Erziehung zur Freiheit», gilt also nicht nur für die der Schule anvertrauten jungen Menschen, sondern auch für die Eltern, die an dieser Erziehung aktiv mitwirken dürfen und sollen.

Eine dritte Gruppe von Anmeldungen ergibt sich aus den schon beschriebenen Problemen, die ratsuchende Eltern schließlich zur Waldorfschule führen, obwohl sie vorher nichts von dieser Schulform wußten. Mehr oder weniger schwere Entwicklungsstörungen ihres Kindes sind im ersten Jahrsiebt durch Verhaltensauffälligkeiten im Elternhaus und im Kindergarten zutage getreten, woraufhin Kindergärtnerinnen, Ärzte, Psychologen oder Pädagogen den Eltern den Rat gaben: «In der Regelschule wird Ihr Kind große Probleme haben oder machen, versuchen Sie es doch mal bei der Waldorfschule!» So kommen viele Eltern durch das Schicksal ihres Kindes in die Waldorfschule. Man könnte bildhaft sagen: Das Kind nimmt seine Mutter oder den Vater an der Hand und führt sie zu der Schule, weil es intuitiv weiß, daß ihm hier geholfen werden kann.

Es gehört zur spirituellen Grundlage anthroposophischer Erziehung, daß ein Kind sich seine Eltern und auch seinen Lehrer aussucht, und so kann man auch davon ausgehen, daß die Individualität des Kindes weiß, welche Schule für es die richtige ist.

Es wird oftmals gesagt: «Zufällig haben wir von der Waldorfschule gehört.» Das Wort Zufall wird heute in seiner Anwendung vielfach abgewertet, aber es beinhaltet in seiner Sinndeutung, daß uns etwas zu-fällt, und wenn etwas fällt, so muß es irgendwie von oben kommen. Daß also sehr viele Kinder mit Lebensproblemen zur Waldorfschule kommen, hat sicherlich seinen inneren Sinn und eine besondere Bedeutung, sowohl für die Kinder und deren Eltern als auch für die Waldorfschule selber. Eltern und Kinder können davon ausgehen, daß hier die Kinder anders erzogen werden, daß hier Erziehen als Heilen verstanden wird und daß der Waldorflehrer mit dem Bewußtsein unterrichtet, daß bei jedem Kind eine Rettung vollzogen werden soll.[124]

Sie wissen das in der Regel nicht, aber sie finden den Weg «zufällig» oder schicksalhaft zur Waldorfschule, und sie bringen der Schule ihr Vertrauen und viel Hoffnung entgegen.

Für die Waldorfschule ist dieser Zusammenhang von großer Bedeutung, weil die entwicklungsgestörten Kinder eine ständige Herausforderung und Erinnerung an die Schulgemeinschaft sind, daß die Waldorfschule als einheitliche Volks- und höhere Schule *allen* Kindern die Möglichkeit geben will, ihre Persönlichkeit auf der Grundlage eines zwölfjährigen Bildungsweges frei zu entfalten.

Die Fachleute, die die Eltern entwicklungsgestörter Kinder auf die Waldorfschule verweisen, haben schon recht, wenn sie sagen, daß die Methodik der Waldorfschule für das Kind gut sei, ist doch die Waldorfschulbewegung die einzige pädagogische Schulform, die davon ausgeht, daß alles Erziehen als Heilen verstanden werden muß und daß der Lehrer mit metamorphosierten Arztkräften pädagogisch tätig sein soll.

Diese Grundlage ist für viele Kinder von schicksalhafter Bedeutung, und darum ist es so wichtig, daß die Waldorfschulbewegung dieser Bestimmung entspricht.

Es erhebt sich allerdings die berechtigte Frage, wo die Grenzen der Integration entwicklungsgestörter Kinder liegen. Was können die Lehrer leisten? Wie viele dieser Kinder mit welchen Arten von Entwicklungsstörungen kann die Klassengemeinschaft verkraften? Inwieweit ist die Elternschaft der Klasse bereit, den Gedanken der Integration schwieriger Kinder mitzutragen? Und schließlich: Ist die Schulgemeinschaft bereit und in der Lage, die notwendigen Fördermaßnahmen institutionell und finanziell zu ermöglichen?

Den oben beschriebenen Motiven der Eltern entsprechend, kommen im wesentlichen zwei verschiedene Wege des Kindes in die Waldorfschule vor: Zum einen gibt es die Früherfassung, das heißt Einschulung in die erste Klasse, und zum anderen kommen viele Kinder später von öffentlichen Schulen als sogenannte Quereinsteiger zur Waldorfschule.

Die Aufnahmeverfahren unterscheiden sich in den beiden Fällen erheblich, darum sollen sie im Rahmen dieses Kapitels ausführlicher beschrieben werden.

Das Aufnahmegespräch bei der Früherfassung.
Was und auf welche Weise wird bei der Vorstellung geprüft?

Bei der Aufnahme von Schulneulingen liegt in fast allen Schulen eine lange Liste vor. Erfahrungsgemäß füllen Geschwister von Kindern, die bereits auf diese Schule gehen, und solche Schüler, die aus dem Waldorfkindergarten kommen, die Liste so weitgehend, daß immer wieder die Situation eintreten kann, daß längst nicht alle Kinder aufgenommen werden können, und kurzfristig entschlossene Eltern können nicht damit rechnen, daß ihr Kind noch auf die Warteliste kommt. In der Regel werden aber alle Kinder, die zur Aufnahme anstehen, zur Vorstellung gebeten, und das Aufnahmegremium schaut alle Kinder an und führt Gespräche mit den Eltern.

Hier gibt es zum Teil bittere Enttäuschungen bei den Eltern wie auch schwierige Entscheidungsprobleme beim Aufnahmekreis, wenn man von vornherein weiß, daß nur die Hälfte oder gar ein Drittel der «Kandidaten» aufgenommen werden kann.

Da hilft auch nicht, daß der eine Vater oder die andere Mutter eine hohe Spende oder einen hohen Schulbeitrag in Aussicht stellt. Die Aufnahme vollzieht sich nach pädagogischen und medizinischen Gesichtspunkten, die Frage nach dem Schulvereinsbeitrag, den die Eltern entrichten, wird meist erst nach vollzogener Aufnahme mit den Eltern besprochen. Es ist von großer Bedeutung, daß die Eltern wissen, daß die Lehrer ihre Erziehungsarbeit verrichten, ohne zu wissen, ob die Eltern Mitglied des Schulvereins sind und wieviel sie zahlen.

Das Aufnahmegremium besteht im allgemeinen aus dem Schularzt und ein bis zwei Lehrern, oft gehört auch noch ein Therapeut dazu (Heileurythmist, Förderlehrer und andere). In den seltensten Fällen ist auch der zukünftige Klassenlehrer in dem Kreis. Dem Grundsatz nach hat jede Waldorfschule einen eigenen Schularzt, der Mitglied des Kollegiums ist und auch unterrichtlich tätig wird. Leider müssen sich viele Schulen mit der Hilfe niedergelassener Ärzte, die für ein bis zwei Tage in der Woche zur Verfügung stehen, begnügen. Nicht selten fehlt auch der Schularzt im Vorstellungskreis, dann müssen erfahrene Aufnahmelehrer dessen Aufgabe übernehmen.

Die Vorstellung eines Kindes dauert in der Regel eine halbe bis eine Stunde. Folgende Gesichtspunkte werden dabei beachtet:

- Wie ist die körperliche Situation des Kindes, zeigen Zahnwechsel und Gestaltwandel an, daß die Wandlung vom Kindergartenkind zum Schulkind im Gange oder gar abgeschlossen ist? Dabei sind es nicht die wackelnden Schneidezähne, sondern die durchbrechenden bleibenden Backenzähne, die uns verraten, daß die Ätherkräfte ihre Funktion beim Aufbau des Körpers so weit erfüllt haben, daß das Kind schulreif ist. Zurückweichender «Kleinkind-Speck» an den Händen und sich streckende Gliedmaßen sind in gleicher Weise Merkmale für den Gestaltwandel wie auch die Metamorphose des Rumpfes: Das Kindergartenkind braucht Hosenträger, während das Schulkind Gürtel tragen kann, das heißt, es gehört zum Gestaltwandel, daß sich die Taille entwickelt.
- Wie weit sind die Sinne des Kindes ausgereift und verfügbar für die Aufgaben des Schulkindseins? Hat sich der Tastsinn gesund entwickelt? Kann das Kind mit geschlossenen Augen bekannte oder auch unbekannte Gegenstände und Materialien ertasten, benennen und beschreiben? Was sagt uns der Lebenssinn über die Befindlichkeit des Kindes, über seine körperliche, organische und seelische Gesundheit?
- Wie lebt das Kind in seinem Bewegungsorganismus? Wie kann das Kind mit dem Ball umgehen, und wie ist die Feinmotorik beschaffen?
- Wie ist der Gleichgewichtssinn ausgebildet? Ist das Kind in der Lage, auf einem Bein zu stehen und zu hüpfen, oder kann es einen Stab auf dem Kopf oder auf der Handfläche herumtragen?
- Wie ist das Hörvermögen des Kindes und wie seine Sehfähigkeit?
- Wie ist seine Sprache entwickelt, gibt es noch Kleinkindgewohnheiten oder Sprachstörungen?
- Wie ist es mit der Sicherheit in der Links-Rechts-Orientierung bestellt? Welche Hand gibt uns das Kind, und welche benutzt es beim Malen und beim Schneiden? Mit welchem Ohr lauscht es der tickenden Uhr (beziehungsweise den tickenden Uhren, die die Anwesenden zur Verfügung stellen müssen)? Mit welchem Auge schaut das Kind durchs Kaleidoskop oder durch das Löchlein im Karton? Mit welchem Fuß versucht es, die sechs Steinchen oder Murmeln in den Kreidekreis zu treiben?
Gerade diese Lateralitätsbeobachtungen geben wichtige Hinweise auf den Entwicklungsstand des Kindes wie auch Fingerzeige

249

auf spätere Schulschwierigkeiten (Legasthenie) oder mögliche oder unmögliche Umstellungen von links auf rechts beim Schreiben.

– Wie ist es mit der Mengenerfassung des Kindes bestellt, kann es zählen und abzählen?
– Wie verhält sich das Kind bei der Betrachtung eines Bildes? Versteht es die Zusammenhänge, die sich aus dem Bild ergeben?
– Wie nimmt das Kind Sprüchlein, Verse und kleine Geschichten auf? Kann es sie behalten beziehungsweise wiedergeben?
– Schließlich und endlich wird die Aufgabe gestellt, bestimmte Formen nachzuzeichnen und ein kleines Selbstbildnis als Andenken zu malen. Gerade der Entwicklungsstand der Formkräfte, der sich hier zeigt, ist ein wichtiger Hinweis für die Schulreife des Kindes.

Diese hier nur knapp dargestellten Aufgaben dienen nicht in erster Linie der Auslese, sondern sie sollen in ihrer Gesamtheit den Hinweis geben, ob das Kind schulreif ist; zugleich läßt sich aus den Befunden dieser Untersuchung eine Diagnose erstellen, die für die spätere pädagogische Arbeit des Lehrers und der Therapeuten von Bedeutung ist.

Im allgemeinen werden die Ergebnisse protokolliert, und nicht selten werden nach einer angemessenen Zeit bestimmte Untersuchungen wiederholt, um festzustellen, ob sich Entwicklungsfortschritte vollzogen haben. Eine einmalige Vorstellung des Kindes ist mit einer Momentaufnahme zu vergleichen. Erst in der Dynamik der Zeit läßt sich eine Entwicklung beurteilen.

Viele Schulen haben inzwischen noch eine weitere Vorstellung vor der endgültigen Entscheidung vorgesehen: Die «Kandidaten» werden in Gruppen zu 20 oder 25 Kindern eingeladen, und es wird in der Gemeinschaft in verschiedener Weise gespielt und gemalt, und es werden Märchen erzählt. Viele Kinder verhalten sich bei der Einzelvorstellung ganz anders als in der Gruppe, und Gruppenfähigkeit und Temperament lassen sich im freien Spiel besser beurteilen als im Kreis von vier bis sechs Erwachsenen, wo das Kind allein im Mittelpunkt steht.

Schließlich ist es für die Frage der Schulreife wichtig, auf das Geburtsdatum zu achten.

Wenn es nun darum geht, eine ausgewogene Klasse zusammenzustellen, dann gibt es wiederum viele Gesichtspunkte zu berücksichtigen.

Aus menschenkundlich-pädagogischen Gesichtspunkten wird in der Waldorfschule mit altershomogenen Klassen gearbeitet. Ein Kind sollte weder zu alt noch zu jung sein. Dabei gilt die Erfahrung, daß es leichter ist, ein Kind zu integrieren, das ein wenig älter ist als der Durchschnitt der Klasse. Schwierigkeiten gibt es vielfach mit denjenigen Kindern, die bei der Aufnahme noch nicht oder gerade erst sechs Jahre alt sind. Mir sind mehrere Fälle begegnet, wo Erstkläßler extreme Probleme bereiteten beziehungsweise hatten, und bei der Frage nach dem Einschulungsalter stellte sich heraus, daß das Kind zu früh eingeschult wurde. Sowohl physische als auch besonders psychische Gegebenheiten hatten bei der Aufnahmeuntersuchung auf eine mögliche Schulreife hingedeutet, aber die Praxis zeigte dann, daß das Kind zwar den intellektuellen Anforderungen gewachsen war, daß aber seelische, neuropathische und soziale Probleme auftauchten, die ein Verbleiben in der Klasse unmöglich machten. Obwohl es in der Waldorfschule kein «Sitzenbleiben» gibt, hat sich bei solchen Kindern eine Rückversetzung in die ihrem Alter entsprechende Gruppe bewährt; dann können Verhaltensauffälligkeiten und Leistungsdefizite wieder ausgeglichen werden.

Ein weiterer wichtiger Gesichtspunkt bei der Zusammenstellung einer Klasse ergibt sich aus der temperamentsmäßigen Konstitution der Kinder. So wie ein gutes Orchester ein ausgewogenes, gutes Verhältnis der verschiedenen Instrumente braucht, so sollte auch eine Klasse eine gute Mischung der verschiedenen Temperamente haben. Eine Klasse, in der der größere Teil der Kinder sanguinisch oder gar hypermotorisch ist, dürfte nur schwer zu ruhiger Arbeit zu bringen sein; eine Klasse, in der das cholerische Element überwiegt, ist nur schwer zu bändigen; eine Klasse, in der zu viele Phlegmatiker sind, kommt nur schwer in Gang, und eine Überzahl an Melancholikern ist nur schwerlich zu begeistern. Es kommt also auf die gute Mischung an; einerseits für die Zusammensetzung des «Klassenorchesters», andererseits aber auch für die einzelnen Kinder. Eine vom Temperament her homogene Klasse kann oftmals einseitig – chaotisch oder langweilig – sein.

Die unterschiedlichen Temperamente und die damit verbundenen Neigungen und Verhaltensweisen geben der Klasse erst die Möglichkeit zu «syn-phonieren», zusammenzuklingen. Und das Erleben des eigenen Temperamentes wie auch des anderen Temperamentes der Klassenkameraden wirkt anregend und förderlich für das einzelne Kind. So ist gerade die Beachtung der Temperamente und das Verhältnis von Jungen und Mädchen bei der Zusammenstellung einer Klasse von großer Bedeutung.

Die Frage nach der Klassengröße ist hier natürlich auch zu stellen. Erfahrungsgemäß sind Waldorfschulklassen zahlenmäßig wesentlich stärker als im öffentlichen Schulbereich. Während in den ersten zehn bis zwanzig Jahren nach dem Krieg Klassen mit fünfzig und mehr Kindern die Regel waren, liegen die Obergrenzen jetzt bei $\pm$ vierzig Kindern. In vielen Fällen setzt man die 36 als Richtzahl an.

Oft wird die Meinung vorgebracht, daß große Klassen notwendig seien, damit die Schule ihre finanziellen Aufgaben bewältigen kann. Dies kann und darf nicht Grundlage für die Klassengröße sein. Hier sind allein pädagogische Gesichtspunkte entscheidend. Während meiner langjährigen Hospitationspraxis in Klassen, wo es besondere Schwierigkeiten gab, habe ich festgestellt, daß in diesen in der Regel weniger als 30 Kinder waren, manchmal waren es nur 17 oder 24. Wegen der großen Schwierigkeiten wurde ein Aufnahmestop für die Klasse verfügt, und in mehreren Fächern wurde die Klasse in zwei oder drei Gruppen aufgeteilt.

Nicht selten lag die Ursache für die Schwierigkeiten gerade in der kleinen Klasse begründet oder auch in einer einseitigen Zusammensetzung der Klasse. Kinder sind geheime Miterzieher; der Lehrer lebt davon, daß ein wesentlicher Teil der sozialen Beziehung in der Klasse von den Kindern gestaltet wird. Man könnte auch sagen, daß da, wo viele Geister sind, die Geistessubstanz größer ist; oder um beim Bild des Orchesters zu bleiben: Wenn bestimmte Instrumente im Orchester fehlen oder zu schwach besetzt sind, dann stimmt der Klangkörper nicht. Entscheidend ist aber die Fähigkeit des Dirigenten, das Orchester so zu führen, daß ein harmonisches Zusammenspiel möglich ist.

Dementsprechend hat das Aufnahmegremium eine höchst verantwortungsvolle Aufgabe zu erfüllen, sowohl hinsichtlich der Kinder, die eine Klassengemeinschaft werden sollen, wie auch für den Lehrer, der als «Dirigent» diese Gemeinschaft zusammenführen soll, damit ein harmonisches geistiges, seelisches und soziales Zusammenklingen möglich wird.

Entwicklungsgestörte Kinder fallen meist schon bei der ersten Vorstellung auf; aber die Entwicklungsstörungen sollten kein Grund sein, das Kind nicht aufzunehmen. Sehr oft stehen Kinder zur Aufnahme an, bei denen eindeutige Behinderungen vorliegen. Es wurde in diesem Buch schon mehrfach darauf hingewiesen, daß Entwicklungsstörungen und die daraus resultierenden Verhaltensauffälligkeiten behebbar sind. Auch viele Kinder mit bleibenden Behinderungen gelang es zu integrieren, so daß sie zwölf Jahre in der Schule bleiben und zum Teil auch das Abitur machen konnten. Auf der anderen Seite gibt es viele Berichte von gescheiterten Integrationsversuchen mit behinderten Kindern. Die Ursachen sind vielfältig: Oftmals können die Kinder die Erwartungen und Hoffnungen der Eltern und Lehrer nicht erfüllen. Sie sind den Anforderungen der großen Normalschulklasse sozial und stofflich nicht gewachsen und reagieren aggressiv oder regressiv auf die Überforderung. Es treten Symptome auf, die an anderer Stelle schon beschrieben wurden: Stoffwechsel- Atem-Rhythmus- und Blutkreislaufstörungen, Schlaflosigkeit, Schulangst und Depressionen. Die Kinder leiden offensichtlich psychisch und physisch.

Häufig werden die behinderten Kinder von den Klassenkameraden nur in den ersten Jahren mitgetragen, in der Mittelstufe werden sie dann zu einem Problem für die Klasse – sowohl für die Mitschüler wie auch für Fachlehrer und schließlich auch für die Eltern, die das Niveau der Klasse durch behinderte Kinder, die weniger leistungsfähig sind, gefährdet sehen.

Der Klassenlehrer hat sich aber meistens so sehr mit seinem «Sorgenkind» verbunden, daß er alles versucht, es in der Klasse zu behalten, unterstützt von den betroffenen Eltern, die aus unterschiedlichsten Gründen hoffen, daß ihr Kind in der «Normalschule» bleiben kann. Es ist durchaus verständlich, daß Eltern und Lehrer die Hoffnung auf Erfolg nicht aufgeben, aber dies darf nicht zu Lasten des Kindes gehen.

Viel gravierender als solche Hoffnung ohne richtige Einschätzung der Gegebenheiten ist die Haltung eines Lehrers, der ein behindertes Kind in die Klasse nimmt, damit es sozialer Mittelpunkt für die anderen sein soll. Allzuoft mußten solche – als soziale «Katalysatoren» mißbrauchten – behinderten Kinder nach einigen Jahren die Schule verlassen, weil ihr Bleiben nicht mehr zu verantworten war. Die Haltung eines Klassenlehrers, der aus Unkenntnis dessen, was das Kind braucht, mit den Eltern hofft, daß sich alles auch ohne spezielle Hilfen gut entwickeln wird, ist noch verzeihlich. Das Vorgehen des Lehrers, der ein behindertes Kind in seine Klasse nimmt, nur weil die Klasse soziales Verhalten an diesem Kind entfalten soll, und der es damit gut sein läßt, ist dagegen grob fahrlässig und gefährdet sowohl das Kind als auch den Integrationsimpuls der Waldorfschule.

Das Aufnahmegremium muß gerade in diesen Fällen besondere Verantwortung übernehmen und bei der Aufnahme behinderter Kinder folgende Fragen – unter pädagogischen wie medizinischen Gesichtspunkten – ernsthaft erörtern:

I. Wird das Kind den sozialen und stofflichen Anforderungen der Schule psychisch und physisch viele Jahre hindurch gewachsen sein?
    Hier muß vor allen Dingen der Arzt aus diagnostischer wie auch prognostischer Erfahrung sein Urteil einbringen. Auch Psychologen und Heilpädagogen könnten zur Beratung hinzugezogen werden. Der Lehrer mit normaler Grund- und Hauptschul- beziehungsweise Waldorfausbildung ist hier überfordert.

II. Ist der Lehrer in der Lage, neben der allgemeinen Erziehungsarbeit in der Klasse dem Kind die individuellen Hilfen zu geben, die notwendig sind, um eine allseitige beziehungsweise optimale Integration zu ermöglichen? Grundlegende Kenntnisse in Diagnose und Therapie beziehungsweise behinderungsspezifischen Hilfen sollten vorhanden sein. Wir schulden es dem Kind, den Eltern wie auch der Öffentlichkeit, daß wir nicht blauäugig ein behindertes Kind aufnehmen mit der Meinung: «Waldorfpädagogik ist gut für dieses Kind. Wir werden es schon schaffen.»

III. Gibt es innerhalb der Schule Möglichkeiten einer zusätzlichen Sonderbetreuung in Form von Therapie und Förderunterricht? Das behinderte Kind soll weitgehend in der heterogenen Gruppe leben und mitarbeiten, es braucht aber entsprechend seiner Behinderung individuelle Betreuung in der homogenen Gruppe oder auch in der Einzelförderung.

IV. Ist die Schule behindertengerecht eingerichtet?

Ich kenne kaum eine Waldorfschule, die für Rollstuhlfahrer zumutbar ist. Nur wenige Schulen haben Einrichtungen für blinde oder taube Kinder, obwohl in der Behindertenpädagogik viele technische Hilfen erfolgreich angewendet werden können.

V. Ist es möglich, eine Betreuungskraft mit in die Klasse zu nehmen, die den Lehrer in den notwendigen Aufgaben unterstützen kann?

Vielfach werden Zivildienstler, Mütter oder auch pädagogische Hilfskräfte eingesetzt, um behinderten Kindern die Integration zu ermöglichen.

VI. Gibt es im Bereich der Oberstufe Differenzierungsmöglichkeiten, um den Kindern, die kein Abitur machen wollen, sollen oder können, einen erfolgreichen und sinnvollen Verbleib bis zur zwölften Klasse zu garantieren?

Das Ziel der Waldorfschule ist nicht das Abitur, und es gibt viele Kinder – und das gilt besonders für Entwicklungsgestörte wie auch Behinderte –, die zwölf Jahre Waldorfpädagogik ohne Abiturdruck suchen und zur Entfaltung ihrer Persönlichkeit brauchen. Eine vorzeitige Ausweisung aus der Schule, weil entsprechende Leistungen nicht erbracht werden, ist weder in der Unterstufe noch in der Oberstufe zu verantworten.

Alles dies bedenkend und sorgfältig abklärend, wird das Gremium eine klare Entscheidung für oder gegen die Aufnahme treffen. Es läßt sich nicht verantworten zu sagen: Wir wollen's mal versuchen. Es ist leichter, die schmerzhafte Weichenstellung bei Beginn der Schulzeit zu treffen als im Verlauf der ersten Wochen, Monate, Jahre oder gar erst an der Schwelle zur Oberstufe. (Das gilt auch für Waldorf-Kindergarten-Kinder, für Geschwister und Mitarbeiterkinder und auch – und das mag paradox und widersprüchlich klingen – für solche Kinder, die Waldorfpädagogik suchen, weil Fachleute meinen, daß diese Pädagogik dem Kind die einzige Chance gibt.) Das «Nein» des Aufnahmegremiums an der Schwelle zur ersten Klasse nach sorgfältiger Einschätzung aller Möglich- und Unmöglichkeiten ist vielfach besser als endlose Gespräche, Auseinandersetzungen und Prozesse im Laufe der Schulzeit. Das schadet dem Kind mehr als eine klare Entscheidung bei Schulbeginn.

Die Tatsache, daß schon Geschwister an der Schule sind oder daß es sich um ein behindertes Kind eines Mitarbeiters oder einer Mitarbeiterin handelt, darf keine Garantie für die Aufnahme des Kindes sein. Die Waldorfschulbewegung hätte sich und den betroffenen Eltern manche herben Enttäuschungen und Gegnerschaften ersparen können, wenn bei der Aufnahme immer verantwortlich und sachgemäß entschieden worden wäre.

Alternativen für Kinder, die in der Waldorf-Regelschule nicht aufgenommen werden können

Wenn nun der Fall eintritt, daß ein Kind nicht aufgenommen werden kann, dann besteht auf beiden Seiten die Frage nach einer anderen Möglichkeit. Enttäuschte Eltern fragen verzweifelt: «Wo sollen wir hin mit unserem Sorgenkind?» Und für eine Schulgemeinschaft taucht die Frage auf: «Wie können wir den berechtigten Wunsch der Eltern – und indirekt ihrer Kinder – nach Waldorfpädagogik erfüllen?»

Für zurückgestellte Kinder gibt es im Bereich einzelner Waldorfschulen Freizeiteinrichtungen, wo die Kinder an Nachmittagen musisch und künstlerisch betreut und unterwiesen werden. Es ist keine Kindergarten-Pädagogik mehr und auch keine Vorschule, wo erste schulische Kulturtechniken erarbeitet werden. Hier geht es mehr um eine harmonische Ausreifung der Persönlichkeit beziehungsweise um eine Hinführung zur Schulreife durch künstlerische Tätigkeit und Pflege der Leibessinne.

Waldorfschulen für Erziehungshilfe

In einigen Orten gibt es Kleinklassenschulen, die von seiten des Staates als Sonderschulen anerkannt beziehungsweise genehmigt sind. Über diese Waldorfschulen für Erziehungshilfe wurde oben schon berichtet (s. S. 192ff.). Sie bestehen zum Teil als eigenständige Waldorfschulen im Kleinklassenbereich in der Nähe oder auf dem Gelände der Waldorf-Regelschule, oder sie werden als Kleinklassen unter dem Dach der Schule geführt.[125] Der Gedanke, daß das Kind in eine Sonderschule soll, stößt bei manchen Eltern auf erhebliche Widerstände und Ablehnung. Man wollte doch gerade den Sonderschulmakel für das Kind vermeiden, nicht selten aus Rücksicht auf die Verwandtschaft und den Bekanntenkreis. Hier geht es weniger um das Kind als um die Reputation der Eltern. Es bedarf schon einer richtigen Einstellung zu den Bedürfnissen des Kindes, um den Empfehlungen der Waldorfschule zu folgen.

Das von vielen Eltern gefürchtete Feststellungsverfahren der Sonderschulbedürftigkeit, das auch für die Waldorfschule für Erziehungshilfe erforderlich ist, sollte in seiner Bedeutung nicht überbewertet werden. Es soll nicht als Diskriminierung des Kindes verstanden werden, sondern als Feststellung, daß das Kind eine besondere Betreuung in einer kleinen Klasse braucht. Es geht also hier nicht um den Intelligenzquotienten oder um die festgestellte Behinderung, sondern um den individuellen Förderbedarf. Dieser ist bei entwicklungsgestörten und behinderten Kindern anerkanntermaßen wesentlich höher und wird dementsprechend vom Staat großzügiger bezuschußt. Die Richtsätze im Lehrer-Kind-Verhältnis liegen für behinderte Kinder zwei- bis viermal höher als für sogenannte normale Kinder; und die Kleinklassenschule braucht eine angemessene Bezuschussung entsprechend den unterschiedlichen Behinderungen der Kinder und ihrer Bedürfnisse. Das Sonderschulaufnahmeverfahren und die Entscheidung der Schulbehörde sind in erster Linie eine Bemessungsgrundlage für die Bezuschussung der Schule und in keinem Fall eine Abstempelung oder Disqualifikation des Kindes.

Vielfach ist auch in den Schulgesetzen der einzelnen Länder vorgesehen, daß die Sonderschulbedürftigkeit jährlich oder in bestimmten Abständen neu zu überprüfen ist (dies weniger mit Rücksicht auf das Kind als vielmehr im Gedanken an den hohen Förderbedarf und die damit verbundenen Kosten).

Man wird den Eltern dieses behutsam einsichtig machen und darauf hinweisen, daß Waldorfschulen für Erziehungshilfe keine Sonderschulen, sondern *besondere* Schulen sein wollen. Erfahrungsgemäß ist es sinnvoller, ein Kind in der Kleinklassenschule anfangen zu lassen und ihm dann einen Wechsel zur Regelschule zu ermöglichen, als wenn sich die Aufnahme in der Regelschule nach einer gewissen Zeit als Fehlentscheidung erweist. Ein Wechsel zur Regelschule ist bei manchen Kindern, die ihre Störungen überwunden haben oder trotz ihrer Behinderungen gut vorankommen, sehr viel leichter als eine Umschulung in die Kleinklassenschule im Verlaufe der Schulzeit. Gefährlich und unverantwortlich wäre es allerdings, wenn man den Eltern leichtfertige Versprechungen bezüglich einer Rehabilitation machen würde. Wir können für die Entwicklung eines Kindes keine Garantien geben, und die Ungeduld drängender Eltern: «Wann kann mein Kind endlich auf die Normalschule?» ist für das Kind eher hemmend als förderlich.

Ein Überwechseln zur Waldorf-Regelschule ist sorgfältig vorzubereiten durch gegenseitige Hospitationen der Klassenlehrer. Probebesuche für eine begrenzte Zeit (eine Woche, eine Epoche, ein Jahr) sollten den Nachweis bringen, ob das Kind angemessen aufgenommen und gefördert werden kann.

Abgesehen von einer zweiten Fremdsprache, die an den meisten Waldorfschulen für Erziehungshilfe fehlt, ist der Wechsel von der kleinen in die große Klasse unproblematisch, weil in beiden Schulformen altersgemäß und nach dem gleichen Lehrplan gearbeitet wird.

Sollte es sich erweisen, daß das Kind die Probezeit in der großen Klasse nicht erfolgreich abschließen kann, dann ist die Rückkehr in die Kleinklasse unkompliziert für das Kind, weil es in eine vertraute Gemeinschaft kommt. Die Eltern mögen enttäuscht sein, aber ihre Erkenntnis, daß das Kind in der kleinen Klasse besser zurechtkommt, ist für das Kind hilfreich und erspart ihm den leisen oder deutlichen Vorwurf der Eltern, daß es ein Versager ist.

Ein Kind, das die Waldorfschule für Erziehungshilfe zwölf Jahre lang besucht hat, hat dank der besonderen Erziehungshilfen für sein späteres Leben innerlich wie äußerlich mehr gewonnen als ein Kind, das mit Ach und Krach den Anforderungen der großen Klasse gerecht zu werden versucht und dann vielleicht in der Oberstufe doch versagt.

Tagesschulen für Kinder mit Behinderungen
(Schulen für Seelenpflege-bedürftige Kinder)

Anders und doch ähnlich ist es bei der Ablehnung eines behinderten Kindes, wenn die Eltern der Ansicht sind, daß eine integrative Erziehung auf Grundlage der Waldorfpädagogik für ihr behindertes Kind sinnvoll und wünschenswert wäre. Eine positive und freilassende Erwartungshaltung dem Kind und der Schule gegenüber und eine optimistische Einstellung den Möglichkeiten des Kindes gegenüber sind gute Voraussetzungen für eine erfolgreiche Integration.

Aber vielfach sind die Erwartungen der Eltern zu hoch. Sie möchten auf jeden Fall vermeiden, daß ihr Kind als «behindert» abgestempelt wird und in eine «Behinderten-Einrichtung» eingewiesen wird. Daher versuchen sie teilweise mit allen Mitteln und Argumenten, ihr Kind in die Regelwaldorfschule zu bekommen, und sie sind absolut uneinsichtig, wenn dies abgelehnt wird. Manchmal wird sogar versucht, eine Aufnahme zu erzwingen, was natürlich sinnlos ist, weil die Schule in freier Trägerschaft frei in der Auswahl ihrer Kinder ist, und es gibt keine Möglichkeit einer Einweisung durch die Schulbehörde oder gar durch ein Gericht.

Wenn Eltern verstehen, warum die Ablehnung ausgesprochen wurde, und sie auf jeden Fall Waldorfpädagogik für ihr Kind suchen, kann man auf die Tagesschulen verweisen, die sich selbst als «Schulen für Seelenpflege-bedürftige Kinder» bezeichnen, vom Staat aber entsprechend den jeweiligen Schulgesetzen als Sonderschulen für Behinderte (Geistig-Behinderte, Körperbehinderte, Blinde usw.) anerkannt werden. Es gibt in der Bundesrepublik ungefähr zwanzig solcher Einrichtungen, die vom Kindergarten über die Schule und Werkstufe zur beschützenden Werkstatt und Wohngemeinschaft führen.[126]

Viele Eltern mit behinderten Kindern sind verständlicherweise schockiert, wenn sie eine solche Schule und Lebensgemeinschaft besuchen. Das Erleben der Kinder mit ihren auffallenden und unterschiedlichen Behinderungsformen führt oftmals zu der Frage: Gehört mein Kind wirklich hierhin? Es ist sehr schwer, die Abneigung gegen das Anderssein zu überwinden und einzusehen, daß das eigene Kind hier entsprechend seinen Möglichkeiten und Bedürfnissen optimal untergebracht werden kann. Es bedarf schon intensiver Vorbereitung der Eltern, bis die Erkenntnis und die Erfahrung sich einstellen, daß auch das andere schwerbehinderte Kind eine liebenswerte Persönlichkeit ist.

Dabei mag es hilfreich sein, den Eltern bewußt zu machen, daß entsprechend anthroposophischer Menschenkunde auch im behinderten Menschen eine gesunde Individualität lebt und daß Waldorf-Heilpädagogik sich an diese Individualität wendet, wenn sie den Waldorflehrplan in metamorphosierter Weise auch in der Arbeit mit Schwer- und Schwerstbehinderten zugrunde legt. Auch der Gedanke an einen menschenwürdigen Arbeitsplatz in der angeschlossenen beschützenden Werkstatt und das Bewußtsein, daß eine Unterbringung in Wohnheim und Wohnsiedlung dem jungen Menschen eine gesicherte Zukunft in einer entsprechenden Lebensgemeinschaft eröffnet, führt bei vielen Eltern behinderter Kinder dann doch zu der Erkenntnis, daß die Einrichtung für Seelenpflege-Bedürftige ihrem Kind die optimale Förderungsmöglichkeit gewährt.

Heimschulen für Seelenpflege-bedürftige Kinder

In manchen Fällen ergibt sich die Notwendigkeit, ein behindertes beziehungsweise entwicklungsgestörtes Kind internatsmäßig unterzubringen, zum Beispiel wenn das Elternhaus dem Erziehungsauftrag nicht entsprechen kann oder wenn die Behinderung des Kindes eine vorübergehende oder auch längere Unterbringung außerhalb der Familie als Erziehungshilfe erfordert. Wenn die Eltern mit einer Trennung von der Familie einverstanden sind und Waldorfpädagogik für ihr Kind beziehungsweise eine Fortsetzung der Erziehung auf der Grundlage der Waldorfpädagogik suchen, dann gibt es im Rahmen der Jugendhilfe beziehungsweise der Eingliederungshilfe (BSHG = Bundessozialhilfegesetz) die Möglichkeit der Unterbringung in einer Heimschule für Seelenpflege-bedürftige Kinder.

Heil- und Erziehungsinstitute auf anthroposophischer Grundlage gehen zurück auf das mit Hilfe Rudolf Steiners 1925 gegründete Heim «Lauenstein» in der Nähe von Halle an der Saale. Schon vor dem Zweiten Weltkrieg entstanden mehrere Heil- und Erziehungsinstitute für Seelenpflege-bedürftige Kinder. Diese Bewegung wurde durch den Nationalsozialismus unterbrochen, aber nach dem Krieg wurden viele Institute neu gegründet, so daß heute mehr als zwanzig Heime mit kleinen Schulorganismen in der Bundesrepublik existieren.[127]

Ein wesentlicher Bestandteil dieser Heilpädagogik ist die enge Verbindung von heilender Erziehung in Heim und Schule. Die Schule ist hier nur *ein* Teil der integrativen Erziehungsarbeit, die im Familienzusammenhang von eigens ausgebildeten Erziehern auf der Grundlage anthroposophischer Heilpädagogik geleistet wird. In vielen Fällen ist auch der Hausvater gleichzeitig der Lehrer in der Heimschule. Man könnte sagen, heilpädagogische Erziehung ist hier Seelenpflege rund um die Uhr. Es gibt also keine Schichtarbeit im Erziehungsprozeß, sondern die Heim- beziehungsweise Gruppeneltern sind wie zu Hause Bezugspersonen während der ganzen Zeit der Betreuung.

Das ist besonders wichtig und heilsam für Kinder, die aufgrund diskontinuierlicher Erziehungssituationen Schaden erlitten haben oder im häuslichen Bereich durch Überbehütung oder durch Verwahrlosung Störungen entwickelten.

In vielen Fällen werden behinderte Kinder von ihren Eltern aus verständlicher Sorge in ihrer Entwicklung beeinträchtigt: Sie werden verwöhnt, man traut ihnen nichts zu, und eine Entwicklung zur Selbständigkeit wird dadurch verhindert. Gerade für diese Kinder ist eine Erziehung im Heim für Seelenpflege-bedürftige Kinder von großer Bedeutung als ganzheitliche Lebenshilfe.

Aber nicht nur behinderte Kinder im klassischen Sinne finden Aufnahme in diesen Heimen, sondern auch solche, die aufgrund der häuslichen oder schulischen Situation einen vorübergehenden «Tapetenwechsel» brauchen. Es gibt sehr viele Fälle, wo die Erziehungsarbeit im häuslichen Bereich durch soziale Probleme so sehr beeinträchtigt ist, daß es im Verhältnis zwischen Eltern und Kind einerseits oder/und Schule und Kind andererseits zu fixierten Desintegrationszuständen kommt, die nur durch eine vorübergehende Trennung gelöst werden können. Wenn also ein Kind so sehr an seiner Umgebung und ihren Forderungen leidet, daß es krank wird, oder wenn Erzieher, Lehrer oder Klassenkameraden an einem schwierigen Kind sich so intensiv reiben, daß die Bezugspersonen krank werden, dann ist ein Wechsel für alle Teile heilsam und für die Entwicklung des Kindes notwendig.

Ein entsprechender Antrag der Eltern auf Erziehungs- oder Eingliederungshilfe bedarf gutachtlicher Empfehlung von seiten eines Arztes, eines Psychologen und eines Pädagogen. In der Regel übernehmen dann die zuständigen Ämter (Jugendamt oder Sozialamt) die mit der Heimunterbringung verbundenen Kosten teilweise oder auch größtenteils.

Integrativ arbeitende Waldorfschulen mit kleinen Klassen –
Zwei neue Initiativen

Eine völlig neue Möglichkeit der integrativen Erziehung auf Grundlage der Waldorfpädagogik ergibt sich seit Mitte der neunziger Jahre. Nachdem der Bund der Freien Waldorfschulen bisher aus verschiedenen Gründen Bedenken hatte, integrative Schulen mit kleinen Klassen aufzunehmen, haben nun, im Jahre 1995, zwei entsprechende Initiativen im Rahmen des «Bundes» begonnen. Es sind dies die freie integrative Waldorfschule in Emmendingen bei Freiburg und eine gleiche Schule im Windrather Tal zwischen Wuppertal und Essen.

Die Waldorfschule hatte sich seit ihrer Begründung als eine Schule verstanden, die Kinder *aller* So-seins-Formen aufnimmt.

Allerdings galt das Prinzip der einheitlichen Volks- und höheren Schule mit großen Klassen und dem Klassenlehrer als alleinigem Klassenbetreuer. Die Integration behinderter und entwicklungsgestörter Kinder vollzog sich immer in mehr oder weniger großen Klassen mit mehr oder weniger Erfolg. Der Ruf nach kleineren Klassen und integrativer Betreuung konnte erst in den siebziger Jahren im Rahmen des «Bundes» verwirklicht werden. Auch gegen die Aufnahme der Schulen für Erziehungshilfe gab es in der Zeit vor ihrer Aufnahme erhebliche Bedenken, weil die Waldorfschulen bemüht waren, dem Vorurteil entgegenzuwirken, es handle sich um Schulen für behinderte oder entwicklungsgestörte Kinder.

Inzwischen haben sich die Waldorfschulen für Erziehungshilfe im «Bund» und in der Öffentlichkeit durchgesetzt und bewährt, ohne daß sie dem Ruf der Waldorfschulbewegung Schaden zufügen mußten. Ja, seit es Waldorfschulen für Erziehungshilfe in relativ großer Zahl gibt, konnten die Verhältnisse geklärt werden, so daß man allgemein unterscheiden kann zwischen Waldorf-Regelschulen, in denen auch behinderte und entwicklungsgestörte Kinder aufgenommen und erfolgreich betreut werden können, und Waldorfschulen im Kleinklassenbereich, in denen solche Kinder beschult werden, die aufgrund unterschiedlicher Behinderungen und Störungen in der großen Waldorfklasse nicht sein oder bleiben können. Die Waldorfschule für Erziehungshilfe ist zwar eine besondere Form der Waldorfschule, aber sie ist rechtlich gesehen doch eine Sonderschule, in der *nur* solche Kinder aufgenommen werden können, die als Sonderschüler anerkannt sind. Mit einer gewissen Berechtigung wirft man der Waldorfschule für Erziehungshilfe vor, sie sei eine Sonderschule, weil die auffälligen Kinder aus dem «normalen» Klassenverband ausgesondert werden und die sogenannten normalen Kinder fehlen.

Dem kann man nicht widersprechen, obwohl die Vertreter der Waldorfschulen für Erziehungshilfe – abweichend von öffentlichen Sonderschulen für Erziehungshilfe – großen Wert darauf legen, daß Kinder mit *unterschiedlichen* Behinderungen und Störungen *gemeinsam* unterrichtet werden. Kinder mit Behinderungen erleben andere Kinder mit anderen Störungen als normal, als nicht so behindert wie sich selbst. So ist die gemeinsame Erziehung unterschiedlich behinderter Kinder in Kleinklassen der Waldorfschule für Erziehungshilfe eine berechtigte und bewährte Form der Integration. Auch die Integration entwicklungsgestörter Kinder ins normale Schul- und Berufsleben nach Überwindung ihrer Schwierigkeiten ist ein wichtiger Beitrag der Schule für Erziehungshilfe.

Die integrative Waldorfschule geht von anderen Voraussetzungen aus: Sie gründet zwar auf dem Gedanken der einheitlichen Volks- und höheren Schule, aber sie hat aus den negativen Erfahrungen mit Integration in der Waldorfschule heraus die Anregungen der Integrationsbewegung der siebziger und achtziger Jahre übernommen. Es sollen in kleinen Klassen behinderte und nichtbehinderte Kinder von zwei Lehrern gemeinsam unterrichtet werden, das heißt, ein Waldorflehrer und ein entsprechend ausgebildeter Heilpädagoge gestalten den Epochenunterricht in enger Zusammenarbeit.

Die integrative Waldorfschule ist der Idee nach eine ideale Form der Integrationsschule schlechthin. Alle – oder zumindest die meisten – Widerstände, die sich den öffentlichen Integrationsschulen als Hindernis in den Weg stellen, fallen hier weg: Man hat einen Lehrplan, der Integration sowohl von der anthropologischen wie auch von der methodischen Seite her begünstigt; man hat Lehrer, deren innere Einstellung und äußere Ausbildung weitgehend übereinstimmen; man hat bis in die Oberstufe Zeugnisse, die nicht Abbild eines normalen Leistungsvermögens sein müssen; man kann nach Sozialformen leben und arbeiten, die nicht von standespolitischen und gewerkschaftlichen Gesichtspunkten geprägt sind; man kann den Unterrichtsablauf frei gestalten ohne staatlich vorgegebene Stundentafeln und Richtlinien; Eltern und Lehrer können gemeinsam die Geschicke der Schule entwickeln, gestalten und verantworten.

Die Vorzüge, die sich für eine integrative Schule auf Grundlage der Waldorfpädagogik ergeben, könnten noch beliebig ergänzt werden. Hier eröffnet sich eine Waldorfschulform mit Zukunftsperspektiven als Alternative zur Waldorf-Regelschule mit ihren großen Klassen und ihrer vielfach einseitig zum Abitur hin geprägten Oberstufe.

Der Nachteil ist allerdings, daß dieser Schulimpuls im Bund der Freien Waldorfschulen zur Zeit noch recht keimhaft ist. Sicherlich werden weitere Initiativen, die schon existieren oder die sich noch ergeben werden, bald beim «Bund» anklopfen und um Aufnahme bitten. Aber vorerst wird man die Entwicklung der beiden oben genannten Initiativen abwarten müssen.

Das Interesse für integrative Waldorfschulen ist naturgemäß besonders groß bei betroffenen Eltern, das heißt bei Eltern, die ihr behindertes Kind in einem normalen Schul- und Klassenverband einer Waldorfschule sehen wollen. Eltern nicht behinderter Kinder haben nicht unbedingt ein elementares Interesse an integrativer Beschulung für ihre Kinder. Es zeigt sich schon jetzt deutlich die Tendenz, daß bei integrativen Initiativen die Zahl der Anmeldungen behinderter Kinder die der nicht behinderten Kinder überwiegt. Und es wird sehr darauf ankommen, wie die Oberstufe einer integrativen Waldorfschule geplant und gestaltet wird. Gedacht ist jedenfalls an eine Abitur-freie Oberstufe mit der Möglichkeit der Kooperation mit benachbarten Waldorf-Regelschulen, das heißt, Schüler, die das Abitur anstreben, wechseln in der Oberstufe zu einer anderen Waldorfschule.

Integrative Waldorfschulen werden in den nächsten Jahren auch nicht wie Pilze aus der Erde sprießen, weil der erhöhte Lehrerbedarf dieser Schulen kaum gedeckt werden kann.

Zur Zeit sinken die Bewerberzahlen an den Lehrerseminaren der Waldorfschulbewegung, und der Bedarf der deutschen Schulbewegung kann kaum gedeckt werden, so daß viele Schulen alle Jahre wieder vor der bangen Frage stehen: Können wir eine erste Klasse aufnehmen, obwohl wir noch nicht wissen, ob wir den Lehrer dafür finden? Die Ausbildungssituation für die sechzig heilpädagogischen Schulen und für den Förderunterricht an Waldorfschulen ist noch prekärer, zumal der Lehrerbedarf im öffentlichen Sonderschulbereich wieder erheblich gestiegen ist, so daß auch von dieser Seite kaum noch Hilfen zu erwarten sind.

In den letzten fünfzig Jahren hat der Bund der Freien Waldorfschulen schon zweimal einen Gründungsstop beschlossen, um dem Lehrermangel zu begegnen.

Integrative Waldorfschulen mit ihrem erhöhten Bedarf an qualifizierten Lehrern dürften erhebliche Schwierigkeiten haben, ihren Personalbedarf befriedigend zu decken.

Ein weiteres Problem für die integrative Schule wird sich in der Finanzierung ergeben. In vielen Bundesländern werden integrative Schulen nur dann akzeptiert, wenn sie kostenneutral arbeiten. Waldorfschulen arbeiten generell kostengünstiger als öffentliche Schulen, aber sie haben einen höheren Finanzbedarf als diese. Einerseits erhalten alle Waldorfschulen in Deutschland nur siebzig bis achtzig Prozent der Zuschüsse gegenüber vergleichbaren öffentlichen Schulen, und andererseits ist das pädagogische Angebot der Waldorfschule umfangreicher als im staatlichen Bereich. Für den laufenden Schulbetrieb und für Investitionen müssen die Eltern erhebliche Beiträge leisten.

Integrative Waldorfschulen haben weniger Kinder und mehr Personalaufwand, und der Finanzbedarf, bezogen auf die Elternschaft, wird erheblich höher sein als an einer Waldorf-Regelschule. Die grundgesetzliche Voraussetzung für eine Schule in freier Trägerschaft, wonach die Aufnahme von Kindern nicht von den Besitzverhältnissen der Eltern abhängig gemacht werden darf, muß hier berücksichtigt werden.

Integrative Waldorfschulen dürfen nicht «Elite»-Schulen für Kinder besserverdienender Eltern werden. Die Versuchung ist groß, zumal in kleinen Klassen der Anteil an sozial schwachen Eltern oder an Eltern von Geschwisterkindern groß ist. Die Finanzdecke des Schulträgers wird schwach sein, und es gilt, Freunde und Förderer außerhalb der Elternschaft für diese Schulform zu finden.

Schließlich ist auch die schulrechtliche Anerkennung von integrativen Waldorfschulen noch nicht allgemein geklärt. Einige Bundesländer sind für die integrative Erziehung sehr aufgeschlossen (sofern kostenneutral gearbeitet wird), andere Länder bereiten erhebliche rechtliche wie auch finanzielle Schwierigkeiten bei der Anerkennung einer Waldorfschule eigener pädagogischer Prägung. Beide Initiativen, die seit Sommer 1995 arbeiten, können dies nur in Kooperation mit Waldorf-Sonderschulen realisieren. Die rechtliche Grundlage einer eigenständigen integrativen Waldorfschule wird noch viel Zeit und viele Verhandlungen mit den einzelnen Landesregierungen zur Verwirklichung brauchen.

Probleme beim Schulwechsel

«Quereinsteiger» von öffentlichen Schulen

Nicht selten klingelt das Telefon in der Waldorfschule, und besorgte Eltern wollen den Direktor sprechen wegen der Aufnahme ihres Sohnes beziehungsweise ihrer Tochter. Es ist sehr dringend, denn die Umschulung muß sofort vollzogen werden. Die Sekretärin muß behutsam darauf hinweisen, daß die Waldorfschule keinen Direktor hat, daß eine Aufnahme eine schriftliche Anmeldung voraussetzt, daß ein Aufnahmegremium das Kind vorher anschaut und daß zuerst geklärt werden muß, ob in der Klasse ein Platz zur Verfügung steht und ob der Klassenlehrer der Aufnahme zustimmt.

Vielfach handelt es sich bei diesen «Notaufnahme»-Fällen um Probleme in der bisherigen Schule: Eine Nichtversetzung ist zu erwarten, ein Sonderschulaufnahmeverfahren wurde eingeleitet, ein gestörtes Eltern-Schule-Verhältnis liegt vor; auch mag es sein, daß das Kind in der öffentlichen Schule unter psychischem Druck leidet und physische Probleme entwickelt. Aber auch die soziale Struktur der öffentlichen Grund- und Hauptschule mit ihren vielen Ausländerkindern und sozial schwierigen Schülern ist immer wieder Anlaß für einen Wechsel zur Waldorfschule.

In den meisten Fällen kommt es nicht zur Aufnahme – nicht etwa, weil die Waldorfschule selektiv auswählen würde, indem sie die «Tendenztreue» der Eltern überprüfte, sondern weil die Klassen überfüllt sind und teilweise lange Wartelisten bestehen. Alles Bitten und Flehen, alle Fürsprachen irgendwelcher Persönlichkeiten, die Kontakt zur Schule haben, und alle Versprechungen im Hinblick auf den Schulvereinsbeitrag helfen nicht. Oft wird jedoch auch eine andere der zahlreichen Privatschulen in der Lage sein, den Bedürfnissen der Eltern Rechnung zu tragen.

Aufnahmepraxis bei Waldorfschülern

Aber nicht immer wird der Aufnahmeantrag für die Waldorfschule umsonst gestellt. Mag sein, daß in der Klasse ein Platz zur Verfügung steht oder daß der Lehrer trotz voller Klasse entscheidet, «dieses Kind nehme ich, es fehlt noch im Klassenverband». Eine solche Situation ergibt sich oftmals, wenn Eltern neu zugezogen sind und das Kind vorher schon eine Waldorfschule besucht hat. Hier gilt eine Vereinbarung, daß vorrangig aufgenommen werden soll, wenn aufgenommen werden kann. Die Bereitschaft des Klassenlehrers beziehungsweise die Zustimmung der Klassenkonferenz sind Voraussetzung für die Aufnahme. Es ist einleuchtend, daß ein sogenanntes «Waldorfkind» aufgenommen werden sollte, nicht weil die öffentliche Schule nicht zumutbar wäre, sondern weil ein Wechsel von der Waldorfschule zur Staatsschule durchaus mit Problemen verbunden sein kann. Der Leistungsstand der jeweiligen Jahrgangsstufen in Staats- und Waldorfschulen ist in vielen Fächern nicht entsprechend, die Methoden sind andere, und der Leistungsdruck ist für das Waldorfkind ungewohnt und kann zu starken seelischen Belastungen führen. Für die vorrangige Aufnahme von Kindern, die aus der Waldorfschule kommen, spricht natürlich die Tatsache, daß das Kind mit der Methodik vertraut ist, daß es seit der ersten Klasse flötet, Eurythmie kennt und mit den Fremdsprachen vertraut ist.

Trotz dieser einsehbaren Regel ist durchaus nicht immer gewährleistet, daß ein «Waldorfkind» wirklich einen Platz in der anderen Schule findet. Selbst neuen Mitarbeitern der Schule oder befreundeter anthroposophischer Einrichtungen kann es passieren, daß ihr

Kind nicht aufgenommen werden kann, so daß sie auf benachbarte Waldorfschulen oder auf Waldorf-Internate ausweichen müssen. Meistens ist es sehr schwer abzuwägen, ob man dem Lehrer beziehungsweise der Klasse noch weitere Kinder zumuten kann oder ob Kinder von Lehrern oder Geschwisterkinder an anderen Schulen untergebracht werden müssen. – Die Ablehnung kann für die betroffenen Familien beziehungsweise deren Kinder zu großen Problemen führen, und schon öfter war es Eltern nicht möglich, ihre Arbeit in einer anthroposophischen Einrichtung aufzunehmen, weil sich die Schulfrage für die Kinder nicht regeln ließ. Solche Probleme bilden oft den ersten Anstoß zur Initiative einer Schulneugründung.

Spezielle Integrationsschwierigkeiten des «Quereinsteigers»

Der Wechsel zur Waldorfschule, sofern er vollzogen werden konnte, bedeutet für das «Quereinsteigerkind» ein Wechselbad. Zumeist sind Kind und Eltern glücklich und entlastet, denn die Ursachen, die in der Staatsschule ein Versagen bewirkten, fallen in der Waldorfschule weitgehend weg: Es gibt keine Noten, kein Sitzenbleiben und keinen Leistungsdruck. Besonders in der Unterstufe erlebt das Kind intensiv die Entlastung durch den verstärkten musischen und künstlerischen Ansatz und durch eine altersgemäße Stoffauswahl und Methodik. Das gilt sowohl für nerven-sinneswache Kinder, die einseitig intellektuell gefördert wurden, als auch für «Spätentwickler», die durch einen kognitiven und lernzielorientierten Unterricht überfordert waren.

Für manches Kind verliert das Wort «Schule» seinen traumatisierenden Schrecken, es erlebt dankbar den heilenden Impuls der Waldorfpädagogik, und die Eltern empfinden das soziale Miteinander zwischen Schule und Elternhaus als wohltuend und inspirierend. «Quereinsteiger»-Eltern engagieren sich meistens mit viel mehr Begeisterung als erfahrene «Waldorfianer», für die das Anderssein der Waldorfschule nichts Neues ist (vielleicht haben sie auch schon Schattenseiten der Schule kennengelernt). Negativ-Erlebnisse, die es durchaus auch bei Waldorfschulen gibt, fehlen den neu hinzukommenden Eltern, sie erleben einfach erst einmal die positive Entwicklung ihres Kindes, die sich zumeist nach dem Schulwechsel ergibt.

Über die engagierte Mitarbeit in der Schulgemeinschaft entstehen dann oftmals auch Fragen zur Pädagogik und ihren Grundlagen, so daß mit dem Schulwechsel positive Ergebnisse für die Schule wie auch für die Eltern verbunden sind.

Natürlich gibt es auch handfeste Probleme für die «Quereinsteiger»:

Nicht immer gelingt es dem Lehrer, die Klasse so auf das neue Kind einzustellen, daß man «das Neue» mit seinen Schwächen und Schwierigkeiten unvoreingenommen akzeptiert und integriert. Natürlich zeigen sich Probleme in dem ganz anderen Unterricht. Die anderen Kinder spielen seit der ersten Klasse die Flöte, sie malen so ganz anders, sie können schon Russisch und Englisch oder Französisch, sie stricken und handarbeiten mit großer Selbstverständlichkeit, und Eurythmie bereitet ihnen keine Schwierigkeiten. Alles das muß das neue Kind verkraften: die neue Klassengemeinschaft und die stofflichen und methodischen Besonderheiten der neuen Schule.

Hier können die Ursachen für erhebliche Integrationsschwierigkeiten liegen. So kann es geschehen, daß das Kind große Versagens- und Schulangst mitbringt, die immer dann akut wird, wenn das Kind sich gefordert fühlt oder wenn es gefordert wird. Es hat in manchen Situationen Lücken und Schwächen, und aus der Angst vor dem Versagen, vor dem Ausgelachtwerden oder gar vor Strafe resigniert es, zieht sich in sein Schneckenhaus zurück und entwickelt ein regressives Verhalten. Unter Umständen merken der Lehrer und die Mitschüler gar nicht, daß das neue Kind still leidet, daß es sich nicht meldet und keinen Mut hat, sich der Herausforderung der Schule mit ihren sozialen und stofflichen Notwendigkeiten zu stellen. Vielleicht fällt es zuerst der Mutter auf, daß ihr Kind plötzlich Schulangst, Versagensängste und Minderwertigkeitsgefühle entwickelt oder daß es einnäßt, einkotet oder andere neuropathische Störungen entwickelt. Verstärkt wird dieser Prozeß noch, wenn das Kind sich vom Lehrer und der Klasse nicht angenommen fühlt oder wenn gar einzelne Kinder in der Klasse offen oder versteckt ihre Abneigung gegen das neue Kind zum Ausdruck bringen.

Daraufhin wird der «Neuling» verständlicherweise Trost bei seinen Eltern suchen und ihnen die Situation vielleicht dramatischer darstellen, als sie ist. Besorgte Eltern wollen dann Nachhilfestunden ansetzen, oder sie tragen ihren Kummer zum Arzt oder Psychologen. Ein offenes und vertrauensvolles Gespräch mit dem Klassenlehrer kann da am ehesten Abhilfe schaffen. Die Sorgen der Eltern sind Gift für die Lebenskräfte des Kindes. Statt dessen ist es notwendig, dem Kind Mut zu machen, ihm etwas zuzumuten, ihm Erfolgserlebnisse zu verschaffen. Die Hilfen der Schule und das Vertrauen der Eltern können dann dazu beitragen, die Integrationsschwierigkeiten zu überwinden.

Auch das akzelerierte, nerven-sinneswache Kind hat seine Startschwierigkeiten. Aber die sind anderer Natur. Vielfach lagen die Ursachen für den Schulwechsel in einem Leistungsversagen trotz guter Intelligenz; oder es gab erhebliche Verhaltensauffälligkeiten und Disziplinschwierigkeiten, begleitet von Konzentrationsschwächen und motorischer Unruhe. Zu Hause sei das Kind angepaßt, konzentriert und lieb, mögen die Eltern bei der Vorstellung gesagt haben, doch schon beim ersten gemeinsamen Gespräch zeigt sich vielleicht, wie ehrfurchtslos, arrogant und aggressiv das Kind seinen Eltern gegenüber sein kann, wenn es ständig ermahnt wird, ordentlich zu sein, gut aufzupassen und so weiter. Es kommt durchaus vor, daß zu Hause Psychopharmaka verabreicht werden, um ein angepaßtes Verhalten zu erreichen. Es gibt viele dämpfende oder aufputschende Mittel, die äußerlich auch die erwünschte Wirkung zeigen, über deren Risiken und Nebenwirkungen die Eltern entweder nicht informiert sind oder die in Kauf genommen werden, um dem Kind – oder genau genommen ihnen selbst – Ruhe zu verschaffen. In der Schule gibt es noch keine Dopingkontrolle im Hinblick auf Psychopharmaka.

Hat es mit der Aufnahme geklappt, dann versucht das neue Kind, seine Stellung in der Schule mit allen Mitteln zu festigen und seine Schwächen zu überspielen. Mit dem Lehrer wird schnell angebiedert, und geschickt weiß das Kind, seine Stärken ins rechte Licht zu stellen. Gegenüber den neuen Klassenkameraden wird kräftig geprahlt mit großen Worten, großen Taten und kleinen Aufmerksamkeiten dem einen oder dem anderen gegenüber. Man versucht aufzufallen durch Kleidung, Haartracht, Schmuck und «Kriegsbemalung», und immer hat man etwas Besonderes im Ranzen, mit dem man das Interesse und die Bewunderung der Kameraden auf sich lenken kann: Walkman, Computerspiele, Kassetten, Compact-Discs oder andere Dinge, die in der Schule eigentlich nichts zu suchen haben. Die fälligen Hausarbeiten sind dagegen von sekundärer Bedeutung, und man findet mit großer Überzeugungskraft genügend Gründe für nicht erledigte oder unvollständige Arbeiten. Den neuen und ungewohnten Fächern und methodischen Besonderheiten der Schule gegenüber ist man anfangs abwartend und tolerant, aber schon bald werden abfällige Kritik und Boykottverhalten gezeigt, besonders bei Fachlehrern und wo immer der Klassenlehrer nicht dabei ist. Innerhalb der Klasse ergeben sich sehr bald zwei Gruppen: Die eine lehnt den Neuen massiv ab und ist über sein Verhalten gegenüber den Lehrern und den Mitschülern empört, die andere findet den Neuen toll und ist gerne bereit, sich seinen Redensarten und Handlungen anzuschließen.

Das führt bald zu Klagen bei den Fachlehrern und bei Kindern, die sich unter Druck gesetzt fühlen, so daß der neue Schüler schon während der vereinbarten Probezeit die Klassen- oder Schulleitungskonferenz mit der Frage beschäftigt: «Kann er bleiben, oder sollte er gehen?» In der Regel besucht der Lehrer dann die Eltern und bringt ihnen seine Sorgen vor. Oft kennen sie die Probleme ihres Kindes schon aus der anderen Schule; aber sie haben nicht die Kraft und die Möglichkeit, jetzt noch etwas zu ändern. Dankbar nehmen sie die Anregungen des Lehrers entgegen, aber alle Vereinbarungen scheitern an dem Eigensinn des Kindes, das von Anfang an seinen Willen durchzusetzen wußte. Die Eltern sehen zwar ein, daß sie in den ersten Jahren manches falsch gemacht haben – sie wollten ihr Kind doch bewußt antiautoritär aufziehen, sie haben ihm doch bewußt viel Freiheit gegeben und ein partnerschaftliches Verhalten für richtig gehalten. Jetzt erleben sie, daß sie ihrem Kind nicht mehr gewachsen sind, weil ihm der innere Halt, die Form und der Wille zur Ordnung fehlen. Dankbarkeit, Verehrung, Staunen und Mitleid sind ihm fremd, und soziales Verhalten hat das Kind im Elternhaus nicht gelernt.

Schwieriger gestalten sich die Gespräche, wenn die Eltern das Verhalten ihres Kindes verteidigen und die Schuld bei der Schule, beim Lehrer und bei den Klassenkameraden suchen. Manche Kritik an der Schule und ihrer Methodik wird laut: Wozu so viel Musik? Warum so viel Kunst, Gedichte und Geschichten? Warum nicht Leistungssport statt Eurythmie? Das Kind sollte für das heutige Leben erzogen werden, in dem es gelte, sich durchzusetzen. Man habe dem Kind doch schon im frühen Kindesalter nahegelegt, sich zu wehren, wenn ihm etwas nicht paßt oder wenn es sich angegriffen fühlt. – Die Gespräche zeigen deutlich, daß die Eltern nicht zur Zusammenarbeit auf der Grundlage der Waldorfpädagogik bereit sind, und in der Schule brüstet sich vielleicht der neue Schüler vor versammelter Mannschaft: «Mein Vater sagt auch, daß Eurythmie Quatsch ist und daß Handarbeit etwas für Omas oder höchstens für Mädchen ist.»

In einem extremen Fall wie diesem sollte man bald die Probezeit beenden und den Beschulungsvertrag rechtzeitig kündigen. Die Integration der Kinder, die schon in anderen Schulen Aufsehen erregt haben durch mangelnde Leistung und gesteigertes Imponiergehabe, verbunden mit Aggressionen gegenüber Schülern und Lehrern, ist weitgehend erfolglos, wenn das Kind erst in der Mittelstufe Zuflucht in der Waldorfschule sucht und wenn das Elternhaus die Ansicht vertritt, daß Erziehung Angelegenheit der Schule sei und daß nur die Schule Schuld daran sei, wenn das Kind nichts lernt und sich nicht angemessen verhalten kann. Hier ist die Schule mit all ihren Integrationsmöglichkeiten und -absichten total überfordert. Wenn das Elternhaus nicht mitarbeitet und wenn durch das Verhalten des neuen Schülers der Unterricht und das Sozialgefüge der Klasse so nachhaltig beeinträchtigt wird, daß ein geordneter Unterricht nicht oder kaum mehr möglich ist, dann ist ein Verweis von der Schule notwendig. Selbst ein Ende mit Schrecken und Auseinandersetzungen ist da besser als ein Schrecken ohne Ende.

Verfahren der Trennung

Hier liegen die Grenzen der Integrationsmöglichkeit der Waldorfschule, und die gelten sowohl für Quereinsteiger wie auch für solche Kinder, die seit Anfang ihrer Schulzeit die Waldorfschule besuchen. Die Verfahren unterscheiden sich allerdings etwas. Während mit den Eltern der Quereinsteiger in der Regel eine kurze Probezeit vereinbart wird – in einzelnen Fällen kann sie auch einmal verlängert werden –, ist es beim «grundständigen» Waldorfkind schwieriger – oder sollte es schwieriger sein –, eine Trennung zu vollziehen.

Eigentlich müßte sich aus dem bis hierher Dargestellten ergeben, daß es nicht möglich sein sollte, sich von einem Kind zu trennen, das von Anfang an die Schule besucht. Von der Konzeption her ist die Integration entwicklungsgestörter und behinderter Kinder grundsätzlich vorgesehen. Das Aufnahmegremium hat sorgfältig gearbeitet. Der Lehrer hat sich innerlich und äußerlich mit dem Kind verbunden. Man ist sich bewußt, daß Waldorfpädagogik als heilende Erziehung gerade für das Sorgenkind heilsam und notwendig ist. Kurz: Viele Gesichtspunkte sprechen dafür, daß, wenn ein Kind einmal endgültig in der Waldorfschule aufgenommen wurde, eine Trennung von seiten der Schule nicht möglich sein sollte.

Ursachen für eine Kündigung

Und doch kommt es immer wieder vor, daß ein Schüler die Schule verlassen muß.

Die Verfahren, die zu einem solchen Ausschluß führen, sind recht schwierig und sind Anlaß vieler Gespräche mit der Elternschaft und in den Konferenzen. Der Verweis eines Schülers ist in jedem Fall ein schwerwiegender und schicksalhafter Einschnitt in der Biographie eines jungen Menschen. Wenn sich ein solcher Schritt nicht vermeiden läßt, dann sollte das Verfahren unbedingt rechtlich, sozial und pädagogisch verantwortet werden können. Die Gründe müssen mit deutlicher Klarheit dargestellt und nachvollziehbar sein. Dies ist zum Beispiel gegeben, wenn ein Kind auf lange Sicht nachhaltig den Unterricht stört oder gar unmöglich macht und wenn alle diesbezüglichen Gespräche zwischen Schule und Elternhaus erfolglos und alle pädagogischen und fördernden Maßnahmen ergebnislos bleiben; oder wenn das Elternhaus permanent und massiv den Bestrebungen der Schule entgegenwirkt, so daß eine Zusammenarbeit in der Schulgemeinschaft nicht mehr möglich ist und das Kind aufgrund der Spannungen unter erheblichen Verunsicherungen leidet; oder wenn das Kind in seiner Entwicklung so deutliche negative Tendenzen zeigt, daß ein Wechsel zu einer Sonderschule zwingend erforderlich ist. Die Symptome für solche Fragestellungen ergeben sich daraus, daß es sozial und stofflich völlig versagt und die akute Gefahr besteht, daß es durch ständige Überforderung krank wird.

Nun, es mag noch weitere Anlässe geben, und ich könnte viele

Beispiele nennen, wo ich als Schulberater zu einer Trennung geraten habe, weil die Situation in der Klasse so hoffnungslos erschien und die Lehrer, die Mitschüler oder auch das betroffene Kind total überfordert waren.

Rechtliche, pädagogische und soziale Gesichtspunkte

Ehe es aber zu einer Trennung kommt, sollten alle Fragen sorgfältig gestellt und beantwortet werden, damit der Prozeß zur Trennung verantwortlich vollzogen wird:

Man wird die rechtliche Seite berücksichtigen müssen, denn in den meisten Schulen besteht ein Beschulungsvertrag zwischen Eltern und Schulträger. Hier müssen die Bestimmungen für fristlose und fristgebundene Kündigungen beachtet werden. In einzelnen Fällen konnten Eltern unter Berufung auf die Rechtslage erreichen, daß das Kind weiterhin in der Schule bleiben konnte. Daß eine solche Entscheidung keine gute Ausgangsbasis für eine sinnvolle pädagogische Arbeit mit dem Kind sein kann, ist offensichtlich.

Man wird die soziale Seite berücksichtigen müssen, das heißt, es müssen Formen gefunden werden, wie eine Trennung sozial verträglich und menschenwürdig eingeleitet und vollzogen wird. Meistens haben schon Gespräche zwischen Elternhaus und Klassenlehrer stattgefunden, die möglicherweise zu keinem Ergebnis führten. In der Klassen- und Schulleitungskonferenz wurde daraufhin vereinbart, daß zur Abwendung von erheblichen Konsequenzen (Lehrerzusammenbrüche, Lehrerkündigungen, gesundheitliche Schäden bei Kindern usw.) eine Kündigung des Schulverhältnisses in Erwägung gezogen werden soll. Jetzt bedarf es der Schriftform, und dabei ist es sinnvoller, die Eltern zu einem Gespräch einzuladen, als ihnen mit der Kündigung zu drohen.

Ein solches Gespräch kann in Form einer Kinderbesprechung mit Kind und Eltern stattfinden, sofern die Eltern dazu einwilligen. In einigen Fällen konnte durch eine solche Kinderbesprechung die endgültige Kündigung vermieden werden, und ich erlebte bei weiteren Besuchen, daß sich das Sorgenkind, zu dessen Entlassung ich geraten hatte, inzwischen mehr oder weniger in der Klasse angepaßt hatte.

Unter Umständen ist es empfehlenswert, den Kreis der Gesprächsteilnehmer zu erweitern, so daß die Eltern nicht allein den Vertretern der Schule gegenüberstehen. Man bittet sie, zwei Menschen ihres Vertrauens aus der Elternschaft hinzuzuziehen, und die Lehrer wählen ihrerseits ein oder zwei Eltern aus der Klassen- oder Schulpflegschaft für die Teilnahme aus. In einigen Schulen ist es üblich, daß bei Kündigungen neutrale Persönlichkeiten (Amtsarzt, Schulpsychologe oder dergleichen) eingebunden werden, so daß in einem offenen Gespräch alle Gesichtspunkte beider Seiten angeschaut und abgewogen werden können. Wenn bei einem derartigen Gespräch der Vorschlag zur Trennung von Eltern oder von neutralen Beisitzern ausgesprochen wird, dann ist das Verfahren sozial verträglicher, als wenn einseitig die Schulleitung auf eine Trennung drängt. Andererseits kann die gemeinsame Beratung auch dazu führen, daß sich beide Parteien auf einen erneuten Versuch zur Zusammenarbeit einigen, daß man neue Wege beschreitet, um durch Fördermaßnahmen oder andere pädagogische Schritte (vorübergehende Unterbringung in einer anderen Klasse, Schule, auf einem Bauernhof oder in einer Heimsituation) eine endgültige Trennung zu vermeiden.

Die Trennung von einem Kind sollte niemals aus dem Affekt, aus Emotionalität oder Zorn erfolgen. Formulierungen wie: «Wir sind nicht mehr bereit ... Wir sehen uns außerstande ... Wir lassen uns nicht länger ... Ihr Verhalten zwingt uns ...» sind Schutzbehauptungen und entbehren der Aufrichtigkeit. Wahrhaft und verantwortlich ist die Aussage, daß ein Verbleiben an der Schule für das Kind und für die Schulgemeinschaft nicht mehr tragbar ist. Entsprechend der Verantwortung für das Schicksal des Kindes, das seinen Weg in die Waldorfschule gesucht und gefunden hat, müßte die Entscheidung zur Trennung aus der Erkenntnis erwachsen, daß ein Verbleiben an der Schule nicht gut für das Kind ist, daß es ihm schadet. Wir greifen hier in ein Schicksal ein, und die Rechtmäßigkeit solchen Eingreifens bedarf einer tiefen Verantwortlichkeit gegenüber der Individualität des Kindes.

Es wäre wünschenswert, wenn mit der Beendigung des Schulverhältnisses immer ein Vorschlag verbunden wäre, der die Eltern auf eine bessere Möglichkeit hinweist.

Am Anfang der Waldorfschulbewegung stand die Aussage Rudolf Steiners, daß die Kinder heute anders sind und anders erzogen werden müssen als noch vor Jahrzehnten. Rudolf Steiner fordert, daß die Erziehung dieser Kinder gleichsam wie eine Rettung zu vollziehen sei.

In der heutigen Schullandschaft hat die Waldorfschule gute und große Möglichkeiten, Kinderseelen zu retten, indem sie mit vielfachem Erfolg Kinder, die in ihrer Entwicklung gestört wurden, integriert und ihnen eine weitgehend freie Entfaltung der Persönlichkeit ermöglicht. Daß das nicht in allen Fällen gelingt, kann man nicht der Pädagogik an sich zuschreiben. In der Regel sind es menschliche Schwächen, Irrtümer, Unfähigkeiten und Unwilligkeiten, die dazu beitragen, daß hier und da der Versuch, zu einem guten Ergebnis in der heilenden Erziehung schwieriger Kinder zu gelangen, scheitert. Man darf hier nicht von Schuld sprechen, weder bei Kindern noch bei Lehrern noch bei Eltern. So wie jede Beziehung zwischen zwei Menschen schicksalhafte Bezüge hat, so ist auch in der Beziehung der Erwachsenen zum Kind und umgekehrt jeweils die Möglichkeit vorgegeben, daß sie eine gute werde oder daß sie zerbricht.

Es liegt in der Freiheit eines jeden Menschen, sein Schicksal selbst zu gestalten, das eine oder das andere zu ergreifen und seinen individuellen Weg zu geben.

Daß auch ein Lehrer-Kind-Verhältnis innerlich wie äußerlich zerbrechen kann, das ist bei aller Bewußtheit für den pädagogischen Auftrag des Lehrers genauso möglich wie jeder Abbruch einer Beziehung zweier Menschen, die spüren und wissen, daß sie schicksalhaft etwas miteinander zu tun haben. Es gehört zur esoterischen Grundlage des Waldorflehrers zu wissen, daß schicksalhafte Verbindungen zwischen Menschen durch eine äußere Trennung nicht beendet werden. Das Schicksal des Menschen, von dem ich mich äußerlich getrennt habe, weil ich glaubte, man habe nichts mehr miteinander zu tun, ist untrennbar mit dem meinen verbunden. So wie Christian Morgenstern in einem seiner Gedichte sagt:

«Die in Liebe dir verbunden
werden immer um dich bleiben,
werden klein und große Runden
treugesellt mit dir beschreiben.
Und sie werden an dir bauen
unverwandt wie du an ihnen ...»[128]

Und auch die Beziehungen zu den Menschen, von denen wir uns nicht in Liebe getrennt haben, werden fortgeschrieben.

Alle Menschen, auch die, die uns in Schmerz und Sorge verbunden waren, werden immer um uns bleiben, und sie werden an uns bauen, das heißt, sie werden unser Schicksal prägen, so wie wir ihr Schicksal mitgestalten. Das gilt nicht nur für das Verhältnis zwischen Schüler und Lehrer, sondern für ein jedes Verhältnis von Individualitäten, die sich im Leben begegnen.

Schluß:
Berichte von der Integration
schwieriger Kinder

Dieses Buch soll nicht mit der Darstellung von Mißerfolgen in der Waldorfschule enden. Darum möchte ich zum Schluß meiner Betrachtungen einige biographische Beispiele aufzeigen, aus denen Integrationserfolge deutlich werden. Es sind Berichte von jungen Menschen, die jetzt längst im Leben stehen und ihr Schicksal gemeistert haben. Sie kamen als Problemkinder zur Waldorfschule für Erziehungshilfe, unter sehr verschiedenen Bedingungen und mit unterschiedlichen Behinderungen. Dementsprechend individuell sind ihre schulischen und beruflichen Wege, aber jedem von ihnen konnte die Waldorfpädagogik helfen, die personale, soziale und biographische Integration in eine gute Richtung zu lenken. Es geht mir darum, auf diesem Wege darzustellen, wie ein junger Mensch in der Waldorfschule mit Hilfe der Lehrer sein Schicksal ergreift und seinem Lebensschiff, das ins Schlingern geraten war, eine gute und sichere Fahrt ermöglicht. Die Namen der Schüler wurden hier geändert.

Die Geschichte von Rolf W. mag zeigen, daß auch ein Schulwechsel von der Waldorfschule für Erziehungshilfe zur Einrichtung für Behinderte eine sinnvolle und gute Integration im Berufsleben sein kann.

Rolf kam als Drittkläßler in die Waldorfschule für Erziehungshilfe, er hatte schon mehrere Schulen besucht und einen Heimaufenthalt hinter sich. Das Elternhaus war differenziert und musikalisch, Rolf spielte sehr schön Flöte und hatte ein gutes musikalisches Gehör. Mit den Kulturtechniken tat er sich schwer, und auch die Eingliederung in eine Klasse mit unterschiedlich behinderten beziehungsweise gestörten Kindern fiel ihm schwer. Er war mehr ein Träumer, freundlich und umgänglich, alles Böse war ihm fremd. Als ein neuer Lehrer die Klasse übernahm, reklamierte Rolf, daß dieser nicht mit den Kindern Flöte spielte, wie es seine Vorgängerin getan hatte. Der Lehrer mußte gestehen, daß er nicht gut flöten könne, und daraufhin sagte Rolf: «Ach, das ist ganz einfach, schau nur auf meine Finger.» Und so lernte der Lehrer von Rolf das Flötenspiel. Als im weiteren Verlauf Kanons gesungen und gespielt wurden, leitete Rolf jeweils die zweite Gruppe, und bei den Liedern spielte er die zweite Stimme auf der F-Flöte. Im Musikalischen lagen seine Stärken, während viele anderen Fächer für ihn eine Überforderung darstellten, so daß er deutliche regressive Reaktionen zeigte. Mit den Eltern wurde eine angemessene Heimerziehung vereinbart, und nach Beendigung seiner Schulpflicht kam Rolf in die Werkstufe der Schule für Seelenpflege-bedürftige Kinder und Jugendliche. Er durchlief mehrere Werkstätten und kam schließlich in die Werkstatt, wo Kinderharfen hergestellt werden. Nach dem Tode des Vaters verließ Rolf das Elternhaus und wechselte in die der Werkstatt angeschlossene Wohnsiedlung für Behinderte über. Der Lehrer traf ihn gelegentlich bei Konzerten oder Theaterbesuchen, und immer gab es freundschaftliche Begrüßungen und Umarmungen mit der oft wiederholten Frage: «Weißt du noch, wie ich dir das Flöten beigebracht habe?»

Heute ist Rolf an der Schwelle zum fünften Jahrzehnt, und immer, wenn der Lehrer mit Freunden und Interessenten die Werkstatt besichtigt, empfängt sie Rolf und führt sie durch den Betrieb. Dabei gibt er fachgerechte Erklärungen über die Holzarten, über die Arbeitsvorgänge und über die Endfertigung der Instrumente. Da er alle Arbeitsgänge selbst vollzogen hat, ist er bestens informiert, und er kann dem Gast in guter Rede anschaulich schildern, wie so ein Instrument hergestellt und wie es gespielt wird. Schließlich ist er der Meister in der Werkstatt, denn er hat das gute Gehör und kann als einziger die Instrumente stimmen, bevor sie in den Verkauf gehen. Diese Fähigkeit hat der Werkstattleiter nicht.

Rolf hat noch guten Kontakt zur Mutter, die in der Nachbarstadt wohnt. Er hat einen Lebens- und Arbeitsbereich, der seinen Möglichkeiten und Notwendigkeiten entspricht, und somit die beste Voraussetzung für eine würdige Gestaltung seines Lebens im Kreise einer Lebensgemeinschaft, in der nicht nur die physischen Bedürfnisse befriedigt, sondern wo auch seelische und geistige Anregungen in mancherlei Weise gegeben werden.

Gertrud R. war in der gleichen Klasse, sie kam als Viertkläßlerin, nachdem in der Volksschule große Leistungsschwächen und soziale Schwierigkeiten aufgetreten waren, so daß sie auf die Hilfsschule geschickt werden sollte. Gertrud hatte aber eine gute Intelligenz und gelegentlich ein loses Mundwerk. Im Erleben von schwächeren Kindern innerhalb der Klasse fand sie Selbstbewußtsein, und mit steigendem Selbstvertrauen besserten sich auch ihre schulischen Leistungen. Sie entwickelte ein starkes Gerechtigkeitsgefühl und das Bedürfnis, schwächeren Kindern zu helfen. Soziale Konflikte in der Klasse waren für sie Anlaß, zwischen den «Kriegsparteien» zu vermitteln. Gertrud war für den Lehrer ein wichtiger «nebenamtlicher» Miterzieher. Sie verließ die Schule mit einem guten Abschluß, holte die Mittlere Reife nach – die es zu jener Zeit an der Morgenstern-Schule noch nicht gab – und machte eine Kindergärtnerinnenausbildung. Sehr bald wurde sie Erzieherin in einer Einrichtung für geistig Behinderte.

Ihr Hobby ist die Chormusik und der kleine Garten, den sie gleichzeitig mit ihrer kranken Mutter liebevoll betreut. Durch Zusatzausbildungen erwarb sie die Qualifikation zur Erzieherin für geistig behinderte Kinder. Inzwischen ist sie Lehrerin an der Behindertenschule.

Gertruds Biographie ist ein Beispiel für viele ähnliche Entwicklungen von Menschen, die in ihrer Kindheit große Schwierigkeiten hatten oder ihren Eltern und Erziehern Schwierigkeiten bereiteten: Viele von ihnen sind später in soziale Berufe gegangen als Altenpfleger, Krankenpfleger, Kindergärtner oder Erzieher für geistig behinderte Kinder.

Jürgen L. und Jutta A. wurden beide als Achtjährige in der ersten Klasse der Waldorfschule für Erziehungshilfe eingeschult. In der Regel ist es nicht üblich, «überalterte» Kinder in die erste Klasse zu nehmen, aber individuelle Schicksale führten diese beiden Entwicklungswege für eine Zeitspanne zusammen.

Jürgen, ein Einzelkind, hatte schon als kleines Kind große Kontaktschwierigkeiten zu anderen Kindern und Erwachsenen. Er spielte nicht kindgemäß, sondern interessierte sich für technische Dinge und liebte stark rhythmische Musik. Er war ein einseitig interessierter Einzelgänger, der seine Eltern gelegentlich mit seinen Eigenwilligkeiten unter Druck setzte.

Der Versuch, ihn im Kindergarten unterzubringen, scheiterte, und als die Einschulung altersgemäß erfolgte, war Jürgen nicht in der Lage, sinnvoll am Unterricht teilzunehmen. Er wurde zurückgestellt. Ein Jahr später erfolgte die erneute Einschulung in der Grundschule. Aber Jürgen widersetzte sich allen Bemühungen der Lehrer so nachhaltig, daß ein geordneter Unterricht nicht möglich war. Nach wenigen Wochen wurde das Überweisungsverfahren zur Sonderschule eingeleitet. Man stellte einen extrem niedrigen Intelligenzquotienten fest: Jürgen wurde als lernbehindert eingestuft und zur Sonderschule überwiesen. Aber auch der dritte Schulversuch scheiterte an den schweren Verhaltensstörungen des Kindes. Der Junge galt als nicht integrierbar, er wurde vom Unterricht dispensiert, und ein Ruhen der Schulpflicht wurde vom Schulamt verfügt. Der Schulrat gab den verzweifelten Eltern den Hinweis, daß vielleicht die Waldorfschule für Erziehungshilfe helfen könnte.

Bei der Vorstellung zog Jürgen alle Register von Renitenz, Aggressionen und Widersetzlichkeiten, so daß die Mutter den anderen draußen wartenden Eltern sagte: «Die nehmen den Jungen bestimmt nicht!» Doch der zukünftige Klassenlehrer nahm Jürgen auf, und damit begann wohl die schwierigste Phase seiner Lehrerlaufbahn.

Im Kreise seiner jüngeren Erstklassen-Kameraden wirkte Jürgen wie ein furchterregender Tyrann, der jedes Fehlverhalten der anderen Kinder verbal, pedal und «manual» ahndete. Er war nur schwer auf seinem Stuhl zu halten; mit allen Sinnen nahm er am Unterricht teil, aber er rief ständig in die Klasse hinein und lief spontan zu jedem Kind, das nicht gerade saß oder mit dem Stuhl schaukelte. Allem Formalen und Intellektuellen war er aufgeschlossen, er arbeitete extrem konzentriert und willensbetont, aber die geringste Störung brachte ihn in Wut; und eigene Fehler beim Malen oder Schreiben konnte er kaum verkraften. Es zeigte sich bald, daß er – entgegen dem Ergebnis des Intelligenztests an der Sonderschule – hoch begabt war. (Er hatte sich offensichtlich erfolgreich gegen das psychometrische Testverfahren gewehrt.) Er schrieb sehr bald fehlerfrei, las schon bei Beginn der ersten Klasse, und beim Rechnen war er allen Klassenkameraden weit überlegen. Allem Künstlerischen und Gemüthaften gegenüber verhielt er sich kritisch und aggressiv ablehnend. Jede Stimmung wurde durch sein Hereinrufen oder seine Zornesausbrüche beeinträchtigt. Ein geordneter Unterricht und die Sicherheit und Unversehrtheit der Mitschüler waren nur gewährleistet, wenn der

Lehrer neben ihm stand oder saß und so unterrichtete, daß er Jürgen jederzeit beruhigen konnte.

Die Kinder fürchteten sich vor seinen Aggressionen, und in den Pausen gingen Lehrer und Jürgen Hand in Hand über den Schulhof; aber jeder, der diesem ungleichen Paar nahe kam, wurde getreten, geschlagen und angepöbelt.

Im Laufe der ersten Epoche wurde Jutta angemeldet. Auch sie war schon acht Jahre und besuchte die Sonderschule für geistig Behinderte. Ihre dortige Lehrerin kannte die Schule für Erziehungshilfe gut und meinte, daß Jutta mehr leisten könne, als in der Schule für geistig Behinderte gefordert und gefördert wird. Jutta war Zwillingskind. Die ersten zwei Jahre hatte sie sich ebenso gut entwickelt wie ihr Bruder, sie lief, sprach und sagte «Ich» zu sich. Doch mit zweieinhalb Jahren trat eine Regression ein. Während der Bruder normale Fortschritte machte, verkroch sich Jutta gleichsam ins Schneckenhaus. Sie hörte auf zu sprechen, verlor den aufrechten Gang, und die Ärzte diagnostizierten einen Autismus nach Kanner.

Die engagierte Mutter kämpfte um ihr Kind, sie reiste in die USA und ließ dort Programme entwerfen, nach denen die Entwicklung des Kindes sich umwenden sollte. Diese Bemühungen mit verhaltensmodifizierender «Therapie» führten dazu, daß Jutta wieder lief, sprach und sich angemessen verhielt. Aufgrund der Schulreifeuntersuchungen wurde Jutta zuerst zurückgestellt, und in der Kinderklinik stellte man eine extrem niedrige Intelligenz (im untersten Bereich der geistigen Behinderung) fest, Jutta galt als nicht bildungsfähig. So erfolgte mit sieben Jahren eine Einschulung in die Schule für geistig Behinderte. Die Lehrerin stellte bald fest, daß Jutta einseitige hohe Begabungen im Musikalischen und Malen hatte, während andere Kulturtechniken wie Rechnen ihr fremd waren. Sowohl die Eltern als auch die Lehrerin baten dringend um Aufnahme des Kindes in die Schule für Erziehungshilfe, was jedoch abgelehnt wurde, weil diese aus schulrechtlichen Gründen geistig behinderte Kinder nicht aufnehmen darf, weil die entsprechende Klasse schon eine Epoche lang lief, weil der Lehrer schon mehr Kinder in der Klasse hatte, als die Klassenkonferenz ihm zugestanden hatte, und schließlich, weil Jürgen nicht das einzige schwierige Kind in der Klasse war – ein weiteres Problem für Lehrer und Kinder ließ sich nicht verantworten. Aber die Eltern gaben nicht nach, sie stellten der Schule ein umfangreiches

Paket mit «Gutachten» zur Verfügung, die man eigentlich als «Schlechtachten» bezeichnen sollte, denn sie waren nur geeignet, die Meinung zu bestätigen, daß das Kind nicht in die Schule für Erziehungshilfe gehöre.

Doch damit gab sich die Mutter nicht zufrieden; sie bat, das Kind zumindest einmal anzuschauen. Das konnte der Lehrer schließlich nicht ausschlagen, und so kam Jutta zur Vorstellung. Eine kleine «Pippi Langstrumpf» trippelte ihm entgegen, ihr Gang und ihre Sprache waren wie bei der Puppe Olympia in «Hoffmanns Erzählungen». Sie trat auf den Lehrer zu und sagte: «Zu dir will ich.» Und schon saß sie auf seinem Schoß und interessierte sich für seine Haare, sie wollte ihm einen Zopf flechten.

Bei den folgenden Untersuchungen von Arzt und Lehrer arbeitete sie munter mit und gab schlagfertige und witzige Kommentare. Mit großer Intensität malte sie schließlich am laufenden Band Zwerge, Flugzeuge und Weltraum-Fahrzeuge. Ein Selbstbildnis wollte sie nicht malen, aber ein treffliches Portrait des Schularztes entstand mit wenigen markanten Strichen.

Wenn eine so eindrückliche Begegnung mit einem Kind stattfindet, gibt es eigentlich keine Möglichkeit mehr abzusagen. Jutta durfte die erste Klasse als Gast besuchen, die Mutter regelte die schulrechtlichen Fragen in ihrer engagierten Art und räumte die erheblichen Bedenken der Schulrätin aus dem Weg.

Jutta bekam ein neues Epochenheft und das sehr schön geratene Formenzeichnen-Heft von Jürgen, dazu eine Dose mit Wachsmalstiften. Sie sollte die Formen aus Jürgens Heft nachmalen und am Montag als Gast in der Klasse sein.

Am Montag brachte Jutta ein fertiges Heft mit den schönsten Zeichnungen, die der Lehrer je bei seinen Schülern gesehen hat. Jutta fragte in der Klasse nach Jürgen – sie hatte ja sein Heft – und bestand darauf, neben ihm zu sitzen. Jürgen, der an einem Einzeltisch saß, war verblüfft und ließ zu, daß jemand in seiner Nähe war. Er war von seiner neuen Nachbarin so beeindruckt, daß er sie nicht nur in Frieden ließ, sondern sich ihrem Einfluß unterordnete. Jutta hatte ja einen gleichaltrigen Bruder und wußte sich gegen achtjährige Jungen durchzusetzen. Wenn Jürgen aus der Rolle fallen wollte, redete sie auf ihn ein: «Jürgen, benimm dich, ich will dich heiraten!» Schon bald brauchte der Lehrer nicht mehr Hand in Hand mit Jürgen über den Schulhof zu gehen, das besorgte nun Jutta; und es dauerte nicht lange, bis beider Mütter nicht mehr ihre Kinder zur Schule bringen mußten. Jürgen und Jutta trafen sich jeden Morgen in der Bahn und gingen Hand in Hand zur Schule.

Was der Lehrer mit großer Mühe begonnen hatte, das vollendete jetzt Jutta mit leichter Hand und sanfter Stimme: Jürgen war nach wenigen Wochen voll integriert und legte seine Verhaltensstörungen weitgehend ab. Er wurde ein guter Schüler mit vorbildlichem Lerneifer und führte sorgfältig seine Hefte. Er wurde innerlich aufgeschlossen für das Künstlerische und Gemüthafte und fand Gefallen an Handpuppen und Kuscheltieren. Wo es ihm beim Malen fehlte, holte er sich Rat bei Jutta, die ihrerseits von seinen Schreib- und Rechenfähigkeiten profitierte. Beide Kinder waren für die Musik aufgeschlossen. Jürgen hatte eine mathematische Musikalität und konnte schon bald auf verschiedenen Flöten und später auf dem Cello zu allen Melodien entsprechende Begleitungen improvisieren, er wurde gleichsam der Dirigent des Klassenorchesters, während Jutta lange Zeit mehrere Flöten spielen lernte und schließlich mit Erfolg das Geigenspiel erlernte.

Beide Kinder konnten am Ende des zweiten Schuljahres fließend lesen, fehlerfrei schreiben, und beider Hefte waren ausstellungsreif.

Während Jürgen sich mehr für mathematische Zusammenhänge und geometrische Formen interessierte, zeichnete Jutta zu Hause und in der Schule pausenlos und stereotyp Pferde, Hunde und andere Motive. Sie ging allein in die Buchhandlungen der Stadt, studierte dort Tierbilder und zeichnete sie dann zu Hause aus dem Gedächtnis.

Jürgen zeigte erstaunliche mathematische Fähigkeiten, er entwickelte ein eigenes Multiplikationsverfahren, das umständlich, aber richtig war, und die Klasse rechnete eine Zeitlang gleichzeitig nach Jürgen und so wie es der Lehrer beigebracht hatte, bis man sich auf das allgemein gültige Verfahren einigte. Jürgen durchschaute alle Rechenprozesse und Rechentricks, die der Lehrer anwendete, und es gab kaum genügend harte Nüsse für ihn zu knacken.

In der Mittelstufe wurde Jürgen wieder schwieriger, und der Lehrer nahm Kontakt mit der großen Waldorfschule auf, weil deutlich wurde, daß Jürgen die Reibfläche der großen Klasse mit leistungsmäßig gleichwertigen Schülern brauchte. Er war in der kleinen Klasse unterfordert, und er konnte es kaum ertragen, daß in seiner Umgebung nur Kinder waren, die es viel schwerer mit dem Lernen hatten als er.

Die Waldorfschule lehnte vorerst einmal ab, weil Jürgen um zwei Jahre «überaltert» war, doch nach gegenseitigen Hospitationsbesuchen der Klassenlehrer wurde ein Probebesuch in der nächst höheren Klasse vereinbart. Jürgen kam in eine Algebra-Epoche und war ein wenig überrascht, daß man auch mit Buchstaben rechnen sollte. Er blieb in der Klasse, und nachdem ein Kräftemessen auf dem Schulhof mit dem Klassenstärksten zu seinen Gunsten ausgefallen war, wurde er endgültig auch von den Schülern aufgenommen.

Jürgen verließ die Waldorfschule nach der zwölften Klasse mit einem guten Fachoberschulzeugnis. Seinen Militärdienst beendete er als Sanitäts-Obergefreiter, und mit zweiundzwanzig Jahren begann er eine Lehrer als Vermessungstechniker, die er mit «gut» abschloß. Nach zweijähriger Praxis in seinem Beruf bekam er eine Anstellung im Bereich Hoch- und Tiefbau der Stadt. Zur Zeit bereitet er sich auf eine Zusatzqualifikation als Tiefbau-Techniker vor.

Er hat Jutta nicht geheiratet, sondern ist nach wie vor Junggeselle. Seine Studien, seine Hobbys, sein Auto und die eigene Wohnung geben ihm volle Befriedigung und weiten Raum zur Entfaltung seiner Persönlichkeit.

Jutta hingegen verblieb im Kleinklassenbereich der Waldorfschule für Erziehungshilfe. Sie wurde eine gute Schülerin, arbeitete sorgfältig und still, lernte mit Begeisterung Gedichte, schrieb gern Aufsätze und Pferdegeschichten und malte, malte und malte. Daneben liebte sie ihre Geige und spielte im Schulorchester, auch über ihre Schulzeit hinaus. Nur mit dem Rechnen hat sich Jutta nie verbinden können. Die einzelnen Techniken beherrschte sie sicher, aber mathematisches Denken lag ihr fern.

Als Jahresarbeit hatte sie sich mit Mozarts Leben und Werk beschäftigt, und sie hielt ein freies Referat über ihren Komponisten und spielte dann eine Mozartsonate, die sie vorher einstudiert hatte.

Jetzt arbeitet Jutta in der Praxis ihres Vaters als Sprechstundenhelferin.

Jürgen und Jutta sind zwei markante Beispiele für Rehabilitation und Integration durch Waldorfpädagogik.

Jürgen, der nerven-sinneswache, einseitig intellektuell begabte und technisch interessierte Junge wäre als schwerst-erziehbar der Sonderschule für Erziehungshilfe oder der Heimerziehung zugewiesen worden, wobei sich seine Verhaltensstörungen sicherlich noch verstärkt hätten. Durch eine künstlerische und musische Erziehung konnten die verschütteten seelischen Kräfte erweckt und harmonisiert werden.

Jutta hingegen wäre an der Schule für geistig Behinderte höchstens geistig verhindert worden, vielleicht wäre sie jetzt in einer Werkstatt für Behinderte. Mit Hilfe der engagierten und optimistischen Mutter und durch die Waldorfpädagogik konnte dieses Kind aus seinem Schneckenhaus hervorgeholt und zur vollendeten personalen und sozialen Integration geführt werden.

Jutta und Jürgen wären einander unter normalen staatlichen Sonderschul-Gesichtspunkten niemals begegnet. Eine Schicksalsfügung hat diese Kinder zusammengeführt; und die Integration Jürgens in die Klasse und Schule ist in hohem Maße Juttas Verdienst. Sie hat das geschafft, was der Lehrer nur mit großer Mühe versucht hatte.

Hier liegt eine Bestätigung des pädagogischen Grundsatzes vor, daß Kinder geheime Miterzieher sind. Aus vernünftigen rationellen Gesichtspunkten war es nicht verantwortlich, noch ein weiteres Kind in die ohnehin schon überfüllte Klasse zu nehmen. Aber Jürgen, die Klasse und schließlich auch der Lehrer brauchten eben ein Kind wie Jutta, und dies ist ein Beispiel dafür, daß die Klassenstärke nicht eine feste Ordnungzahl sein darf, sondern abhängt von den inneren Notwendigkeiten der Gemeinschaft.

Schließlich mag dies auch ein Beispiel sein für die Notwendigkeit der gemeinsamen Erziehung verschieden behinderter Kinder auf Grundlage der Waldorfpädagogik.

Größere Gegensätze als Jürgen und Jutta kann man sich in einem schulischen Zusammenhang kaum vorstellen. Aber im Rahmen der Waldorfpädagogik gilt für die Heilpädagogik der Grundsatz, daß polare Gegensätze, in rechter Weise sich ergänzend, zusammengehören. Auch für diesen Grundsatz bilden Jürgen und Jutta eine gute Bestätigung.

Noch viele Beispiele biographischer Entwicklungen könnten hier dargestellt werden. Dabei sind gewiß nicht nur positive Bilanzen zu erstellen, aber ich bin sicher, daß der größte Teil der Schüler, die als schwierige Kinder in die Waldorfschule für Erziehungshilfe kamen, inzwischen einen guten Weg in die Gesellschaft und ins Berufsleben gefunden haben. Sie haben den Weg zu sich selbst gefunden und so ihre Persönlichkeit frei entfalten können.

Anmerkungen

1 Rudolf Steiner, *Die Erziehungsfrage als soziale Frage. Die spirituellen kulturgeschichtlichen und sozialen Hintergründe der Waldorfschul-Pädagogik.* 5. Vortrag, 16. August 1919, Rudolf Steiner Gesamtausgabe Bibl.-Nr. (= GA) 296, Dornach ³1979, S. 94.

2 Adolf Portmann, «Die Menschengeburt im System der Biologie», aus: *Das Kind in unserer Zeit,* Stuttgart 1964.

3 Rudolf Steiner, *Die Erziehung des Kindes vom Gesichtspunkte der Geisteswissenschaft* (1907). In: *Luzifer-Gnosis,* GA 34, Dornach 1960, S. 320 ff.

4 Nach den Aufzeichnungen, die der Verfasser von einem Vortrag Karl Königs in Wuppertal gemacht hat.

5 Sonderschulaufnahmeverfahren von Nordrhein-Westfalen, Erlaß von 1973.

6 Aus einem Vorlesungs-Protokoll des Autors während der Ausbildung an der Pädagogischen Hochschule Hagen.

7 Hans Müller-Wiedemann, aus einem nicht veröffentlichten Aufsatz.

8 Rudolf Steiner, *Heilpädagogischer Kurs,* 1. Vortrag, 25. Juni 1924, GA 317, Dornach ⁶1979, S. 12 f.

9 Vera Kuhlen, *Verhaltenstherapie im Kindesalter. Grundlagen, Methoden, Forschungsergebnisse,* München ⁵1977.

10 § 39 Bundessozialhilfegesetz 1961.

11 Nachrichtendienst Deutscher Verein für öffentliche und private Fürsorge, Dezember 1969, Nr. 12, S. 357.

12 Albrecht Strohschein. In: *Wir erlebten Rudolf Steiner,* Stuttgart 1967.

13 Vgl. Hans Friedbert Jaenicke, *Unterricht und Erziehung verschieden behinderter Kinder in heilpädagogischen Schulen,* 1980 (internes Arbeitspapier der Arbeitsgemeinschaft heilpädagogischer Schulen).

14 Bernard Lievegoed, *Heilpädagogische Betrachtungen,* 7. Kapitel (in der Neuauflage, Stuttgart 1995, S. 50 ff.).

15 Ebd.

16 Ebd.

17 Eine Auswahl wichtiger Vorträge Rudolf Steiners zum Thema der Sinne enthält der Band Rudolf Steiner, *Zur Sinneslehre,* ausgewählt und herausgegeben von Christoph Lindenberg, Stuttgart ⁴1994. Zu Darstellungen der anthroposophischen Sinneslehre siehe auch:

Willi Aeppli, *Sinnesorganismus, Sinnesverlust, Sinnespflege. Die Sinnes-lehre Rudolf Steiners in ihrer Bedeutung für die Erziehung.* Neuausgabe, Stuttgart 1996.

Albert Soesman, *Die zwölf Sinne – Tore der Seele,* Stuttgart 1995.

Hans Erhard Lauer, *Die zwölf Sinne des Menschen,* Basel [2]1978.

Die «unteren» Sinne werden insbesondere behandelt in:

Karl König, *Sinnesentwicklung und Leiberfahrung. Heilpädagogische Ge-sichtspunkte zur Sinneslehre Rudolf Steiners,* herausgegeben und um ein Kapitel erweitert von Georg von Arnim, Stuttgart [4]1994.

Henning Köhler, *Von ängstlichen, traurigen und unruhigen Kindern. Grundlagen einer spirituellen Erziehungspraxis,* Stuttgart [3]1995.

18 Rudolf Steiner weist darauf hin, daß der Tastsinn dem Menschen ein Durchdrungensein mit dem Gottgefühl vermittelt. Siehe Rudolf Steiner, «Die zwölf Sinne des Menschen in ihrer Beziehung zu Imagination, Inspi-ration und Intuition», Vortrag vom 8. August 1920, in: *Geisteswissenschaft als Erkenntnis der Grundimpulse sozialer Gestaltung,* GA 199, Dornach 1967, S. 55 f.

19 Norbert Glas, *Gefährdung und Heilung der Sinne,* Stuttgart [2]1976.

20 Vgl. Rudolf Steiner, «Abendglockengebet». In: *Wahrspruchworte,* GA 40, Dornach [4]1978, S. 84.

21 Siehe Michaela Glöckler, *Kindersprechstunde,* 11., überarbeitete und er-weiterte Auflage, Stuttgart 1995.

22 Rudolf Steiner, *Die Welt der Sinne und die Welt des Geistes,* 1. Vortrag, 27. Dezember 1911, GA 134, Dornach [4]1979, S. 21.

23 Ebd., S. 23.

24 Ebd., S. 23 u. S. 27.

25 Rudolf Steiner, «Abendglockengebet». In: *Wahrspruchworte,* GA 40, Dornach [4]1978, S. 84.

26 Siehe H. Asperger, «Die ‹Autistischen Psychopathen› im Kindesalter», in: *Arch. Psychiat. Nervenkr.* 117, 76-136 (1944).

27 Leo Kanner, «Disturbances of Affective Contact», in: *Nervous Child* No. 3, Vol. 2 (1942-1943).

28 Virginia M. Axline, *Dibs. Ein autistisches Kind befreit sich aus seinem seelischen Gefängnis.* Aus dem Amerikanischen von Rosemarie Soende-rop. München 1982.

29 Q. Birger Sellin, *Ich will kein Inmich mehr sein,* Köln 1993.

30 Rudolf Steiner, «Meditativ erarbeitete Menschenkunde», 4. Vortrag, 22. September 1920, in: *Erziehung und Unterricht aus Menschenerkenntnis,* GA 302 a, Dornach [4]1993.

31 Rudolf Steiner, *Die Erziehungsfrage als soziale Frage,* siehe Anm. 1, S. 94.

32 Gerd Utermann, *Elektrosmog und Erdstrahlen im Klassenzimmer* (ein nicht veröffentlichter Bericht).

33 Offenbarung des Johannes, 8. Kapitel, Vers 10.

34 Rudolf Steiner, *Heilpädagogischer Kurs*, 4. Vortrag, 28. Juni 1924, GA 317, Dornach ⁶1979, S. 62 f.

35 Rudolf Steiner, «Meditativ erarbeitete Menschenkunde», 4. Vortrag, 22. August 1920, in: *Erziehung und Unterricht aus Menschenerkenntnis*, GA 302 a, Dornach 1972, S. 56 f.

36 Rudolf Steiner, *Die Erziehungsfrage als soziale Frage*, siehe Anm. 1, S. 93 f.

37 Ebd., S. 94.

38 Rudolf Steiner, *Die Verantwortung des Menschen für die Weltentwickelung*, 3. Vortrag, 9. Januar 1921, GA 203, Dornach 1978, S. 54 f.

39 Jörgen Smit, Lehrertagung Herbst 1988.

40 Rudolf Steiner, *Die Erziehungsfrage als soziale Frage*, siehe Anm. 1, S. 91.

41 Jörgen Smit, Vortrag auf der Lehrertagung 1989, nach Notizen des Verfassers.

42 Rudolf Steiner, *Heilpädagogischer Kurs*, 4. Vortrag, 28. Juni 1924, GA 317, Dornach ⁶1979, S. 64, S. 66, S. 69.

43 Rudolf Steiner, «Meditativ erarbeitete Menschenkunde», siehe Anm. 35, S. 55, S. 57.

44 Ebd., S. 58.

45 Rudolf Steiner, *Die Erziehungsfrage als soziale Frage*, siehe Anm. 1, S. 94.

46 Rudolf Steiner, *Die Verantwortung des Menschen für die Weltentwickelung*, siehe Anm. 38, S. 48.

47 Zenta Maurina, *Die weite Fahrt. Eine Passion*, Memmingen ⁷1985.

48 Erlaß Nordrhein-Westfalen IIA 737-36 Nr. 1111/77.

49 *Empfehlungen des Deutschen Bildungsrates zur pädagogischen Förderung behinderter Kinder und von Behinderung bedrohter Kinder und Jugendlicher*, Stuttgart 1976.

50 J. Lempp, 1978, aus einem Brief an den Autor.

51 Thomas J. Weihs, *Das entwicklungsgestörte Kind. Heilpädagogische Erfahrungen in der therapeutischen Gemeinschaft*, Stuttgart 1995, S. 155.

52 Theodor Hellbrügge, 1978, aus einem Brief an den Autor.

53 Georg Feuser, *Segregierte und integrative Erziehung*, 1979, Vortrag in Düsseldorf (nach Notizen des Verfassers).

54 Theodor Hellbrügge, *Sonnenscheinreport*, 1977.

55 E. Fiedler, *Gedanken zur Integration*, 1991 (nicht veröffentlichter Aufsatz).

56 Jutta Schöler, *Integrative Schule – integrativer Unterricht. Ratgeber für Eltern und Lehrer*. Reinbek bei Hamburg 1993.

57 Schriftenreihe des Kultusministers von Nordrhein-Westfalen, Heft 52, November 1993.

58 Theodor Hellbrügge, *Sonnenscheinreport*, 1977.

59 Vgl. Lehrerrundbrief 50, März 1994.

60 Christian Morgenstern, «Die unmögliche Tatsache», in: *Werke und Briefe*, Bd. 3: Humoristische Lyrik, Stuttgart 1990, S. 120.

61 Rudolf Steiner, *Die Erziehungsfrage als soziale Frage,* siehe Anm. 1.

62 Rudolf Steiner, «Anregungen zur innerlichen Durchdringung des Lehr- und Erzieherberufes», 2. Vortrag, 16. Oktober 1923. In: *Erziehung und Unterricht aus Menschenerkenntnis,* GA 302 a, Dornach 1972, S. 124 f.

63 Rudolf Steiner, *Konferenzen mit den Lehrern der Freien Waldorfschule in Stuttgart 1919 bis 1924,* 2. Band, GA 300 b, Dornach [4]1975, S. 266.

64 Rudolf Steiner, *Heilpädagogischer Kurs,* 5. Vortrag, 30. Juni 1924, GA 317, Dornach [6]1979, S. 82 f.

65 Rudolf Steiner, *Heilpädagogischer Kurs,* 12. Vortrag, 7. Juli 1924, GA 317, Dornach [6]1979, S. 179.

66 Rudolf Steiner, *Erziehung und Unterricht aus Menschenerkenntnis,* 2. Vortrag, 16. Oktober 1923, GA 302 a, Dornach 1972, S. 131.

67 Ebd., S. 129 f.

68 Christian Morgenstern, «Was jetzt Sehnsucht ist, wird Wille», in: *Werke und Briefe,* Bd. 2: Lyrik 1906-1914, Stuttgart 1992, S. 511.

69 Martin Wagenschein, *Das Kind in unserer Zeit,* Stuttgart 1964.

70 Rudolf Steiner, «Finsternis, Licht, Liebe», in: *Wahrspruchworte,* GA 40, Dornach [4]1978, S. 171.

71 Zitiert nach Wolfgang Metzger, *Schöpferische Freiheit,* Frankfurt 1962.

72 Christian Morgenstern, *Werke und Briefe,* Bd. 5: Aphorismen, Stuttgart 1987, S. 249.

73 Siehe Anm. 20.

74 Rudolf Steiner, «Anregungen zur innerlichen Durchdringung des Lehr- und Erziehungsberufes», 1. Vortrag, 15. Oktober 1923, in: *Erziehung und Unterricht aus Menschenerkenntnis,* siehe Anm. 62, S. 112 u. S. 121.

75 Christa Slezak-Schindler, *Künstlerisches Sprechen im Schulalter,* Pädagogische Forschungsstelle, 1978.

76 Norbert Glas, *Gefährdung und Heilung der Sinne,* Stuttgart [2]1976.

77 Rudolf Steiner, *Heilpädagogischer Kurs,* 26. Juni 1924, 2. Vortrag, GA 317, S. 34.

78 Christian Morgenstern, «Die drei Spatzen», in: *Werke und Briefe,* Bd. 3: Humoristische Lyrik, Stuttgart 1990, S. 499.

79 Rudolf Steiner, *Heilpädagogischer Kurs,* siehe Anm. 78, S. 35.

80 Christian Morgenstern, «Wenn's Winter wird», siehe Anm. 78, S. 491.

81 J.W. v. Goethe, *Werke,* Hamburger Ausgabe, Bd. 1, S. 326.

82 Rudolf Steiner, «Meditativ erarbeitete Menschenkunde», 4. Vortrag, 22. September 1920, in: *Erziehung und Unterricht aus Menschenerkenntnis,* GA 302 a, S. 58.

83 Rudolf Steiner, *Erziehungskunst. Methodisch-Didaktisches,* 3. Vortrag, 23. August 1919, GA 294, Dornach [6]1990, S. 47f.

84 Siehe Rudolf Steiner, 3. Lehrplanvortrag, 6. September 1919, in: *Erziehungskunst. Seminarbesprechungen und Lehrplanvorträge,* GA 295, Dornach [4]1984.

85 Rudolf Steiner, *Erziehungskunst. Methodisch-Didaktisches*, 3. Vortrag, 23. August 1919, GA 294, Dornach [6]1990, S. 46.

86 Ebd., S. 47.

87 Ebd., S. 45.

88 Ebd., S. 44.

89 Rudolf Steiner, 3. Lehrplanvortrag, siehe Anm. 84, S. 175.

90 Rudolf Steiner, «Meditativ erarbeitete Menschenkunde, 4. Vortrag, siehe Anm. 82, S. 58.

91 Rudolf Steiner, *Erziehungskunst. Seminarbesprechungen und Lehrplanvorträge*, 1. Seminarbesprechung, 21. August 1919, GA 295, Dornach [3]1977, S. 17.

92 Rudolf Steiner, 8. Seminarbesprechung, 29. August 1919, S. 91.

93 Ebd., S. 92.

94 Rudolf Steiner, 1. Seminarbesprechung, siehe Anm. 91, S. 17.

95 Rudolf Steiner, *Heilpädagogischer Kurs*, 4. Vortrag, 28. Juni 1924, GA 317, S. 68.

96 Rudolf Steiner, 3. Seminarbesprechung, 23. August 1919, S. 33 ff.

97 Norbert Glas, *Gefährdung und Heilung der Sinne*, Stuttgart [3]1984.

98 Christian Morgenstern, *Werke und Briefe*, Bd. 5: Aphorismen, Stuttgart 1987, S. 287.

99 Hartmut von Hentig, *Das Beispiel von Guernavaca oder Alternativen zur Schule*, Stuttgart 1972.

100 Erika Dühnfort und Ernst-Michael Kranich, *Der Anfangsunterricht im Schreiben und Lesen*, Stuttgart [4]1992.

101 Rudolf Steiner, *Erziehungskunst. Methodisch-Didaktisches*, GA 294, Dornach [6]1990, S. 8.

102 Ebd., S. 10.

103 Hedwig Diestel, *Kindertag*, Stuttgart [7]1995, S. 22.

104 Erika Dühnfort und Ernst-Michael Kranich, siehe Anm. 100, S. 80.

105 Ebd., S. 61.

106 Rudolf Steiner, *Die geistig-seelischen Grundkräfte der Erziehungskunst*, 8. Vortrag, 24. August 1922, GA 305, Dornach [2]1979, S. 154

107 Rudolf Steiner, «Die Erziehung des Kindes vom Gesichtspunkte der Geisteswissenschaft», in: *Luzifer-Gosis*, GA 34, Dornach 1960, S. 339 f.

108 Henning Köhler, *Von ängstlichen, traurigen und unruhigen Kindern. Grundlagen einer spirituellen Erziehungspraxis*, Stuttgart [3]1995, S. 46 ff.

109 Norbert Glas, *Gefährdung und Heilung der Sinne*, Stuttgart [3]1984.

110 Ebd., S. 30 ff.

111 Henning Köhler, siehe Anm. 108.

112 Hans Friedbert Jaenicke, «Das Schulkind, gemeinsame Aufgaben von Arzt und Lehrer», in: *Persephone*, S. 299.

113 Walter Holtzapfel, «Das Rätsel der Legasthenie», in: *Zum Problem der Legasthenie*, Basel [2]1978, S. 9.

292

114 Vgl. Erika Dühnfort und Ernst-Michael Kranich, siehe Anm. 100, S. 81.

115 Walter Holtzapfel, siehe Anm. 113, S. 3.

116 Ernst Kobi, *Das legasthenische Kind*, Luzern 1965, zitiert nach: W. Holtz-apfel, siehe Anm. 113, S. 8f.

117 Walter Holtzapfel, siehe Anm. 113, S. 6.

118 Walter Holtzapfel, siehe Anm. 113, S. 8.

119 Rudolf Steiner, *Heilpädagogischer Kurs*, 1. Vortrag, 25. Juni 1924, GA 317, Dornach ⁶1979, S. 11.

120 Rudolf Steiner, *Heilpädagogischer Kurs*, 4. Vortrag, 28. Juni 1924, siehe Anm. 34, S. 72 u. 74.

121 Bernard Lievegoed, *Heilpädagogische Betrachtungen*, Neuausgabe Stutt-gart 1995, S. 53.

122 Ebd., S. 59.

123 Rudolf Steiner, «Meditativ erarbeitete Menschenkunde», 4. Vortrag, 22. September 1920, in: *Erziehung und Unterricht aus Menschenerkenntnis*, GA 302 a, S. 57.

124 Rudolf Steiner, *Die Erziehungsfrage als soziale Frage*, 5. Vortrag, 16. Au-gust 1919, GA 296, S. 94.

125 Kleinklassenschulen und Förderklassenbereiche an Waldorfschulen gibt es in: Bochum, Bonn, Chemnitz, Dortmund, Eckernförde, Essen, Freiburg, Friedrichsthal, Hamburg, Hannover, Herne, Kiel, Lübeck, Mannheim, Schloß Hamborn, Stuttgart, Überlingen, Schopfheim, Ulm, Wahlwies, Wuppertal, Siegen.

126 Es bestehen heilpädagogische Schulen für Seelenpflege-bedürftige Kinder in: Berlin, Hamburg, Kiel, Bremen, Hannover, Dresden, Bielefeld, Kassel, Marburg, Wuppertal, Bochum, Dortmund, Oberursel, Frankfurt, Stutt-gart, Freiburg, München, Darmstadt, Nürnberg, Augsburg, Scheßlitz.

127 Heil- und Erziehungsinstitute für Seelenpflege-bedürftige Kinder in Deutschland: Friedrichshulde (Schenefeld), Haus Arild (Bliestorf), Lau-terbad (Kassel), Haus Michael (Weißenseifen), Bingenheim (Echzell), Haus Sonne (Walzheim), Eckwälden (Boll), Michaelshof (Weilheim/Teck), Christopherus-Heim (Welzheim), Burghalde (Bad Liebenzell), Haus Höri (Gaienhofen), Haus Tobias (Freiburg), Berghaus Johannes (Malsburg), Sonnenhalde (Görwihl), Kaspar-Hauser-Schule (Schopfheim), Haus Ho-henfried (Bayerisch Gmain), Föhrenbühl (Heiligenberg), Brachenreuthe (Überlingen), Georgenhof (Bambergen).

128 Christian Morgenstern, «Leis auf zarten Füßen naht es …», in: *Werke und Briefe*, Bd. 2: Lyrik 1906-1914, Stuttgart 1992, S. 207.

Heilpädagogik und Sozialtherapie aus
anthroposophischer Menschenkunde

Dieter Schulz

Frühförderung in der Heilpädagogik

Erfahrungen mit der Betreuung seelenpflegebedürftiger Kin-
der. Eine Einführung für Eltern. Mit einem Vorwort von
Hans Müller-Wiedemann. 107 Seiten, gebunden

«Im Kreis der wenigen ambulanten Arbeitsstätten anthroposophischer Heilpädagogik ist Dieter Schulz sozusagen der ‹Spe-
zialist› für Früherkennung und Frühförderung bei Entwicklungsstörungen im Kleinkindalter. Außerdem macht ihn seine
Befugnis, die von Alfred Baur entwickelte Chiropraktik-
Sprachtherapie durchzuführen, zum geeigneten Ansprechpart-
ner bei sprach-heilpädagogischer Förderungsbedürftigkeit im
Kleinkindalter.
Dieter Schulz referiert in seinem Buch kurz und präsise die
wichtigsten menschenkundlichen Grundideen, an denen sich
anthroposophische Heilpädagogen orientieren. Das dann folgende Kapitel zur heilpädagogischen Diagnose und Therapie
befaßt sich mit den wichtigsten diagnostischen Gesichtspunkten, die sich aus dieser Orientierung ergeben, nämlich mit der
physiologischen Dreigliederung, der konstitutionspathologi-
schen Phänomenkunde, der Sinneslehre mit besonderem Hinblick auf die Basal- oder Leibessinne, der motorischen Integration, dem Schlaf- und Eßverhalten. Außerdem werden einige
Hinweise auf die Fragen gegeben, die bei der Fremdanamnese
(einführendes Elterngespräch) gestellt werden sollten.»
Henning Köhler / Die Drei

Verlag Freies Geistesleben

Heilpädagogik und Sozialtherapie aus
anthroposophischer Menschenkunde

Wilhelm Uhlenhoff
Die Kinder des
Heilpädagogischen Kurses

Krankheitsbilder und Lebenswege
291 Seiten mit zahlreichen Abbildungen, gebunden

In seinem «Heilpädagogischen Kurs» vom Juni und Juli 1924 stellte Rudolf Steiner nach einleitenden Vorträgen den Teilnehmern – einem kleinen Kreis von Zuhörern – eine Reihe von Kindern mit Entwicklungsproblemen und Behinderungen vor. In keinem seiner vielen Vorträge über Medizin und Pädagogik ging er so unmittelbar auf Krankheitserscheinungen in individuellen Schicksalen und Möglichkeiten der Therapie ein. Dieser Kurs wurde zur Keimzelle der anthroposophischen Heilpädagogik.

In Anknüpfung an den «Heilpädagogischen Kurs» legt Wilhelm Uhlenhoff nun eine ausführliche Studie über die Krankengeschichte und den Lebenslauf der dort besprochenen Kinder vor. Er schildert ihre Herkunft, dokumentiert Formen und Verlauf ihrer Entwicklungsstörungen und begleitet liebevoll – in Achtung vor ihrer Individualität – ihr weiteres Schicksal.

Eine lebendige Dokumentation der heilpädagogischen Arbeitsweise und der Therapieansätze Rudolf Steiners.

Verlag Freies Geistesleben

Ein grundlegendes Buch zum Verständnis der kindlichen Entwicklung

Henning Köhler
Von ängstlichen, traurigen und unruhigen Kindern

Grundlagen einer spirituellen Erziehungspraxis
154 Seiten, gebunden

Henning Köhler wird in seiner Praxis immer wieder mit Erziehungsfragen und -problemen konfrontiert. In seinem neuesten Buch wendet er sich einer brennenden Problematik zu: dem ängstlichen und unruhigen Kind. Dabei macht er die Eltern und Erzieher darauf aufmerksam, daß solche Entwicklungsstörungen in einem ungesunden Verhältnis des Kindes zu seiner Leiblichkeit begründet liegen. Köhler gibt hier hilfreiche Ratschläge, wie Eltern und Erzieher dem Kind zu einem gesunden Verhältnis zu seiner Leiblichkeit verhelfen können.

«Ich bin der Meinung, alle Kindergarten- und Schuleltern sollten mit diesem Buch arbeiten. Es ist mit unendlicher Liebe *für* das Kind geschrieben und soll uns Eltern helfen, Mut zur Selbsterziehung und Wandlung zu haben.»

Annegret Hass
Mitteilungen der Freien Waldorfschule Braunschweig

Verlag Freies Geistesleben